文化芸術への
支援の論理と実際

東京藝術大学教授

枝川明敬

はじめに

筆者が、芸術家が身近にいる大学に赴任してきて10年近くを経た。芸術大学で日常的に美術作家や音楽家と接したり、仕事上、美術展や音楽会に頻繁と出かけている。つまり、芸術が非常に日常的な場面で展開している。この芸術の日常性が、芸術や文化のもつ特別な意味合いと響きから筆者を遠ざける働きをもっている。たぶん、市民革命以前の王侯貴族達は日常の生活の中に芸術が入っていたからこそ、芸術や文化についてそれのもつ固有な価値についてあまり考えなかったと思われる。普段に接するものについては、当然と考え深くは追究しないのが人間である。ところが、芸術や文化が日常行為から特別な行為になった途端、それらの価値や固有性、貢献について考えを巡らすようだ。

つまり、芸術や文化について、固有価値などを改めて考察•分析する行為自体が、考察者にとって芸術・文化を特別視し日常から特別な行為としていることを示している。文化について経済的に考察する研究者は、特に若手たちは芸術や文化に日常的に接しておらず、知識だけで議論している感じをもつ。かれらの日常生活時間とどこに居住しているかを観察すると、芸術・文化と接触する時間は非常に少ないに違いないだろう。芸術に接する機会は首都圏が圧倒的であり、そうでない地域に居住する研究者が、なぜ芸術の価値論が議論できるのだろうか。日常的に芸術や文化に接していないと、芸術や文化の響くことばや概念に引きずられて、そのものに既に価値があるという前提でそれらを観察・分析しないだろうか。

また芸術は経済的な側面でなく、それ自体がもつ思想性や主観をもつ。ヘーゲルは、晩年ロッシーニのオペラに夢中になって、それがベルリン大学での美学の講義の成果に繫がっている。従って、かれの講義した『美学講義録』は具体的で面白い。芸術を社会に広めることは基本的人権にとって重要なことである。これは芸術のもつ別の価値だ。コンテンツがどうであれ、利益を追求する映画産業であっても、オバマ大統領はソニーピクチャーズの映画の中止を批判し、再度の公開に賛意を示した。

結局、芸術の固有価値への接近は、一般の商品サービスを扱う経済学からの抽象的接近であるに過ぎない。ブルデューを引くまでもなく、芸術に常日頃から親しむことが文化資本を形作る。そのような文化資本に恵まれた環境でないと芸術の価値は評価するにせよ評価しないにせよ理解できない。それだからこそ、小沢征爾をはじめ多くの音楽家や芸術家が芸術を親しむよう努力しているのだ。佐渡裕はパリのラムール管弦楽団（Orchestre Lamoureux）の主席指揮者であったとき、クラシック音楽を広めることがラムールの目的であるといった。たぶん、芸術や文化を研究し講ずる者は、かれ自身芸術や文化に日常的に接し感性を磨く必要があろう。

我が国の行政学へのアメリカ行政学の影響は、我が国の行政学を戦前に影響を与えたドイツ行政学の権力構造分析から、政策指向へと転換した。そのメリットもあったが、一面芸術にとって重要な国家対国民の権力構造が見えにくくし、芸術行政面では計量的な政策指向を生んだ。

芸術作品は一般商品としての性格と思想性主観をもつ特殊性の二面性をもつ。以上の視点から、本書では第1章から第3章までを芸術を巡る権力構造的側面からの接近にあて、第5章から終章までを経済からの分析に当てた。第4章は文化芸術の二面性がもっとも現れる地域における文化芸術について、両性格の橋渡しとして経済・思想面双方から分析した。この芸術への接近手法が正しいかどうか、読者の批判に任せたいと思う。

振り返ってみれば、終戦直後の「新教育指針」に示された芸術・文化による立国の提唱は、その後の経済成長の陰で行政から忘れ去れた存在だった。ところが、高度経済成長が修了した1970年代後半からの大平総理の提唱で始まった「地域の時代」「文化の時代」グループは、行政の総合的政策の中に文化を再び位置付けた。それは、芸術・文化そのものを振興するといった終戦直後の「文化立国」構想ではなく、地方のインフラ整備の便宜的手法の一つとしての芸術・文化支援であった。その後、我が国のアーツ・カウンシルといわれる芸術文化振興基金、民間からの文化芸術への支援団体であるメセナ協議会、さらに学術的に文化芸術を経済的側面から研究する日本文化経済学会が1990年頃相次いで設立され、文化による地方活性化策のお祭り法（地域の伝統芸能を観光に結びつける）もほぼ同時期に成立した。

21世紀最初の年に文化芸術振興基本法が、その後、劇場を活性化させる劇場法が議員立法で成立公布された。一連の文化芸術を巡る行政等の動きをみると、「地域の時代」「文化の時代」提言から、ほぼ10年間をスパンとして重要な政策が立案されている。

その一連の政策の特徴は、文化芸術団体への助成や文化財の保護と伝承といった「伝統的」な文化行政から、芸術支援の目標をかかげそれに沿った支援的行政が行われていることと、その政策資源の内容が建物を整備するというインフラ整備からソフト中心主義へと変わったことにある。

梅棹忠夫が、「政府主導の中核的文化施設をつくり、街角に民間主導の小規模施設をつくる。それによって文化という水を住民に配給する」と、まずハード整備を提言した1974年から40年経て、事業提案型採択政策を内容とする劇場法が公布され、そして地方の活性化策には地域文化・伝統文化が必要不可欠となった。

1990年に、文化庁に文化政策室が設置されるなど「文化行政」から「文化政策」へと政策指向が目指された。もともと政策科学は戦後のアメリカ行政学の影響の下、行政システムの行政活動面である「意志決定論」が中心課題となっている。アメリカの行政学は、経営学と共通する管理学の一形態であり、科学的実証による行政活動とそれを支える専門家集団（組織）が研究の関心領域となる。従って、政策指向とは課題解決型行政であり、課題解決のための資源が投入され、その結果を評価する手法が用いられる。当然、解決すべき問題の把握とその解決手法は、実証に基づいた仮説を立てるという社会科学の手法を用いる。ところが、文化行政において解決課題を巡る環境把握が実証的に行われていない。例えば、全国レベルの美術館の損益計算、劇場の資産、全国レベルの文化事業の事業規模（入場者数、売り上げ、損益）も不明である。従前、サービス産業調査で一部把握できたが、経済センサスに統合されてから不明な事項が増えた。

かように、文化政策といっても実証的なFactの把握はできていないし、仮にデータを収集できても経済的な波及とか社会科学的手法を用いた行政は行われていない。むしろ経済産業省や一部のシンクタンクが行っている事例があるのみである。地域活性化において文化が手法として用いられる事例も多いが、そのためには文化活動の定量的把握は必要不可欠である。国の経済活動の７割がサービス業であり、その中でも文化産業はこれから伸びる分野であるにもかかわらずである。

また、文化芸術振興基本法は、国民に対して文化を創造する権利や享受する権利を定めている。文化を個人の権利、社会共同体との関連で検討する良い機会である。文化庁の担当者や文化庁関係の有識者が文化の公共性を言っているようであるが、そんなに単純に割り切れるのだろうか。最近、若手・中堅の憲法学者が、芸術の価値観と人権・自由権の関係面で発言し始めている。基本的にそれはリベラリズムの枠内での考察だが、サンデル（Michael Sandel）で有名となったコミュニタリアニズムの枠組みも社会と文化の関連性において関係するに違いない。

本書では、筆者が大学に移ってから関心があった「地域における文化活動」、「芸術のマネージメント（芸術の経営的側面）」、「文化の経済的な分析」、「文化･芸術と社会（特に公共面）」を各々独立的に章ごとに分けて記載し、疑問と思っている上記の問題に対していくばくかの回答を示したつもりである。

研究の時系列としては、「地域における文化活動」が最初であるが、文化･芸術の社会との関係がもっとも基底にあるので、それを最初の章とした。

筆者は、この間、文部省・総務省・文化庁や大学に在って、地域と文化、文化と経済について、教育と研究、さらには地域振興のための現場での調査と提言などに参加してきた。実際、芸術文化振興基金の造成やお祭り法では文化庁で実務を担当し、文化経済学会の創設や創設初期の研究発表を行った。
その後の研究・調査活動で、ますます過疎化・少子化による地域社会の崩壊と限界集落化を実際に見るにつけ、今の内に地域社会をなんとかしたいとの強い要望を持った。本書執筆のきっかけは、地域活性化と文化活動の関連性や実効性について触れたかったところにもある。

もともと大学で化学を学び旧文部省で教育・学術行政に携わったものが、今では文化芸術を対象に研究・教育を行っているきっかけは、故梅棹忠夫、故猪瀬博両先生、事ある毎にご理解をいただいている野依良治先生の影響が大きい。三先生より学んだことは、専門分野に拘ることなく幅広い好奇心と何事も探求するという「教養」であった。
池上淳、浅子和美両先生には、文化や経済の不明なところ、わからないところを丁寧にご回答いただいた。安藤隆穂先生には、主催の研究会に快く参加させていただき、水田洋、樋口陽一両先生ほか我が国を代表する研究者の方々、台湾を代表する学界の重鎮黄俊傑先生のお話しを伺う機会をいただいた。しかし、執筆者の浅学非才のため、間違って理解したお話も多いと思う。内容の責任はすべて筆者にある。

以上の幅広い知識の持ち主である先生方は、それぞれの専門分野では優れているのはもちろん、総合的知識と教養をもたれている学者で、そのような方々がいられることが、国の文化の水準のように思っている。

参考文献について、あえて巻末に参考文献表を掲載せず、注や本文に記載した。自分の気づかない範囲で、20年近くの大学・研究所生活と同じくらいの長さの霞ヶ関での勤務時代に読んだ文献の多くが、この執筆に大きく影響を与えていると思う。そのような面からは、多くの参考文献を参照しているわけであるが、もはや自分の考え方の中に入ってしまい溶け込んでいるので、先達には悪いことであるが、リストをつくるわけにいかない。ご容赦いただきたく思う次第である。
なお、本文の一部は科学研究費補助金等の成果によっている。

2015年2月

枝川　明敬

目　　次

第１章
・
文化芸術の行政と政策

1.1 国家と行政

行政とは、政府活動のうち立法、司法と並んでおかれた行政制度とその構成員たる公務員、ならびにその業務の執行を行うシステムを意味する。従って、その制度の大枠は、近代国家では憲法で定まっている。我が国の憲法をはじめ、近代立憲主義を表しているフランス人権宣言以来、立法、行政、司法と権力分立が国民への統治機構の原理として行われてきた。分立したそれぞれの機構の機能は、法の支配の下、法の策定とその執行、さらに執行が法と合致しているのかどうかの評価の各作用に相当する。歴史的には、ヨーロッパでは、教会と政府がある面では対置されたが、その権威と権力に打ち勝って、近代国家が成立した歴史的事情があるので、宗教関係においても国家は宗教に対して上位に立つ。このことは、我が国では特に文化行政を扱う上で、伝統文化を多く内包する宗教や宗教行事への国家の関与面に関係する。

また、地域レベルで考えると、地域社会を形成し、住民生活、経済活動及び生活文化・芸術活動・伝統文化等の文化活動の一体化による地域社会の成熟と地域社会のアイデンティティの創造と伝承の結果として、統治機構は発明された面もあり、統治機構の作用と基盤となった地域社会との関係を考えざるを得ない。上から、統治支配者としての統治機構が成立したとしても、長く存在することにより当該統治機構と地域とがお互いに大きい影響をもつようになる。江戸時代の藩においても、当該領地で長く同一藩が続くと、統治体制の仕組みは、当該地域の風俗風習を取り入れた体制に変化する。

国家とは英語でstateというが、もともと近代ヨーロッパにおいて創られた言葉である。その意味するところは一定の領土内において支配する統治機構のことである。場合によっては武力も含む実力行使組織集団であり、当然武力の執行とそれを行う構成員を含んでいる。近代社会の成立に際しては、市民革命を通じて各市民が合意による支配機構として国家を作ったので、本来自由人たる市民が領域の構成員であるはずである。従って、国家が権力を市民に対して行使しようとすると、市民との間で市民の自由活動領域に関して国家が介入することになるので、市民との衝突が予想される。文化という観点からは、国家からの市民への文化活動への干渉・規制、逆に補助金等の支援による特定の文化活動への誘導が問題となる。もともと市民とは、絶対王政下において商業資本の発展により進出してきた商工業者の層を基盤として、当時の権力機構である王政と対立したが、当時人口として多くを占める農民とは、階層・所得・仕事などで異なっていた。さらに、商業資本や国内市場の発展が進むと自作農、都市手工業者に冨の蓄積が進み、新たな市民層が出てくる。新たな市民層の一体化が政治思想面でも行われ、権力層である王政を市民革命により打倒し、市民共同の国家を作るようになると、市民層が国民（nation）として一体化する。もともと、市民層の共通の利害は、互いの経済利益を確保することにあり、そのための身分制度や規制の撤廃と経済市場の確保が重用視された。そこで、経済活動と経済的利益追求がなじまない文化活動との緊張関係が生ずる[1]。

一方、ヨーロッパ諸国やアメリカは、多くの民族から成り立っている。民族とかれらの伝統的文化を基盤とする民族国家は、経済的側面と政治的原理である自由を標榜する近代国家とは性格が異なっている。また、多くの民族からなる国家では、異なる文化と伝統、習慣、宗教が、お互いに排斥する傾向がある。文化面でいうなら、民族固有の文化を国家がどう取り扱うかが問題となる。我が国では江戸時代において、国とは藩を表わしたので、明治以降140年以上経ているにもかかわらず、旧藩を中心とした地域文化・伝統文化が地域固有の文化として根強く残っている。従って、地域社会レベルでは、明治以降国家が普及啓発した全国一律の西洋芸術[2]（クラシック音楽、西洋画、オペラ、バレー）とのコンフリクトがある。人種的相違としての文化では、アイヌ文化と沖縄文化の保護・伝承に関して、文化の多様性と多様性を認める社会の構築が進められなければいけないだろう[3]。さらに進んで、個人レベルの自由権だけでなく、民族としての固有文化に関する自由権の認知が必要になってくるかもしれない。

文化芸術活動は、その性質の上から自由が特質となるので、普遍的固有の価値を認めず多元的多様な価値観を土台として行われるのが通常である。文化多元主義思想とは、文化の価値の普遍性を認めないで、文化的土壌の差違や多様な歴史観を相互に認め合う相対主義に立つ考え方で、特定の先進国家の考え方（普通は西洋流普遍的文化観）を特定の地域・時代における価値観と考え、他の地域・時代の価値観をそれと同列に扱う。この思想は、移民国家であるアメリカ、オーストラリアなどの国々から国民の出自や文化土壌の相違による区別・差別をなくす市民運動から始まった。少数民族の多数民族への同化を促すのではなく、むしろその相違を重用視する考えである。我が国でもアイヌに対する特別保護法（アイヌ文化振興法）がその一例といえる。少数民族の文化芸術活動に対する国・地方自治体の助成事業においては、先住民の民族固有の文化的土壌への配慮程度といった質の面と多数民族への助成額との助成額面での量的較量といった質量両面から、助成内容を見極めることが必要となる。

1.2　文化芸術活動と公的領域

我が国憲法を含む近代憲法は、立憲主義思想に基づいている。立憲主義は、広義二つの意味で使われるが、双方とも思想の基底には、国家がもつ権力から国民の自由な活動への介入を阻止（制限）する考えがある。具体的には、その国家と個人との可能な限りの衝突を避けるため、個人の活動する領域と国家が活動する領域を分け、前者の領域では個人が自由に自らの考えで活動する場所とし、後者では共通の考えあるいは共通利益のために考え出された価値観に基づく国家の政策が実行される場所とする。従って、後者には当然個人の考えとは異なった価値観があり、その価値観が個人の領域に干渉することは、個人の自由な活動を制限し、個人間の対立を生じせしめる。戦前の我が国では、公的領域の価値観が国民個人に大きく介入し、国家による国民の活動面での統制が見られた。このような事態を避けるため、近代憲法が制定され、基本的人権の尊重、思想や表現の自由、民主主義制による国民代表による議会での議論などの諸制度が担保措置として規定された。

ここで、個人、国民を区別せず使用したが、一応説明しておく。フランス革命では、王権がもつ統治権力機構からは、第三身分として収奪の対象であった商工業者、農場主等の市民達が、自由な経済市場と身分制度の廃止を求めて市民国家を作った。王権が統治している時代は、王対臣民の二身分しかなかったが、市民国家が成立すると政治的、経済的共通価値観を有する国民を、国家の基盤とするようになった。国民は従って抽象的概念であるから、国民共通の価値観が崩れると国家が分裂しやすい。昨今ではウクライナの分裂騒動がよい例である。ここでは、共通価値観が民族であったり、文化的基盤であったりする。すなわちそれらの価値観は、市民国家が基盤とする政治的、経済的な抽象的共通価値観ではない。

国家の主権の存在起因を、国民の主権（国家が個人の活動に介入しないための担保制度としての憲法設定権）から説明したい。つまり国民の代表[4]により国家が主権を行使すると考える。しかし、市民の権力全てを国家に付託したのではなく、市民の自由や公益を保護するため必要限度内での権力委託である。私的な領域では、抽象的な国民はそれぞれ顔の見える個人であり、その領域では自由に自己決定できる。

そのような公私二領域に分ける考えが、リベラリズム（liberalism）である。このため、私的領域では自己所有の原則に基づき、財産権の自由が説かれ、経済的自由が大きく認められる。また、今の点だけに限ればリバタリアニズム（libertarianism）は、リベラリズムの一つである。リバタリアニズムの考えでは、公的領域を占める国家は、私的領域の個人の権利と自由を保障するための介入に限られるべきとし、私的領域における経済的市場取引によって、各個人の経済的差違を解消すると考える。従って、リバタリアニズムは、国家による福祉面での資源の再配分を認めないので、この点でリベラリズムとは異なってくる。

一方、公的領域に個人が積極的に加わり、自らが公権力の構成や執行に参加する考えを、リパブリカニズム（republicanism）という。リベラリズムでは、公的領域と私的領域の関係では、いわば消極的自由保障であるが、リパブリカニズムでは、私的領域の個人が公的領域に積極的に出張り、公的領域を占める国家権力への参加により、私的領域の個人活動を保障しようとする。リパブリカニズムの考えでは、私的領域での個人を中心とした私的利益の追求が行われるが、公的領域では私的利益を超えた社会共通利益を追求するとする。リパブリカニズムは、個人が結合・共同してそれぞれの個人を統治することであり、仮に個人全員が参加したとしても（直接制：古代ギリシアのポリスが例）、その共通利益や目的の達成と決定には全員一致はありえなく、結局多数決かいわゆる「声の大きい」構成者の決定に従う危険性がある。また、国民の代表する国会議員が構成する議会が国民の名で主権を行使する制度が創られる（代表制）。我が国の憲法は、ある特定の地域に適用される法律を制定する際の住民投票制度、憲法改正の国民投票制度など直接民主制を取り込んでいるので、半直接制、半代表制ともいえよう。

以上みてきたように、リパブリカニズムは個人の自由を最大限認める自由主義とは相い対立する概念である。

文化芸術活動は、個人の自由（創造、表現、制作面での精神的自由）と自己決定権がきわめて重要で、リベラリズムの考えはその根拠となりえる。特に、文化芸術活動では特定のあるいは単一の価値観を認めず、多元的価値を認め、その価値観にもとづく文化芸術活動の競争を通じてお互いに認め合うので、特に価値表現の自由は他の自由に対して優越するとするリベラリズム思想に合致する。一方で、経済活動面での自由思想が進められると、福祉的資源の再配分機構が働かなくなることも考えられ、文化芸術活動といった精神的自由への経済的圧迫と成り得よう。

1.3　国の文化芸術活動への関与と方策

文化芸術活動は、精神的自由が拠り所であり、そのため基本的には私的領域の活動である。その活動領域に公的領域の国家が介入する際、現在では第2次政界大戦以前とは異なり規制的手段でなく、役務、資源（金銭）の給付といった給付的行政が行われる。

我妻は戦後憲法制定後、憲法第25条から28条までの権利を「生存的基本権」として、「自由権的基本権」と区別した。前者は「自由」を、後者は「生存」といった土台をもち、後者は国家が積極的に介入することはできず、国家の不関与・不介入を要求する権利であるが、前者では国家が積極的に関与して実質的自由・平等と幸福の追求の理想を実現するとした。また、後者は文化国家の一員としての生存であって、戦前のような救貧的制度ではなく、社会に生を受けた者の当然の権利であるとした。しかし、生存的基本権の国家への請求権は、国家が請求権実現のための法整備を行ってはじめて国民は請求権をもつとして、プログラム規定説を採用し、のちの学説に影響を与えた。宮沢は、我妻が生存的基本権と呼んだ権利を社会権として捉え、国民に対して人間として生きる生活の保障を国家が義務づけられたと考えた。

社会権は、国家による介入行為の排除を求める自由権的側面と請求権的側面が存在するが、文化に関することとして、請求権としての「健康で文化的な最低限度の生活」の内容を考えたい。請求権を発生させるその法整備的側面としては、生活保護法に基づく厚労大臣の生活保護基準がある。裁判事例では、この基準を覊束行為として捉えるか、あるいは厚労大臣の幅広い裁量行為として捉えるか、また基準にしても最低基準について裁判所が審査可能であるかが論点となっている。

さらに、新しい権利としての環境権については、憲法第25条の生存権、憲法第13条の幸福追求権を併せて、「自然環境との関連で発生する人格権」「生物的存在としての生存権」であると考え、良好な環境を保全することが人権の固有価値と結びつくとする。ここでは、自然環境だけでなく歴史的・文化的環境を含める考えもある。

以上の考えから、文化芸術活動を社会権や環境権に結びつけ、ここから国家への請求権としての文化芸術助成を考える見方が発生する。憲法上の権利条項が単なる国家に対する自由権への侵害阻止に止まらず、積極的関与（義務づけ）を与えるならば、特に文化芸術関係は価値が定まらないため、国家の価値基準が強制されないとも限らない[5]。

杉原はこれに関連して、現代市民憲法の文化に関する規定として、一般傾向を述べている。それによると、文化的諸活動とその成果の保証のためにとられている自由権の保証が維持されるだけでなく、強化される傾向にあることである。更に、社会経済的弱者の文化的諸活動について物質的基礎を確保しようとしていることが言われる。社会経済的弱者に限定されることなく、公的・積極的な援助・助長の方針が存在する憲法として、ドイツワイマール憲法、フランス第４共和国憲法、イタリア憲法の規定を例示として挙げている（以上、杉原泰雄『憲法の「現在」』(2003)))。当然、「国や地方公共団体は、文化の人権性・自立性を尊重して、その内容や方法等の評価に介入してはならない」とする。

文化芸術活動にはもともと絶対的価値観がなく、活動者の自由な側面が活動の基盤であり、そのこと自体が存在理由である。個々の価値観（思想性[6]）を含んでいる。そこが経済的な基準で定めた生活保護基準のような審査になじむ定量的給付を行うことはできないところである。かりに、保護基準に年○○回映画を見る、芝居を見る、といった鑑賞者対象の給付基準を策定したとして、その基準の根拠は何か。文化芸術の鑑賞者たる消費者とは異なり、芸術家といった作者は同一ジャンルの芸術家とくらべ、どの程度の収入が保障可能かといった比較基準で給付を行うのか。優れて定性的価値観的給付水準にならざるを得ない[7]。

地域住民の置かれている社会的価値観や住民相互の共通認識面で歴史的・文化的環境に対する考え方が相当異なることが予想される。伝統的建造物群の指定において、新住民にとって利便性のためには古い家屋は壊した方がよいが、昔から住んでいる旧住民は、日常生活の拠り所となることがあり、地域住民同士の利害の衝突となる。仮に環境権が規定されても国家への請求過程での困難が予想される[8]。

いずれにせよ、文化芸術は創造する芸術家やアマチュア活動家の思想性が芸術作品として化体され、それを鑑賞者や一般個人が鑑賞する一連の過程をいうから、その過程ごとの自由が重要なのである。すなわち、創造することは内面的精神的働きであるから、国家は介入できない。

一方、芸術作品はその主観性・思想性が高度に結実し化体されたものであるが、人間が五感でもって物理的に感じられなければいけない。そして、その芸術作品を通じて鑑賞者は制作した芸術家が込めた主観性と思想性を理解するのである。いわば、芸術作品は一種のメディアであって、芸術家と鑑賞者を仲立ちする物理的存在である。とすれば、発表する場所・時間が国家から自由でなければいけない。過去、江戸幕府は歌舞伎興行を禁止するにあたり、歌舞伎俳優（これは実演芸術での脚本（作品）を現実化する人たちである）の拘禁、劇場の廃止や閉鎖を行った。明治政府は壮士芝居等が政治的演劇であることを理由に、警察官を立ち会わせ、劇場での俳優の台詞言い回しを適宜禁止した。

つまり重要なのは、国家が介入することなく芸術作品を発表することを保障することであり[9]、その観点から表現の自由が重要である[10]。表現の自由への国家介入の審査請求面では、裁判において審査庁（裁判所）による、表現内容の範囲の確定と厳密な審査基準の採用が重用視されるのが通常である。これは、言論の自由な場所でのやりとりによってこそ真理が追究されるとの考えによる。しかし、表現者・発表者の社会的財産的地位によって、必ずしも真理が生き残るとはいえない。

表現の自由に関しては、第２次世界大戦以前では国家が介入した歴史がある[11]が、これは規制型行政（取り締まり）の典型であった。戦後は給付型の行政が行われ、ある基準を満たす文化芸術団体には助成が行われるようになった。一方で、助成は申請型のため、助成者に対して表現場所等の制限を付して表現の自由に干渉するような条件を付する場合もある。給付型行政は、ある特定の価値観や基準（優れた作品とか地方活性化に役立つとか）にもとづく給付とならざるを得ないから（すべての申請者に一律平等に助成することは財源の観点から無理）、国家の価値誘導ともいえる（パターナリスティックな視点）。申請者が、国家の助成を受けやすくするため、あえて助成内容を国家の価値基準に合致させて申請する可能性もある。これは、経済学でいう合理的期待形成[12]である。

憲法は、表現の自由保障以外に思想・良心の自由を保障する。文化芸術活動は、その思想性自体は精神的活動であるから自由なのは当然であり（頭のなかは覗かれないから。内心への国家介入絶対禁止の原則）、文化芸術作品の発表の仕方が自由であれば文化芸術活動の自由といえる。憲法第19条において、思想・良心の自由を保障し、個人の内面的精神作用に国家が介入することを防いでいる。文化芸術活動と思想・良心の自由との関係を考えると、単なる頭の中での精神活動や思想性の醸成への不可侵だけでなく、制作者の意に反した表現の表出行為（国家からの本人の意図しない、あるいは思想性に反する芸術作品の制作や実演芸術の発表）は、内心とも一体である表出面から考えて、思想・良心の自由が阻害されたといえよう。

国家との関連で問題となるのは、規制型行政でなくむしろ給付型の行政である。給付自体を「特権」として捉えるなら、権利でないので国家は給付をする義務を持たず、給付の裁量は国家がもつ。この時、国家対当該助成対象団体の法的関係は、私間の契約ともいえよう。すると契約自由の原則から、国家が対象団体へ条件を付することが可能となる（違憲条件法理）。一方で、申請するかどうかの裁量は、芸術家や制作者にあるので、給付を条件としてある一定の表出行為に制限を加えることが考えられる。具体的には、芸術作品の発表等の場所・時間などの制限と発表者（実演芸術が大方であろう）への制限や拡大である。しかし、後述するように、現代では国家（地方自治体を含む）の文化芸術活動への助成は、文化芸術に関する専門家（同分野の芸術家がもっとも多い）が助成の審査に当たり、その結果をそのまま行政庁が補助対象者として決定する仕組みが整っており、またそのように運営されているのが通常なので、国家から文化芸術への介入はあまり深く考えなくても現在のところよいと思われる。ただし、地方自治体レベルの助成では一部行政庁で内部的に審査にあたり、その審査内容を公開していないところもある。

そのような観点から、予算の縮減による補助金削減と削減対象者の決定が、専門家集団による決定でなく予算執行者としての行政当局のみで行われる場合は議論を呼ぼう[13]。国においても、予算の縮減・廃止による芸術団体への補助廃止等は、予算管理者としての権限で行われる。給付は、専門家集団による慎重な箇所付けであるが、廃止等は予算執行者としての権限で行われることに違和感がないだろうか。

1.4　私人間での思想・良心の自由問題

国家からの文化芸術への介入は、現在では地方自治体のあるいは地方自治体出資の団体からの助成問題を別とすれば、むしろ、問題は国家と個人間でなく私人間同士の介入にある。以下、思想・良心の自由問題に関連して私人間の介入・侵害問題を取り上げる。

我が国の文化芸術活動には、伝統芸能分野では江戸時代に確立された家元制度がある。花、茶、踊、歌、香等は確固たる家元制度がある。その基底には芸道といった考え方がある。芸道は室町時代に初めて用いられたといわれている[14]が、芸とは、形態として実演芸術であり、その発表の仕方、具体的方策が芸道である。芸道には規範性のある型があり、それは当該芸の優れた創出者の表出の仕方をもとに時間を経て公認・認知・評価され確定されたものである。従って、芸を学ぶ者はまずその型を学び、最終的に、創出者の境地に至るようになるまで、芸道の階梯を上っていく。この特質からみると、芸道では実践する者を中心に据え、その芸の鑑賞者は芸の実践過程ではとりあえず射程外である。この理由はこれらの芸がもともと上層階級の遊びとして行われ[15]、のちに江戸時代に一般大衆まで拡大し、家元制度が確立したところにある。この点、演劇・音楽などの実演者と鑑賞者を二項対立的に考える実演芸術と異なっている。この場合、実演者と鑑賞者との特殊な関係を劇場空間といい、実演者と鑑賞者を含む一定のフレームを考え、その空間では実演者と鑑賞者間で芸術作品を媒体としてコミュニケーションを行う。

しかし、芸道の分野では、芸の表出の仕方である実演が重要で、実演者と鑑賞者間のコミュニケーションは二の次である。従って、優れた芸の表出・演出を規範的型として門人に師匠が伝承した。この伝承手法からみると、師匠は門人に芸道を伝承させる義務もあるが、反面伝承に伴う権限もあった。一般に芸の実演の伝承手法は、文字情報だけでは足りないので、口頭さらには師匠の実演を間近に見て学ぶしか方法がない[16]。芸を学びたい被伝承者が少ないうちは、師匠対弟子間の密接なコミュニケーションで伝達可能だが、江戸時代中期になると、茶、花、踊等の芸道を実践する人口が急激に増加したため、その伝承は師匠と弟子との密接なコミュニケーションで実質的伝承をするのでなく（芸さえ伝われば外見的書状の交付など関係ない）、免許皆伝といった書状でもって権威づけられた家元から伝承の証明書が出された（書類主義、ヴェーバー（Max Weber）のいうところの官僚主義）。すなわち、マス・プロ教育的になったため権威が必要となり、その証明としてその芸道を始めた、あるいはその中での非常に優れた芸道実践者の名前が権威の根拠付けとして使われたのである。一般に文化芸術が発展し新規な芸や創造的な芸が表出するためには、従来のパラダイムを批判的に継承することは一つの重要な要素となる。一方、ある型を師匠のまま伝承することは、伝統という名の芸に対する一種の拘束である。

このように、江戸時代中期から茶道の一部などに一子相伝（一の子のみの完全相伝で、必ずしも長子が相伝するわけではないし、血縁関係のみならず養子も相伝した）が生じ、現在の家元制度に繋がっている。なお、雅楽、能楽は、茶道より古いが、もともと一子相伝形式である。剣術から剣道となった武芸では、完全相伝（師匠から全ての型を伝承され、伝承された者は免許状賦与権限も与えられた）だったので、新しい流派がさかんに創出し、江戸後期には200流派を超えた。これは、他の流派と異なることが師匠の創造性であるとの共通認識が剣道を学ぶ者にあり、他流試合が盛んに行われ、それが目に見える形で勝負がついたので、新形の剣術が開発され易かった土壌があった（伝承の秘匿性に対して公開制という）。

以上のように型の伝承ということが芸道の伝承の本質となっていることに対し、文化芸術には本質的な批判精神と創造性からくる型を超えようとする基質があり、芸道と文化芸術はその伝承形態において相克するところがある。その緊張関係は、具体的な局面では型を逸脱した実演の実施に対しての破門、免状取り消しあるいは免状回収などに現れる。

このような事態に、憲法第19条は直接適用可能なのだろうか。芸道を学ぶとき（門弟になるとき）、家元との型の伝授の必要性がいわれ、伝統的形からの逸脱する行為の禁止が私的に契約される。この契約が憲法第19条の思想良心の自由に抵触するのかどうか。家元が巨大な組織であり、かつ破門状態になった際、教授権や門弟募集が出来なくなるため、経済的困窮が予想される。破門等不利な行為は、文化芸術のもつ新規性・批評性・創造性といった本質に照らしても（憲法第19条の直接適用は外においたとしても）、家元はその門弟に対する大きい支配力があるので、家元が門弟に対して破門等を行うべきかどうかは、慎重な判断が必要であろう。家元制度のない剣道流派などをみても伝承は行われているし、伝統文化として興隆している現状がある。

ただし、思想良心の自由の問題から、芸道に触れるのではなく、憲法の私人間契約への適用問題として扱うことも出来ようが、ここでは文化芸術の思想性や表現性を考えているので、一応外に置いておく[17]。

1.5　行政への視点

戦前の行政学は、1921年に東京帝国大学、京都帝国大学の両法学部に行政学講座が設置されて以来、前者はイギリス行政学の影響で実証主義的研究を、後者はドイツ行政学的な観念的研究の影響が強かった。戦後、アメリカの占領により、行政学もアメリカ行政学の影響を受けた。従来の伝統的行政学と移入されたアメリカ行政学の違いは、アメリカ行政学は行政学から政治的側面を切り離したところにある。そうすると、行政活動も民間私企業の活動も、同じように組織の管理（administration）と経営（management）の観点から同じように考えることが可能で、官民と区別せず組織の管理運営上の共通の課題を追求できる。一方、ドイツ行政学では、国家が統治対象としての国民という一方的な権力関係の中で行政を考えて、国家行政を考察する。従って、アメリカ行政学では、その研究対象が政策の執行過程や組織論が中心となる。すなわち、執行過程における行政対象の絞り込みとその対象に合わせた的確な資源投入、投入後の効果測定と投入物（多くは金銭）との比較考量が行われ、企業経営で開発されたコスト・ベネフィット（費用効果）分析が適用される。このようなアメリカ行学の視点から行政を見る限り、行政のもつ権力関係が見落とされやすく、政策目標と到達、それへの投資予算と効果といった技術論的な分析に陥りやすい欠点がある。

近年では、企業経営手法の費用便益分析が、イギリス、アメリカの行政学の影響で我が国の行政現場に持ち込まれた。行政行為を企画と実施（現場）とに分け、後者の部門を独立行政法人化して民間企業と競争させ、実施経費の削減を行いやすくするように、実施分野の規制緩和が行われている。

もう一つの動きとして、政策指向が強まっていることがある。文化行政から文化政策へとのかけ声が、1990年代初頭より行政現場から沸き上がってきた。文化行政は、従来、国と芸術団体・鑑賞者としての住民という統治関係で支援や規制行政が行われてきたことが、インクレメンタリズム的な既得権益を温存するように働くと批判された。これからは、到達目標を掲げそれに合わせた資源投入を行うべきで、目標を策定する際は対象者の明確な決定と対象者の行政需要に合わせて、結果評価を行うべきであるという考え方が生まれた[18]。これとあわせ、実施部門では民間事業者も参加させ、従来の文化施設（地域のホール、図書館、美術館など）と競い合わせ、結果として利用者へのサービス向上を図ろうとすることに目標があった。まさに、戦後導入されたアメリカ行政学の実践場といえよう。この議論では、「行政」ということば自体の「政策」への変更が唱えられ[19]、文化庁でも総務課に政策室が、後には政策課が作られた。1990年以前には、霞ヶ関の諸官庁にも政策課という名称は調整官庁を除くと少なく、大方は総務課、企画課、庶務課、調整課という名称であった。それが、90年代の10年間を通じて、行政改革で調整官庁が実務官庁に吸収されるのに併せて、政策課が林立する。

しかし、アメリカ行政学おいても、あくまで政策とは、行政行為として行政対象に投入する資源とその投入の方策であって、「行政」が「政策」より意味するところが狭いとか、システマチックでないとかというものではない。すなわち行政と政策はそもそも同じレベルで比較できない。そのことは、政策を意味する“policy”が、企業のポリシーとか私のポリシーとかのように、行政部門のみならず使用されていることからも理解できる。この場合、行政の方が政策より広い意味をもつ。少し、敷衍して行政の内容を分けると、行政制度、組織管理、行政のアウトプットと

図1-1　行政作用と政策との相違

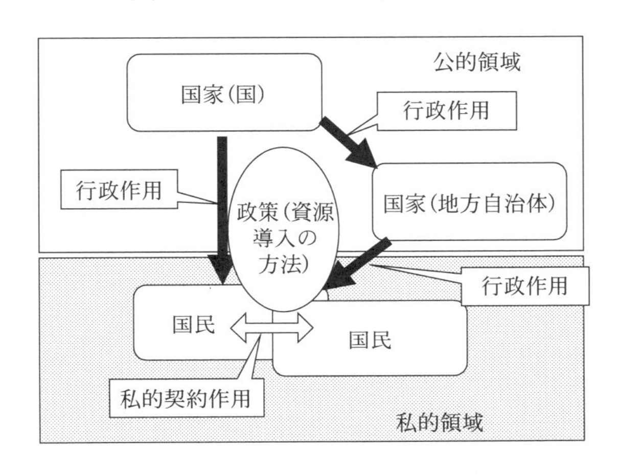

（出典）筆者作成

しての行政サービス（狭い意味での政策）に分かれる。

現代経済学が古典力学を経済事象に適用し成功したように、政策学は自然科学の考え方を行政面に応用する。つまり、政策は、演繹（モデル化）と実証（エビデンスによる証明）の繰り返しである。そこでは、主体（作用するもの）と客体（作用の対象とされるもの）と作用の内容が規定される。先ほど述べたように、企業にも個人にもポリシーは存在する。つまり、主体が行政機関であり客体が国民・住民である場合もあるし、また個人が主体で個人が客体である場合もある。行政作用という場合は、国家の目標（究極的には国民の最大幸福の実現だろう）に沿って、国民に対して、利用できる資源を最大限活用して目標を実現することであろう。政策は自然科学的手法を取り入れているので、現象の連続性とその一連の現象の連鎖に経験的あるいは理論的法則性を見出し、その法則性を使用して未来を予測し、因果関係（関連性）を見出す。従って、その事象の把握には多くは数量的計測を用い、作用させる対象物をその法則性に従って、投入物質で変化させ、その結果と当初目標とした事象との比較に応じて、試行錯誤で目標に接近するまで資源を変化させて投入する。このとき、対象物の把握、資源投入後の変化の度合いについて、定量的観測を行うが、これは内容の変化をある実数に変換しているわけである。従って、その変換の方法が適切でないと、測定不可能となって対象物を把握できない。

また、対象物をどのような範囲に捉えるか、つまり作用対象としての認識の範囲が問題となる。行政から政策へと動きの中で、政策指向ということがいわれた。宮川は政策指向を、「政策プロセスを適当な研究課題と認識し、主として意志決定の流れを合理化しようとい希望をもつ」ことと定義づけている。さらに投入資源、状況判断、対象物の状況とその変化を測定する情報ニーズの把握が、政策科学に含まれるという[20]。

従って、文化行政から文化政策へとのかけ声は、むしろ広領域から狭領域へと、俯瞰的な見方からミクロ・スコピックな見方となる可能性がある。つまり、行政がテクノクラート的技術者集団になる可能性が高い[21]。従来の行政学が射程に入れていた政治との関係、国家権力としての行政作用、国家と国民との関係といった分野がすでにあるものとしての前提で語られ、それをア・プリオリに認めた上での目標設定と資源投資（予算、制度、規則策定）、効果と投資額との比較考量といった領域に限定されてしまう[22]。文化政策への指向性を語る中で「文化政策は、市民一人一人の自覚的な文化活動を支援すること」と定義し、「「経済人」モデルでなく「文化人」主体の文化経済学への試みであり、・・・・重層的なネットワークによって担われる」との考えがある[23]。これは当然な考え方であり、ここでは、政策自体の手法について述べていないが、その対象物が従来の文化庁所掌事務の行政対象以外の拡大された対象物を含んでいるからである。つまり、政策は手法として自然科学的手法であり、その対象物はその政策目標とする範囲で自由に把握すればよいからである。しかし、政策科学は宮川のいうように、自然科学的手法を用いる限り、その目標設定と対象物の定量的把握による法則性にもとづく資源投入でしかない可能性は否定できない。

さらに、政策作用自体が公私間のみならず、個々人間に広がったので、一見、文化行政より文化政策の方が幅広い概念だと見える。また、対象物が「文化」のような非常に概念の広い、また個人によって捉え方、価値観が相違しているものは他の行政対象には少ない[24]。従って、政策対象として、いくらでも拡大可能である。政策主体者が国家から私的領域へ広がった時期と文化の政策指向の時期が奇妙に一致している。それがちょうど1990年頃であった。それは、「文化の行政化」「行政の文化化」「地方の時代」で唱えられ始めた個人レベルの文化活動が10年ほど経て盛んとなり、重層的な文化ネットワークとなってきた。しかも、90年代にはいりそれを下支えするNPO等民間団体も活発に活動し始めたので、文化への政策主体が、行政以外に個人、NPOの私的領域まで拡大したからである。

行政のもつ自由裁量の幅が、立法・司法と比べ格段に大きいので、行政対象を取り巻く諸利益集団と行政が結びつきやすい。行政の自由裁量権の拡大のため、行政から政策への指向が以前に増して立法府（あるいは政権党）と相互依存状況を作り出すことになったと指摘できる。行政を執行するための予算は、立法府で議決されるから、予算議決権をもつ立法府との結びつきは、行政のインクレメンタリズムと前例踏襲主義とあいまって、行政部門の予算的拡大と人的膨張を来す。

戦後の我が国の行政学の重要な視点として、自由裁量権の不適切な拡大による国民の権利の制限が行われた戦前の反省も込めて、行政の自由裁量行為を研究対象と考えた。一方、アメリカ行政学の視点は、先述したように行政過程（あるいは執行過程）を対象とし、行政の効率性についての議論が多い。当然、その過程において、誰が執行するか、どのように執行するかが重要であるから、意志決定過程がもっとも重視される。

行政での問題解決過程を文化面で見れば、議会（国会や地方議会）、住民、民間芸術団体等による政治的争点の提起がまず発端となる。ここでは、政治的争点とは集団的内部における統一的秩序形成を妨げる問題である、としておく。つまり、当該集団の秩序を破壊し、あるいは乱す争点が浮上し、その解決には集団個人の力や権力者一人の力では解決できないことを意味している。秩序とは集団内の決定が集団構成員を拘束することを意味するが、秩序が混乱したときは、秩序回復作用が当該集団内で形成されると考える。つまり、集団の外部からの力で秩序が回復するのでなく、自立的秩序回復が行われる。言うまでもないことであるが、その回復作用には、有限の資源で解決されるという暗黙の前提がある。すなわち、未だ発明されていない技術を用いるとか、用意できない莫大な金銭を必要とするとかは回復のために用いられる資源には含まれていないので、非常に実践的実務的な回復作用を考える。

政治的争点が惹起されるときは、集団あるいはその構成員のまわりの環境が大幅に変化し、その環境変化に伴ってその解決策として政治的争点が浮上するケースが多い。文化行政の例として、2012年に成立した劇場法を回復作用の政策例にとろう。劇場を巡る環境変化として挙げられるのは、劇場法が成立する20年以上前から、公立文化施設特に劇場やホールが地方自治体の建設ラッシュにより増加したこと、それにくらべ劇場等を運営する運営費（ソフト費）が減少、または横ばいとなっていること[25]、劇場を使用する音楽団、劇団等芸術団体の経営が、鑑賞者層の減少により厳しくなったこと、劇場の運営を行う専門職が少ないこと、劇場に来訪する鑑賞者が質の高い公演を希望するようになったことなどである。

これに対し、国（文化庁、芸術文化新興基金、（一財）地域創造等の芸術団体への支援組織）・地方自治体では、文化への予算が減少あるいは横ばいであったことから、制作者である芸術団体や芸術家から鑑賞者が集まる公演場所である劇場への直接の支援を行うことにより、効率的予算運用が希望された[26]。このとき、政治的争点となるためには、先ほどの環境変化がどの程度、行政あるいは政治部門に認知されたかが条件となる。これらの環境変化は、従前より文化関係者・地方自治体関係者間で知られていたことであった。それが政治的争点（agenda）となった背景には、平田オリザの内閣官房参与への就任と平田を中心として、演劇界の人たちが各地で劇場を巡る問題点を声高に発信[27]したことで、その平田私案という劇場法の概念が芸術家集団をこえ、多くの演劇好き・音楽好きの国民の間で話題となったことにある。劇場法は特定の劇場に政府予算を給付し、そこで優れた作品を創造し、それを近隣の劇場に回すというスキームであったため、政府が特定の芸術作品を優位させ、逆にそうでない芸術には劣位に置くという、芸術内容まで踏み込んだ支援であるとして、演劇界を中心として賛成反対の議論が強く起きた[28]。

一般的にいうと、芸術のジャンルでは、演劇は劇作家（脚本）や演出家の思想性が強く出る。音楽は、抽象的な音声で表現するため、音楽家や演奏家の芸術作品における思想性は表出しにくい。戦前、治安維持法で検挙された演劇人は多いが、音楽関係者はたった一人であったのもその謂いである。従って、音楽界より演劇界の方が、平田個人が劇作家という出自であるのも含めて、議論百出であった。

この演劇という芸術ジャンルの特徴と平田が内閣官房参与ということもあって、優先的政治的争点となり、劇場の事業活性化策の具体的解決策が絞り込まれる。これが狭い意味での政策である。イーストンは、この争点がしだいに絞り込まれて具体的政策へと転換する過程を、変換過程と呼んでいる。具体的政策決定には、実務的作業が欠かせない。実情調査と利用可能な資源の探査は、現場を知悉する行政庁でなければ不可能で、更に、具体的政策メニューの提示はできない[29]。つまりこのとき、文化庁は大きい役割を果たすのである。さらに、その絞り込み過程で、ある程度利害調整が関係者の間で行われる。

1.6　地方分権と中央政府

我が国の行政制度は、中央政府と地方政府（都道府県、市町村）に分かれている。憲法第8章に地方政府の枠組みとして、地方自治制度が定められている。戦後の憲法制定の経緯から、我が国では、国から地方の行政権の一部が地方自治体に授権の形で与えられたと思いがちである。アメリカでは、都市憲彰（イギリス国王と植民地としてのアメリカの各都市との契約）が、独立後各都市の条例となり、それを根拠に州議会が国とは異なる独自の条例を制定することができると考えられるようになった。この歴史的経緯が、アメリカの地方自治制度に結びついている。その制度が20世紀に入ると、地方自治制度の保障制度とも考えられるようになり、その思想が戦後我が国に導入されて憲法の規定となった。現憲法の制定に際して、アメリカの政治制度の影響が大きいので、我が国の地方自治体は国と行政制度が異なる大統領的行政制度を採用している。そのアメリカ由来の地方自治制度の導入の沿革からみると、我が国の地方自治制度は、国から地方自治制度が与えられたというのではなく、むしろ地域住民の主権から派生しているといえよう[30]。

一方、明治憲法時代の地方制度では、地方官制と府県制、市制町村制、郡制で定められたが、府県の知事、郡長は官選であり、市町村長は議会による選挙に拠った。また、国との関係では、府県郡を国の地方行政官庁とし、市町村長を地方行政官庁に準ずる官庁として、機関委任事務が行われた。これは、戦後の地方自治法に引き継がれ、1999年の地方自治法改正（地方分権一括法）によって、機関委任事務が地方自治体固有事務と法定受託事務に整理されるまで続いた。従来の機関委任事務は、国の事務を代理して地方自治体が行っている建前であるので、その事務に対する権限は国にあり、そのため地方自治体向けの多くの通達があり、いわゆる「通達事務」といわれた。機関委任事務の廃止で、法定受託事務も地方自治体事務となり、通達の多くは廃止され、また、存続する通達の「技術的助言」文に改められた。

すなわち、国（文部科学省）が文化行政の適用範囲を、従来の文科省設置法による範囲としても、地方自治体は自由にその文化行政範囲を考えられるようになった[31]。地方分権改革は、地域の実情に応じた住民サービスの提供という観点から、必置規制を廃止したほか、全国一律の画一化から多様化が図られた。しかし、その一方で事務組織の簡素化と合理化、定員削減が図られ、地方自治体の行政改革を推し進めることを促した。その後の文化施設の指定管理者制度も結果として、人員の削減と経費削減の解決策の一つとなった。

1999年の地方自治法の改正によって、第１条の２に、地方自治体の自主性・自立性によって施策の実施をおこなうべきものが規定されている。同法の地方自治体の包括的な事務範囲の規定と併せ読むと、地方自治法で規定されていない、明文化されていない自治事務や、それを執行するための組織・人員については、首長や地方議会の裁量範囲として、自由に定め得ると理解される。この自由裁量行為の観点から、首長による文化団体への助成措置など、給付型行政面で、住民の意向による助成額の増加や財政面の視点からの減額措置が行われていることが多い。また、地方分権一括法の根拠となった1997年の第２次地方分権推進委員会勧告では、「地域づくり」が強調され、その後の地方自治体の施政をみると過疎対策、少子高齢化対策、地域経済政策など地域活性化が中心となった観があり、そのための手法としての文化活用が重要な政策資源となっている。そのため、文化芸術団体への助成条件として、地域活性化が盛り込まれることが多い。文化芸術の本来の特徴として、批判性・創造性があるが地域活性化を目標とするため、文化芸術の性質自体を歪めさせるような事態が生じている地域もある。

文化行政に関係する戦後の変更点とてしては、都道府県市町村教育委員会が設立され、従来首長部局で行われた文化行政（文化財保護がほとんどで、思想的規制も戦前にはあった）も法律上は、教育委員会となった。しかし後に述べるように、1970年代後半から、文化の行政化、行政の文化化運動が起きると、首長部局での文化行政が、教育委員会文化行政と衝突したほか、教育委員会を助言する文部省と首長部局に関与する自治省との国レベルでの文化行政を巡る行政分野の主導権争いが生じた[32]。

また、財政面では、1949年に来日したシャープ税制調査使節団によるシャープ勧告により、国地方の財政制度調整として地方均衡交付金制度が提言された。そしてそれを深奥とする地方交付税制度が、1954年に創設された。これは、所得税、法人税、酒税の一定割合を地方自治体にその財政窮乏に応じて国が配布する方法で、交付を受けた地方自治体において、補助金と異なり、その使用目的に制限がない。しかし、地方交付税交付金の積算根拠として、標準地方自治体の行政経費が根拠とされているため、自治体による特徴的な政策は採りにくい。つまり、文化行政のように法的裏付けの少ない裁量行為的分野は、財政窮乏地方自治体では、交付金を回すことは少なくなる傾向を生んだ。

このように文化に対して、財政的にも冷淡であった地方自治体が多い中で、1970年代中頃になると、首都圏・阪神圏では、都市住民の文化芸術への欲求とそれに政治的に応えようとする革新首長があいつで生まれた。革新系首長は、住民の文化需要と高度経済成長による環境悪化への反省を新たな政治的課題として、行政面での文化的要素の考慮と総合行政対象としての文化[33]、地方から文化発信（劇場などの公立文化施設の建設と音楽団などの文化団体の設立と支援）を目指した。また、彼らは、都市重視、重工業等の産業中心時代[34]から、「地方の時代」の標語の下、生活重視、ソフトインフラ重視といった住民重視策へと政策転換を行った。

しかし、これは革新系首長のみの運動ではない。また、時の大平総理の田園都市構想による中央の政策交代の動きに、自治省や自治省関係の知事たちも敏感に対応し、地方行政の政策手段として、文化を行政に取り込むようになった動きも見逃せない。

1970年代の地方文化の重視の発生と、発展過程を考察する従来の考え方では、革新系地方自治体首長に松下圭一たちの市民文化論（地域個性文化をつくろうとする行政への市民参加型文化活動運動で、文部省の社会教育行政と対抗した[35]）が影響を及ぼし、「文化の外的条件整備でなく」「行政の文化水準向上と行政の自己革新」として、環境、景観重視政策になったと理解されている。山崎正和は、我が国の地方文化は、明治政府以降の国からの輸入文化の全国的展開の前に風前の灯火となっていると述べている[36]。山崎は、地方文化、地域に根付く伝統文化を中央文化から守るためにも、地方からの文化の創造と発信が必要と主張し、梅棹忠夫などとともに地方文化重視[37]の旗頭であった。また貝塚兵庫県知事も埼玉県、京都府、大阪府等の知事と一緒に地方文化重視政策を打ち出し、山崎に兵庫県立芸術劇場の開業・運営への協力を依頼した。当時は自治省も地方自治体重視の立場から、行政への文化運動に理解を示した[38,39]。

この当時の主張には、地方文化を中央文化と対立的に見る見方が存在した。そのほか、文化ホールの建設を住民の文化受容体の整備として単純に政策課題として考えた地方自治体も多い。当時の地方自治体の文化振興策の考え方には、現在のような地域社会がもつ固有の文化や価値観を尊重する文化振興とは、根本的に異なっていることに注意する必要がある。現在、多くの地方自治体では、郷土や故郷への住民の愛着や地域共同体としての住民の生活と閉鎖空間としての地域社会の基底にあるアイデンティティを考慮しながら、地域独自の文化を育てる政策を採用している。

1.7　市民運動としての文化の行政化運動

1970年代後半から、地方文化の発信ということが提唱されたが、当初はほとんど革新系地方自治体を中心であった。しかもその地方自治体は大都市部の地方自治体であった。その運動は、一般に「行政の文化化」「文化の行政化」運動といわれ、運動している人たちは住民でなく市民と名乗っていた。もちろん、○○市民という形式的市民もあるが、彼らにとっていわゆる「市民運動」の一環として、地方自治体を巻き込んで行政の文化化運動を行っていたのである。

市民運動とは、職、年齢、性別、学歴、イデオロギーなどによって差別されない政治運動である。もともと市民とは市民革命で中心となった商工業者（ブルジョアジー）であったが、市民革命後は市民社会建設へと動く。市民運動の特徴は、統治機構（あるいはそれを代表する首長や議会）に対し、大勢の組織力を誇示し、あるいはマス・メディアを使用して世論に訴えることにある。我が国では、新安保反対運動が最初の代表的市民運動であるが、その後、公害反対や行政への住民参加などその運動とする目的は、非常に幅広く多様的である。また、文化関係に限ると、行政の文化化運動は、大都市部やその周辺部で行われ、参加者の多くがホワイトカラーや都市住民であったため、市民文化という標語が使用された面もある。

特に都市化が急速に行われた大都市部（首都圏、阪神圏）は、サラリーマン層という均質化された住民を大量に生み出した。彼らが、地方の閉鎖空間とは違う特定の地縁や血縁、人間関係から切り離された均質層の住民達が文化という一つの価値に向かって運動を行ったのである。

そのような視点から、文化の行政化や行政の文化化運動を見てみると、文化行政への市民参加の形は、運動する側の住民側からも、首長を中心とする行政側からも、政治的主張を唱えるわけでなく、参加の態様や目的、住民重視など市民運動として行いやすかったから、1970年代に多くの地方自治体で展開されたともいえる。

まず、運動する側の市民は高学歴のサラリーマン層、あるいは主婦であった。運動の背景には、雑誌、新聞、TV等のマス・メディアの普及と進展による早い情報伝達といったマクロ的社会要因（一律化）と個人（ミクロ）レベルでの所得（現金所得）と自由時間の増大、趣味の拡大などの多様化があった[40]。また、行政側としても、もともと行政対象としての文化は、文化自体の定義が曖昧であり、当時は文部省設置法に定義されている程度であった。それ以外には、文化の法的定義はなかった[41]。行政対象が曖昧なので、非常に行政・裁量行為の大きいものであった。つまり、地方自治体としても文化財保護など法律で厳密に定まっている文化財保護行政を除くと、文化行政はやってもやらなくてもよいものであって、熱心な自治体と除くと公民館で住民向けに「文化講座」を行っている程度の地方自治体が多かったのである。

また、そのころ「文化ホール」と称する文化会館が首長の政治公約などで、橋梁や道路といった生活関連施設と同じ公共施設して整備されはじめた。その文化ホールに、時たま著名な講師を招き講演会や首都圏・近畿圏の音楽団等のコンサートを開催するのが普通であった。高度な趣味的な芸術指向の住民は、新聞社・放送局のメディア関係とデパートが行い始めたカルチャー・センター、デパートの絵画展覧会に出かけたように、それらの文化イベントが大都市部でも文化供給となったのが実情である[42]。

行政内容が文化推進[43]であるから、誰も反対できずまた利害関係もなく（損する人たちはいない)、行政側が納得さえすれば実行可能性は高いので、小集団の住民運動でもその目的達成が可能であった。また、革新系地方自治体首長の多くは、反公害、住民参加を打ち出し、道路整備などの典型的公共事業には反対であったから、文化というよくわからないが高尚な感じのする対象に関心が行きやすかった。例えば、代表的な文化ホールはそのころ建設されている。

1.8　アダム・スミスの文化公共施設論

多くの地方自治体では文化施設が建設されたが、その多くは建物だけで、そこでの公演はいわゆる「買い公演」[44]であった。また、その文化施設が建設され始めた地方自治体も都市部や富裕団体が多かった。この現象は、所得の向上は「文化的水準」を高めることを意味する。

ここで、宇沢弘文[45]の「ゆたかな社会」の定義をみてみよう。宇沢は「ゆたかな社会」を「すべての人々が、その先天的、後天的資質と能力とを十分にいかし、それぞれの持っている夢とアスピレーションが最大限に実現できる仕事にたずさわり、その私的、社会的貢献に相応しい所得を得て、幸福で、安定的な家庭を営み、できるだけ多様な社会的接触をもち、文化的水準の高い一生をおくることができるような社会」としている。その条件として、文化的環境の整備と希少資源の効率的、かつ公平な配分を目指す経済的、社会的制度の整備を挙げている。後者は、前者を保障する制度設計であり、政治的課題であるともいえよう。

さらに宇沢は、スミス（Adam Smith）の『国富論』[46]に敷衍[47]し、そのような社会の実現可能性をヴェブレン（Thorstein Veblen）の制度主義経済学に求めている。さまざまな社会的共通資本を社会的な観点から最適な形に建設し、そのサービスの供給を社会的基準に沿って行うことが、現代的な「持続可能発展な社会」であるとする。宇沢の述べる社会的共通資本とは先に述べた「ゆたかな社会」を保障する基盤ともいえる。具体的には、その社会的共通資本は自然関係と人工関係の基盤に分かれる。後者は社会制度を含み、かつ私的な資産から構成されている部分があっても、その利活用には社会的共通資産として地域の歴史的、文化的、社会的、経済的、技術的諸要因に依存して、政治的過程で決定されるとする。

スミスは、『国富論』第５編で、政府の役割として公共事業と公共施設の維持管理を述べる。それらの公共性の根拠は、国民経済全体の利害から最高度の有益なところにあるからである。神野直彦によると、財政学はリストの地域社会重視の考え方が、その後ワグナーに引き継がれて成立したというが、スミス『国富論』第５編は財政学の古典的出発点とも言われる。つまり、第５編は市民社会における市場経済ではない領域のことについて述べているようだ。スミスは、公共施設は、教育のためにあるといい、その教育も青少年向けと成人向け（生涯教育）があり、前者は基礎教育（初等中等教育）であり、後者は現世でよき市民を育てる宗教施設だとして限定している。

今日ならば社会教育施設（文化施設）も包含されるのではないか[48]。また、スミスはその維持管理費は利用者から徴収可能だが、不足分は社会全体の利益となっているのだから、税収入でまかなうべきであるとしている。

一方で、昨今、文化施設の維持管理業務が地方自治法の改正により、指定管理者制度の導入により、私企業や公法人に任されるようになった。さらに、文化施設そのものが独立行政法人として国・地方自治体から切り離された。そして、事業評価制度が導入され、事業目標に沿った運営の評価が行われている。その際、コストを最小限にするため、収入増加を図ることが求められている。つまり、投入する赤字分の国費や地方自治体経費（交付金）を可能な限り減少させるため、効率指数として、毎年交付金の減額を行っている。

文化施設は、宇沢の言う社会的共通資本といえようが、それならばスミスや宇沢の提言するように、社会全体の利益とよき市民をつくるための必要な経費として、政治的な過程で決定される必要がある。その際は地域独自の事情も考慮にいれる視野が重要である。ところが、最近では大阪の橋本市長のように首長から、オーケストラや文楽に対して、鑑賞者の減少や対人口比での規模の過大さなどから補助金削減が提唱され行われている[49]。

また、表現する場所としての文化施設の使用形態と実演内容との関係が問題となることがある。管理者に使用に関する大きい裁量余地があるので、政治集会が禁止されることがある。第2次世界大戦前は、多くの演劇が政治集会的として取り締まりの対象や集会禁止となった。しかし、現在はその政治主張的な内容よりむしろ宗教的色彩の強い実演芸術の禁止や変更が多いようである。あるいは、商業ベースの大型コンサートで鑑賞者が大勢集合し危険性が増すので、コンサートの入場者の制限が設けられる。これは実演芸術の内容に干渉するのではない。しかし、会場申し込みの審査の段階で、歴史的検証に耐えていない特定の政治問題を扱うような演劇の使用を認めないことはある。

ここで、アメリカ由来のパブリック・フォーラム理論を思い出す。この理論の要諦は、公的機関が設置した公開施設（公園、広場、市民会館など）が公共集会や住民の意見発表の場として伝統的に使用されていた場合、その公開施設を発表の場として重要視し、表現面での自由を物理的に保障するということにある。つまり発表を許可することによる人権・財産や公共の安全への侵害と集会禁止による自由権への侵害との比較考量において、前者を相当程度制約的に考えることである。

我が国では、実演芸術が本来開演される場所でない公園など公共施設での公演は、公演施設などの目的外使用とされ、地方自治法との関連が通常問題となる事例が多い。

1.9 政治決定と地方文化

文化活動は、優れて地域的である。まず活動の範囲が県内市町村内である。それは、参加する住民が一度に会するのは交通の利便性に拠っているからである。また、ある程度共通のアイデンティティを住民間で共有する必要があるからである。祭などの宗教行事や伝統行事はもともと地域レベルのいわゆる顔の見える範囲の住民同士で伝承を行ってきた。

また、明治以降西洋から入ってきた西洋音楽やポピュラー音楽を公演する会場も、物理的な施設の規模の関係で入場者数が限定されるだけに、市町村レベルの範囲の住民が集合する。地方の絵画展なども県内・市内などの地域住民が多く参加する。交通が利便な首都圏、京阪神圏では、複数の都府県にまたがった参加者になろうが、これは特殊な事例である。そのため、文化活動への公的な助成は、県あるいは市町村の首長が決定することが多く、国は地方の文化水準の向上や芸術団体の運営補助といった特定地域への関与は少ない。このような実情があるので、知事、市町村長の文化活動への関与の度合いは大きく、その関与の程度によって文化活動はかなり影響を受ける。

その一例として、1970年代の文化の行政化運動を挙げられるし、またその後の首長同士の競っての文化ホールなどの公立文化施設建設が好例といえる。これは、どちらかというと文化活動への正の効果をもたらしたが、首長指導の事業評価に基づく毎年の交付金減額などは負の効果である。

京極純一[50]は「「文明の恩恵」は最新の施設（建物、設備、要員を含む）を通じて分配される」という。これらの施設は、国のみでなく、地方自治体設置も多いが、「文明施設も国設置でなくとも多くは補助金などで中央政府の援助を受けている」。京極は「文明施設」の例として、図書館、資料館、博物館、美術館、文化センター、公園、運動場、スポーツ・センター、ホール、公会堂、公民館、県民会館、市民会館などを挙げる。さらに、「施設利の際「文明の恩恵」を受けるのではなく、「巡回公演、巡回映画」などが全国津々浦々に娯楽をもたらした」ともいい、娯楽供与を、国レベルで、政府が「地元の利益」のため法令、予算によって裏付けると、住民の「当然の権利」となるという。

一方、山崎正和[51]は「かつて文化は各地から生み出され、それぞれの地域の文化的多様性は豊かであった」が、明治以降日本の工業化に伴って、「大量の文化財が外国から輸入され」「日本社会にコピー文化の時代を生み出し」たといい、「近代化の時代は、地域が文化の生産のうえで貧困にならざるをえない時代」であったと分析する。このような状況に変化が起きたのは、1970年代の大平内閣での「地方の時代」「文化の時代」の政策研究が行われたときであると述べる。そして、「文化の配給拠点が東京一極を離れ、それぞれの・・・地域な地域にうつらねばならない」のは「当然である」と断定する。つまり、劇作家としてまた関西地方の文化人として、兵庫県立芸術劇場の企画運営者としての山崎は、地域主体の文化の再興と、その東京を経ない文化の発信に期待するが、地方文化が廃れたのは、東京に置かれた政府の中央集中的文化伝播であったというのである。

京極と山崎の中央政府からの文化伝播と、その手法としての補助制度は、現在でも地域活性化策として、例えば観光振興、まちづくり、村おこし等の助成制度のなかに生きている。しかし、1990年代以降立案された地域活性化政策は、地域固有の文化の育成や伝承といった従来言われきた「東京文化」の物まね的文化おこしは少なくなっている。地域活性化対策は、1988、89年度において竹下内閣で行われた「自ら考え自ら行う地域づくり事業（ふるさと創生関連施策）」が契機となって始まった。「地方が知恵を出し、中央が支援する」というこれまでと異なった発想に基づいて、市町村が自主的・主体的に実施する地域づくりへの取組みを支援するため、「自ら考え自ら行う地域づくり」事業として全国の市町村に対し、一律1億円を交付税措置（1988年度2千万円プラス89年度8千万円）し、都道府県に対しても市町村が実施する事業を支援するための広報・普及経費として標準団体当たり1億円を交付税措置した。さらに1988年度には、地域総合整備事業債「ふるさとづくり特別対策事業」を創設し、まちづくり特別事業、ふるさとづくり特別対策事業、防災まちづくり事業、リーディング・プロジェクト事業などの大型の単独事業に充てられた。

現在では、その継続事業として地域活性化事業債制度がある。この各種事業制度の中で、地域文化・スポーツ施設活用促進事業、地域文化財・歴史的遺産活用事業、集落再編整備事業がおこなわれた。その原則は、「補完性」「自立」「共生」等であったが、投入する予算が限られる関係上、国（総務省）が事業評価を行うので、事業内容の国による価値付けを排除することはできない。

また、近年行政改革の関係で公務員の定員削減が進み、作業量が膨大となる事業の「箇所付け」的作業やその事前調査に多くのシンクタンクが関わっている[52]。これ自体は外部の知見を行政に導入することで別段悪いことではない。しかし、その代替的作業の過程で、行政担当者の事業把握能力や知見が薄れることであり、対象の地方自治体やNPO、公益団体、地域社会からみれば、間にシンクタンクがはさまることで、助成を行う行政主体との情報交換が直接的でなくなることがあげられる。

［補論］

1．芸術とはなにか

（1）美学面での芸術（作品）解釈

ギリシア以降、芸術、芸術家、芸術作品、鑑賞者について、美学でいかに扱われてきたか、作品の価値に関連すると思える箇所をかいつまんで述べる。

1）制作者の主観と制作・感情喚起

プラトンは、芸術を模倣として捉え、芸術作品は人間の精神に大きい影響を与えること、制作者は美のイデアに触れて、これを作品に表すこと、美は鑑賞者の視覚に訴えるがために、エロスを鑑賞者に想起させると考えた。ここでのエロスとは、自己を見出すための考察という意味にとっておきたい。美を、精神的衝動をもつ者に、何か創りださせる機能を果たすものとしているが、知性の働きで美の純粋化が図られ、エロスの最終目的として美があるとしている。

アリストテレスは、精神活動を観想、実践、制作に分けたが、そのうち制作に芸術が含まれるとする。芸術の制作によりその結果の価値ある作品が作り出されるので、芸術の核心部分はその制作に存在する。この制作の過程で活用される知識が制作知であって、普遍的なものであり、単なる経験とは違う。制作者は、制作知によって、完成する作品を予想して、作品の完成に合った方法手段を用いようとする。このように作品を作り出す目的を設定し、その制作のための手段へとしだいにブレーク・ダウンして考えていくのが制作知の働きである。いわば、政治課題の解決のための目的設定とその解決策のための政治手法の開発と同じ形態（実践知）である。

この制作知は、いわば技術的要素の固まりであるから、教育によって他人に伝承させることができる。現在の芸術系大学で教えられるのは、この制作知（表現技術）である。これは、学問知識を教育する行為と似てなくもない。このように、アリストテレスは芸術作品の制作行為に、知識の重要性を取り入れたため、現在の芸術を示すartという言葉に知的な面を含ませる経緯をつくった。また、演劇など実演芸術では、俳優が聴衆に語り掛けると、聴衆は何らかの精神的動揺を受けるが、それがカタルシスであるという。

ここで、プロティノスの考えを挙げて、ギリシアの芸術に関する考え方をまとめておきたい。プロティノスによれば、芸術は感覚的領域にあるが、知性領域とも関連すること、作品と単なるその素材を比べると、作品には制作者の思想が入り込んでいるので、重要なのは制作者の思想（主観）である。作品として表現する際、美しい自然以上に理想化して作品を作り出すから、作品は単なる自然の模倣以上の価値があると理解する。

次に、時間的に飛んでルネサンス期の大芸術家レオナルド・ダ・ビンチの考え方を述べよう。彼の『諸芸術比較論』によれば、芸術作品を知覚する感覚器官の優劣から、目をもっとも価値ある器官とみなし、美術作品のうち、目で鑑賞する絵画を最高の作品と考えている。さらに、幾何学を使って絵画を描くのが普通だから、そのような学問を使用する絵画は、そのほかの芸術作品とは異なるので、もっとも優位性の根拠にした。一方、音楽は時間芸術で、瞬間・瞬間に消えていくので、時間を超えて作品が存在することができないとして、音楽などの時間芸術を絵画など美術品の下位におく。

（2）鑑賞者の存在とは一線を画した独立した作品美

芸術作品中に美が存在するなら、それは鑑賞者の知覚器官によって、感じ取られ、それによって感情が心に起伏すると考えるのが、ギリシア以来の考えである。鑑賞者の知覚によって、作品中の美は存在したりしなかったりすることが考えられる。

それとは異なり、作品の独立美を提唱したのが、百科全書派のディドロである。作品に美が存在するなら、それを鑑賞者が知覚・認識になくても独立に美が存在するという。この考えは、のちのカントによる鑑賞者の主観による美の存在を認める思想とは逆の立場である。彼は、芸術行為をギリシア人のように、模倣であると考えているが、その模倣対象は単なる自然でない。その模倣対象は、外界にあるのではなく、制作者の頭にあるのであって、それも制作者の単なる主観で考えられたものではなく、観念的なものである。観念的存在とは、存在するため、最高度に機能を果たすような作られた実態構造であり、理想的モデルなのであった。

（3）カント以降の近代解釈

カントは、三つの『批判』書を出版し、人間のある事物への認識能力の範囲と対象物への適用の根拠と対象領域の限界を述べた。美を対象とした認識能力は、判断力である。その判断力によって、美という対象を観察するのだが、その判断基準は、快・不快といった主観的・感性的趣味判断である。そのため美を判断すると、正・不正などいった評価ではなく、批判のみが有効である。しかし、その個々の批判が普遍性を持たねばならず、個々の趣味的批判が、普遍性をもつためには、普遍的概念・法則によって、個々の批判が生ずるときに普遍的判断が成立すると考える。そこで、美における快・不快が生ずる理由がわからなくても、我々の洞察を越えたそこに何かしらの目的を設定することによって、感性的な快・不快を捉えたなら、合目的（目的（理性によって立てられる）と原因（現象や行為）が理性的にたどれる）と考えて、趣味判断が普遍性をもつと納得するのである。彼は、芸術作品の作り方を考察し、制作者の自由な考えで作品を制作することと、機能をまず考えて次に美的な作品（例えば建築物）を制作することとは、根本的に違うといい、前者に含まれている美を「自由美」、後者を「付属美」として区別した。

当時は、芸術ということばは、現在の表現力のように作品をつくる技術として使用される場合も多かった。芸術作品が、人間のもつ技術で作られた作品と見られるのは、作品の質として低い。自然が作ったように見れるのが鑑賞するのに適しており（わざとらしくない）、その制作ができるのは天才である。つまり、作品を作り出すのは、制作者の自由な表現であり、さらに作品を解釈するのは主観的な感情であるという現在の美学を確立した。

ヘーゲルは、ロマン主義運動の中心であったベルリン[53]で、1829年から約10年間に渡って、美学講義を行ったが、当時のロマン主義には抵抗した。その時期は、ちょうどオペラでは、ロッシーニが「王政復古主義」の音楽を作曲した時代である。ヘーゲルもショーペンハウエルもロッシーニ・オペラ[54]に興じた。この時代は、フランス革命により王侯貴族に成り代わり、ブルジョアジーが貴族達の真似をして、オペラやコンサートに出かけた時代である。

つまり、オペラが王侯貴族生活のように日常生活に立脚するのではなく、夕べの趣味・知的楽しみの時間消費の対象となった時代である。ヘーゲルの晩年に近い1824年秋には、ヘーゲルはベルリンからウイーンまで、馬車に揺られて、オペラを見に行く[55]。このような時代背景をもとに、かれは、カントや古代ギリシアの哲人と異なり、「理想の美」を考え、それは精神的な面と感覚的な面の対立にあるが、その後の両者の統合（弁証法）によって、制作者の精神的働きから出てくる美として、理想美を芸術作品に見出し、芸術の自立的価値を確立した。さらに、芸術作品は、客観的に単独で存在するのではなく、作品を鑑賞する享受者に対して存在するといい、あらゆる作品は鑑賞者との対話手段であるといい、鑑賞者への理解が重要と制作者に求めた。

ヘーゲル以降の、現代でも通用する重要な知見を若干記載する。クローチェ（Benedett Croce）は、芸術の本質は直感にあり、直感の働きは、すべての人々のもつ精神的作用だから、芸術家と素人の根本的相違はないといい、芸術至上論を排している。さらに、芸術を鑑賞することは、貴族グループのみの活動に属することではないともいう。

ハイデガーは、形而上学的に芸術を考察したが、のちの美学や芸術論に大きい影響を与えた。ハイデガーは、芸術の本質（制作者の存在が隠れないように作品として表されてる）が表されてるのが芸術作品であり、それを創作する人が芸術家であるとした。芸術作品の根源に芸術を置いた。また、制作と創作を区別し、前者は何かの用途のために作る行為を示すが、後者は真理の躍動によって作られる過程を示す[56]という。作品内に存在者（脚注例では百姓靴）の本質が開示されているとき、そしてそれが躍動しているとき、芸術作品は「自己を立てて」おり、光を放ち、作品が美しいのである。

以上の芸術に関する考え方から、芸術活動、芸術作品、芸術家（制作者）、鑑賞者の特徴･性質を考えると、芸術作品は「誰でも」精神的働きの結果制作できるが、それは鑑賞者との間に立つもので、その作品は鑑賞者の主観的（芸術あるいは美的経験による）な知覚によって、芸術家（制作者）の作品に込められた精神的意志を読み取ることが出来るものと、いえようか。さらに、作品は、ヘーゲルのいうように鑑賞者にむけ、その表現を「わかりやすい」ものにしなければいけないのかもしれない。

2．芸術作品の意味

芸術作品とは、制作者の思想や主観[57]を鑑賞者に対して、伝えるために制作される媒体（メディア）である。制作者の思想や主観は、第三者には感知できないので、それを第三者に伝えるためには、第三者が感知可能な五感に訴えるほかない。その媒体として、芸術作品が制作される。第三者は、芸術作品を通して、制作者の思想や主観を見出す。その際、制作者の意図とは異なる芸術作品の解釈が行われる場合も多い。特に、時空を越えて作品が存在すると、本来の作者の意図とは異なった思想や主観を作品中に見出すことがある。

名品・名作品といわれる作品は、一般的に時空を越えて存在し、多様な解釈が行われる作品であり、作者の意図を離れて、鑑賞者によって解釈が作り出される。従って当該作品が、後の制作に対するモチーフとなったり、パロディー化など応用、援用が広く行われる。

これは、学術法則が他の学問領域で、法則を発見した学者の意図とは違って、適用されることと類似の関係がある。その例として、ニュートン力学の法則や原理が、20世紀になって経済学に応用された事例がある。本書241ページで述べているオイラー・ラグランジュ方程式は、本来解析力学において、空間内の１点から別の地点への最短時間で移動する質点の移動曲線を求める問題であるが、ラムゼイ

(Frank Plumpton Ramsey) が個人の資産・収入を生涯にわたって、最大の効用で分配する問題に適用した。

また、第三者の存在する環境・知識・境遇などが、作品の解釈に影響を与える。絵画や音楽において、時代や世代が異なってくると、違った解釈と価値付けが行われる。印象派の絵画などは、当初は低い価値しか評価されなかったが、その後1920年代になって、価値が再評価され、それが価格に反映。それが、フランスの著作権の「追求権」規定につながった。

3．文化芸術の固有価値

芸術作品は、固有価値をもつという。それでは、その固有価値とは何か。通常の商品・サービスとはいかに異なるのか。経済学の方面から、芸術作品を分析して、通常の商品・サービスと異なる大きい点として、効用の外部性に注目した議論がある。通常の商品・サービスは、購入者が、使用しつくせば、商品・サービスも無くなるし、またそれから得られる効用も当然無くなるが、芸術作品はそれから得られる精神的働きは、購入者以外にも幅広く拡散するところにあるという。それは、ブルデュー (Pierre Bourdieu) がいう「文化資本」を形作り、こどもの教育面や社会全体の基盤ともなる。これは、経済的にいう「外部性」であって、商品・サービス購入者以外に第三者に芸術作品の効用、特に正の効用が広まる。この外部性も利益をうける個々人の社会的関係によって変動する。芸術における外部効果も、受ける個人の評価能力にかなり影響する。

あらゆる商品・サービスは、購入者以外にその商品・サービスの効用が多少とも広がるが、芸術作品はその程度が大きいということから、個人のみならず社会性・公共性をもち、橋梁・港湾・道路などの公共財に近い性質をもつ。この場合、外部への正の波及効果があるのだが、それを芸術の市場価格に含まれていることがないので、どうしても過少供給となり、そのため個人間の芸術供給活動に国家が支援して、供給を手助けする必要があるといわれる。外部性をどう捉えるかによって、その供給される商品・サービスのもつ公共性も異なってくる。従来公共機関が提供してきた港湾・空港も一部は、民営化され、商品・サービスの公共性が相対化されている。以前の臨調の答申では、そのような公共的性格をもつ財のうち私的性格をもつ財は、準公共財として極力民間で供給するよう提言された。

供給される商品・サービスの公共性の観点から、経済的な面の公共財の性格として、非競合性、非排除性があるという。芸術作品の公共財としての例として、作品を個人的に所持するのではなく、美術展などで公開、あるいは、まちの文化財として所在している場合がよく挙げられる。一人がみても、ほかの人の見物を邪魔することはなく（多くの人が見ても少数の人がみても同じように効用がある。非競合性）、入場料をとれないケースでは、誰でも自由に見物人が費用を負担しないで、鑑賞の効用が得られる（非排除性）。芸術作品は一品である場合が多く、現在では制作困難なものも多い。希少性は他の商品に比べると圧倒的であり、本物のもつ美的感覚が希少性の故、鑑賞者に対して精神的満足度を高める。さらにそのコピー商品でも、美的な感動を与えることができる。

作品の制作過程において、創造性が必要となるので、他の産業への波及効果（生産関数でいうところの技術進歩）が大きい上、商品のデザインなど美的感覚に訴えることのできる商品展開が可能となる。そのほか、芸術作品の所持による個人の満足向上や国・社会全体の威信向上など芸術作品の効用は、通常の商品・サービスとは違う性質をもつ。このような通常の商品・サービスと異なる部分を芸術作品の固有価値という。

しかし、先に述べたように、この固有価値概念は、享受者の主観、価値観、享受能力など（文化資本）と個々人相互の関係が大きく評価に関わっているのが通常である。

芸術を先の制作者が自由な発想で、自らの主観や思想性を第三者に伝えるために、表現したものが芸術作品であるとの発想に立つと、芸術支援の根拠としていわれる「公共性」「外部経済性」は、芸術作品と鑑賞者との間の問題であって、芸術作品の制作者は間接的に関与するに過ぎない。ここでは、芸術作品を経済的な商品・サービスに準えているので、通常の商品・サービスに比べて、購入者個人に還元できない余分な価値が生ずると考えている。多くの文化経済研究者[58]は、その余分な価値が正の価値をもち、かつその余分が個人が得た効用（価値）より相当大きいので、公共財や準公共財として、公的支援が必要という。余分の価値は必ずしも正でなく、負の場合もありうる。たとえば、ナチスが行った「退廃芸術」展は、負の価値を生み出しただろうし、展覧会の開催の仕方や展示の方法によって、鑑賞者に不快な思いをさせる場合もあろう。

ここで、模式的に太陽系を考え、太陽を芸術家または芸術作品とする。ちょうど、地球のように太陽から距離的にほどよい位置では、太陽の全体が把握できるし、また太陽からの効果も適切なので、太陽について種々評価・観察が可能である。一方、相当遠距離のところは、太陽は小さくかつ効用も少ない。そこでは、あまり太陽のことなど気にしない。また逆に態様に近いところでは、観察・評価など不可能で、いわゆるどっぷりと太陽の影響を受ける。このように考えると、文化芸術の価値を多く唱えているのは、地球的位置にいる人たちが多い。むしろ、芸術活動や作品を日常的に評価したり、鑑賞したりしている人たちは、固有価値などあまり議論しない。固有価値をいっている人たちは、芸術をどのように鑑賞しているのであろうか。つまり、アビングがいうように、文化経済学者は暗黙の了解で芸術を価値あるものとして考えているので、その主観が芸術は価値があるという結論を導き出す可能性はないのだろうか[59]。

4．芸術作品は、貨幣交換可能か

芸術作品が貨幣に交換可能かという問いに対して、問自体に関して混乱がある。その一つは、芸術作品が意味する幅である。先に述べたように、ここでは芸術作品を芸術家（制作者）が自らの主観・思想により、自由に創作して、鑑賞者に自らの主観・思想を訴えかける媒体であると定義したい。鑑賞者は、自らの五感でもって、作品を自由に解釈し、制作者の込められた主観・思想を認識する。このように考えれば、通常の商品・サービスと異なり、その作品から得られる効用は、鑑賞者の趣味判断、経験、知識などによって、相当異なってくる。また、通常の商品・サービスは、効用極大のための購買行動の対象として把握されているが、芸術作品購入行動は、客観的に見た場合、その行動から大いに逸脱するように見える。つまり、効用が各自によって相当幅があるので、効用極大が個々人によって、相当異なっているからである。

以上のような芸術の定義であると、作品がいわゆるハイ・アートあろうと、商業芸術あろうと問われないが、ハイ・アートと商業芸術では、社会の捉え方、販売方法がかなり異なってくる。流通販売経路が異なるので、売れ方が異なってくる。従って、作品の性格・ジャンルによって、異なる値付けが行われる。

もう一つ、文化芸術の外部経済効果を唱え、これが大きいので、公的助成が必要との議論がある。また、文化芸術は公共財であるという指摘もある。これは、多くは戸外に設置されている文化遺産のケースが該当する。例えば、京都の寺社や城下町の城のような存在である。住民は、その環境から、伝統的景色と落ち着いた感じなどプラスの効果を得ているが、それは訪問客を含め、誰でも鑑賞できるので、それらを保存する経費は誰も支払おうとしない。一方、芸術作品は無料の展覧会等では、文化遺産と同じ効果を与えようが、実際は展覧会の入場料を徴収するので、支払った人がその効用を得る。しかし、大勢の鑑賞者が押しかけると展覧会開催地では、宿泊・土産物販売や交通費などの経済効果が生まれる。一方、混雑や騒々しさで環境が悪化するマイナス効果もある。

つまり、文化といい、芸術といい、後者は一応前者に包含される概念であるが、外部経済効果や公共財などの概念適用では、都合の良い選択を行っている場合がある。文化経済面での議論の際の混乱である。これも文化と芸術をいかに定義するかの混乱が文化と芸術の経済的捉え方の相違につながってる。

景観など憲法でいわれる環境権は、住民や観光客に遍く効用を与えるので、公共財の性格をもつ。その経済的価値を測定するために考案されたのが、WTP（Willing To Pay）手法である。環境に進んで支払っても良い金額をアンケート調査から知るのである。

このように、文化芸術といってもその範囲が相当広いので、ここでは芸術作品のみに限定しよう。芸術作品は、芸術家（制作者）が主観性・思想性を表現力で外部に現したものである。従って、芸術作品の価値は、作品に込められた主観性・思想性とそれを鑑賞者の五感に知覚できるような物理的な物に変えた表現力が合わさったものである。いくら思想性・主観性が優れていても、表現力がないと作品の解釈が鑑賞者に伝わらない。また、カントがいうように芸術作品を制作する際、その構想力の自由が主導権を持っているか、それとも作品の目的を考慮しているかどうかによって作品のもつ美が変わってくる[60]。例として、建築のように人の居住を考慮にいれる必要のある芸術作品が挙げられる。また、アビングがいうような娯楽や楽しみあるいは利益追求を求めるロー・アート[61]が入るだろう。そこで、ここでは、芸術の領域をハイ・アートまたは、ピュア・アートとしておく。

ブルデューの文化資本を引くまでもなく、芸術品鑑賞は社会階層と密接に関連している。現在我々が親しめる芸術は、15世紀以降西洋社会（特に、イタリア、フランス、ドイツ、スペイン、オランダの大陸ヨーロッパ諸国）において制作されたものであって、当時の支配階級である王侯貴族と教会のために多くは制作され、購入・鑑賞された[62]。かれらは、日常的行為の中に芸術に親しむ時間があったのであった。そのため、オペラ劇場はオペラを見るためというより、社交の場であって、全幕を通して見るということも少なかった[63]。その後の市民革命を経て、それらの作品はブルジョアジー、市民達が購入・鑑賞するようになった[64]。従って、制作者も最初は王侯貴族や教会からの注文生産であったが、市民層が鑑賞者層となるとその「目に見えない」階層[65]に向かって、芸術作品を制作しなければいけなくなった。

またその芸術作品を制作する行為は、村上隆がいうように「時間と手間」がかかる作業であり、創造的である。しかし、作品の評価は、「非常に主観的」である。ナショナル・ポートレイト・ギャラリー館長のネアン（Sandy Nairne）によれば、「ときに社会のごく少数の関係者によってのみ評価」される。また、「時としてその評価は変化」し、「西洋社会では、世代によって異なる」のである。それは、見る者の知識によって評価が大きく異なるからという（『美術品はなぜ盗まれるか』）。村上隆は、日本の芸術作品は欧米の芸術の評価軸に合わせる必要があるという（『芸術起業論』）。ネアンは、人間らしい儀礼的活動をするための芸術体験は、西洋社会の歴史と発展の中で、もっとも重要なこととして価値づけられ、その鑑賞行為自体が普遍的価値をもつに至ったと述べる。そのような西洋思想の下で、芸術作品、特に美術品は、「絵もまた売買されるのであって、絵の価値がはかれないということではない」し、オークションでは、美術品が直ちに貨幣に交換される。しかも、通常の商品・サービスと異なり、そのブランド力は段違いである。通常の商品・サービスは、それから得られる効用がほとんど相違がなければ、価格もほとんで変わらない。つまり、生産者の相違による価格の相違は、ほとんどないのであるが、芸術作品はその生産者（制作者）の相違（偽物が本物に同定されることは、その表現力の質の差異は相当小さいに違いない）によって、大きい価格面の相違が生ずることは、偽物・実物の明確化によって、価格面が暴騰、暴落することでわかる。従って、普通の商品・サービスのように代替材が存在しない。また、通常の競争市場下では、購入者は価格決定者ではないが、芸術市場では、一部の評価者や購入者が価格決定者となっている。このことから、労働能力の質の小さい差異が、所得の大きい格差を生み出す特殊な市場を形成しているといえる。この現象が、芸術作品の感性的評価と合わせて芸術作品の貨幣価値への交換問題の困難性を引き起こしている。

ここで、経済学の立場から、芸術の価値と貨幣価値の交換について、相対立する説を挙げる。

アビング（Hans Abbing）は、芸術家兼経済学者であるが、『金と芸術』のなかで、芸術家の立場としては、芸術作品の価値と経済的市場価値とは全然違った尺度であり、両領域は別個の領域であるといい、経済学者の立場からは、芸術の質は市場価格で表されるという。芸術作品が市場で価格が付けられると、ただちに他の商品・サービスとの比較によって、「芸術の唯一無二という特質は損なわれ、作品の用途や有用性は数字で計らえるようになる」という。一方、寄付・助成は、それとは異なり金銭的尺度で芸術を測ることはなく、その芸術的価値を落とすことはないといい、結果として助成・寄付は芸術には有効であるという。

グランプ（William D. Grampp）も同じように、芸術作品を市場で貨幣交換可能な普通の財と同じように扱っている（『名画の経済学』）。その根拠は、「最低の支払うコストで、喜び、楽しみ、教え、啓示、ひらめきなど、最大限の効用を引き出さなくてはならない」とし、通常の商品購入のための効用極大行動と違わないという。同じ考えは、芸術作品の供給者側である村上隆の「売れない作品は、評価の対象ではない」「売買に賭けているコレクターに売り込む」発言と近い（『芸術起業論』）。

グランプ、アビングとも文化芸術の公共財性格について否定的である。つまり、芸術作品の評価は主観（カントのいう趣味）であり、それは一部の人たちの評価である。特に、芸術鑑賞は、身分制度と不可分である。市民社会が到来するまで、王侯貴族が芸術家を独占し、かつ芸術作品を鑑賞する人たちであった。市民社会となり、市民が日常生活の一部の時間帯を芸術鑑賞に費やすことが可能となったが、やはり日常は生活のために労働はしている。つまり、身分制度は、現在の人たちの趣味世界をある特権階級が独占していたのであり、時間配分からみると、所得の配分と同じく、市民社会到来で平等に時間と富が配分された結果、芸術作品は市民に開放され、市民から評価をうけることになった。従って、貨幣による作品評価は、通常の商品と同じく、市民達が評価する必要があるが、そのとき、市民一人一人がかつての王侯貴族のような芸術に対する評価眼をもてるかどうかが、芸術作品の評価を自ら行えるか、あるいは特定の「専門家」に任せて価値判断するのかが基準の一つとなるだろう[66]。

5．近代市民社会と芸術鑑賞

前提として、近代経済学は、基本的に市民社会のリベラリズムを枠組みとして考えている。その分析手法として、古典力学を導入している。その経済学が想定した理想個人は、市民社会を創っている「市民」である。ヨーロッパで産声を上げた近代経済学は、市民社会とその構成員である市民概念と切りはなせない。現在の市民は、ある一定の所得と時間と教育を受けた中間層と考えられる。また、実演芸術のうちクラッシク音楽など「ハイ・アート」（あるいはピュア・アート）を視聴する鑑賞者は、中間層が多い。その理由として、文化芸術消費者は、所得が高く、高学歴であるからである。ボウモル（William Baumol）は、米国でのコンサート、オペラ、舞踊の聴衆とその他一般住民（都市部）と比べて所得が高いとした（1960年調査で、2.5万ドルの収入を超える聴衆は、17.4％だが、都市部住民では1.5％、平均収入では1.3万ドル対6千ドル)。学歴では、高等教育が80%を超えるのに対して、後者は高校以下が80%程度。我が国でも、クラシックコンサート聴衆の学歴は、高等教育が80%を超えている(松田、倉林(1978)。

さて、理想個人を考えると理想個人は、消費の平準化を目指す。理想個人にとって市場利子率上昇は、次期に向け貯金しやすい環境である。つまり、消費を来期にまわす。一方、利子上昇分所得が増加するので、今期、来期とも消費を増加させる。

2000年以降のクラシックコンサートでの消費額はほぼ一定である。プロオケを対象としたコンサートのチケット入場対象総額は約120億円から140億円程度である。

以上のように考えると、クラシック演奏の消費額がはほぼ平準化されている理由として、時間選好率と市場利子率がほぼ一致している可能性が指摘できる。つまり、芸術の消費に当たっても、通常の商品・サービスの消費に対する資源配分と変わらないのではないかと思える(第6章補論3オイラー方程式の芸術分野への応用を参照)。

注

1　トフラー(Alvin Toffler)は、アメリカでの芸術家と実業家との相互不信や阻害意識について述べ、実業家は芸術の興行主として利益を見出すという。トフラー『文化の消費者』(岡村二郎ほか訳)(1997)

2　東京芸術大学は、東大と同じ時期に明治政府によって、美術学校、音楽学校として設立された。そこでは西洋芸術を留学やお雇い外国人によって取り入れ、その成果を中等教育教員養成を通じて全国に一律的西洋芸術を広める機能ももった。

3　アイヌは独自文化をもつ先住民族として認知された(2008年の169国会における衆参本会議での決議)。

4　代表は、議会を構成して政策目標を定め、ゆだねられた権力を行使するが、その決定過程では、実務的には多数決で決定される。多数決で決定されるべきでないことまで議会で決定されることが無いよう議会の立法権には制限がかかる。文化面では、本来個人の自由な活動である文化活動や鑑賞行為まで、国家が給付的行政で、一定の価値でもって個人や団体に助成する行為が妥当かどうか、議論がある。奥平康弘『憲法の想像力』(2003)。なお本書は、種々の論文・エッセイ等をまとめたものである。初出論文は2003年より少し早い。

5　戦後のドイツの憲法学では、客観的価値付けの考えの下に、権利の保障を直接憲法に見出すことがいわれたが、我が国でも同じように考えると、文化芸術を創造する権利や享受する権利を、国家が国民に保証することが当然となるだろう。1946年に制定されたフランス第4共和国憲法は、前文13項目に、国民平等に文化へのアクセス件を認めていた。さらにEUマーストリヒト条約第3条にも加盟国の文化の繁栄に貢献すべきと記載されている。そのほか、イタリア憲法第9条には文化の促進と文化財の保護が唱われている。なお、フランス憲法・マーストリヒト条約の規定中'culture'を「文化」と訳すか、「教養」と訳すかで、解釈が異なろう。安部照哉・畑博行編『世界の憲法集』(2009) では、「教養」と訳している。

6　文化芸術活動の結果生まれるものを芸術作品という。芸術作品には、作者の思想性と表現力が表されており、その作品を通じて鑑賞者が、作者の主観や思想性を見いだす。簡単にいえば、作品は一種の作者と鑑賞者をつなぐメディアである。なお、芸術作品は、一度評価が定まると時間（歴史)、空間（国際的広がり）を超えて、その評価価値が存在することがあり、その結果作品には固有価値が内包するといわれる。一方で、芸術作品の価値は、盗難や毀損を防止するための保険額あるいはオークションでの見積価格の決定などで、金銭評価に変えられる。作品はほぼ１点ものであるから、「金には換えられない」というが、経済面では商品として扱われる。

7　杉原は、「具体的給付等のための基本方針をみずから策定しうるかどうかも問題となる。政府等にその策定を認めつつも、その解釈は文か専門職に留保されることによって、文化の自立性を確保することができる」とし、「これを最低条件とするが、十分条件であるかは、なお問題」と考えている。以上、『憲法の「現在」』。この問題については、文化芸術振興基本法、劇場法でも課題となる。

8　竹下内閣での「ふるさと創生事業」において、伝統的旧屋を保存し活用したい観光業者や地方自治体と税法上や日常生活上不便を来す住民との間で衝突が見られた。この場合は、旧住民が旧屋を壊し、よそから入ってきた業者や新住民が保存の動きを見せた。かように、新旧住民が各自破壊・保存に直接的に繋がる訳ではないことに、文化の保存の難しさがある。

9　憲法第19条で表現の自由を保障するが、我が国憲法はそのほか思想の自由も表現の自由とは分けて保障している。芸術表現自体を保障すれば、その作品に込められた思想性が社会に伝わると思えるが、我が国の戦前の特高による思想面での取り締まりの経緯を考えてのことかもしれない。土屋英男『基本法コンメンタール憲法』(1997)、後述参照

10「公権力を設定したとき憲法は、価値選択の世界には国家権力は入り込んではならないということを前提にした」奥平康宏『憲法の想像力』(2003)

11　芸術作品の表現方法によって、取り締まり対象となりやすい芸術家とそうでない芸術家に分かれる。文芸、絵画、演劇は表現方法が具象化しやすく、取締り当局にわかりやすかったが、音楽は音で表現するため、抽象的であるので、取り締まりの対象ととはなりにくいこともある。音楽家では、戦前拘束されたのはプロレアリア運動を行った吉田隆子しかいない。同氏も音楽面の活動で拘束されたのではなく、思想運動を行ったためである。戦後、進駐軍の検閲は、演劇面は台本検閲であったが、音楽は曲名だけの届け出で済んだ。

12　ルーカス批判と類似する。1980年代、ルーカスは従来のケインズ・マクロ経済学は、モデルの構成式のパラメータが定数として決まっており、国家がそのモデルに沿って、経済政策を行うと発表した途端に、経済主体はその結果を予測して行動するので、国家の意図した経済政策の結果は出ないと従来のマクロ経済政策を批判した。その後、経済主体が合理的行動をとるミクロレベルの経済行動を集合したマクロ経済学が発展した。

13　橋本大阪府知事が行った文化芸術団体（在阪オーケストラ、文楽協会）への助成削減に見られるように、芸術団体への助成には、芸術団体のみならず、住民の関心が集まった。日経新聞は「文化・芸術振興、劇場法が問う橋下改革」として問題視している。日経電子版（2012.6.16)、読売新聞（20112.3）など参照

14　我が国で始めて芸道という言葉が見えるのは、『歌舞伎髄脳記』金春禅竹（1456）であろう。なお、同書は『金春古伝書集成』（1969）に転載されている。

15　平安時代からの貴族趣味から派生した芸道に、雅楽、神楽、蹴鞠、鷹匠、和歌、囲碁、将棋が、のちに鎌倉時代に派生した能、狂言、茶、花、香、俳諧などがある。武家社会になって、武士のたしなみから派生したものとして、弓、馬術、砲術、兵法（剣術、柔術、弓術など）がある。最後は、民衆の娯楽として発展したものとして、古くは平安時代の散楽をはじめとして、滑稽、曲芸、平家琵琶、田楽、人形芸、歌舞伎、人形浄瑠璃などがある。なお詳細は、西山松之助『家元の研究』（1969）参照

16　最高の技芸にはなかなか修練をしても到達できない。そこで、相当優れた師匠、指導者の形を文字情報にした「秘伝書」なるものが芸道と併せて伝わるのが常である。例として、茶道の『南方禄』など。ただし、同書は南坊宗啓が利休から教授された茶道の詳細について記したものといわれているが、1690年に納屋宗雪が写して世に出し、江戸時代に相当流布されたが、真偽について江戸時代から議論がある。香道『志野流香道箇条目録』、花道『立花時勢粧』などを例示として挙げておく。

17　憲法の私人間への適用問題については、憲法の制定経緯をどう解釈するかによって、公私二分割として一応整理された私的領域に対して、介入可能かどうかの判断の分かれ目となっている（フランス由来では、私人間は憲法外とし、ドイツ由来では、社会的権力から憲法が私人を保護する）。私的領域でも大企業対労働者、家元対弟子といった社会的経済的地位の開きのある者同士の関係は、国家対個人の関係に似ているところもあり、個人への権利の制限や介入が予想される。そういう意味は、憲法の最高法規性も合わせて考えると、門弟への人権侵害の程度、実質的経済困窮度と型伝承制度の裁量程度との比較考量により、実務的に解消するのが妥当である。

18　総務庁の行政監察報告書は「中教審では芸術文化振興上の総合的な政策課題に関する事項について専ら調査審議が行われた実績はこれまでなく」「文化財保護審議会は、・・・芸術を含む文化行政全般について調査審議することは所掌事務からみてできない」と述べ、芸術文化の振興策について、基本的方針と文化政策の基本課題を検討する過程では、国民各層の意見を反映すべきと続き、文化政策に関する調査審議機能の充実を図れと勧告している。総務庁『芸術文化の振興に関する行政監察』（1995）

19　文化庁は、1989年に「社会における文化の役割が増大する中で、文化関係の施策を格段に強化する必要がある」ので、文化政策推進会議を設置する。文化庁『新しい文化国家の創造をめざして』（1999）では、文化政策を、文化を巡る環境変化を把握、分析し、新たな視野の下に政策を展開するものとして総括し、その後独立行政法人化、政策評価の文化施設への導入を考えるなどと、まさにアメリカ行政学の考えそのものである。

20　宮川公男『政策科学の基礎』（1994）。同書には、ラスウエル（Harold D. Lasswell）のことばを引用して、目標の明確化、現状把握、諸要因の関連性分析、将来の予測、代替案の創案が政策科学の基礎としているが、まさに自然科学の手法である。

21　文化行政においては、従来の文化政策推進会議のメンバーに見られるような幅広い識見をもった学識経験者による裁量的審議から、その学問分野での専門家の集合体による審議へと変わった。つまり諮問機関でもテクノクラート化が進行している。表2-9参照

22　民主党政権下において、多くの政治家が霞ヶ関の諸官庁の幹部に登用されたことで、行政の

政治化が行われると同時に、立法と行政が対立・並列関係でなく上下関係となり、政策目標の設定に立法府（政治）からの影響がみられる。つまり行政府としての幅広い見方からの目標設定でなく、解決課題・問題点が政治家から持ち込まれる事案が増加し、それをア・プリオリに認めた上での政策目標決定になっている傾向がある。

23　池上淳・植木浩・福原義春編著『文化経済学』(1998)

24　全国文化行政シンポジウムで、木田宏（元文部次官）は「人間の森羅万象、精神的、物質的所産もすべて文化」といえるが、その中から「行政対象となるものを切り出す」といっている。総合研究開発機構『文化行政のこれまで、これから』(1987)。この当時は、「文化行政」が使われ、梅棹は同シンポジウムで「文化行政は、首長の趣味的、専門的、個別的から、国事化、公事化する」といい、その段階で「文化の前面化が行われ、住民生活に関係したまちづくりも含まれる」とその後の動きを予想している。

25　劇場等が増加したにもかかわらず、その運営費総額が減少するハード・ソフト経費の逆比例関係については疑問があろう。建設には土地取得を含め相当長い期間かかるので予算の後年度負担で単年度では予算を計上しないこと、いったん計上すると工事継続の観点から予算廃止が困難であること、首長がハード施設整備を選挙目標に掲げやすいことなどが、財政が厳しくなった90年代にも建設ラッシュが続いた原因である。一方、運営費は単年度予算であるので、財政が厳しくなると文化事業のような給付型、裁量型予算は真っ先に削減対象となる。

26　これは、経済的にいえば、生産者供給型市場拡大（プロダクト・プッシュ）である。

27　例えば、朝日新聞夕刊（2010年３月19日）、平田氏のブログ「新年度にあたって　文化政策をめぐる私の見解」(2010年４月１日)、世田谷パブリックセンターシンポジウム「特別シンポジウム／劇場法を“法律”として検証する」パブリックシアターのためのアーツマネジメント講座（2010年10月18日）

28　議論として、大きく分類すると、資金問題と劇場法による政府の演劇界への介入問題がある。前者は、劇場法により従来助成されていた文化庁からの助成金が劇場法による助成枠に吸い寄せられ、助成が減少することを憂う事であり、後者は大型劇場に重点的に支援がされることにより、自主的、小劇場での上演が事実上不可能になることを意味する。これは、国家の価値観の押しつけではないかとの謂いである。

29　シンクタンク、大学を活用して現地調査を行うこともあり、地方自治体を利用した地域別劇場の実態把握は、個人レベルでの調査では不可能で組織的調査となる。さらにそのような調査は従来の調査ルートを活用して行われるから、行政庁は的確かつ素早い情報収集が可能となる。文化庁含め諸官庁は、HP上で行政調査の公募を毎年掲載する。また、予算の要求段階での立法府との調整やその財源探しは行政庁の独壇場である。

30　ドイツでは、ドイツ基本法第28条により市町村に全権性を保障する。また、マッカーサー憲法私案には、地方自治体の住民に、法律内での地方自治体憲法制定権が与えられていたが、現憲法審議過程で憲法制定権が条例制定権に変えられた。このように、アメリカの地方自治制度保障は、我が国の自治制度に影響していると考えられる。

31　1970年代から80年代の「文化の行政化」「行政の文化化」運動では、すでに文化庁文化行政の範囲から地方自治体の文化行政範囲は広がっている。後に述べる文化担当課が教育委員会より首長部局に移行したのは、その証左である。

32　1980年当時、知事の文化行政への総合研究開発機構アンケート調査によると、「高度な芸術文化の育成と文化財保護から日常文化、地域文化の重視へ」（西尾鳥取県知事、「村おこし、まちづくりとしての文化行政」同伊賀愛媛、「知的欲求が満たされる偉大な田舎文化創造」同細川熊本、「伝統文化保存よりチャレンジ精神を育てる根源的地方文化」同平松大分など、従来の教育委員会文化行政から総合的視点（住民からの視線）文化へ政策面が移っている。

33　ここで言う文化行政は、住民本位の生活文化・地域文化の水準を向上させることを意味し、文化行政部局をつくり、新規の文化施設設備や文化イベントを行政が行うことではない。商工業、土木、建築、教育等の各行政担当者が、文化的価値をおいた行政を行うこと、さらに東京一極集中からの脱皮として、文化情報の発進力を持つこと、さらに文化施設の住民利用者側に立った運営を考えること以上の3点が唱えられた。総合研究開発機構『文化行政のこれまで、これから』(1987) に総括

34　堺屋太一は「1940年の国家総動員法体制が地域構造を最適興業社会に変えようとし、その方策として頭脳部分の東京一極集中と生産現場としての地方との機能分担になった」と述べる。総合研究開発機構『文化行政のこれまで、これから』(1987)

35　松下は「市民文化活動は多様化・高度化している」と述べ、「家庭・近隣・職場でのおしゃべり、サークル、ファッション、講座・シンポジウム、地域づくり、伝統芸能継承、都市の緑化と再開発、国際交流、芸術創造・研究開発」を市民文化活動といっている。戦後広まった自由権の拡大と社会権の保証が政治的前提となっているという。松下圭一『社会教育の終焉』(2003)

36　山崎が地方と文化について、総括して講演した記録が、その例である。山崎正和編『文化が地域をつくる』(1993)

37　木村尚三郎、米山俊直も地方文化重視を述べている。「全国文化行政シンポジウム」(1980)

38　世耕政隆自治大臣主催の「地方行政と文化のかかわりに関する懇談会」(1982年度から83年度開催）では、梅棹が一つの住民活動圏域内で文明生活を楽しめる施設の整備や景観を保護するための規制と私権の制約、さらに地域文化（ここでは、もう地方文化でなく地域文化といっている）の振興は、日常生活の延長であり奇をてらった観光誘致的なものではいけないと総括している。傍点は筆者。

39　長洲一二神奈川、畑和埼玉、武村正義滋賀、岸昌大阪、坂井時忠兵庫、鎌田要人鹿児島、山本敬三郎静岡等の各知事が賛意を示している。ただし、坂井以下は、保守系で特に旧内務省自治省出身者であり、内務省自治省がなみなみならぬ地方文化に感心をもっていたことがわかる。

40　サラリーマンといえる「専門・技術、管理、事務」各職業別就業者割合は、男性就業者だけで見ると、19.52％（1960)、22.27％（1965)、24.51％（1970)、26.69％（1975)、28.82％（1980）と20年間で1.5倍に増加した。同様に、実質国民所得は、その間で4倍に増加、年間総労働時間も2,435時間から2,049時間へと大幅に減少した。

41　1985年までに制定された法令で、「文化」を使用している法令は約370本あった。

42　朝日新聞『朝日新聞70年史』(1949）に「戦前のヨーロッパ渡来の新思想への一般大衆に健全なる理解力と批判力を要請させるため、各種の展覧会、音楽会等を開催する」旨の記述がある。同著によると大正年代に大阪朝日新聞社での新聞社主催美術展（印象派中心）が行われた。一方、デパート会場のケースは、新聞社美術展を参考に「都市型美術館」の代わりとして、利便性のよいデパートで始まったのではないかと岩淵潤子は述べる。岩淵潤子『美術館の誕生』(1995)

43　当時は、文化振興より文化推進と言われた。

44　「買い講演」とは、文化ホールなど鑑賞を行う立場の施設が、劇団・オーケストラなどの芸術

団体からの（通常は）パッケージ（ギャラ、交通費、運搬費、文芸料でパックされた一つの事業）で運営に関する料金設定がなされている講演を、買うことである。従って、劇団等の側からみると「売り講演」である。切符が売れるかどうかのリスクは買った方（ホール）が負う。その仲介者として音楽事務所や政府系の財団がある。

45　宇沢は「豊かな社会」でなく「ゆたかな社会」とひらがなで記載している。たぶん、語感のやわらかさを表現したのだろう。それは、「すべての本来的な意味でのリベラリズムの理想が実現される社会を意味し、・・・・市民の基本的権利が最大限確保できる・・・」社会を実現するための経済体制である。そのために社会的共通資本を社会的装置として考え、「社会全体の共通の財産とし、その具体的構成は、政治的プロセスで決められる」基盤整備が必要とする。実際は、自然環境、社会的インフラ、制度資本の範疇から成り、教育、医療、金融、司法、行政の各種制度が含まれる。重要な制度として教育、医療を述べる。双方とも市場的基準や官僚的基準によって、管理・支配されてはならないという。宇沢弘文『社会的共通資本』（2000）『経済動学の理論』（1986）、同趣旨で『経済学は人びとを幸福にできるか』（2013）。社会的共通資本の考え方は、自動車の社会的費用を考えるなかで考え出された。

46　近代商業主義の時代以前と以後の区別では、経済活動面では、生産要素（土地、労働、資本）が自由に売買できるかどうかにある。スミスの時代は、工場も10人程度でギルドの支配下にあり、かつ東インド会社のように国家独占企業が存在していた。しかし、スミスは経済の成長にとって、「完全な自由」が必要と述べる。人間の自由を尊重する近代市民社会の制度と、スミスの述べる経済社会とはパラレルである。イギリスは、ヨーロッパ大陸諸国と違って、生産要素の支配層からの切り離しが早く行われた。スミスは、ヒュームの弟子であり、その思想を受け継ぎ、個人による利益追求の社会秩序を正当化した一方で、sympathyを強調した。そして重商主義者を批判し、反対にスミスは自然的自由主義制度を主張し、その制度内には公共施設整備などが含まれている。

47　宇沢は、「論理的整合性のみを基準として想定された経済制度の改革は必然亭必然的に、極めて多様な人間の基本的傾向に矛盾する」とし、「民主主義的なプロセスをつうじて、経済的、政治的条件が展開されるなかから最適な経済制度が生み出される」と考え、このスミス的経済制度は宇沢がいう経済制度であるという。

48　アダム・スミスは、『法学講義Aノート』において模倣（自然物などを人工物に模写する）によって生み出される価値が、鑑賞者に心地よい感情や賞賛をもたらすといい、『道徳感情論』においては経済のみならず学芸（Art）は、隣国・人類全体にもよい影響を及ぼすので歓迎すべきことと述べる。従って、現在スミスが存命していたら、文化芸術の重要性から、それらを享受する場所である公的施設は必要と考えるだろう。

49　大阪フィルハーモニー交響楽団に対して、府・大阪市・経済界から毎年１億1,000万円ずつ運営費を補助してきたが、次第に減少し2008年度は約6,300万円と半額になった。そのほか大阪センチュリー交響楽団等在阪オーケストラへの補助削減が行われた。また、2012年には文楽協会への大阪市からの補助金3,900万円が問題となったが、経緯や補助金執行の問題解決から、補助は続行された。

50　京極は「文明」といい、「文化」とは言っていない。京極純一「親心の政治」『日本の政治』（1983）。同著で京極は「文明」に統一して用いている。たぶん、梅棹の理解に近いと思われる。梅棹も文明と文化を異なるものとして定義している。梅棹は、文明を「目に見える施設・道具と目に見えない諸制度及びそれらと人間とで形成するシステム」といっている。梅棹忠夫編「文明学の構築のために」『文明の生態史観はいま』(2001)。文化については、「生きていく上で心(精神・神経活動)の足しになるもの」ともいっている。大阪文化振興研究会編『大阪の文化を考える』(1974)

51　山崎が、サントリー財団の助成事業の採択の際の記念講演が、山崎正和編『文化が地域をつくる』(1993)の巻頭に記載されている。山崎は、1970年代から90年代初頭にかけて、文部省(当時)、文化庁の外部学識経験者として多くの提言を審議会等を通じて述べた。

52　シンクタンクが行政に関わる例として、従来は委託調査が中心であったが、最近は予算要求に伴うコンペ・スタイルの企画提案、事業執行の事務局的機能を果たすことが増加した。文化助成では、文化庁→シンクタンク→補助者のスキームが出来ている。特に、多数の候補や多額の補助金を支給する際は、シンクタンクが絡むことが多い。

53　当時のベルリン王立劇場専属オペラ歌手のミルダー(Milder Hauptmann)とも懇意であった。

54　『美学講義』において、ロッシーニの「ウイリアム・テル」のワイマール上演でのスイス人鑑賞者の態度に、不満をもらしている。

55　1824年9月初旬出発し、20日にウイーン到着。10月6日までウイーン滞在し、その後帰国。ウイーン滞在中は、ほぼ毎日オペラを見ている。当時のオペラ入場料は、彼が平土間で見たとしたら、約2フロリン程度であった。当時は、ウイーンに5劇場があったが、多目的劇場で必ずしもオペラばかり上演されていたわけではない。ヘーゲルは、イタリア人オペラ歌手が好きで、ドイツ人歌手は嫌いであった。例えば、『美学講義』第3巻(長谷川宏訳)(1995)において、「音楽が芸術的水準に達していないと、特にドイツ語の歌の場合は、歌詞の意味がほとんど、あるいは、まったく、わからない」と書いている。ベルリン王立歌劇場の歌手は、歌唱技術がないとマイナス評価している。なお、彼は、ロッシーニ作品だけでなく、モーツアルトの「フィガロ」も好きであった。ロッシーニに対して、過去50年間このような作曲家は現れないし、将来50年間も現れないだろうと依怙贔屓する。なお、ヘーゲル以降、器楽音楽が発達するが、その頃は、歌唱が器楽より比較的発達していたので、オペラ重視となったこととも考えられる。

56　ハイデガーは、ゴッホの百姓靴を例に引いているので、それで述べると、百姓靴は単なる有用な道具・商品に過ぎないが、それを画家が作品として描くと多くのことを鑑賞者に語りかける。これを信頼性に基づくという。そして有用性は信頼性から発しており、通常は信頼性が見えないので、単なる有用性のある道具・商品としてしか見えないのである。鑑賞者に、ゴッホが描いた絵画によって、単なる道具・商品の百姓靴が真に何であるかが、伝えられたのである。

57　ここでいう「主観」とは、客観性と対立する概念で、客観的なものを知ってはいるが、それに没頭するのではなく、またそこから行動を起こすのでもなく、この客観性から自己を離して、それを越えて欲し決定する主体のことである。ヘーゲル『法の哲学Ⅰ』(藤野渉、赤沢正敏訳)(2001)『美学講義上』(長谷川宏訳)(1995)

58　アビングは、「芸術を議論する経済学者は、芸術の定義について暗黙に了解しており、そのためその了解が彼らの結論にいつも影響を与えている」といい、スロスビーは芸術の定義について何も語っていないという。ハンス・アビング『金と芸術』(2007)。なお、筆者も芸術系大学にいるので、身近に芸術家と接しているが、彼らは芸術の経済的価値などほとんど語らないが、あまり芸術鑑賞の機会がありそうもない文化経済研究者(勤務地をみるとほとんど鑑賞機会が少ない地域）が、芸術の経済的価値について語れるのは、不思議であると思っている。

59 我が国の文化経済学者の芸術鑑賞時間を調査すると興味あることが伺えるのではないか。首都圏以外では、毎日のようにコンサートは開催されていないし、またオペラも地方都市では、年数回であろう。そのような所在地の大学研究者が、美学では当然視されている趣味的・主観的な経験が評価に大きく与える芸術について、固有価値論を展開するにもは、あまりに形而上的ではないか。

60 アビングは、目的をもつ芸術を「商業芸術、デザインなどの応用芸術」といっている。この領域では、利益を追求するので、「あぶれる芸術家は少ないし、収入も悪くない」。『金と芸術』

61 かれのいう「ロー」とは、「ハイ」に対立する概念で、前者は大衆的、後者は高級を意味しているが、彼によるとオペラは後者でポップスは前者である。

62 例えば、グランド・オペラは、現在ではその演奏時間の長さと舞台装置の複雑性から、ほとんど演奏されないが、ロッシーニの「ウイリアム・テル」はしばしば演奏される。その技巧性は、イタリア・フランス・ドイツの音楽要素が入り交じって音楽自体が舞台効果満点であるが、音楽だけでは魅力はなく、舞台演技と一体となった総合芸術としての魅力で演奏されるのである。

63 市民社会が到来すると、オペラ鑑賞を全募通して見るファンが出てくる。この時の鑑賞マナーが現在のマナーの基礎となっている。

64 「フランス社会は嗜好を支持する最高の個人も、それを取り巻く少数の消費のモデルも失った。…宮廷趣味はずっと長く続いた」ウイリアムズ『夢の消費社会』（吉田典子、田村真理訳）(1996)

65 作曲や演奏が、少数の音楽をわかる人から、大ホールの文化資本が多様な聴衆に向けて行われるようになったので、主観性・思想性を持つ楽曲から、聴衆の感性に多く訴えかける楽曲選択となった。ザスロー『啓蒙時代の都市と音楽』（樋口隆一監訳）(1998)

66 落語の「茶巾」で描かれるように、単なる安い清水焼の茶碗が、関白の箱書きと上覧の印によって、1,000両という高値になる。これは、作品自体の実質は変化しないまでも、その作品が経てきた経験によって、高価格となったものである。たぶん、江戸当時、茶道における湯飲み茶碗などにそのようなことがあったので、古典落語になったのだろう。

第2章

・

文化政策の枠組み

2.1　我が国の政策決定過程と主体

(1) 政策決定過程とその評価

政策実行者はPLAN→DO→SEE→PLANといった明確な考えの下に、行政計画を策定し、それを基準として事業を実施する。その過程は、計画との齟齬や乖離を計測し、その結果を再度計画に戻し（フィードバック）し、計画を修正して実施するか、または実施行動を計画に沿うよう修正する、行政事務の一連のサイクルである。SEEに表される評価の面では、投入した資源と産出した効果とを比較考量する「費用効果分析」が用いられ、有効な資源の活用が目指される。「費用効果分析」のうち、金銭尺度で測定可能な場合を「費用便益分析」といい、すでに20世紀初頭から一部の行政に用いられた。このとき、資源の投入量に比べ、政策対象の状態変化度の関係が最も重要かつ関心事であるから、政策を実行する行政内部の機構については、あまり詮索せず、機構をブラック・ボックスとして考える考え方もある。

ここで、投入する資源は、金銭的または物質的な給付（例えば、奨学金、生活扶助金、緊急食料･住宅の提供といった金銭･商品を直接提供する場合もある））、サービスである。

アメリカの政策科学の考え方では、私企業と公的組織とで政策手法は区別しない。個人や団体に、財（商品・サービス）を提供する主体は、営利会社、国・地方自治体等の公益団体、財団法人・社団法人・NPO（Non-Profit-Organization）・NGO（Non-Government-Oraganizatin）などの非営利団体及び個人である。しかし、その提供を大規模かつ反復継続的に実施するためには、個人では限りがあり、個人の集合体あるいは目的をもって設立された組織が必要である。その提供者の性格と提供する行為目的を交差させると、次のように整理可能である。

目的が公益ならその主体は、国・地方自治体等の公益団体が行い、私的利益の追求なら営利会社となろう。目的の公益･営利の二分割による行為の主体の区別には、公益・営利の領域のあいまいさもあって、多様なレベルの主体が存在することになる。また、行為がなされる社会経済状況も、行為者たる組織を決定づける。例えば、明治期には国全体の産業の活性化と国富増大のため、公益として、鉄や絹糸など今では営利企業が生産・販売している商品も、国の事業として行われた（国営八幡製鉄所、富岡製糸工場、横須賀の造船施設）。

さらに、活動分野によっては、公私の活動主体が混在している場合も多い。高等教育においては、国立公立私立の各大学が同じ教育・研究を行っている。文化芸術活動を市民に提供する行為（文化会館で地域住民に対して無料で、または低廉な価格で巡回公演の鑑賞機会を与える）は、行為自体が、公益か営利か区別がつきがたい。医療・教育と同じく、私的な提供主体も存在しているからである。教育・医療サービスを提供する主体は、学校法人・医療法人であり、設立には法令で認可・届け出が必要であるなど、公益団体に近い。国民・社会にとって生命の維持や健全な社会生活を送ることは、社会の再生産・維持という公益であり、それに医療・教育が、貢献しているからである。文化的生活の維持や教育を受ける権利[1]については、憲法にも社会権として規定されている。

しかし、芸術鑑賞機会の提供は商業演劇でも十分行っているし、興業会社は営利追求である。文化芸術サービスの提供の目的を、公益か私益かの区別をそのサービス内容からは判断することは困難である。提供する主体について、公益団体である必要はない。そこが、文化芸術を国民に提供する行為が公益性が馴染むかどうかだけでなく、行政対象となる文化芸術活動の特徴（創造・自由であり、規制や統制を嫌う）と関係するので、それら文化を対象とする、行政の難しさがある。

（2）文化行政における政策決定機能

西暦2000年を越えるまで、我が国には人類の創造的な精神活動から生ずる成果物としての文化を保護、振興、育成する一般的な機能をもつ法律はなかった。1980年の大平内閣での「文化の時代」報告と、同年の文化庁文化行政長期総合懇談会報告において、文化振興に関する一般法が存在しないことがあらためて確認され、文化振興法の制定が提言された。杉原は、改正前の旧教育基本法前文を引用し、「文化国家」の理念の確認と具体化が教育基本法の理念に存在するといった[2]。さらに、1947年当時の文部省内の教育法研究会の報告書から、「文化的な国家として、眞、善、美の文化価値を目指す国家を意味する」といい、旧教育基本法に文化振興の根拠を見ている[3]。

1947年に教育基本法が制定された。それより２年前の終戦１ヶ月後に発表された「新日本建設ノ教育方針」では、「文部省デハ戦争終結ニ関スル大詔ノ御趣旨ヲ奉体シテ世界平和ト人類ノ福祉ニ貢献スベキ新日本ノ建設ニ資スルガ為メ従来ノ戦争遂行ノ要請ニ基ク教育施策ヲ一掃シテ文化国家、道義国家建設ノ根基ニ培フ文教諸施策ノ実行ニ努メテヰル」と前文があり、さらに文化に触れて、第７項では「国民道義ノ昂揚ト国民教養ノ向上ハ新日本建設ノ根底ヲナスモノデアルノデ成人教育、勤労者教育、家庭教育、図書館、博物館等社会教育ノ全般ニ亘リ之ガ振作ヲ図ルト共ニ美術、音楽、映画、演劇、出版等国民文化ノ興隆ニ付具体案ヲ計画中デアルガ差当リ最近ノ機会ニ於テ美術展覧会等ヲ盛ニ開催シタキ意嚮デアル」（以上、傍点筆者）と記載されている。

この方針は、総司令部が占領政策の具体的方針が出す前[4]であり、日本側独自の考え方が盛り込まれている方針として注目してよい[5]。ここでいう「国民文化ノ興隆ニ付具体案ヲ計画中デアルガ」とは、翌年の秋から始まった文部省芸術祭のことで、実際は文部省に予算がなく、参加団体が自らの経費で公演や出品を行った[6]。総司令部とのすりあわせの下、文部省は1946年に「新教育指針」を発表、そこには「芸能文化の振興」が述べられている。ここでは、芸能[7]といっているが、現在の文化芸術の概念に近い。

特に、芸能はそれ自体が人生の目的として追求され、他の手段としてはいけないという。この理由として、「戦前の戦争目的の手段として芸能文化が使われ、統制された」と総括し、その結果「作品の内容も偏ったものや見え透いた浅いものであった」からである。しかも、「教養[8]の程度」に応じて「芸能の価値を理解することができる」といい、芸能を媒体とした鑑賞者同士の協働の場の創出まで言っている。現在の文化芸術振興基本法の環境整備面のみの規定とことなり、文化芸術の本質[9]まで敷衍しているのは、当時の社会状況下といえども、国民に対する文化芸術鑑賞振興への文部省の理念と意気込みが表れている。

戦後は、文化財保護法（昭和25年法律第214号）を嚆矢として、アイヌ文化振興法（「アイヌ文化の振興並びにアイヌの伝統等に関する知識の普及及び啓発に関する法律」（平成９年法律第52号））や音楽文化振興法（音楽文化の振興のための学習環境の整備等に関する法律（平成６年法律第107号））等の個別の文化活動や文化遺産を保護・育成する法律、日本芸術文化振興会法（昭和41年法律第88号）の伝統芸能やオペラといった実演芸術の保存と育成、普及啓発を図る機関の設置法、文化功労者年金法（昭和26年法律第125号）の顕彰・表彰を行う法律、関西文化学術研究都市建設促進法（昭和62年法律第72号）、松江国際文化観光都市建設法（昭和26年法律第７号）等の都市計画法が、個々に成立していった。しかし、「文化国家」理念を目指す文化振興の一般法は、2001年の文化芸術振興基本法まで待たねばならなかった。

この理由として、戦前における政府の文化活動への干渉を反省材料として、戦後文化活動の内容について関与しない原則[10]が出され、一般的な文化振興法が提案できなかった政治情勢が上げられる。

国の行政機関である各省庁は、それぞれ所掌範囲で、行政事務を遂行するため、予算要求や優遇税制要求、支援組織の設置といった具体的支援政策の政策競争[11]を行って来た。その競争の渦中において、政策の法的な裏付けがないことは、根拠法令のある政策より劣位に於かれることを意味した。

また、支援される芸術家や団体にとっても、他の政策の後塵を拝するのでは、我が国の文化芸術関連予算の伸びは期待できないと理解した。文化芸術活動を振興させようとする院外運動が、実演芸術家の団体である日本芸能実演家団体協議会（以下、「芸団協」）を中心に、1974年の舞台入場税撤廃運動を嚆矢として開始された。これは個別施策目的達成の運動であったので、芸術家全体の運動としては弱く、運動目的遂行に限界があった。このため、芸団協は文化芸術全般の支援措置を定めた基本法制定の国への働きかけを行うべく、1984年以降、関係団体や学識経験者へも働きかけ、2001年には基本法案を発表した。さらに、国会議員の芸術愛好家の集まりである音楽議員連盟も芸団協の動きに理解を示すなど、2001年には民主党や自民党も「文化芸術振興基本法」試案をまとめた。この背景には1999年10月の公明党・民主党が自民党と連立政権を構成し、公明党や民主党が進めていた文化振興に自民党が協力した面も大きい。

（3）文化行政の対象としての「文化」

一般的に、政策遂行のためには、その対象が明確なことを要する。その定義や意味合いが、サービスを受ける個人・団体と行政庁間で相違していては、行政サービスの内容の解釈の相違により個人・団体間で格差が生じる。憲法の保障する国民平等の原則に反することにもなりかねない。従って、法的解釈に混乱が生じやすい対象については、当該法律（法律のみならず政令、省令、条例を含む）に定義が規定されるのが通常である。

ところで、文化政策といわれる場合のその対象となる「文化」について、かなり各人により捉え方が異なっているように見える。ハイデンライヒとホールマン（Ann Heidenreich and David Hallman）の文化の定義を挙げよう。彼らは、文化に「社会的生活様式」と「知的芸術的活動」の２つの意味があると考える。前者の意味は、もっとも広い意味であり、文化人類学において使用されるものである。一般的に、近代社会を形作る欧米では、文化というと後者の意味で使用する傾向がある。前者の文化では、ある集団（社会）が他の集団（社会）と区別される意味に於いて集団（社会）がもつ諸制度であり、集団（社会）自体を意味する。しだいに文化の範囲を狭めると、文化とは、それら集団が共通してもつ行動様式を意味するようになり、構成員が集合している集団とは区別されてくる。さらに狭めると、社会の構成員が共通してもつ行動様式のバックボーンに存在する精神的なものを文化と呼ぶようになるが、その精神的なものは人間の五感に知覚されない。そこで、その精神活動により表出され、五感に知覚される生産物を文化と呼ぶのが通例である。この場合、イデオロギーはもちろん、絵画・音楽・演劇はいうに及ばず、ロケット・機関車・自動車・パソコン・OS等科学技術に関する生産物や法則も包含される[12]。

時間軸を導入すると、その知覚可能な生産物が時間とともに発展進歩していくもの（具体的には、過去の生産物の成果の上に新しい知見を加えて発展させていくことが、絶対条件である生産物）と時間的な進展は必要としない生産物に分類できる。前者はいわゆる科学技術にかかわる生産物であり、後者の生産物が文化政策が対象とする文化である[13]。

今、記述している文化政策の対象とする「文化」はそのような広範囲の文化ではない。2000年１月に文部省と科学技術庁とが統合されたが、それ以前の文部省設置法には、第２条第１項第９号において、「「文化」とは、芸術及び国民娯楽、文化財保護法に規定する文化財、出版及び著作権その他著作権法に規定する権利並びにこれらに関する国民の文化的生活向上のための活動をいう」と規定されていた。同法を受けた文部省組織令では、さらに具体的に「芸術」を「文学、音楽、美術、演劇、舞踊その他の芸術」に分けている。「宗教」事務については、憲法第20条の宗教への国家の不介入との関係上、設置法上の「文化」と区別して独立させている。従って、通常、国の行政機関としての文化庁が文化として政策対象とするのは、「芸術、著作権、文化財、国民娯楽」といってよいが、それでも極めて広範囲にまたがっている。当然、他の法令によって、別の国行政機関が行う政策対象としての文化が、別途存在してもおかしくない。例えば、経済産業省は、レコード製造や映画産業について、産業政策の立場から政策遂行を行っている。

2000年１月の文部科学省の設置以降、同省設置法から「文化」の定義が削除された。行政の継続性を求めるなら、旧文部省設置法の規定が文部科学省設置法上の「文化」と同一と解釈できる。現在、「文化」を法律用語として含む法律は579本あり、定義を規定している法律は、後ほど述べる文化芸術振興基本法以外皆無である。その多くが、「文化財」とか「文化都市」とか文化を形容詞として用いており、「文化」そのものの字句は皆無に近い。また、法律名称に「文化」が含まれている法律も70本あるが、旧文部省設置法が唯一の行政対象としての「文化」を規定していたことになる。

ここで、その定義に近い法律として、「アイヌ文化の振興並びにアイヌの伝統等に関する知識の普及及び啓発に関する法律」で定義されている「アイヌ文化」を見てみよう。同法では、「アイヌ文化」とは、「アイヌ語並びにアイヌにおいて継承されてきた音楽、舞踊、工芸その他の文化的所産及びこれらから発展した文化的所産」とし、先の後者の文化の定義に当てはまり、旧文部省設置法の「文化」の定義に内包されている。

各法律は対等であるから、文化芸術振興基本法での「文化」の解釈がすべての法律の「文化」について同一であると考えてはいけない。それぞれの法律は、制定時等の背景を斟酌して解釈する必要がある。また、2001年12月に制定された文化芸術振興基本法では、「文化芸術」を「芸術（文学、音楽、美術、写真、演劇、舞踊その他の芸術)」、「メディア芸術（映画、漫画、アニメーション及びコンピュータその他電子機器等を利用した芸術)」、「伝統芸能（雅楽、能楽、文楽、歌舞伎その他の我が国古来の伝統的芸能)」、「芸能（講談、落語、浪曲、漫談、漫才、歌唱その他の芸能)」、「生活文化（茶道、華道、書道その他生活に係る文化)」、「国民娯楽（囲碁、将棋その他の国民娯楽)」、「文化財」に分類している。この定義から、従来の文部省設置法上の「文化」と「文化芸術[14]」の内容はほとんど一致している。

（4）地方自治体における文化行政の対象

地方行政においては、旧地方自治法で、地方自治体の行政事務として、「・・・図書館、公民館、博物館、美術館、物品陳列所、公会堂、劇場、音楽堂その他の教育、学術、文化・・・に関する施設を設置し、又はこれらを使用する権利を規制し、その他教育、学術、文化・・・に関する事務を行うこと」（第２条第３項）及び「・・・文化財の保護管理の基準の維持・・・、図書館、博物館、美術館、物品陳列所・・・の施設の設置及び管理、文化財の保護及び管理」（第２条第６項）と規定されていた。この規定からは、地方自治体は、文化行政に関して、主に施設の設置と管理が主体であり、付随的に文化に関する事務（文化行政）を行うこととされているに過ぎなかった。

1999年７月16日に、「地方分権の推進を図るための関係法律の整備等に関する法律」（いわゆる地方分権一括法）が公布され、地方自治体の事務は「地域における事務」とのみ規定され、憲法や法律により国の事務とされている事務以外は、地方自治体が裁量的に管轄範囲において行うことが可能となった。しかし、従来の旧地方自治法で規定された「文化」に関する事務は、新地方自治法上でも内容的な変更はない[15]。一方、教育委員会が所掌する事務として、地方教育行政の組織及び運営に関する法律第23条において、「地方自治体が処理する教育（第４条において文化を含むと規定している）に関する事務の内、文化財に関すること、教育に関する調査統計広報事務」を規定している。

さらに、2007年に同法が改正され、文化に関して首長の行政事務とすることが可能な規定が追加された。その改正後の同法第24条の２により、文化財保護事務を除く文化に関する事務のすべてまたは一部が、地方自治体の固有事務とすることができるようになった。この改正趣旨は、文科省の同法改正通知を見る限り、教育の地方分権のためとされている。しかし、後に述べるように、文化行政は、1990年頃から急激に首長部局で行われてきたのであって、その追認的改正の感が強い。同法上の「文化」については定義はないが、文部科学省が教育委員会に対し指導、助言できることから、文部省科学設置法上の「文化」と同一の意味と行政法理上解釈されている[16]。従って、教育委員会が所管していた文化事務の一部が首長部局に割り振られたのであって、従来より首長部局が、固有事務として行っていた文化行政に変更はない。

図2-1　行政における文化行政の流れ

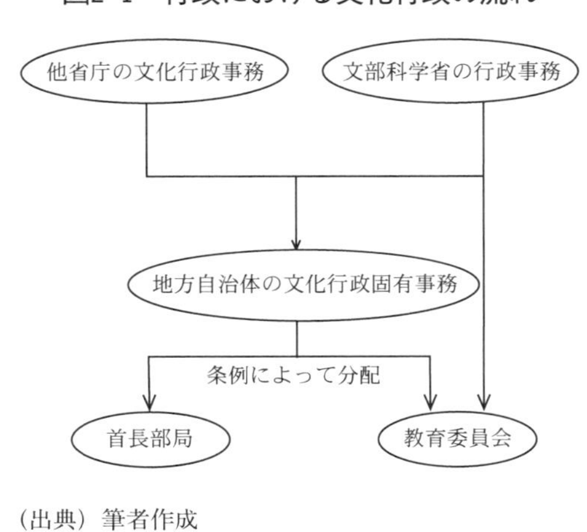

（出典）筆者作成

つまり、地方自治法上の「文化」の内容が必ずしも文部省設置法上の「文化」と一致しなくてもよい。それは地方自治法上で解釈すればよいのであって、通常は文部科学省設置法上の解釈より広義に解釈されている。首長部局で文化行政が行われ始めた1990年頃から、文化行政を他の行政の上位に位置づけ、各種の施策がその下位に位置付けられる傾向が見られる。これは、文化行政における政策が総合政策的色彩を帯びるということであり、1980年代に地方自治体に波及した「文化の行政化」「行政の文化化」運動の影響と思える。例えば、地方自治体の政策目標である基本計画・指針をみると、従来、公共事業とされた公園整備、河川護岸整備（親水公園）、架橋整備などが、文化的な政策として位置付けられている事例が増加しつつある。

2.2　文化政策に関する組織

我が国では、文化の名が付された行政機関は、文科省の外局である文化庁のみである。文化庁が対象としている「文化」については、すでに前節で述べられたところであり、他の先進諸国においても文化政策の対象となる文化の範囲は、我が国文化庁の「文化」と大同小異である。本節では、文化庁の政策対象である文化を念頭に置いて、文化政策に関する組織を概観することとする。

(1) 国

国会の組織と機能

国会は、国権の最高機関であって、唯一の立法機関である。国会は、行政機関の行政対象、行政の方法について法律を定めて、その行政事務を確定し、行政を実行するための予算を決定するのが役目である。文化庁が対象とする文化についても、文科省設置法（及びそれに基づく組織令）により定められている。国会の組織は、図2-2のとおりである。

衆参両院に各17の常任委員会が置かれているが、そのうち文化に関連があるのは文部科学委員会（参議院は文教科学委員会）である。文化を対象とした法律であっても、文化庁行政とは異なった切り口からの法律は、もっとも関係する委員会が審

図2-2　国会の組織

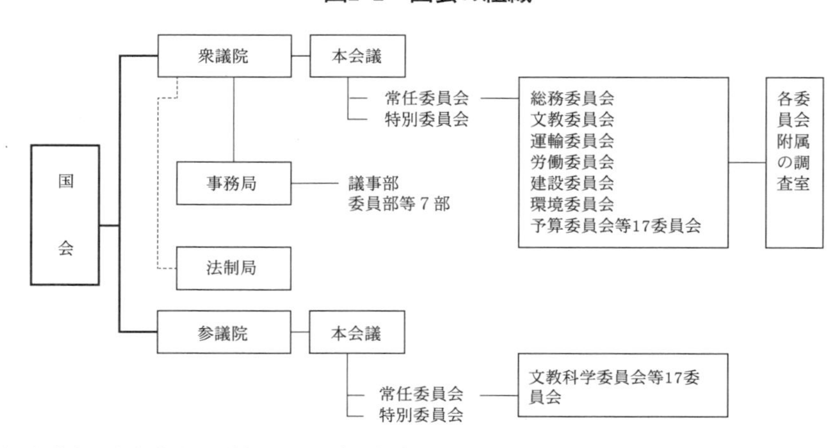

(注) 参議院にも衆議院と同様に、調査室、事務局、法制局が設置されているが、組織的には同様なので省略した。
(出典) 国会ホームページ「国会機構図」に基づき筆者作成

議する。例えば、1991年に審議された「地域伝統芸能等を活用した行事の実施による観光及び特定地域商工業の振興に関する法律」(いわゆる「地域伝統芸能活用法」または「お祭り法」)は旧運輸委員会で、地方拠点都市整備法は、旧建設委員会で審議された。議員の審議や立法を助けるため、国会事務局に各委員会毎の調査室が置かれている。また、議員の資料を調査する便宜のため、国立国会図書館に調査及び立法考査局、専門資料部が置かれている。我が国は議院内閣制であるから、議院の絶対多数党が内閣を組織し、行政を遂行する。

国会での政策決定過程

第二次世界大戦前とか戦争直後の高度経済成長期前半では、国内の限定された資源を欧米へのキャッチアップに、効率的に分配するという政策目標が立てられた[17]。政治的に政策の優先順位が高度に行われたため、経済活動振興への予算重点配分となるのもやむを得なかった。敗戦を契機として、我が国は軍事国家から文化国家をめざしたが、そのための立法として、1950年に文化財保護法を成立させた以外は、「文化」の振興を直接の目的とした法律はなかった。1980年代後半に入ると、過疎化と少子化による地域社会の維持が困難になる地域が続出し、そのため多くの地域振興法が成立[18]した。地域産業の振興施策に加えて、地域振興に寄与する政策手段として、文化施策として文化施設整備が、しだいに地域振興法に盛り込まれるようになった。1991年には、直接地域の伝統的文化財を活用して、「地域伝統芸能等活用法」が成立した。同法は、文化庁が他省庁の行政と連携して行う枠組みを作った嚆矢的法律である。この後、地域振興政策に、文化庁は積極的に関わっていく。当初は、地域の文化資産としての文化財活用からではあったが。

国会議員が立法を行ったのは、終戦直後から1950年代までで、その後は現在に至るまで、政府提出法案を国会が審議することが通常の形態となっている。自民党政権下での法律成立過程の経過を見ると、関係省庁での法律案起草→自民党政務調査会各部会(文化であれば文部科学部会)への説明→同時に関連省庁への説明→政府案の閣議決定→自民党の了承→国会提出→各種委員会(文化では、衆院文教委員会)への付託審議→可決→他議院送付(委員会採択を経て)→可決成立[19]のコースをとった。

予算関連法案では、予算の成立が法実行に当たって必要なことはいうまでもない。法案提出省庁にとっては何にもまして、まず自民党の政務調査会部会での了承が必要であった。議員も得意分野や選挙支持母体との関連で、いわゆる「族議員」[20]として、各議院の委員会や部会に属し、専門的に勉強したので、人事異動で定期的に異動する省庁の幹部職員以上に特定分野に詳しく、影響力を持つようになってきた。解決すべき政治的領域が質量ともに拡大したため、政治家の専門性が必要となって、本来アマチュア集団であった政治家が専門家集団となった。「文化」については、文教部会に属するいわゆる文教族議員が中心となっていたが、その議員の大半は、教育、学術、スポーツに関心が向いていた。文化については、当時の大平総理提唱の「田園都市構想」で、地域文化の振興に触れられた時に、政治的関心が持たれた程度である。むしろ、文化については、議員個人が芸術鑑賞をしたり、伝統芸能に親しんだりする趣味的な超党派の集まりの議員集団[21]が力を持っていた。超党派であることが、他の財政、商工、農林、教育等の行政分野のように、同党集団と異なるところであった。

音楽議員連盟の主な活動として、1980年に三鷹市に始めて貸しレコード店が開業、レコード製作者との軋轢が高まっていたとき、その解決のための著作権法の改正を行ったこと、1990年の芸術文化振興基金（芸術家に対して、年間10～30億円の助成を行う基金）の創設[22]がある。21世紀になってからは、新たな文化芸術関連の２本の法律は、議員立法で制定されたが、そのすべてに関わっている。特に、文化振興に関する一般法の必要性が政府部内で指摘されながら、長く作成されなかった中で、彼らが立法作業を行い文化芸術振興基本法を成立させたことが特筆される。なお、同法と2012年に成立した「劇場、音楽堂等の活性化に関する法律」（劇場法）については別途詳述する。

現在の自公連立政権下では、各党の政務調査会（自民党、公明党）や政策担当委員会が、政府と政党との実質的パイプ役を努めている。正式には、与党政府間には政策調整のための政府与党連絡会議、政府与党協議会、政府政策責任者会議、与党国会対策会議が設置され、情報が往来し政策調整がなされる。過去、鳩山政権下での政策調査会廃止、管政権下での政策調査会復活と会長の閣僚化（閣僚として入閣）、野田政権下での政策調査会の独立と政府・民主３役会議の設置など、いずれの政権も政府及び与党間の政策調整に苦労したが、現自民公明連携下では、従来の自民党時代の政策調整機能が復活した。

国会に提出された法案は、関係委員会に付託され審議される。その付託件数や質疑の件数の多寡が、議員（選出母体の国民、選挙団体）の関心の程度と考えるならば、文化に関する質疑等は、他の文教委員会所管事項に比べ残念ながら少ない。芸術文化振興基金創設の際の法案（国立劇場法を日本芸術文化振興会法に改める法案）の審議は、1990年冬に行われたが、その際には、文化関係の質疑は従来の３倍行われたといわれている。

図2-3　政府提案の法律の成立過程（公明党との連合以降）

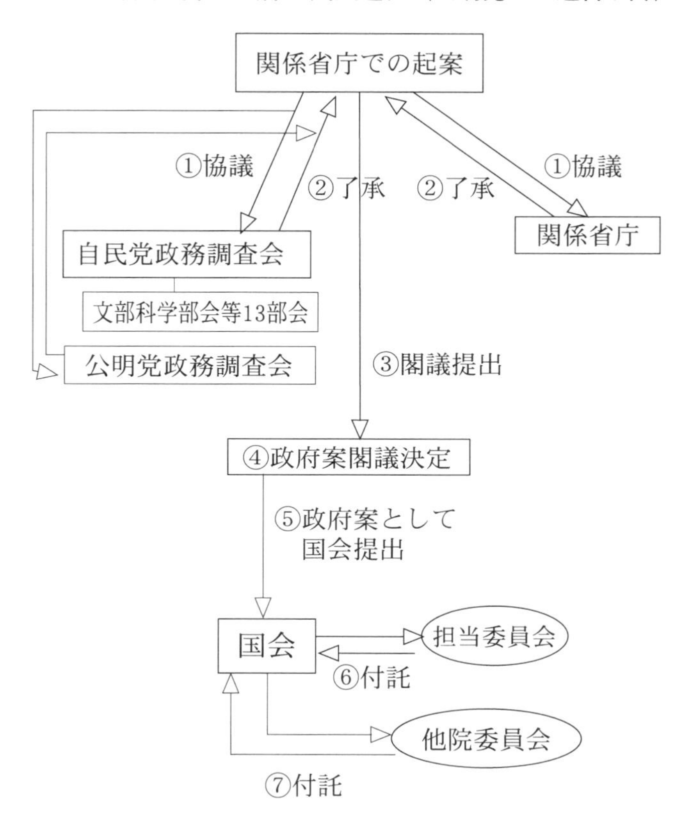

(注) ①、②は政策立案過程の順
(出典) 筆者作成

文化芸術振興基本法の成立過程

2001年11月に成立し公布された「文化芸術振興基本法」の成立過程を例として、政策決定過程を見たい。

以下に、同法の成立過程を時系列的に記載する。

2000年２月　超党派の国会議員で構成する音楽議員連盟の総会で「芸術文化基本法」(仮) の法制定を掲げる。

2001年６月14日　音楽議員連盟が「芸術文化基本法(仮称)」特別委員会を設置。

同日、公明党・保守党が、「芸術文化振興基本法案」を衆議院に上程し、継続審議になる。

2001年10月22日　民主党が、「芸術文化基本法案」骨子を作成

2001年10月　自由民主党が「芸術文化基本法案」試案を作成。

2001年10月24日　音楽議員連盟第26回総会開催し、議案に「芸術文化基本法」（仮称）の法制定を掲げ決議。

2001年10月24日　音議連が後援し、「芸術文化の夕べ」が開催され、音議連と芸術関係者等との交流が行なわれた。

2001年10月25日　与党３党が、法案を一本化。

2001年10月26日　音議連特別委が開催され、議連として超党派で法案を一本化していく方針で、合意が形成される。具体的法案については、次回（11月１日）の委員会で委員長が提示することとなった。

2001年11月13日までに自由民主党、公明党、保守党、民主党の４党が党内手続きを終えて、委員長試案の「文化芸術振興基本法案」を法案として提案することに賛成。

2001年11月15日　音議連、基本法特別委員会が開催され、「文化芸術振興基本法案」が最終的に固まる。

2001年11月16日　「文化芸術振興基本法案」が、斉藤斗志二ほか15名の議員が提出者となり、国会に上程された。

2001年11月21日　衆議院・文部科学委員会で、同法案について審議が行なわれ、賛成多数で可決された。なお、５項目の附帯決議も可決された。

2001年11月22日　衆議院本会議で、同法案が賛成多数で可決され、衆院を通過。

2001年11月29日　参議院・文教科学委員会で同法案が審議され、全会一致で可決。なお、７項目の附帯決議も可決された。

2001年11月30日　参議院本会議で、同法案について採決が行なわれ、全会一致で可決され、「文化芸術振興基本法」が成立。

2001年12月７日　公布、施行

この文化芸術振興基本法の成立過程をみると、与党プロジェクトチームで政策調整を行っていない。すなわち、超党派で構成する音楽議員連盟メンバーが主体となって、彼らの所属政党に働きかけ、それぞれの政党で独自法案を作成した。最終的に音楽議員連盟で調整した案をそれぞれの党内手続きの上、衆議院に上程した。このように、与党プロジェクトチームが本来行うべき多数政党間調整を、音楽議員

連盟（現：超党派文化芸術議員連盟（文化芸術議連））が代わって行った。

文化芸術振興基本法の政策立案について、議員たちが中心となって行い、文化庁など国がサポート役（資料の提供）に徹したことは、戦後直後に成立した文化財保護法の立案過程と類似している。文化財保護法も1949年の金閣寺金堂の炎上を契機として、参議院を中心に、文化財保護の立法化作業が進み、1950年に成立したものである。

我が国では、行政庁が政策の基本を考え、それを法案化後国会で審議を経て、国の政策として実行する形態が通常である。京極は、「業界法案と新規予算を企画するのは、通例、諸官庁の担当部課である。議会政治家はこの企画の最初の着想を官庁側に持ち込むこともあり、また、官庁側の自主的な企画を承認、指示することもある。そして、法案や予算の国会通過を支援する。一般的にいっても、国家指導と国民統治の実質上の主導性は、多くの場合、官庁一官僚の側にある」[23]という。この理由として、行政側の専門知識の蓄積とそれを利用する際のコスト・パーフォーマンスに求めることが多い[24]。また、中野は「利益政治のメカニズムと倫理に引きずり込まれる程度が低い分野ではやはり官僚の力量がフルに発揮され、総じて官僚の占める役割は大きく、この意味では官僚主導の政策分野ということができる[25]」と述べている。国家公務員として次官に次ぐ水産庁長官まで上り詰めた佐竹は、「事柄の性質に応じて所管の最高位幹部が（政府与党部会メンバー）に出向き、丁重に説明して納得いただくことになる」と述べ、政府与党への根回しを行えば、「案件の実現率が高くなることは事実である」[26]と述懐している。

文化政策に不関与であった行政側の変化

以上の政治学者や元行政官による分析からみると、政策立案と執行にとって、政府の行政官たちが案件を起案し、それを与党と調整し国会で法案や予算案として通過させるというシステムが重要である。ところで、先ほど述べたように、文化芸術振興基本法や文化財保護法など文化を保護し、振興させる基本法の成立作業において、所管庁たる文化庁・文部省は側面的な支援に徹し、自ら法案作成を行っていない。

これはいかなる理由によるのだろうか。京極や中野によれば、官僚の高度な専門性（政治家に対しての）が政治家に対し優位な立場を与え、政策立案を官僚が行うという。それによれば、文化行政における政策において文化庁・文部省は高度な専門性を政治家に対してもっていないことになる。これは、事実だろうか。

もう一つの理由として、戦前と戦中の文化活動に対する国家介入を反省し、また事実上予算的裏付けも無かったから、国・地方自治体が、文化活動に行政対象として関わることを意図的に避けてきたともいえる。すなわち、京極らがいうように、通常の行政分野では、案件は行政官が起案し、与党へのいわゆる根回しによって、国会通過を早めたと思われるが、文化行政のようにいわば価値観を含む分野では、文化庁・文部省が積極的に関わることをせず、待ちの姿勢で行政を行ったことは十分考えられる。

また、文化行政としての文化庁予算は、現在でもたかだか1,000億円程度であり、国全体の予算の0.1%強である。予算額からみれば、文化行政は周辺行政であり、国全体としては優先順位が高くなく、また貿易摩擦、米価、税制といった差し迫った案件に比較し、国として文化に積極的に関与しなくてもよかったのかもしれない。そのため、官庁として組織・人員でも強力でなかった。佐々木[27]は、働きかけられる側の官僚制の組織化度や強力さが政党との関連の在り方を規定するという。文化庁は「強力な官庁」ではないので、政党側も積極的に働きかけて、立法を促すことはしなかったのかもしれない。

あるいは、種々多様な価値観をもつ芸術団体である利益集団を、一定の目標に統一し、政策目標として、行政側がまとめ上げ、国会への提案という一連の政策立案システムができなかったともいえる。価値観が多様な団体・芸術家の考えをまとめ上げ、一つの政策案とすることは、かなり面倒な作業であり、行政側にとってエネルギーを消費することであったから、費用対効果から着手することをためらっていた[28]のかもしれない。そのため、本来所管する業界は、所管官庁のサポートたる機能をもつにもかかわらず、文化・芸術関連業界は文化庁の支援組織に成り得なかった。

1990年代に入り、絶対多数を誇っていた自民党も凋落傾向を見せ、他党と連立しなければ安定多数を国会で保てなくなってきた。そのとき、連立相手の公明党、保守党と連合を組むことになったが、かれらは文化活動に対して理解が比較的深く、自民党としても連立相手の政策について考慮する必要が生じた。政権党から文化への政策展開が行われ、今度は与党に対して、行政側が受け身となって、文化庁は側面支援とならざるを得なかった。その経緯は、文化芸術振興基本法の成立過程に見られる。

文化に対する政策立案過程から分析すると、文化庁や周辺業界の芸術団体、芸術家達のみでは、文化芸術振興基本法のような文化行政の枠組みは、作り出せないと思われる。いわば政策のコンプレックス・マターとして、文化庁、与党を含む政党、芸術団体が一体となった政策立案が今後必要であろう。そのため、いかに議員に文化に関心を持ってもらうかが課題である。

（2）策定機関

行政内部での意志決定過程

行政庁での行政課題の認識・構造化の一連の過程は、まず担当部局での課題検討や情報収集・分析（外部シンクタンク等への委託調査調査も含む）から始まる。通常の場合としては、次の過程より成る。担当課における課長補佐・係長クラスが行政課題の問題点及びその問題となる背景、各種問題要因の相関関係、今後の取るべき方策とそのための実行手段等につき概略をまとめる。関係各課の担当者の意見を聞く。学識経験者で構成される各種審議会、委員会、私的諮問機関に、問題点の洗い出しと今後の在り方という形で諮問する。事務局となる担当課（複数の関係課で構成される場合もある）で答申原案を作成する。審議会等から正式な答申を得る。

行政内部で検討されていたことが、審議会（私的諮問機関も含む）などに情報として出されることは重要である。現在では、情報公開やパブリック・コメントの募集のため、審議会提出資料・議事録は原則公開されている。従って、審議会の資料･議事進行を収集するだけで、かなりの行政庁での内部検討の様子がうかがえる。

審議会には、法的に設置されたものと私的に設置されたものがある。前者は、内閣府設置法第37条・第54条、国家行政組織法第８条に根拠をもち、法律または政令で定められる合議制の機関で、府、省、委員会、庁に置かれる。任務としては、調査審議、不服審査等であるが、政策形成過程では調査審議の役割が中心である。大臣、局長の私的諮問機関として、懇談会、研究会等が置かれることもある[29]。これは要綱等の行政庁の内部規則により設置されるものであり、審議会の設置数総枠が定まっていること及び機動的に審議すべきことが多いことなどから、最近はこの例が多い。文化については極めて専門的あるいは微妙な行政課題が多い。審議会など

図2-4　行政内部での意志決定過程

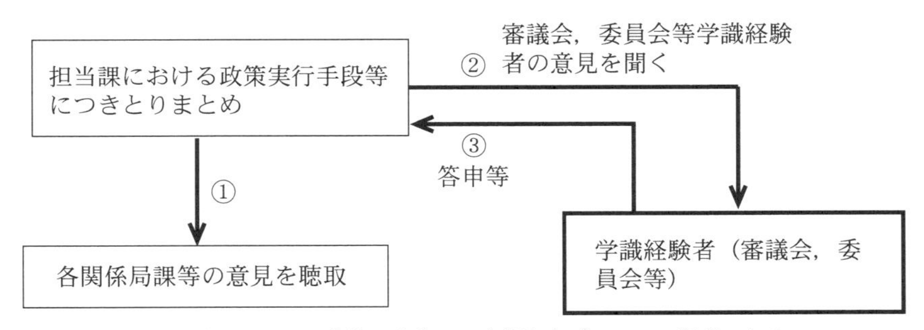

（注）　ダイアグラムの①等の数値は、政策決定プロセスの順序である。
（出典）　筆者作成

から、外部の学識経験者の意見を聴くことは、行政スタンスが偏向するのを防ぎ、芸術団体間の利害を調整する上からも重要である。

文化関連審議会

文化政策にとっては、文化関連審議会は、重要な機能を果たすが、その実際の設置数は少ない。法律で設置されている審議会等110のうち、今までに文化関連の答申を提出した審議会は、歴史的風土審議会等16あり、その内文部省（当時の文部省で現在は文部科学省）・文化庁関係のものが7であった。審議会は将来の政策方向につき審議するが、文化財保護審議会は文化財の指定が中心で、他の審議会と少し異なっていた。

文化政策の方向性を打ち出した機関は、文化庁長官の私的諮問機関である「文化政策推進会議」、田園都市構想の「文化の時代」を報告した総理の諮問機関「政策研究会　文化の時代研究グループ」、「文化交流懇談会」などの私的諮問機関の方が多かった。文化関連の課題は、芸術家をはじめとする専門家の意見を多く参考にしなければならないこと、文化に対する課題が、近年関心を持たれ始めたが、審議会の構成員がほぼ定まっていること、審議会総数を行政改革のため増加させることができないことなどから、私的諮問機関が多くなっている。

現在の国の審議会のうち、文化行政に最も重要と思われるのは、文部科学省に置かれている文化審議会である。文化審議会は、2001年1月に文部科学省発足した際、全省庁審議会の削減方針に沿い、文化庁長官の私的諮問機関「文化政策推進会議」「国語審議会」「著作権審議会」「文化財保護審議会」「文化功労者選考審査会」を統廃合して設立されたものである。その任務は、文部科学省設置法、同組織令、文部科学省設置法施行規則、同審議会規則に記載されているが、統廃合した旧1会議、3審議会の任務を引き継ぎでいる。

その任務は下記の通りである。

審議会の主な所掌事務

⑴　文部科学大臣又は文化庁長官の諮問に応じて、文化の振興及び国際文化交流の振興に関する重要事項を調査審議し、文部科学大臣又は文化庁長官に意見を述べること。

⑵　文部科学大臣又は文化庁長官の諮問に応じて、国語の改善及びその普及に関する事項を調査審議し、文部科学大臣、関係各大臣又は文化庁長官に意見を述べること。

⑶　著作権法、文化財保護法、文化功労者年金法等の規定に基づき、審議会の権

限に属させられた事項を処理すること。

委員は30名以内であるが、2014年３月現在では、20名であり、総会の下に置かれている分科会に専門に応じて属する。文化審議会の構成員は、学識経験者及び芸術家で全体の70％程度であり、芸術団体代表者を加えると全体の4/5が学識経験者等となっている。

また、分科会は４分科会置かれており、必要に応じて置かれる部会は「「文化芸術の振興に関する基本的な方針」の取組状況、及びその他文化の振興に関する基本的な政策の形成に係る重要事項の調査審議を行う」文化政策部会や著作権分科会の使用料部会である。各分科会の所掌事務は下記の通りである。

図2-5　文化審議会の概要

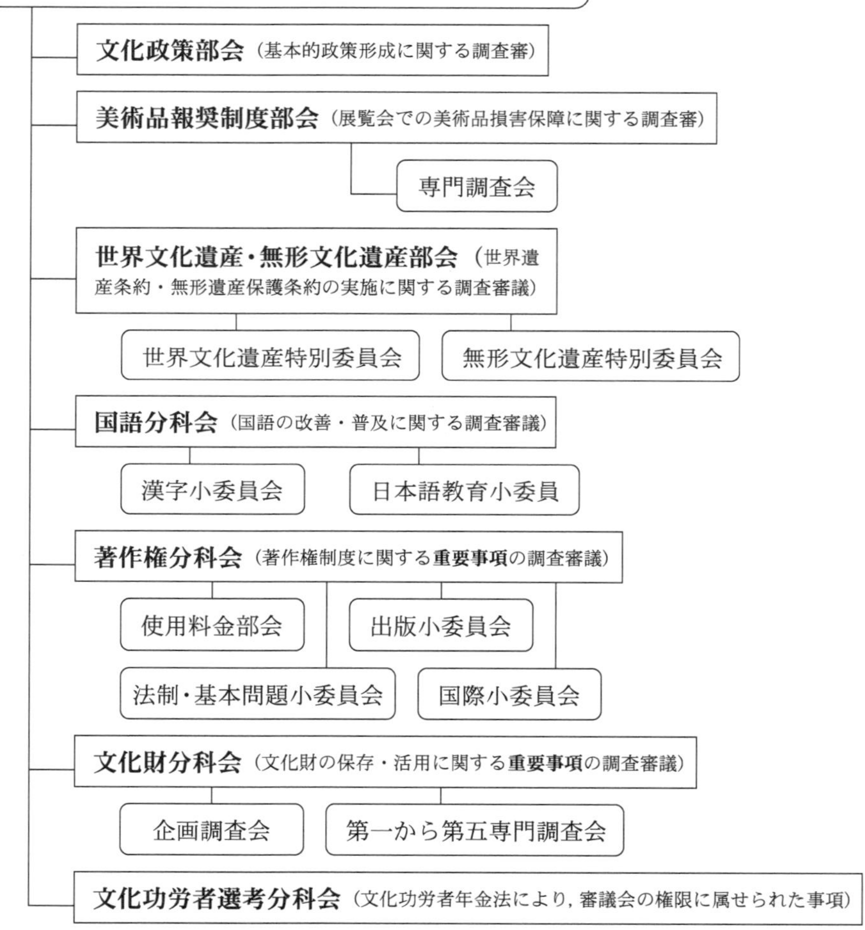

分科会の名称　主な所掌事務

国語分科会：国語の改善及びその普及に関する事項を調査審議すること

著作権分科会：著作権制度に関する重要事項を調査審議すること

文化財分科会：文化財の保存及び活用に関する重要事項を調査審議すること

文化功労者選考分科会：文化功労者年金法により審議会の権限に属させられた事項を処理すること

（出典）文化庁資料を基に、筆者作成

2014年３月現在、文化審議会からは「文化を大切にする社会の構築について」（2002年４月24日）、「文化芸術の振興に関する基本的な方針について」（2002年12月10日）、「これからの時代に求められる国語力について」（2004年２月３日）、「文化芸術の振興に関する基本的な方針の見直しについて」（2005年２月２日）、「敬語の指針」（2007年２月２日）、「改定常用漢字表」（2010年６月７日）、「文化芸術の振興に関する基本的な方針（第３次）について」（2011年１月31日）が答申されている。ここで、基本的方針の答申があるが、これは2001年11月の成立した文化芸術振興基本法に定められた基本方針の策定のためのものである。

現在の文化行政の基本的な施策は、文化芸術振興基本法及びその基本方針に沿って行われている。文化芸術振興基本法の内容は、文化審議会文化政策部会の前身たる文化政策推進会議が1998年３月に答申としてまとめた「文化立国実現に向けての方策」をベースにした文化振興マスタープランとかなりの部分が重なっている。文化行政は2000年を挟んで約15年間程度、大きい政策内容的変更はないが、ITの進展により、近年情報技術の進展によるコンピュータ・グラフィックス、ゲーム、アニメ等の視覚芸術をかなり取り上げていることが注目される[30]。

産業面からの文化振興

現在では、日本ブーム（クール・ジャパン）を創出するため、海外展開が重要な政策課題となっている。アメリカでの日本ブームは、2002年に現地で販売開始された『少年ジャンプ』が54万部を越えたことが起爆剤となって、急激に始まったといわれる。同誌が月刊誌であったことや、アメリカでのマンガの売上減少などにより紙媒体での発行は2012年４月に終了している。この日本ブームは、紙媒体戦略では一応終了したが、自動車などメジャー輸出産業に対して、日本文化を演出したことで、プラスの貢献を果たしたと評価され、文化が産業へ外部経済効果を与えている例である。

昨今は、経済産業省が中心となって、我が国制作の映画・アニメなど「コンテンツ産業」の海外進出を支援する政策が行われ始められている。これは、2002年に成立した「知的財産基本法」に基づき、2013年６月に決定した「知的財産推進計画（原則毎年改訂）」にもとづく海外展開戦略である。特に、2020年の東京オリンピック・パラリンピック[31]に合わせ、日本ブランドのグローバル化を目指している。

その計画では、各国の文化やニーズに合わせたコンテンツの現地化、売り込み、海外のチャンネルや放送枠の確保を促進し、日本の産業や文化と一体となった魅力あるコンテンツを供給する政官民の一体となった取組を支援する。我が国の各地の優れた産品や技術、文化資産（文化財、アニメ、ファッション、食）などについて、ブランド・マネジメントを行い、その魅力を更に高め、世界に通用するブランドとして確立することである[32]。結果として、商品の海外展開や外国人の来訪者増加、我が国の地域活性化を進める計画である。

(3)実施機関

執行機関としての文化庁

政策の実行段階では、必要な法律、制度、予算などの政策資源は、意思決定機関(国の場合国会)で了承、確認されているので、その意思に沿って実行される。行政府の事務の大半はこの実行段階に当たる。国の行政権は内閣に属するから、文化行政も内閣が行う。内閣は行政府としての最高意思決定を行う機関であるが、実際は内閣を構成する各省庁の大臣が行政事務を分担するので、その総合調整的機能を持つ。文化行政事務は、文部科学大臣を長とする文部科学省を中心として、関係省庁にまたがっている。その文化行政は、文部省科学設置法、組織令等により文部科学本省と外局たる文化庁に分かれるが、文化庁長官を長とする文化庁が主に責任を負う。

文化庁以外にも文化に関連する行政は、外務省(文化交流)、文部科学省(生涯学習)、農林水産省(構造改善事業による文化施設の整備が従来中心であったが、最近はソフト事業と称し農山漁村部の地域づくり事業として、お祭り等の支援事業を行っている)、経済産業省(生活文化産業、伝統的工芸品)、特許庁(工業所有権、特に特許、意匠)、国土交通省(観光、都市計画、建築基準(町並み保存、パブリック・アート)、国土の総合開発、利用計画、アイヌ文化振興)、厚生労働省(職業能力開発法に基づく技能士(現在のところ、音響機構調整(舞台機構)、竹工芸、和裁、漆芸、調理、左官))、総務省(地方交付税、過疎対策としての文化事業支援)、内閣府(沖縄の文化振興)、環境省(環境政策、特に自然保護と文化財保護との関連)が行う。

これらの省庁の事務を大きく分類すると、人材養成(厚生労働省、経済産業省、文部科学省)、人材交流(外務省)、施設整備(国土交通省、農林水産省)、資金の提供(総務省、経済産業省)、情報発信(外務省、文部科学省)、制度整備(国土交通省、環境省、内閣府、経済産業、特許庁)に分かれている。

さらに、詳細に記載すると以下の通りである。

表2-1　各省の文化に関する施策と担当省

項目	担当主務省
芸術創造活動	
映画産業等の文化関連産業の振興	経済産業
放送法等に基づく放送文化	総務
伝統文化の継承・発展	
古都の歴史的風土の保存事業	国土交通
公文書館の設立	内閣府
野生生物の保護施策	環境
自然環境保全法等に基づく自然環境の保全施策	環境
伝統的工芸品産業	経済産業
文化を活用した観光	国土交通
都市景観等に配慮した都市の開発整備	国土交通
地域文化・生活文化	
地方交付税や地方債などを活用	総務
自然景観や農村文化等の地域の資源を活用	農林水産
社会福祉の観点からの文化施設の設置運営	厚生労働
都市景観等に配慮した都市の開発整備	国土交通
公民館や博物館等の社会教育施設の整備	文部科学
生涯学習	文部科学
国民生活・余暇に関する行政	内閣府
人材の養成・確保	
小中高等学校における音楽，美術等の芸術教育	文部科学
芸術関係大学，芸術関係学部・学科等の設置	文部科学
音楽，美術，デザイン，茶道，華道等に関する専修学校・各種学校	文部科学
学芸員や博物館	文部科学
国際貢献と文化発信	
日本文化の海外への紹介	外務
国際文化交流を行う団体	外務
ユネスコ・アジア文化センターへの補助やユネスコ	外務
内外の日本語学習者への支援	文部科学
海外における日本文化研究への支援	外務
文化発信のための基盤整備	
博物館等の整備	文部科学
国立文化財研究所と大学院等との交流協力	文部科学

（出典）筆者作成

執行機関以外の補助機関

国の附属機関として、国家行政組織法第８条の２により、施設等機関の名称で、博物館、美術館が置かれていたが、2002年４月以降独立行政法人として活動している。国の機関としての劇場は設置されていないが、独立行政法人国立劇場として、歌舞伎、能楽。文楽、オペラを実演し保存する施設が東京、大阪、博多、那覇に、オペラ劇場として、新国立劇場が東京初台に設置されている。

博物館や美術館は、歴史資料、芸術資料、民族資料、自然科学資料等を収集・展示・調査研究するために設けられており、厳密にいえば美術館も博物館に含まれる（博物館法）。国立の博物館は、東京、京都、奈良に博物館が、美術館は、東京、京都に近代美術館、東京に西洋美術館・国立新美術館、大阪に国際美術館が置かれている。展示数・施設規模でももっとも大規模である東京国立博物館においても職員定員は112人であり、そのうち研究業務・学芸業務に当たる学芸部の定員は67名と全体の2/3に過ぎない。職員数は、海外のメトロポリタン博物館や大英博物館など有力博物館に比べ少ない。国立美術館においても、キューレータに当たる職員は、研究者との掛け持ちで十分な人員は割かれていない[33]。大英博物館の2013年度の人員は1,033人でキューレータの職務を行っている人員は、446人（約43%）である。

独立行政法人[34]における文化行政事務をみて見よう。日本芸術文化振興会のような特殊法人は、2002年度から2003年度にかけてその多くが独立行政法人[35]となったため、業務の継続性が保たれている。特殊法人は、行政府の公益性と民間企業の効率性をあわせ持った行政府の補完的組織として、1960年代に多く設置された。行政執行機関として、その業務によっては行政府以上に重要な機関もあったが、現在ではそのほとんどが独立行政法人化か民間法人（一般財団、一般社団、営利会社）に変わった。

それらの法人の設立理由として、民間企業が業務を行うには利益が上がらないため、民間の参入が困難であるが、国民にとって不可欠な業務であることが言われた。事務の遂行上、行政府の事務執行手段でなく、民間企業の手法を活動手段として用いている。公益を追求する建前から、利益を上げるような事業・営業ができないので、業務支援として、国の一般会計（場合によっては、特別会計）から出資金、補助金、委託費等の名目で補填されている。文化振興に関係する独立行政法人として、国際交流基金（人材交流（外務省所管））、日本芸術文化振興会（芸術団体への助成と国立劇場の設置運営（文化庁所管））、雇用・能力開発機構（旧中央職業能力開発協会。人材養成（厚生労働省所管））、都市再生機構（UR都市機構、旧地域整備公団。資金提供（国土交通省所管））、国際観光振興機構（旧国際観光振興会。観光（国土交通省所管））、総合研究開発機構（企画、調査（内閣府））等がある。文化の分野は営利性より公益性が強いため、民法上の法人も多く活動している。

（３）美術館・博物館

独立行政法人の性格と経緯

先ほど述べたとおり、2001年度から国立の博物館・美術館は、独立行政法人として、文部科学省より分離されることとなった。独立行政法人は行政改革会議での議論と、その結果制定された中央省庁等改革関連法により成立したものである。イギリスのエージェンシーをモデルに、民間企業の経営方法・管理手法を行政組織の運営手法として取り入れ、運営効率を高める発想から出てきたものである。従って、エージェンシーの特徴は、①成果の客観化を測定する指標の導入、②その指標に沿い一定期間後に達成度の観察と組織の成績の測定、③実行過程の機関裁量といった各特徴をもっている。特殊法人と独立行政法人の基本的相違は、業務執行過程での国から予算・人事による拘束を受けず、かなり幅広い裁量行為が与えられているところにある。

独立行政法人は、自由に組織管理を行って、資源の節約をもたらし、能率を上げ、あるいは質の高いサービスを供給する責任を負うことになる。成果が客観的に数値的に評価できることや成果が時間的に固定されているような典型的な許認可行政や徴税事務が馴染むといわれる。

ところが、我が国の独立行政法人は、本章で取り上げる博物館などの文化施設、あるいは国立大学などの文教施設、各省の研究機関が中心であり、イギリスのエージェンシーとは大分趣が異なっている。そこで、文化施設などが独立行政法人化の理由として、国と別個の法人格を得、法人として独立性の故、自由に活動しそれが事業の自由な運営を保証し、結果として効率的な運営が可能となることが言われた。我が国の独立行政法人の事務は、イギリス型エージェンシーと異なり、定型的な行政事務に馴染まない業務も含まれるから、効果測定も難しく、見通しがたい運営上の金銭的欠損も生ずる。その差額を運営費交付金という名目で各省が交付することとしたのである。

なお、行政学では、独立行政法人とは、「国、地方自治体から独立の法人格を持つ組織の内、民法、商法に沿い設立されていない組織をいい、大部分の特殊法人、公社、公共組合等が含まれる」と解釈されている。従って、行政学からの認識では、独立行政法人は改良型の特殊法人である。

独立行政法人の管理者と職員については、個別法で定める特定独立行政法人については、国家公務員とし（独立行政法人通則法第51条）、ただしその定員は定員法の枠外（中央省庁等改革の推進に関する方針）で、役員は特別職公務員で、役員報酬や職員給与は法人の業務実績に沿い、役員については役員業績を考慮して支給される。国立博物館・美術館も当初は特定独立行政法人であったが、順次非公務員型に改革された。一方、通常の営利企業とは異なり、定款等で自由に業務範囲を定めることはできず（民間企業を不当に圧迫しないためともいわれる)、個々の設置法、それに沿う業務方法書に従う。業務の自由度は増加するが、その業務活動の範囲は固定されているわけである。

交付金については、政府予算の財政改革による縮減を受け減額されている。民間企業ならば、売上額が減少すると他分野での事業で、売上・利益を確保することが通常であるが、独立行政法人は業務拡大は認められていない。一方で、交付金減額分は補填することが難しいなど独立行政法人の業務面での矛盾点が露出してきている。さらに、交付金は毎年約３％程度が効率化分として減額される。

例えば、日本芸術文化振興会は2012年度の交付金決算額が98.74億円であったが、前年度では102.44億円、前々年度は105.7億円と毎年約３％程度減額されている。これは、全体の運営費の半分が交付金なので、削減分は運営費全体の１から２％程度となる[36]。一方、収入との差額は、事業収入の増加（公演の回数や観客増加）でまかなわなければならない。同じような歌舞伎興行を行っている松竹では、2013年に劇場を新歌舞伎座として建て替えたが、これを機会に芸能部門の赤字を劇場跡地を高層ビル化し、そのテナント料でまかなっている。国立劇場を有する日本芸術文化振興会では、土地の有効活用は独立行政法人の設置法や業務方法書・事業計画で定まっているので、その活用は制限を受ける。

国立博物館、美術館の活動

国立博物館、美術館も独立行政法人であり、その業務範囲は、それぞれ「独立行政法人国立文化財機構法[37]」「独立行政法人国立美術館法」に規定されている。なお、国立科学博物館については、その展示内容や設置の経緯が、他の博物館と異なっているので、別に「独立行政法人国立科学博物館法」に因っている。実際の詳細な業務についての方法書が法律に基づき、制定されているので、国立博物館、美術館の事業内容を精査するには、法律のみならず、方法書も参考にする必要がある。ここでは、以上の法律等によりそれぞれの館の事業内容等につき表示しておく。

法律で見る限り、業務内容について、若干の相違が存在するが、実際は国立博物館と美術館の業務面での相違はほとんどない。博物館は国際文化交流の観点から展示会の開催が法的に認められている一方、美術館にはその規定がない。同様に、独立行政法人国立科学博物館についても、国際交流に推進のための展覧会開催規定は、法的には定められていない。

以上のことから、我が国の有形文化財を保管する国立博物館としては、文化財を通じた国際交流が積極的に期待されていると見られる。国立博物館は、我が国の優れた文化財を海外に紹介し、我が国の歴史、文化に対する理解を深め、国際文化交流を推進するため、毎年我が国の古美術品の展覧会を海外で開催している実績と海外の美術品を展覧している実績が存在するからであろう。

国立博物館は、東京国立博物館、京都国立博物館、奈良国立博物館及びその付属施設が、国立美術館は、国立近代美術館、国立西洋美術館、国立国際美術館、国立新美術館及びその付属施設によって構成される。

図2-6　各国立博物館、国立美術館

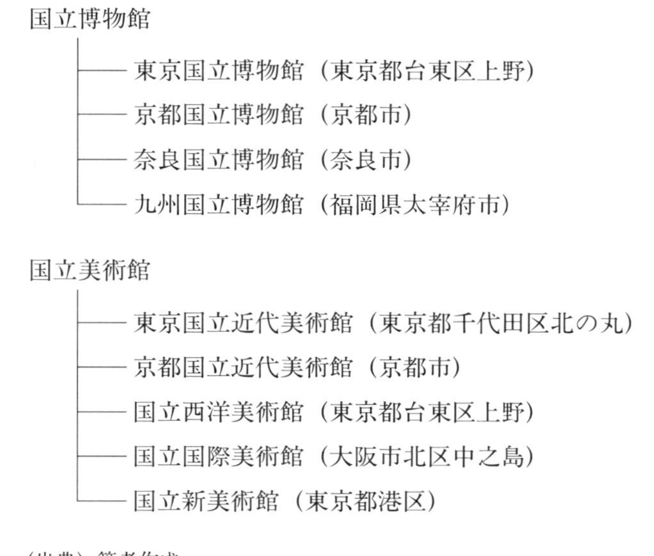

（出典）筆者作成

表2-2　独立行政法人国立博物館・美術館の概要

名称	独立行政法人国立博物館	独立行政法人国立美術館
目的	有形文化財の収集、保管による公衆への供覧と関連調査・研究、教育・普及事業	美術（映画を含む）作品等の収集、保管による公衆への供覧と関連調査・研究、教育・普及事業
主たる事務所	東京都	東京都
役員	理事長、理事３名、監事２名	理事長、理事３名、監事２名
役員任期	理事長、理事：４年、監事：２年	理事長、理事：４年、監事：２年
業務内容	１．博物館の設置 ２．有形文化財の収集、保管と公衆への供覧 ３．前号に関連する調査・研究 ４．関連の情報・資料の収集、整理、提供 ５．講演会の開催、出版物の刊行等教育・普及事業 ６．以上の付帯業務 ７．国際文化交流のための展覧会の開催と施設提供	１．博物館の設置 ２．有形文化財の収集、保管と公衆への供覧 ３．前号に関連する調査・研究 ４．関連の情報・資料の収集、整理、提供 ５．講演会の開催、出版物の刊行等教育・普及事業 ６．以上の付帯業務
積立金の処分	中期計画達成後の積立金は、次期中期計画に使用可能。残りは国庫納入	中期計画達成後の積立金は、次期中期計画に使用可能。残りは国庫納入
その他	重要な有形文化財の処分に一定の歯止め	重要な美術品の処分に一定の歯止め
みなし規定	銃砲刀剣類所持等取締法等では国とみなす	なし

（出典）各法人の業務方法書等から筆者作成

表2-3　国立博物館・美術館の決算推移

博物館

年度	2008	2009	2010	2011	2012
収入内訳					
運営費交付金	8,771	8,367	8,192	7,941	7,366
施設整備費補助金	1,872	2,331	5,094	4,414	10,273
展示事業収入	1,786	1,898	1,580	1,318	1,587
その他	641	1,212	797	748	834
収入計	13,070	13,808	15,663	14,421	20,060
支出内訳					
人件費	3,507	3,244	3,162	3,116	2,806
業務経費	6,272	7,210	7,848	5,836	6,050
一般管理費	1,173	1,066	932	917	681
展覧事業費	3,079	4,050	4,672	2,846	3,229
調査研究事業費	1,448	1,473	1,633	1,440	1,481
教育普及事業費	63	74	89	96	64
施設整備費	2,106	2,212	5,094	4,414	10,273
その他	503	1,034	649	512	620
支出計	12,388	13,700	16,753	13,878	19,749

(注) 単位は、100万円

美術館

年度	2008	2009	2010	2011	2012
収入内訳					
運営費交付金	5,790	5,773	5,859	5,973	7,701
施設整備費補助金	9,250	7,205	7,836	7,026	5,318
展示事業収入	1,311	1,294	1,432	1,150	1,172
その他	68	1,070	13	28	16
収入計	16,419	15,342	15,140	14,177	14,207
支出内訳					
人件費	1,112	1,189	1,038	1,087	1,000
業務経費	15,021	12,549	14,199	12,923	12,700
一般管理費	1,607	1,467	1,315	1,183	1,161
展覧事業費	2,964	2,735	3,642	3,401	5,007
調査研究事業費	201	198	172	191	208
教育普及事業費	999	999	1,178	1,101	1,006
施設整備費	9,250	7,150	7,892	7,047	5,318
その他	0	1,049	0	0	0
支出計	16,133	14,787	15,237	14,010	13,700

(注) 単位は、100万円
(出典) 独立行政法人国立美術館、国立文化財機構『事業報告（各年度）』より筆者作成

各博物館の事業報告により、2008年度から2012年度にわたる決算を年平均でみると、支出が国立博物館で152億9,400万円、美術館で147億7,300万円、収入のうちいわゆる事業収益が16億3,380万円、12億7,200万円と支出の約10%程度である。この割合は、国立であった2001年度以前の5年間平均とほとんど変化なく、独立行政法人になっても展示収入の全収入に占める割合は変化がないことを示している。残りの90%は運営費交付金・施設整備費補助金[38]である。通常の営利企業の収支バランスとは大きく異なっている。文教施設である国立大学と比べると、全国立大学の運営費は、約2兆4,533億円（以下、2014年度予算）で、そのうち交付金が1兆1,123億円でその割合は45.3%である。大学は収入として、学生納付金（授業料検定料）、病院収入等があり、一律に博物館・美術館と比較することはできないが、交付金を含めた国からの補助金の収入に占める割合は、国立大学の2倍程度と非常に大きくなっている。展示を含む事業収入のさらなる拡大が求められる。

イギリスの博物館の代表である大英博物館の収入は、2013、2012両年度の平均で、収入が約1億1,360万ポンド（193億円）で、そのうち国等からの補助金は、7千2,981万ポンド（124億円、全収入の64%）、預貯金株式等資金の投資、ミュージアムショップ等の売上による収入が、2,833万ポンド（48億円、25%）、残りは事業収入である。その事業収入のうち、展示収入は788万ポンド（13.4億円、全収入の7%）で、そのほかの事業収入として、研究受託があり、357万ポンド（6.1億円、3%）である。大英博物館と比べてみても、ミュージアム・グッズの売上や資金投資の額や割合が小さい。我が国の博物館・美術館では、マーケティングを工夫したいわゆる「営業」が欠けている。

支出面でみると、5年平均の事業費は、国立博物館66億4,300万円（全支出の43.4%、以下同じ）、美術館104億7,400万円（79.9%）である。施設整備費は、国立博物館48億2,000万円（31.7%）、美術館73億3,100万円（49.6%）である。人件費は国立博物館31億6,700万円（20.7%）、美術館10億8,500万円（7.3%）となっている。従って、事業関係の収入で人件費分も賄っていないことになる。

中期計画中の支出[39]面での推移をみると、支出全体は毎年2%弱の伸びで増加しており、その費目の割合も九州国立博物館設立準備費といった特別経費を除くとほとんど変わらない。国立美術館においても同様の傾向が見られ、経費面からは独立行政法人としての定型的な業務を行っているともいえなくもない。国立美術館全体の経費は、5年間で支出額252億4,200万円であり、3国立博物館の全額と同程度である。内訳では、収入のうち運営費交付金割合が大きく92%と、国立博物館と大差ない。また、支出では展覧会事業費経費がもっとも大きい割合で43%、人件費がそれに続いて22%の割合となっている。

Plan-Do-SeeのSeeにあたる評価は、文科大臣が示した５年間の中期目標と各事業年度毎の評価が個々に行われる。評価は法人とは独立に文部科学省に置かれた文部科学省独立行政法人評価委員会文化分化会（委員長：門永宗之助イントリンジクス＜Intrinsics＞ 代表）が行うことになっている。評価は、事業活動と財務・管理に関する評価の２種類がある。それぞれに「ABCの段階的な評価」「定性的評価」の２種類で行わる。

2.3　地方自治体における政策過程

憲法に規定する地方自治体は、「普通地方公共団体」「特別地方公共団体」の２形態に分かれる。都道府県・市町村が前者で、後者には特別区・地方自治体の組合・財産区・地方開発事業団が含まれる。ここで述べるのは、議事機関として議会が置かれ、行政・立法権が賦与されている「普通地方公共団体」である。なお、便宜的に「普通地方公共団体」を「地方自治体」と述べるが、これは最高裁判決による「普通地方公共団体」の性格としての「地方公共団体には、住民が経済的・文化的に密接な共同生活を営み、共同意識をもっているという社会的基盤が存在し、・・・相当程度の自主立法権、自主行政権、自主財産権等地方自治の基本的権能を付与された地域団体」[40]との定義を重要視してのことである。

現在の地方自治体は、1999年の地方分権一括法による新地方自治法によって、その「住民の福祉の増進を図ることを基本として、地域における行政を自主的かつ総合的に実施する役割を広く負うもの」とされ、「住民に身近な行政はできる限り地方公共団体にゆだねる」[41]といった補完性の原理が貫かれている。文化活動は、住民にとって日常的・身近な活動であるため、その活動に対する行政は、補完性の原理からいっても地方自治体が第一義的に担うべきものである。

文化行政の過程は、先の国の場合と何ら相違することはないが、特に議会と行政庁との関係及び行政庁内の関係（首長部局と教育委員会）が国の場合と異なっている。これは、国が議院内閣制であるのに対して、地方自治体が大統領制であるということに基づく。

（１）議会の役割

議事機関としての議会の権限は、条例制定、予算の議決、地方税賦課、財産の取得、処分等であり、法律・条例の範囲内で行使される。地方自治体の行政範囲と組織を規定するのは、地方自治法である。

文化財保護条例は現在すべての都道府県で、また97%の市町村において制定されている。2001年に文化芸術振興基本法が制定されたが、地方レベルではそれに該当する文化振興条例を定めている地方自治体は、都道府県では、1983年の東京都での制定を皮切りに、北海道、富山、熊本など26県があり、市町村レベルでは1982年の秋田市を嚆矢として、横須賀、出雲市など89市町である。文化振興のための行政計画はすべての都道府県において策定されているが、指針は38都府県である。

財政的な面から、文化芸術団体に助成・顕彰する文化振興基金の設置条例は、ほとんどの県で定めている。文化振興条例と基金条例の制定数の差は、地方自治体での文化行政は、文化振興条例で方向性を示し行政に枠をはめるより、基金による文化活動への資金援助の方が、文化行政面で機動性があるからである。

都道府県・市町村議会は、国会と同じく委員会が置かれて委員会審議方式を採っている。県議会では、文化関係は文教委員会（厚生、福祉、労働関連委員会と同一の場合もある。）で審議されるのが通常であるが、まれに総務委員会での審議もある。基金関連は、財政委員会など予算関連委員会で審議されることも多い。国は各省庁の所掌事務ごとに常任委員会があり、各省庁の提出法案は定まった委員会で審議される。地方自治体では、首長制のため、一括して条例案を議会に提案するので、その内容に応じて機動的に委員会での審議が行われる。従って、文化行政は、地域振興と関係している場合が多いので、教育文化に関する委員会のみならず、総務委員会・地方委員会など一見文化とは異なっているような委員会に付託されることもある。議員は、これらの委員会のいずれかに属することとなるが、地方自治体の規模に応じ、その審議の方法は一様ではない。例えば、米沢市、津市、武蔵野市では、文化に関する審議は全員協議会（本会議に近い。本会議との相違については、地方自治法上多様な説がある[42]）で、沖縄県等人口100万人規模の県では、付託された文教厚生委員会が審議している。

議会は、首長の提案を審議し、かつ決算及び首長の報告に基づき、文化に関する評価を行うところは、国会と同様である。首長の地域文化振興にかける意気込みが強い地方自治体では、かなり文化振興への審議、提案が行われている。

（2）策定機関

文化関連審議会の設置

地方自治体には、法律で設置が義務付けられている審議会、委員会（第1種審議会と仮に呼ぶ。）と、法的裏付けはあるが、各自治体の意思に任す任意設置（第2種）のもの及び自治体独自の条例に基づく審議会等（第3種）がある。一方、国と同様に首長、部長クラスへの各種意見等を述べるための私的諮問機関（第4種）も多く置かれている。文化振興のみを目的とする第１種審議会は地方自治体には存在しない。第２種審議会として、生涯学習の観点から文化活動を振興するための審議会である生涯学習審議会（生涯学習の振興のための施策の推進体制等の整備に関する法律第11条）がある。なお、市町村レベルでの生涯学習審議会は、第３種審議会である。第３種、第４種審議会は多く設置されている。都道府県における審議会名を表2-4に示す。全都道府県の内29県（62%）に設置されている。

表2-4　各都道県に設置されている文化関係審議会

都道県名	審議会名	都道県名	審議会名
北海道	文化審議会	滋賀	文化審議会
岩手	文化審議会	大阪	文化振興会議
宮城	文化芸術振興審議会	兵庫	文化懇話会
秋田	芸術文化懇談会	鳥取	文化振興会議
福島	福島県文化振興審議会	島根	美術館協議会
茨城	文化行政推進調整会議	岡山	文化振興審議会
群馬	文化審議会	広島	国際・文化・観光振興対策特別委員会
東京	芸術文化評議会		
神奈川	芸術振興懇談会	山口	文化審議会
埼玉	埼玉県生涯学習審議会文化部会	香川	香川県文化芸術振興審議会
富山	文化審議会	愛媛	生活文化調整会
静岡	静岡県文化政策審議会	福岡	文化懇話会
愛知	愛知芸術文化センター運営会議	長崎	文化創造委員会
		熊本	文化振興審議会
岐阜	生涯学習審議会文化部会	鹿児島	文化芸術振興審議会
三重	文化審議会	沖縄	文化芸術振興審議会

（出典）文化庁「地域文化行政状況調査」2014年度及びその後の筆者のアンケートに基づき筆者作成

審議会の任務と機能

審議会の任務、審議事項は多様である。文化行政に関する基本指針などの行政計画を策定する審議会の設置は、北海道、東京、神奈川等21都府県で最も多い。賞の選定、施設の整備方針、特定の文化芸術等を審議するのが、愛知県等３県となっている。なお、文化財保護については、第２種の審議会としてすべての都道府県に文化財保護審議会（文化財保護法第105条）が置かれているが、市町村では大規模で文化財が豊富に存在する自治体以外は、設置されていないのが通常である。これら審議会は、時系列的には、1980年代前半に多く設置され始めた。これは、80年代前後から行政の文化化運動が一部の県で盛んになり始め、それを契機として県が文化

表2-5　文化振興のためのビジョンの策定状況

都道府県名	指針等の名称	内容等
岩手県	岩手県文化芸術振興指針	
宮城県	宮城県文化芸術振興ビジョン	
秋田県	あきた文化振興ビジョン	
山形県	やまがた文化振興プラン	
福島県	福島県文化振興基本計画～ふくしま文化元気創造プラン～	大震災後の文化振興に向けての目標や施策の方向を明らかにする
茨城県	いばらき文化振興ビジョン	個性豊かな新しい文化を創造し、心豊かな潤いある地域社会を形成する
栃木県	栃木県文化振興基本計画	
群馬県	群馬県文化振興指針	
埼玉県	埼玉県文化芸術振興計画	「文化による彩の国づくり」を進めるための目標と基本方向と基本的考え方を示す
千葉県	ちば文化振興計画	個性豊かな地域文化の創造と新しい時代の文化の形成
東京都	東京都文化振興指針	文化振興の考え方や方向性を示すために、2006年度以降の状況を整理
神奈川県	かながわ文化芸術振興指針	
新潟県	新潟県文化プラン	21世紀を担う個性と創造性豊かで活力に満ちた新潟の人つくり
富山県	新世紀とやま文化振興計画	
長野県	長野県文化芸術振興指針	
岐阜県	岐阜県文化振興指針	
静岡県	第２期ふじのくに文化振興基本計画	「感性豊かな文化立県をめざして」を目標に掲げて、文化振興
愛知県	文化芸術創造あいちづくり推進方針	
三重県	三重の文化振興方針	
滋賀県	滋賀県文化振興基本方針	
京都府	京の文化力・次世代育成プラン 京都こころの文化・未来創作ビジョン	
大阪府	第３次大阪府文化振興計画	
兵庫県	芸術文化振興ビジョン	県民の芸術文化活動の高揚、優れた芸術文化とふれあう機会をつくる
奈良県	奈良県文化振興ビジョン	
和歌山県	和歌山県文化芸術振興基本計画	
岡山県	おかやま文化振興ビジョン	
広島県	ひろしま文化・芸術振興ビジョン	長期的視点に立った文化振興の基本的方向とその取組
山口県	やまぐち文化芸術振興プラン	個性と魅力ある県民文化の創造
徳島県	徳島県文化振興基本方針	
香川県	香川県文化芸術振興計画	
高知県	高知県芸術文化振興ビジョン	
福岡県	福岡県文化振興プラン	文化振興の基本方策
大分県	大分県文化振興基本方針	文化に立脚した真に豊かな大分県の実現を目指し、県民をはじめ、文化団体、企業、地域社会、行政が力を合わせて、進むべき目標を定める
宮崎県	みやざき文化振興ビジョン	県の文化振興を総合的に進めるための指針
鹿児島県	鹿児島県文化芸術振興指針	県の文化振興を総合的に進めるための指針
沖縄県	沖縄県文化振興指針	

（出典）文化庁「地域文化行政状況調査」2014年度及び筆者のアンケートに基づき筆者作成

振興を行政課題の一つとして取り上げ始めた頃と一致する。

通常、審議会の構成員は、学識経験者、当該地方の芸術団体、マスコミ関係者で構成され、県民の代表者が加わっている県はない。連絡調整を主たる任務とする審議会では、各行政部局の責任者が中心である。従って、このような審議会では、文化振興に関する基本方針の事務レベルでの調整を行うに過ぎず、方針の策定は行われない。通常、審議会が独自で方針を定めることはなく、首長及び幹部の諮問により審議を始め、報告書の提出で任務は終了するが、一部の県においては、事務局（通常は、首長部局文化担当課）からの事業報告等の形で、方針策定後のフォローアップを行っているところもある。しかし、審議会委員は非常勤であり、かつ事務局が自己に都合の悪い案件は報告しにくいため、計画の実施等までフォローすることが困難な状況である。

文化振興を重要課題として位置づけ始めた1980年代前半から県の最高レベルの行政計画の中で、文化が取り上げられてきたことは、最近の動向として重要である。現在38の県（全体の81％）の計画に含まれている。

（3）実施機関

教育委員会と首長部局の事務配分

地方自治法、「地方教育行政の組織及び運営に関する法律」によれば、先に述べた文化庁が対象とする文化にかかる事務は、原則教育委員会が行うこととなっている。従って、国レベルの文化振興が文化庁主体で行われるように、地方自治体でも教育委員会が主体となって行われてきた。しかし、行政課題として文化振興が地方自治体で取り上げるようになると、教育委員会のみならず首長部局において文化振興事務が行われるようになった。そのため、首長部局に文化担当課が設置され始め、1980年代に入ってから急激に増加し、現在ではすべての都道府県に設置されている。従って、文化関係事務が教育委員会と首長部局とに分かれている県の方が多い。

その事務の分担であるが、文化財保護、学校を中心とする生徒に対する芸術教育、生涯教育の一環としての文化活動（社会教育施設での活動）、美術館、博物館の設置と運営等は教育委員会で、生活文化、地域景観、地域文化振興等は首長部局で担当するのが通常であるが、教育委員会では文化財保護のみという県も数県存在する。なお、2007年には、先に述べたように「地方教育行政の組織及び運営に関する法律」が改正され、条例により文化に関する事務を首長部局で行えるようになったが、これは以上の状態の法的な追認である。

図2-7　知事部局及び教委の文化行政担当課数の推移

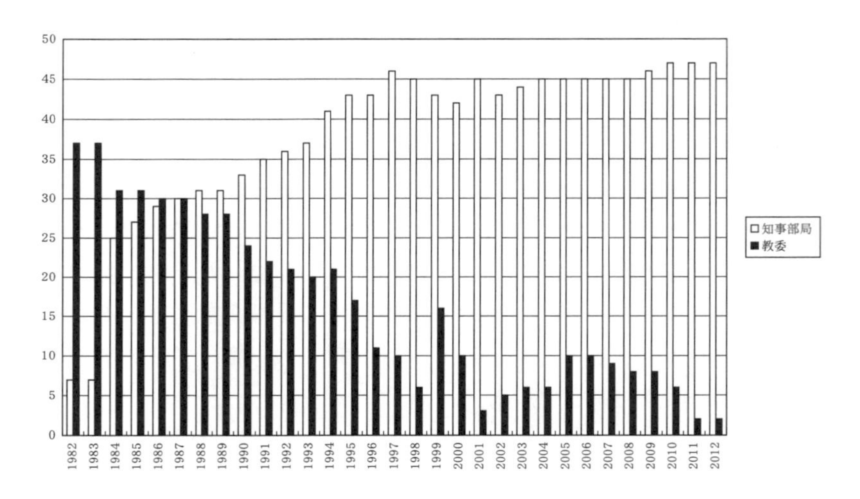

（出典）文化庁「地方文化状況調査」各年版より筆者作成

その一例として愛知県の組織及び組織条例（正式には組織条例に基づく規則）を示す。この組織規則をみると、まず教育委員会文化財保護室で行われる文化財保護行政以外は、知事部局の文化芸術課にて総括的に行われることが事務所掌の第１号から読みとれる。さらに、県全体の文化振興をまとめる事務を所管しており、その根拠としての「文化振興ビジョン」の策定業務が行われる。

文化庁の所掌事務との関係で述べると、文化財保護行政を行う文化財保護行政は教育委員会にて行うが、芸術振興や宗教法人関連事務を扱う文化行政は、知事部局が担当する。

さらに、県立芸術大学[43]については、従前から管理業務を行うことになっていたが、組織改正により知事部局の県民生活部学事振興課において管理業務を行うことのなった。知事部局では、芸術教育も担当していることである。これは、文化庁が国立の芸術系の大学を所管していないことと併せて考えると、愛知県では、文化芸術に関する人材養成から文化団体への支援業務まで、非常に幅広く総合的な業務を取り扱っていることがわかる。

市町村レベルでは、文化行政に熱心な首長がいる地方自治体では、首長部局に文化担当係が置かれているが、行政の規模から文化行政は教育委員会が行っているところが普通である。「地方教育行政の組織及び運営に関する法律」では、文化財保護行政は教育委員会で行うよう規定されているが、小規模教育委員会では、文化財

図2-8　愛知県文化振興関係組織図

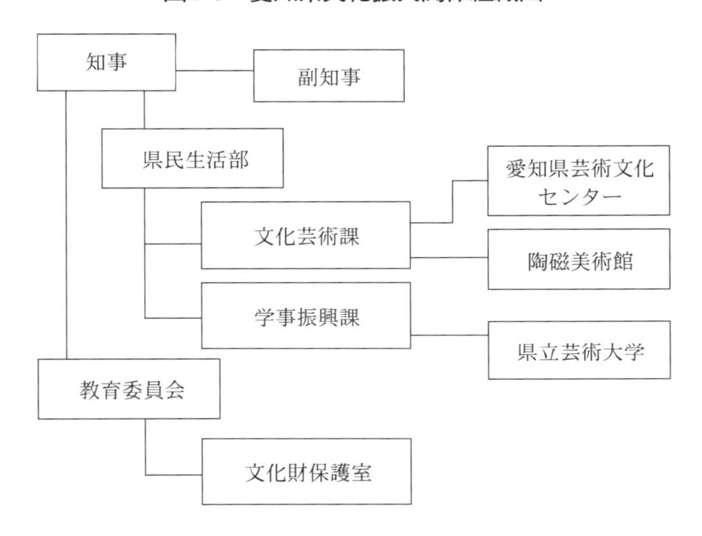

（出典）愛知県行政組織図、組織条例等より筆者作成

図2-9　愛知県行政組織規則（抄）

文化芸術課の所掌事務 文化芸術創造あいちづくり推進方針の推進に関すること 文化行政推進会議に関すること 市町村文化行政ネットワーク会議に関すること 愛知県陶磁美術館に関すること 文化振興基金に関すること 愛知県芸術文化選奨に関すること 文化活動事業費補助金に関すること 美術品等取得基金に関すること 愛知芸術文化センターに関すること (公財) 愛知県文化振興事業団に関すること 教育委員会に属しない文化芸術の振興に関すること

（出典）愛知県行政組織図、組織条例等より筆者作成

保護行政のみを行い、その他の文化行政は社会教育行政として行われていることが多い。国レベルでは、文化庁が主体となって行っている行政事務も、県レベルでは教育委員会と首長部局とに分かれ、さらに市町村レベルでは、教育委員会が行うという行政系統として複雑な構造となっている。

2.4　最近の地方文化行政の動向

(1) 文化施設の民間委託

1980年代から、地方に大規模な文化施設が設置され始めた。従来そのような文化施設は教育委員会の所管であったが、首長部局が所管する事例が増加している。大規模施設の建設は、首長の政治公約になることが多く、従って首長主導で整備され、かつ建設費やその後の運営費が巨額[44]なので、首長部局で管理した方が適切なためである。2000年以降は、地方独立法人化や指定管理者制度の導入で、首長部局が、その法人設立や選定に関わることが多くなり、従来に増して首長管理が増加した。

文化施設は、入場者数がその収入に直結する財務体質を持つので、地方独立行政法人制度・指定管理者制度に馴染みやすく、都道府県設置の場合は、70%以上の施設が設置と運営は切り離され、運営・管理業務は財団、社団法人・営利企業に任せられている。逆に、市町村設置の場合は、90%以上が直接に運営されている。この真逆な状況の背景には、市町村レベルでは、大規模施設が少なく、運営を任せられる適当な団体が存在しないことがある。

指定管理者制度導入前の地方自治法（以下、「旧法」という）は、第244条の２によって、条例によって、公の施設の管理を地方自治体が出資している法人他に委託することができるのみ定め、受託者の範囲は限定されていた。具体的には、地方自治体の出資法人のうち1/2以上出資をしている法人などが委託先の条件であった。

さらに、使用許可など地方自治体の権限と深く関わる事務に関しては委託不可としていた。従って、そのような事務を行う管理者、具体的には文化会館、図書館、美術館、博物館等の館長業務、学芸員の各業務は、外部に委託できず、地方自治体出身者が人事異動にて就任する事例が多かった。これが、文化会館の実態もよくわからない行政マンが文化会館の運営に当たっているとの批判を受ける口実となっていた。

2003年９月に地方自治法が改正され、指定管理者制度が導入された。その目的は行政改革の一環として、組織を身軽にすることと行政サービスの向上を目指し、民間のノウハウを活用して経費削減をはかることにあった。従前の制度では、公の施設の管理委託先は、地方自治体が1/2以上出資した法人、土地改良区など公共団体、農協、漁協、生協、自治会など公共的団体のみであった。ここでの公の施設とは、庁舎以外の道路、水道、文化施設、体育館、保養所、保育所、老人養護施設であり、しかも、管理につき法令に特別規定がある場合は、この施設の例外とされた。例えば、病院、学校、美術館、博物館などである。

文化施設に対する地方独立行政法人化は、2014年現在見られないが、指定管理者制度が導入されている公立文化会館は半数を超えているので、ここで、指定管理者制度について、述べておこう。

新地方自治法の制度により、公の施設に指定管理者制度を導入するとした場合、①指定の手続き（申請、委託先の選定、事業計画の提出）②管理の基準（休館日、開館時間、使用制限の要件等）③業務の具体的範囲（施設・設備の維持管理、個別の使用許可等）など、必要な事項を条例で規定しなければならない（新法第244条の２第３、４項）。指定管理者の管理期間は、無制限ではなく、条例に沿い議会の

図2-10　地方自治法改正により公の施設の管理に係わる制度の変更

【管理委託の規定】
地方自治体は，条例の定めるところにより，公の施設の管理を地方自治体が出資している法人等に委託することができる（旧地方自治法第 244 条の 2）
◎受託者の範囲は限定
・地方自治体の出資法人のうち一定要件を満たすもの（1/2 以上出資法人等）
・公共団体，公共的団体
◎権力的色彩の強い事務は委託不可
・使用許可等
・館長業務は委託不可

⇒

【指定管理者制度】
地方自治体は，条例の定めるところにより，地方自治体が指定するものに，公の施設の管理の全部又は一部をおこなわせることができる（地方自治法第 244 条の 2）
◎指定管理者の範囲は制限なし
・　株式会社等民間事業者も可
◎企画事務を含めて代行可

（出典）総務省資料等から筆者作成

議決を経て期間を定める必要がある（新法第244条の２第５、６項）。当然、施設利用者からは利用料金を徴収できるが、これを指定管理者の収入として計上できる。その代わり、指定管理者は毎年度終了後事業報告（損益計算書など財務諸表を含む）を提出する義務を負う（新法第244条の２第７項）。不適切な運営・管理を防ぐため、首長は指定管理者に対し、必要な指示を行うことができ、指定管理者がそれに従わなければ、指定の継続が不適切な場合には、指定を取り消し、又は管理業務の一部の停止を命ずることができる（新法第244条の２第11項）。

なお、指定管理者によって任意に利用者を選択されては公共目的が達成できないので、正当な理由がない限りにおいて、住民が公の施設を利用することを拒んではいけないこと、不当な差別をしてはならないことは、従来通りである（新法第244条第２、３項）。従って、文化会館についていえば、指定管理者といえども特別の利用者に長期に渡って貸し出すことは不可能である。例えば、地元住民が芸術団体を長期に渡って招聘し、ワークショップなどを行うことはできない。ただし、他の利用者が当該期間いない場合は、長期使用は従来通り可能である。従来の利用形態を変更するものではない。

改正で、「地方自治体は、条例の定めるところにより、地方自治体が指定するものに、公の施設の管理の全部又は一部を行わせることができる」旨定められ、指定管理者の範囲は制限がなくなった。株式会社などの営利会社も管理運営を行うことが可能となり、またイベント会社に企画業務も委託し文化会館の事業企画・運営等一切の事務を営利会社に代行させることが可能となった。

そこで、収支バランス重視から、運営・管理料の引き下げによる常勤職員数の減少や不十分な施設管理、利用料金の上昇が起こりうる可能性が高い。また、競争相手が少ない地方では競争原理が働かず、行政が直轄していた時よりもサービスが悪くなる可能性も否定できない。

（２）三位一体改革の影響

三位一体改革とは、「平成14年度行政改革」において、2002年６月に閣議決定された「基本方針2002」により、地方自治体の安定的な財政基盤の確立に資する地方税体系の構築のため、打ち出された政策である。地方分権の一層の推進のため、国庫補助金、地方交付税、国税の地方への財源移譲を含む税配分のあり方を三位一体[45]で検討し、望ましい姿とそこに至る具体的工程を含む改革案を１年以内に取りまとめるというのが、閣議決定の内容であった。具体的には、2003年度予算において、地方自治体に対する補助金等について、三位一体改革の「芽出し」として、国の地方自治体への関与を縮小するとともに、国・地方自治体を通じた行政のスリム化の観点から、整理合理化を推進した。従来、国が行っていた行政事務を地方自治体が代わって行うという意味ではない。国の定めた一律の基準を緩和して地方自治体に基準を定める権限を与え、国の決定権限を地方自治体に移譲するということである。

一体改革を行うと国として全国一律に基準を維持する法的・財政的な責任をもつ必要が無くなり、国の財政的な負担が少なくなる。全国一律基準の保持のため、地域ごとに相違している社会的・経済的状況を修正・更正するため、国は地方自治体に補助金･交付金を支出しているので、それが省略できるからである。具体的には、省の縦割り指導体制を除外することを念頭にして、それぞれの省から移譲された権限を地方自治体が独自に「総合的」立場から行政を行う（総合行政)。

基準の地域に応じた策定で、例えば、保育所・幼稚園の一体化、保健所・身体障害者更正施設の一体化等が考えられた。なお、これと平行して、規制緩和と行政の民営化が進められ、前節で述べた公の施設の民間営利会社への運営委託が可能となったことにより、文化施設の公設民営化がより進むことが予想された[46]。

文化施設のうち、公立文化会館（劇場・ホール）のハード・ソフトに関する基準は、従来は文化庁が各設置地方自治体に対する整備補助金要項によって規定[47]していた。しかし、現在同補助金は廃止されており、現在では公立文化会館の基準を規定するものは、全国一律的には存在しない。公立博物館や公民館については、その設置・運営に関して、同じような整備補助金があり、その補助要項で定量的な基準を示している。

1998年には、地方分権改革推進会議の提言をふまえ、国による定量的設置基準の廃止が行われ、あらたな基準「公立博物館の設置及び運営上の望ましい基準」(文科省告示113号）が示された。その後の規制改革により、行政サービス・アウト・ソーシング化推進のためのアンケートにおいて、博物館法第４条による館長や学芸員必置規定のため、民間委託ができないとの静岡市ほかからの回答があった。地方自治体からのさらなる基準緩和が要望されたが、学芸員や博物館（美術館）関係者の反対もあって、2014年現在、学芸員（補）は博物館には必置となっている。現在でも、全国で学芸員は、補を含めても4,600人程度で、博物館１館当たりの学芸員は3.7人程度である。さらなる規制緩和で学芸員必置でないようになれば、欧米に比べ劣っているといわれる博物館や美術館の企画能力がさらに落ちることが予想されよう。

表2-6　博物館１館当たりの職員数の推移

調査年度	常勤				非常勤
	館長	学芸員	学芸員補	その他	
1987	0.5	2.1	0.6	8.2	3.0
1990	0.5	2.2	0.5	8.2	3.0
1993	0.5	2.3	0.4	8.3	3.5
1996	0.5	2.4	0.4	7.6	3.5
1999	0.5	2.5	0.3	7.2	3.1
2002	0.5	2.6	0.3	6.9	4.6
2005	0.5	2.7	0.3	6.2	4.9
2008	0.5	2.6	0.3	5.3	5.7
2011	0.5	3.2	0.5	7.9	7.9

（出典）文科省「社会教育調査」より筆者調整

表2-6をみると、ここ20年ばかりは職員数は非常勤職員も加えて１館当たり14人から15人程度で、そのうち３人弱（全体の20％程度）が学芸員である。国と同様に全体的に職員が少ない上に学芸員や技術的保存の専門家も少ない。館数は次第に増加している反面、職員数がほとんど増加しないので、１館当たりの職員数は減少しており、彼らの行っていた館管理業務が学芸員（補）の職務に加えられ、学芸員本来の専門業務（展覧、保存、普及啓発とそれらに関係する研究）が圧迫されている。

また、業務の繁忙化以外にも経費的に圧迫されている。地方分権改革により、従来の博物館整備補助金が一般交付税化されたため、首長の裁量行為で博物館整備費が他経費に流用されるなど、公立博物館でも運営管理の面では厳しい状況である。(財）日本博物館協会の会員博物館へのアンケート調査によれば、2007年度で全館数の20.6％が年間100万円未満の展示品購入費であった。因みに、都道府県地方交付税における博物館関係単位積算では、１県当たり、職員が12名で給与費9,022万円（一人当たり751.8万円、2009年度積算基礎、以下同じ)、非常勤手当１人当たり報酬額28万円(博物館外部専門委員手当)、物品購入費4,829万円である。今後、美術館、博物館、劇場等の文化施設を活性化するためには、専門家の増員及び購入予算等の増額が望まれる。

（４）直轄文化事業の形態

芸術活動への助成金事業以外に、直接文化事業を行う団体も存在する。

ここで、文化会館の運営を民間営利企業に委託しようとした川崎市の事例を述べる（章末の別添参照)。2004年７月に「ミューザ川崎シンフォニーホール」は開館するが、設置者の川崎市は、市長の指導の下、運営を開館より前に民間業者に委託するよう民間業者を選考し始めたが、適当な業者が現れず、市が作った文化財団に委託させざるを得なかった。現在では川崎市文化財団、(株）シグマコミュニケーションズ、サントリーパブリシティサービス（株）の共同による運営が行われている[48]。これは営利企業での企画運営が未だ不十分であることと、営利企業のみでは営業の観点から収益が見込めないリスク分散の結果だと思われる。このように、指定管理者制度は創設されたものの、文化施設自体が営利的営業が困難なため、地方自治体所管の公益団体が運営に当たっている事例が多い。

例として、滋賀県文化振興事業団の組織を示す（図2-11)。同事業団は（財）滋賀県文化体育振興事業団として1970年に発足したが、1992年に文化関係を独立させ、(財）滋賀県文化振興事業団となった。その後、滋賀県立文化芸術会館（５館）を管理していたが、滋賀会館、しが県民芸術創造館、滋賀県立文化産業交流会館、滋賀県希望が丘文化公園の管理を指定管理者として受託し今日に至っている。なお、2013年度以降滋賀県文化振興事業団と（公財）びわ湖ホールの具体的統合に向け、検討している。

事業内容は、各施設の管理・運営及び県主催文化事業の委託並びに独自文化事業

図2-11　滋賀県文化振興事業団の組織（2014年度）

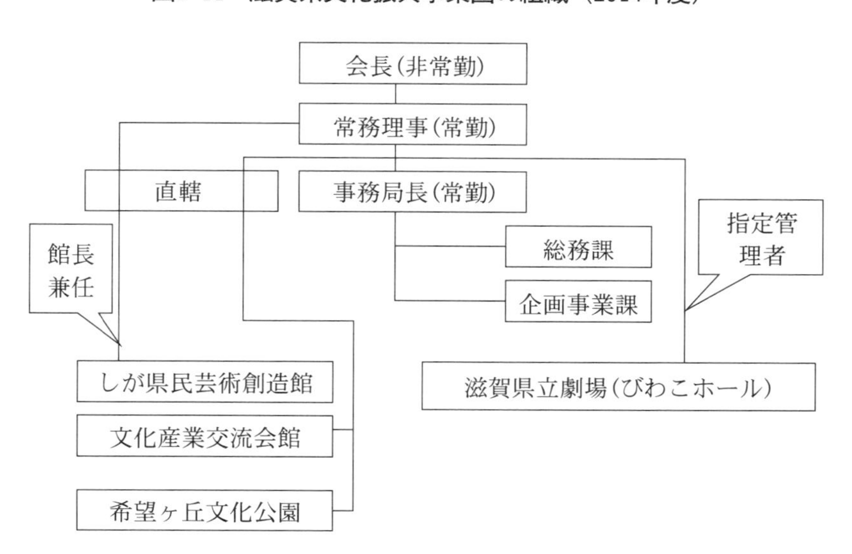

（出典）滋賀県組織規則事業団概要等より筆者作成

の実施である。経費の支出でみると、2013年度では、収入12億8,800万円のうち、指定管理者運用受託費が9億6,800万円（75.1%）と約3/4を占めている。支出は事業関係に従事する職員の給与手当関係が大きく、5億5,500万円（44.0%）であり、次いで事業委託料（音楽団体等芸術団体への事業委託費）1億7,500万円（13.9%）である。

指定管理者制度導入以前は会館を直轄していたので、統括・運営全般を指揮する理事長兼総長の下に116名の職員がいた。その中でも文化芸術活動に重要な役割をするのが、文化会館館長と各館次長と舞台技術者であった。両者とも芸術活動に詳しい学識経験者・専門家であり、その点、監督官庁の人事の都合で決まる多くの文化施設の管理者と相違していた。指定管理者制度導入後、「しが県民芸術創造館」の館長は、事業団常務理事が兼任することになった。最近、芸術集団を付置した文化施設がかなり見受けられるようになってきたが、その際も、施設の管理者は相変わらず県庁等のOBが就任している場合も多い。真に文化施設を活性化するなら、予算執行権や人事権まで持つ芸術監督的人材が必要であろう。

文化施設では、指定管理者制度によって、外部委託を行っている施設は劇場・ホールなどが多い（表2-7）。劇場・ホールは専門家を置く必要が無く、貸し館[49]が多いので、施設の貸し出しの業務は専門を要しないので委託業務が増加している[50]ものと思われる。博物館・美術館は展示業務が主体で、展示業務には学芸員など専門家が必要であり、しかも博物館法により学芸員が必置であるため、管理費用がかかるので、収支バランスが悪くなる。従って、固定経費が高くなる美術館・博物館では、指定管理による民間企業への委託は困難だし、実際受託している企業は少ない。

表2-7　文化会館の運営・管理を委託している団体（2010年度）

団体の性格	その割合（%）
公益法人等	70.3
NPO等	6.0
民間営利企業	23.6
その他	0.1

（注）「公益法人等」には、民間業者との共同が含む「NPO等」も同じ
（出典）公立文化施設協会「指定管理者制度調査」を筆者が調整

（3）文化振興基金造成と文化事業への支援

国レベルでは、独立行政法人の文化振興における役割は大きいものがあったが、地方自治体レベルでは第3セクターといわれる半官半民の団体が重要である。このような第3セクター法人は、地方自治体と民間が出資し、地方自治体所管（県レベルでは県所管、市町村レベルでは県所管）の財団法人として、法人の原資からの益金や地方自治体からの補助金を当てて文化振興業務を行っている。また、別の形態として、法人自体は置かず、条例で基金のみを設立し、その基金に事務局を首長の裁量行為で設置し、基金運営をしているのもある。県レベルでは、基金も含め34都府県に36団体設置されている（表2-8）。

この内、23団体が基金（全体の63.9%）であるが、原資からの益金（銀行預金等による利子、国債等債権利益）を、文化芸術活動への助成に使用している。その制度設計面では、政府の芸術文化振興基金と同様である。一方、財団法人も少なからず見受けられる。安定的基金の運営のため、運営面でのリスクを最小限にするため、通常は原資は預貯金か国･地方自治体の債権など確実な資金に限定されている。一方、財団形態では、建物・土地などの不動産からの賃貸利益も活用して、金銭からの利子のみでなく幅広く助成資金に当てている面も多い。利子率が高かった1989

表2-8　各都道府県が設立している文化関係基金（2010年度）

都道府県名	基金名	都道府県名	基金名
岩手県	文化振興基金	兵庫県	芸術文化振興基金
宮城県	(財)宮城県文化保護協会、(財)宮城県文化振興財団	奈良県	(財)大和文化保存会
福島県	(財)福島県文化振興基金	島根県	公益信託しまね文化ファンド
秋田県	秋田県芸術文化振興基金	岡山県	岡山県文化振興基金
茨城県	(財)いばらき文化振興団	広島県	(財)広島文化振興基金
群馬県	群馬県芸術文化振興基金	山口県	(財)山口県文化振興財団
埼玉県	埼玉県文化振興基金	徳島県	(財)徳島県文化振興団
東京都	東京都国際平和文化交流基金	香川県	(財)置県百年記念香川県芸術文化振興財団
新潟県	(財)新潟県文化振興財団	高知県	(財)高知県文化団
富山県	富山県芸術文化振興基金	福岡県	(財)福岡県教育文化振興団
石川県	(財)石川県文化・産業振興基金、(財)石川県文化振興基金	佐賀県	佐賀県文化振興基金、(財)佐賀県芸術文化育成基金
福井県	(財)福井県文化振興事業団	福岡県	(財)福岡県教育文化振興財団
山梨県	(財)やまなみ文化基金	長崎県	長崎県文化基金
愛知県	文化振興基金	熊本県	公益信託くまもと21ファンド
三重県	三重県文化振興基金	大分県	大分県芸術文化基金
滋賀県	文化保護基金	鹿児島県	(財)鹿児島県文化振興財団
大阪府	大阪府文化振興基金	沖縄県	文化振興基金

(注)文化庁「地方文化行政状況調査」2002年度及びその後のアンケート調査に基づき筆者作成

年度で、全都道府県の基金の原資約733億円に対し、助成金の総額は8.3億円とその割合は、1.1%に過ぎない。最近では利子率の低下により、さらなる益金の低下も予想されるが、必ずしもその運用利率が低いとは言えない状況である。実際、2010年度で742億円の基金に対し、助成金総額は15億7,800万円余であり、基金総額に対する比率は2.1%となっている[51]。そのように得た益金は、助成1件当たり114万円程度の助成額に当てられる。

同じような制度である国の芸術文化振興基金に比べると、基金総額に対する助成額の割合が高い[52]ことが特徴である。また、1990年代は文化支援活動を行う企業数、支援額及び専属部署が増加するなどメセナ活動が盛んであった時期[53]にもかかわらず、民間からの出資金割合が約4.4%と芸術文化新興基金の民間出資割合（17.2%）に比べても相当低いことも際だっている。

地方文化行政予算は、1990年台の前半をピークとして大きく減少した上、経済不況が長く続いたので、企業・個人からの寄付もほとんど増加しないので、受け手の文化芸術団体からの活動経費助成要望は強い。一方の基金益金も市中金利はほとんど0%に張り付いているので、多少高リスク投資を行っても限界があり、増加が見込めない。さらに、1989年度に比べ基金総額や1基金当たりの基金の額はほとんど変化がないように、地方自治体からの基金積み増しもほとんど無い。地方レベルの文化芸術団体活動を巡る資金の状況は、ゆとりのない状態が今暫く続きそうである。

［別添］

2003年川崎市議会第５回定例会議案第140号

川崎シンフォニーホールの指定管理者の指定について

指定管理者を次のとおり指定する。

平成15年11月21日提出

川崎市長　阿　部　孝　夫

管理を行わせる施設の

名称及び所在地 川崎シンフォニーホール

川崎市幸区大宮町1,310番地

指定管理者　（所在地）川崎市川崎区駅前本町12番地１

（名　称）財団法人川崎市文化財団

（代表者名）理事長　　東山　芳孝

指定期間 平成15年12月13日から

平成20年３月31日まで

参考資料

財団法人川崎市文化財団の概要

設　　立 昭和60年３月23日

基本財産 3,000万円

従業員数 理事12名、監事２名、職員22名

目　　的 市民の文化活動の振興を図り、もって市民生活の向上と川崎市における新しい市民文化の創造に寄与することを目的とする。

事業実績（１）文化情報の提供及び美術展等の企画展・演奏会の開催

（２）歴史ガイドパネルの点検、補修

（３）文化施設の管理・運営

（４）定期能、芸能サロン等の公演

（５）川崎能楽堂、アートガーデンかわさきの施設供用

（６）川崎市受託事業の実施

注

1　自由権としての性質も持つ。

2　杉原は、「憲法設定時には、「文化国家」の理念が明確にされていたが、その後権力担当者にのみならず、国民においても「文化国家」が、憲法を含む戦後法の理念として存在していること自体が忘却され、行革のなかで文字通り衰退の状況にある」と述べる。杉原泰雄『憲法の「現在」』(2003)

3　文部省も『学制百年史』において、教育基本法における社会教育の目的は「民主社会の市民の育成を目的とした」と総括している。

4　1946年に来日したアメリカ教育使節団は、民主主義国家における成人教育の重要性を勧告している。

5　文部省も同じ解釈をとっている。文部省『学制百年史』(1972)

6　例えば、増井敬二『日本オペラ史』(2003) に事例が掲載されている。

7　梅棹の文化の定義である「精神文化活動の足しになるもの」と類似している概念である。杉原は、『憲法の「現在」』で文化を「知的精神諸活動とその成果」であるといい、梅棹の定義に近い。同指針では、「「ゆとり」と「うるおい」を精神的な慰安に用いて、生きるための仕事にすべての時間と勢力を用いない」ことが重要という。「芸能」を絵画、彫刻、音楽、文学、映画、演劇などとしている。

8　南原繁も「欠けていた新しい「教養」」の意義を強調する。南原繁「祖国と大学」『文化と国家』下 (1968)。鶴見もその後、同じように芸術鑑賞には、教養・教育が重要と述べる。鶴見俊輔『限界芸術論』(1960)

9　芸能の本質については、戦前の美学の考え方の影響が大きい。文部省が執筆したとしても、美学者が参加していた可能性は高い。麻生義輝『人生のための美学』(1939) 参照。

10　先ほどの「新教育指針」など

11　具体的には、大蔵省 (財務省) への各省庁からの競争的な要求を、大蔵省が政府原案として調整し、それが国会に政府予算案として提出する。戦後我が国の自民党与党政権下では、予算の大幅修正は事実上困難であったので、政府案すなわち大蔵省原案が国の予算として政策資源となる傾向が強かった。

12　宮島喬ほか『文化と社会』(1991) 参照。

13　ただし、文化活動の周辺には、IT技術を用いた作品も多く、これは技術とともに進歩する。しかし、それは精神 (思想性) の表現力の変移である。成果の本質である思想性は時間とともに進化するが絶対条件ではない。ハズリット (William Hazlitt) は、1817年に出した論文「芸術はなぜ進歩しないのか」で、芸術は学術と違って、規則正しく進歩するという想定は間違っていると述べる。理由として、芸術は、「天才・趣味・感覚に基づくものは、すぐに停滞または退化する」からである。

14　旧来の「文化」と文化芸術振興基本法の「文化芸術」の内容が奇妙に一致するのは、後ほど記述する。

15　松本は、地方分権一括法による改正後の地方自治法においても「既存の事務の大きい変更はないと言わざるを得ない」という。「「地方における事務」は排他的に権能を付与したものではなく、従来から地方自治体で処理されきた事務のほとんどを含む」という。松本英昭『要説地方自治法』(2002)

16 「地方教育行政の組織及び運営に関する法律」では、文化は「教育」に包含されている。同法第24条の２には、「次の各号に掲げる教育に関する事務」として文化が規定されている。教育の法令上の定義または範囲については、文科省所管法令においても、個々まちまちであることに注意されたい。文科省設置法では、第３条（任務）では、教育と文化を別のカテゴリーとして規定している。教育学者の平原は、「法令上の教育は、学校教育と社会教育を示す場合が多いが、学術、文化を含む場合もあり、法令によって違いがあり、いつも一定しているわけではない」と述べる。平原春好『教育行政学』(1993)

17 1946年吉田内閣の石炭小委員会委員長の有沢広巳は、傾斜生産構想を明らかにし、石炭・鉄鋼が物資需要計画によって割り振られた。資金も同様に、1946年より資金計画が立てられ、産業資金は産業別に割り振られた。村松は、「日本の諸個別政策の大前提は、西洋に追いつくこと」といい、「この国家目標実現のための最大能率が目指された」という。村松岐夫『日本の行政』(1994)。正田、作道は経済史研究から、「欧米資本主義との落差を縮め、これと対等の地位に立とうする過程」という。正田健一郎、作道洋太郎多『概説日本経済史』(1978)

18 1980年代で、地域振興法関係の内、約22％が公布されている。また、高畠は、「我が国の国家をはじめとするあらゆる政治集団において、つねに法を制定し、綱領をつくるということに異常な努力が傾けられる」と「機構主義」を述べ、法令で決着させることに批判的である。高畠通敏『政治学への道案内』(2012)

19 安部は、「行政部官僚が問題を認知して必要な法案を作成し、政権党の同意を得てその法案を議会に提出するのが普通である」とまとめる。安部斉『政治学入門』(1996)

20 「省庁を単位として仕切られた政策分野について、日常的に強い影響力を行使している中堅議員の集団」である。佐藤誠三郎・松崎 哲久『自民党政権』(1986)

21 音楽議員連盟として、1977年に衆参の36名で創立されたが、初代会長は前尾繁三郎が就任した。また、会員数も次第に増加し、2013年５月９日参議院議員会館で、名称を超党派文化芸術議員連盟（文化芸術議連：６代目会長は河村建夫）に変更した。なお、もともとの発足の経緯は、舞台公演入場税廃止に関して、1970年の音楽愛好議員と（社）日本演奏連盟の懇談会がきっかけだったという。音楽だけなく演劇、舞踊、演芸、伝統芸能等の文化芸術全体にかかわる日本の文化芸術振興を図る課題に取り組んできたものであるが、与党だけでなく野党まで含む議員団体は珍しい。

22 音議連は、政府の基金設立に先んじ、1985年に基金の基本構想を発表し、音議連を支持する芸術家たちの意見も取り入れ、基金設立を活動目標とした。1989年夏、文化庁で基金構想が持ち上がると、それに呼応する形で彼らも様々なバックアップを行った。このように、彼らは文化振興に大きい影響力を持った。

23 京極純一『日本の政治』(1983)

24 同著で、京極は「国民統治における専門性は代替不可能ではないにしても、高価なコストなしでは代替困難であるから、専門性を基盤として官僚制は強大な政治勢力」になるという。

25 中野実『現代日本の政策過程』(1992)

26 佐竹五六『体験的官僚論』(1998)

27 佐々木毅『政治学講義』(1999)

28 先の佐竹は同書で「この種の面倒な案件は、よほど客観情勢が切迫しない限り、利口な官僚は最初から敬遠する」と述べている。また1980年代半ばまで「「仕事をしない」（下手な法案などに手を着けて騒ぎを起こさない）という形で仕事を処理する、いわば前裁きのうまい官僚の評価は高かった」ともいっている。

29　西川は、「審議会は、提示された政策の中から一定の結論を導くという政策形成の後半を担うことが多いのに対し、私的諮問機関は本格的な論の準備のための議論・選択肢の検討といった政策形成の前半を担うことが多い」と指摘する。西川明子「審議会等・私的諮問機関の現状と論点」『レファンレンス』(2007)

30　我が国のコンテンツ産業売上高は、アメリカに次いで世界第2位であるが、中国の伸びが著しく、我が国は伸び悩んでいることも答申にコンテンツ関連が含まれる理由である。2012年度の全体市場規模は、11.9兆円で10年前と比べてもほとんど変わらない。内容をみると、放送が3.5兆円（17％増）、新聞が1.6兆円（36％減）、出版が2.2兆円（8％減）、音楽が1.4兆円（18％減）、映画が0.7兆円（17％増）、ゲームが1.4兆円（3.5倍）である。輸出額は1兆546億円で、鉄鋼輸出額の4分の1程度である（ちなみに、鉄鋼輸出額は4兆882億円）。

31　1964年の東京オリンピックでも、「芸術競技」として、スポーツ競技のほかに、古美術・近代芸術などの美術、歌舞伎・浄瑠璃などの芸能部門の展覧会や公演が東京を中心に行われた。

32　例えば、経済産業省の2014年度「JAPANブランドプロデュース事業 MORE THAN プロジェクト」

33　国立博物館・美術館におかれる学芸員という職はなく、研究員が行っている。これは、博物館法が施行される以前から、国立の博物館が設置されていたので、博物館法施行の際、文部省付属機関として、国立施設には同法が適用されなかったからである。

34　独立行政法人通則法（第2条第1項）では、「国民生活及び社会経済の安定等の公共上の見地から確実に実施されることが必要な事務及び事業であって、国が自ら主体となって直接に実施する必要のないもののうち、民間の主体にゆだねた場合には必ずしも実施されないおそれがあるもの又は一の主体に独占して行わせることが必要であるものを効率的かつ効果的に行わせることを目的として、この法律及び個別法の定めるところにより設立される法人」とされている。

35　通常、総務省設置法第4条第15号に規定される「法律により直接に設立される法人又は特別の法律により特別の設立行為をもつて設立すべきものとされる法人」をいった。

36　なお、交付金以外に使用目的が限定された補助金が、約39億円程度ある。

37　2007年に文化財研究所と合併して、独立行政法人国立博物館法が機構法に改正された。

38　運営費交付金・施設整備費補助金の割合は、博物館：53.1％、31.4％、美術館：41.1％、50.0％）

39　支出額と収入額は一致させている。

40　最高裁判決（1963年3月27日）による。

41　この原理は、直接民主制やできるだけ住民主権を身近な委任者に任すという原理から導きだせる。

42　全員協議会は、議員全員で行う会議であるが、地方自治法では規定されていない。そのため、議案の審議・議決はできない。なお自治体の規模が小さい町村では、ほぼ100％近い自治体が、重要案件などの報告や議員の活動調整などの目的で開催されている。なお、地方自治法第100条第12項（2010年改正）に基づく会議規則に基づく協議会と理解している地方自治体もあるが、事実上の会議であると解釈する説もある。

43　県立芸術大学は1966年に設置され、学部レベルで美術学部、音楽学部を、修士・博士課程に美術研究科と音楽研究科をもち、学部で780名、大学院で24名の収容定員である。

44 愛知芸術文化センターの整備費用は、開演時公演経費も含め約630億円であった。200億円程度の整備費はまれではない。

45 地方財政の三位一体改革とは、補助金の縮減、国から地方への税源移譲、地方交付税改革を一体で行い、国と地方の税財政関係を抜本的に改革することである。

46 例えば、2000年3月から、保育所の運営に民間営利企業やNPOでも可能となっている。その後、約10年を経た2012年4月1日現在の認可保育所23,711園の設置主体の内訳を見ると、公立10,275園、社会福祉法人11,873園、社会福祉法人以外の私立認可保育所1,563園（内株式会社376園）となっている。そのほか公設民営のかたちで株式会社が参入している。

47 1981年に文化庁で制定された地方文化施設整備費補助金交付要綱のことで、1995年に廃止された。同要項では、文化会館は施設レベルとして延べ床面積1,300㎡以上で、固定席300席以上必要であった。

48 指定管理者の決定についての決定通知は、別添参照。

49 25%の公立劇場・ホールにしか舞台技術を扱う専門家がいない。先に述べた劇場法制定の目的は、劇場・音楽堂の運営者の能力向上による公演水準や回数増加を推進するためにある。

50 外部委託先の「民間営利企業」とは、具体的には警備保障会社等の警備や巡回等の純然たる施設管理業務であり、文化会館の企画や実質的な運営ではない。

51 この理由として、低金利のため思うような益金が出ないので、ややリスクのある外国債券や株権に資金を投資しているのも一つの理由だといわれる。なお、一般的に、国・地方自治体とも、低金利の中でも助成額を減少させないため、基金資金は株等への投資が多くなりつつある。

52 芸術文化振興基金は基金額653億円（国からの支出541億円、民間からの出資金112億円）に対し、2013年度で11億1,300万円の助成総額でその比率は1.7%である。

53 日本メセナ協議会によれば「深（進）化したメセナ活動」と呼んでいる時代である。

第３章

●

文化芸術振興基本法と劇場法

3.1　文化芸術振興基本法の制定と意義

（1）文化芸術振興基本法制定の経緯と背景

2001年12月７日に文化芸術振興法が公布施行された。本法律は、我が国の文化芸術振興に関して、一般的な根拠になったといわれる。もともと、文化財保護については、明治以来、太政官布告「古器旧物保存方」(1871)、「古社寺保存法」(1897)、「国宝保存法」(1929) とそれを補完する「国宝重要美術品等ノ保存ニ関スル法律」(1933) が制定され、100年以上の保存の法制度の歴史があった[1]。一方、文化芸術の推進に関しては、戦後社会教育法、教育基本法、文部省設置法ほか、地域振興法に、その法律の目的の範囲で振興規定が措置された。

そのため、文化行政を所掌する文部省では、法的措置で文化振興を図るよりも、予算措置を通じた範囲での文化振興[2]であった。予算措置によって政策を執行するため、振興策に要する経費を毎年大蔵省に要求する必要がある。これの欠点として、中長期の振興計画が立てにくいことや時々の財政方針（シーリングによる一律削減要求など)、政府全体の政策方針（文化外交重視とか地域振興)、与党の政治方針によって、大きい影響を受けることにあった。

また、設置法を振興の根拠にすることは、所掌事務行政として、何かと批判[3]があった。つまり、行政組織としての機能分担を所掌規定は定めているに過ぎず、行政を進める根拠とはなり得ないとの行政学からの批判である。特に、人権に制限を加える公害・消費者行政では、そのための特別の法律が必要との立場であった。このような状況の影響もあり、文化行政はもともと人権に制限を加えるマイナス行政（規制型）でなく、付加するプラス行政（給付型）であったにもかかわらず、なかなか予算が伸びない理由となっていた。

行政行為は、法の拘束の程度に応じて、自由裁量行政（狭義）と覊束行政に分けられる。前者は行政庁の裁量行為（便宜裁量（目的裁量)）で行政が行え、その裁量行為が通常の範囲を逸脱しているとき、司法判断を仰ぐことができるが、後者はあらかじめ定めた法令等の規定に沿い行政を行うもので、根拠となっている法令等に違反があれば司法審査によって、行政庁の判断が修正・廃止される性格をもつ。従って、後者は人権等権利に影響を及ぼす行政になじむ。同じ文化行政でも、文化財保護行政は、文化財の所有者・管理者に対して移動の制限や修理・展示等の命令を文部大臣が行えるので、覊束裁量行為である。

一方、劇団・オーケストラなどの芸術団体への助成措置やコンサート、オペラ、展覧会への支援は、いわば「やってもやらなくてもよい」行政[4]で、芸術団体・芸術家の権利の制限を加え得るものでない。そのため、戦後長く、文化芸術への支援措置は、予算措置として行われてきた。直接の支援のための根拠法令が存在しないので、予算の範囲なら、行政庁の権限内での裁量がかなりきく。かように、一方で法令が予算措置の根拠となって予算上有利な点がある反面、羈束行政は行政が根拠法令に縛られるが、自由裁量行為である文化芸術支援は、そのときどきの行政庁の方針によってかなり自由度の高い行政が行える長所がある。

国の文化芸術支援措置が、毎年の予算措置による自由裁量行政であったので、地方地方自治体も同じように条例等によることなく、自由裁量的支援措置を行ってきた。しかし、1980年代の「文化の行政化」の動きは、行政の対象として文化を捉え、「まちづくり」「住民福祉」「景観向上」といった地域全体をアメニティの観点から捉え直し、そこでの住民の生活水準向上を目指した。そのため、文化芸術を享受される住民からの視点へと、文化芸術活動を提供する文化芸術団体への支援という文化庁が従来行ってきた提供者側視点から、支援措置概念を180度転換した。そのため、他の住民への行政と同じレベルでの支援枠の設定という観点から、文化振興条例が1983年の東京都を嚆矢として、2012年までに、115の地方地方自治体[5]で制定された。

一方、国においても、山村振興法など地域振興法の制定により、地域づくりの手法としての伝統芸能や文化財の活用は、1960年代より少しずつ始まった。ついで、地域の文化財・芸能が、産業・観光と地域活性化の元手（資源）になるものとして、地域文化の資源化を目指す「地域伝統芸能等を活用した行事の実施による観光及び特定地域商工業の振興に関する法律」（お祭り法、1992年）が制定された。ちょうど、そのころ地方では、少子高齢化による地域社会の崩壊と維持困難な「限界集落」が言われ始めた時期である。

1999年に三位一体改革、地方分権改革として、地方自治法が全面的に改正された。ここでは、補完性原理（身近な行政は身近な行政庁が行う。直近の行政庁ができない時、より地域的に大きい行政庁が行う）[6]、自治体固有事務の創設によって、地方地方自治体の文化芸術に関する行政の幅は相当広がった。そのため、2000年以降、地方地方自治体レベルでの文化芸術振興条例制定は、増加の一方をたどったが、現在では一服している。この理由として、福祉行政・警察行政・教育行政といった地方自治体必須行政とは異なり、文化芸術振興は内容として、首長の裁量部分によるところが大きく[7]、文化芸術支援に熱心な地方自治体はほぼ条例制定を行ったことがある。それに加え、必須行政は予算措置、交付金積算など財政的支援が国も熱心に行い、行政への住民の要望も大きく、かつ住居地による行政水準の差は可能な限りなくす必要があるが、文化芸術振興は、国からの財政措置がほとんどない上、行政水準の差があっても目立ちにくく、かつ住民からの要望もあまりないからである。

しかし、地方地方自治体における文化芸術振興条例の制定は、文化芸術に対する総合的な支援制度の根拠となる法整備について、国（文化庁）を刺激した。支援を受けたい芸術団体も、支援の根拠となる法整備を文化庁への陳情を繰り返し行った。

1980年は、オイルショックによる経済の沈滞からの一応の脱却によるゆとりと、従来の高度経済成長への反省から、大平正芳総理大臣の下、各省庁の若手中堅官僚と学識経験者の集合体である「文化の時代研究グループ」が「文化の時代」の到来を念頭においた報告書を提出した。そこでは、現行の文化行政の見直しと制度面の改善を述べている。

戦後に文化立国を目指す国家目標を掲げたにもかかわらず、「文化に対する取り組みが従来他の政策分野に比べて遅れていた」との現状認識の下、スポーツ振興法のような文化における「文化振興法」が必要であると提言した。さらに、文化活動は国民個々の自由に任されることから、「政府が法律を通じ国民の文化をコントロールするような誤解を与えるものであってはならない」とし、あくまで文化活動は国民の自主性に任すのが原則であると、文化芸術振興上の特質を言っている。これは、戦後すぐの1946年に文部省が発表した「新教育指針」と重なっていることが興味深い[8]。

一方、芸術活動を国民に提供する立場の実演芸術団体の集まりである（社）日本芸能実演家団体協議会は、1984年には「芸能文化基本法」を提言したが、これはあくまでも実演芸術に限定された。その後、同団体は、芸術振興の一般法の制定に向けて活発に活動し、2001年には「芸術文化基本法（仮称）の制定に向けて」を中間とりまとめとして発表した。同法案には、実演家への支援措置が中心となっているものの従来から関心のあった芸術活動を支えるいわゆる「裏方」を専門職として改めて規定し、その研修や養成と地位の確立を目指したところが特徴がある。

そのような動きをにらみながら、国会では、超党派の芸術愛好家の議員達が「音楽議員連盟」[9]を構成し、芸術団体や文化庁、文化産業に関係するレコード会社等と密接な協議を行っていたが、独自法案の提案はなかった。2001年に小泉内閣の下、公明党や保守党は「芸術文化振興基本法案」を国会に提出し、開会中の第152国会で継続審議となった。

（2）文化芸術振興基本法の審議と成立

第152国会提出の「芸術文化振興基本法案」案は、我が国で初めての一般的文化振興のための文化芸術振興法で、その点芸術関係者からは注目を集めた。一方で、在野の芸術団体や有識者からは、国民に対して、文化活動の内容につき国家が関与する口実を与える[10]とか、特定の政府寄りの芸術団体が支援策で有利になるとか、といった批判が起きた。

また、憲法上の社会権として国家への請求権としての「文化権」を提言する向きもあった[11]が、大方の憲法学者は否定的[12]で、また最高裁においても、環境権[13]に関する裁判からみて、これ以上の社会権の創設は消極的である。そのような法律的な解釈議論もあったが、公明党･保守党共同案の審議を契機として政権党の自民党、最大野党の民主党も、それぞれ独自の法案を提出した。そこで、音楽議員連盟が超党派の有利性を活かして、彼らが中心となって、最終的に「文化芸術振興基本法」として国会へ提出された。後に、同法案は衆院文部科学委員会で2001年11月21日に可決され、その後衆院本会議、参院文教科学委員会で可決、本会議で同年30日に可決成立した。

公明党・保守党案が国会に提出されたとき、芸術団体は、同法案が例示する芸術ジャンルが優先されて支援され、そうでないジャンルの芸術への助成や優遇措置が劣位に置かれると批判した。助成措置の順位付けは、芸術のジャンル別に一種の価値観を公的に認めたことになると反発した経緯があったからである。

そのため、文化芸術振興基本法の審議過程において芸術・文化活動の種類や内容による支援や取り扱いの区別が無いようにする旨の付帯決議がなされた。これは、芸術を提供する芸術家・芸術団体への国の差別的取り扱いの禁止であるが、一方で芸術享受者たる国民の文化活動への国の不当な干渉も禁止されている。

なお、公明党・保守党案の「芸術文化振興基本法」が「文化芸術振興基本法」に名称が変更となったのは、「芸術文化」では「芸術」にかかわる文化と読め、文化の範囲が不当に狭く解釈されることを嫌ったためといわれる。従来、文化庁の所掌事務規定（例えば旧文部省設置法）では、文化の中に芸術が含まれ、文化は芸術とそれ以外の領域から構成されていたからである。その設置法を受けた詳細な組織例や施行規則において、「文化」を「芸術及び国民娯楽、文化財保護法に規定する文化財、出版及び著作権その他著作権法に規定する権利並びにこれらに関する国民の文化的生活向上のための活動」と規定していた。「文化」の用語は多くの法令に使用されているが、定義されているのは、旧の文部省設置法や組織令等だけであり、各法令によって使用される法令用語はそれぞれ解釈が異なっても原則構わない。しかし、文化振興に関する基本法は法律所管が文化庁となることが十分予想される中で、文化庁所管法令でバラバラな解釈は避けるのが行政運営上普通である。そのため、旧来の「芸術」の解釈を行政運営上行ったとしても、文化をより広い概念でくくることにより、芸術だけの文化を支援するという解釈を避けたものである。

3.2　文化芸術振興基本法の枠組み

本来振興法や基本法は、プログラム規定的であり、具体的実際的な行政運営が行われて始めて法の目的が達せられる。具体的実現策として、①より具体的下位法令を制定する、②行政計画を策定する、③予算税制を措置する、④従来の他法令の関係部分の改正を行う、⑤行政庁の組織改正を行うなどがあるが、これらの諸方策は重なって行うことも多い。例えば、国土利用の基本法である「国土計画法」では、道路整備に関して、道路法、道路整備５カ年計画の策定、道路特別会計の設置、その財源としての自動車重量税などの税制措置などあらゆる政策手段が動員されている。

つまり基本法の性格は、プログラム規定にあるのであって、具体的実行手段が行われて、始めて行政運営としての効果が生ずる。基本法は、行政目標としての理念と方向性を、国民、行政、関係者間で共有するには有効である。文化芸術面で基本法を策定し、文化文化芸術支援の行動目標と理念を明確にすることは、以上の観点からは有意義である。しかし、法的整備が行われたことをもって、支援対象としての文化芸術活動が公共性[14]を帯びるかどうかは、議論の余地がある。元来、文化芸術は、宇沢弘文が述べた「社会的共通資本」の一つである「豊かな経済生活をいとなみ、すぐれた文化を展開し、魅力ある社会を持続的、安定的維持を図る社会的装置の一つであって、国家の統治機構の一部として官僚に管理されたりせず、職業的専門家によって、専門的知見にもとづき、職業的規範にしたがって管理・維持されねばならない」[15]からである。法的整備で「公共性」を帯びたり、帯びなかったりすることを認めることはできない。文化芸術を個人の利益のみに還元せず、国民共通の利益と考え、文化芸術を創造・鑑賞する文化装置・諸制度を文化芸術の資本と考え、国民に還元する「共通的資本」といってよいのではないか。しかし、自由的な表現場所などの文化装置・諸制度への支援・援助は、立法政策の裁量である。その裁量行為によって、文化芸術が公共性を帯びるかどうかは別問題である。

図3-1　文化芸術活動と公私公共圏各領域の範囲

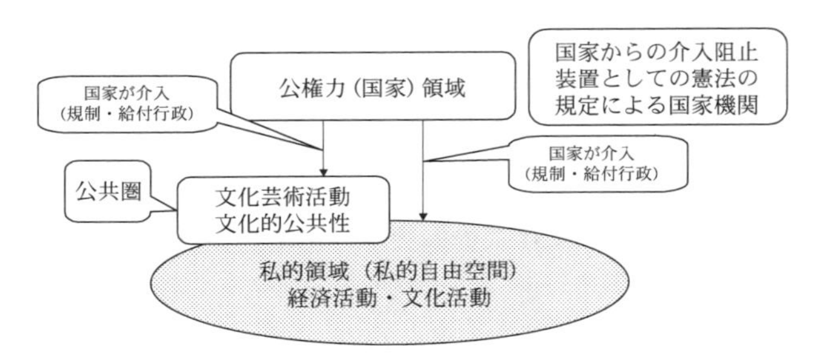

（出典）筆者作成

以上のことを図3-1に示す。文化芸術活動は、個人の自由活動に領域であるが、個人同士が自由に出入りし、かつお互いにコミュニケーションが行える領域である「公共圏」にも存在する。本来、文化芸術活動は、協同的平等的な立場で、専門家とアマチュアが活動し、作品を制作することが、当然視できるからである。

一方、公共性を安易にいうことは、我が国では注意すべきこととの指摘がある。高畠[16]によれば、「公共という概念は、近代国家を支える核であるが、政治権力は「公共の福祉」の名において国民に服従を要求」する。「日本の「公共」が「公け」「共同」の２つの意味を含み、「公共」の精神は、対応する「共同」を欠いたまま一方的に「公け」に傾く」。「国家をはじめとする政治集団において、つねに法を制定し、綱領をつくるということに異常な努力がかたむけられる」ということを考えると、国会で付帯決議や振興基本法第２条第１項の自主性の尊重規定の重要性が理解[17]できよう。

市民社会は、それぞれの個人の価値の絶対化を規定し、ブルジョアジーの経済活動に対する国家の干渉を排除し、同様に宗教的信条や文化活動への干渉を排除するところから生まれた。我が国も市民社会の理念を受け継ぐ政治体制をもつ。そのため、文化芸術振興基本法は、念をいれたくどいくらいの国・地方自治体等の芸術家(団体)、個人の創造性の尊重や活動への自主性を規定する。その観点から述べれば、第２条第３項の芸術を享受する権利の規定は、当然国民がもつ権利の念押し規定に過ぎない。つまり、享受権といったものが文化芸術振興基本法で創設されたものではない。これは、第２条第３項及び第４項の環境整備を述べるための導入規定である。法第７条が予定する行政計画である基本方針（文部科学大臣公布）では、「全国各地で様々な文化芸術活動が行われるよう」という文言をわざわざ挿入し、享受する機会均等を整備の方針としていることからも、環境整備に当たっての重要視すべき点を規定しているのが第2条の主張である。

つまり、文化芸術振興基本法は、文化芸術を提供する芸術家（団体）への支援措置と享受者たる国民の享受しやすい環境整備、そのための官（国と地方地方自治体）の役割分担を規定し、行政の方向性を規定しているのである。芸術家（団体)、国民にとって肝心なところは、支援策であろう。この法律の支援の中心は、後に述べる劇場法とおなじく、芸術団体や劇場等のいわゆる文化芸術生産者への助成である。つまり、デマンド・プル型の供給型文化芸術市場の量的質的面での拡大である。文化芸術振興基本法や劇場法（劇場、音楽堂等の活性化に関する法律）の成立に、芸術家団体である（社）日本芸能実演家団体協議会が精力的にロービー活動を行い、生産者団体からの力が大きかったことも見逃せない[18]。

文化芸術団体への短期的資源投資の場合、芸術団体の生産関数の形態が重要である。短期的には生産関数への可変的投入資源（プロジェクト助成などの事業費補助）は、文化芸術活動量を増加させることに有効であるが、長期的に、量の増加と質の充実には、文化芸術活動への固定的生産要素としての投資（太宗は助成資金配分）と人材投入がかかせないことはもちろんである。あるいは、文化芸術に関して、供給量と鑑賞量との需給ギャップがあり、鑑賞量が、生産可能性最大生産量より下回っている状態なので、限界生産まで可変的生産要素の投入を、国は考えているのか、法律レベルの規定からは不明である。後に触れることだが、文化庁の劇場・音楽堂等活性化事業に見られるように、資源投資は、短期的投資であって、供給側の生産関数の上方へのシフトといった技術的進歩は考えていない。

鑑賞場所である劇場などの文化施設は、地方自治体・公益法人等が所有し、運営は指定管理者に委託する形態が多い。最大限効率的に劇場や美術館などの文化施設を運営しなければいけないわけで、指定管理者としても余剰人員や施設は持ちたくないであろう。さらに、指定管理者でなく、地方自治体が直営する場合も、行財政改革で運営担当人員は限界的であろう。また、文化庁自体も直轄する文化施設は、行政法人化でなくなったこと、交付金の効率化係数による決まって割合の減額により長期的固定投資に当たる交付金を大幅に大きく投資できないので、結果として可変的投資であるプロジェクト経費の補助にならざるをえない。

表3-1に文化芸術振興基本法が規定する支援策を記載した。この表から知れることは、法の支援メニューは、ほとんど国の給付型行政として規定され、付加的に地方自治体の支援策が、それが所在する地域固有の環境や条件によって、国に準ずる支援策を行うよう規定されているに過ぎない。さらに、民間については、政策形成への参加や国・地方自治体との連携を求めているだけであって、我が国のメセナ活

動への全面的支援策である税制優遇措置など積極策は見られない。

表3-1　文化芸術振興基本法の枠組み

対象	国	地方自治体	民間
芸術家(団体)	公演、展示、芸術祭等の展覧機会充実。特にメディア芸術の製作支援措置。人材養成のための研修(特にアートマネージネント専門職の養成と位置づけ)。顕彰	地方自治体の地域固有の環境に応じた国と同じような措置	連携
国民	生活文化への支援、公演・展覧開催支援と情報提供。特に高齢者・障害者・青少年への配慮。学校教育での芸術教育	同上	同上
域文	公演、展示等の展覧機会充実。地域固有文化への支援。文化施設・学校施設・社会教育施設の利用促進	同上	同上
国際交流	人的交流、国際的イベント、海外文化遺産修復への協力	同上	同上
施設情報整備	劇場、音楽堂公演の支援。美術館・博物館・図書館の展示活動支援。公共建築物の文化的景観配慮。情報ネットワーク整備	同上	同上
地方自治体	情報提供	同上	同上
民間	税制優遇措置	同上	同上
国語	国語教育と調査研究。外国人への日本語教育	同上	同上
著作権	保護と公正な利用	同上	同上
政策形成	芸術提供者、享受者、専門家の意見聴取	同上	参加

(出典) 筆者作成

3.3　文化芸術創造享受権の意味

文化振興基本法第2条第3項には、本法の基本理念として「文化芸術の振興に当たっては、文化芸術を創造し、享受することが人々の生まれながらの権利であることにかんがみ、国民がその居住する地域にかかわらず等しく、文化芸術を鑑賞し、これに参加し、又はこれを創造することができるような環境の整備が図られなければならない」と規定されている。本法で権利が規定されているのは、同条だけである。

一方、文化芸術振興基本法以前に、公明党保守党でまとめられた芸術文化振興基本法案には、同じく基本理念として、同法第2条第2項に「芸術文化の振興に当たっては、国民の幅広い文化的利益の享受及び芸術文化活動への参加が図られなければならない」と規定されていた。同法案には、権利の規定は存在しない。

憲法第13条規定の後段規定[19]の基本的人権を幸福追求権と一般に言うが、文化芸術創造享受権[20]（文化芸術振興基本法第2条第3項の権利をこのようにいう向きもある）をこの幸福追求権の範疇としてとらえ向きもある。この場合、文化芸術振興基本法によって、基本的人権[21]の幸福追求権として、文化芸術創造享受権が具体化したともいう。憲法第13条は、「全ての国民は、個人として尊重される。生命、自由及び幸福追求に対する国民の権利については、公共の福祉に反しない限り、立法その他国政の上で、最大の尊重を必要とする」と定めている条文である。そこでは、人権の一般的な原則が規定されているのみで、特定の具体的人権は保障されていない。そのため、同条はプログラム規定として、倫理的意味合いしかもたず、直接的に具体的権利保障を裁判上主張することはできないと理解されてきた。1964年の最高裁判決（京都府学連事件）によって、第13条はプログラム規定でなく、その後の第14条以下の権利と自由の例示規定以外の権利と自由であっても、国民の活動する上での権利と自由の根拠となるとがあることが示された。現憲法が審議された第90帝国議会でも、政府答弁として憲法で保障される基本的人権は憲法で列挙されているものに限らないとしていた。

この幸福追求権は自然権思想が根拠となっているため、相当な広範囲を示す。この追求権は第25条の包括的な社会権とならんで議論され、そのため自由権の包括的基幹的規定である見方と自由権のみならず社会権、参政権を含む見方がある。

文化芸術振興基本法では、「文化芸術を創造し、享受することが人々の生まれながらの権利である」と規定され、アメリカ独立宣言にある神によって与えられた譲ることの出来ない持って生まれた権利である「生命、自由、幸福追究」の権利を想起させる。自然権の発想に近い。文化芸術振興基本法の権利規定と憲法の幸福追求権の規定を見比べると、自由権と考えることが妥当である。文化芸術創造享受権を基本的人権の保障として持ち出すなら、憲法の目的、従来の憲法解釈との整合性、権利としての独立性を考慮して、憲法上の権利としてみとめてよいとも思われる。国会の立法裁量行為によって、表出してきた憲法上の権利として理解できよう。この表出によって、国は従来にまして、文化芸術への自由保障をすべき責務を負ったと考えられる。

しかし、文化芸術への支援措置は、文化芸術振興基本法によると、主に国による享受機会確保のための環境整備だけであって、手法としては、給付型行政を予定している。給付型行政では、パターナリスティックな視点から個人への価値付けがされやすい面があり、助成の条件として、個々人の自由権の侵害も考えられないでもない。それは前章で論じたのでここでは述べない。

国会審議過程でも、文化芸術創造享受権を、自由権であることを前提に審議が進められているので、その関連部分を示す。

超党派で提案された文化芸術振興法案は、衆院文部科学委員会（2001年11月21日）、参院文教科学委員会（同年11月29日）にて、前者では約2時間、後者では約20分の審議時間で可決された。審議時間と法案先議の関係から、国民にとって重要な権利である芸術創造享受権について、衆院文部科学委員会で、主に議論された。

該当箇所を議事録よりみたい。法案提案者の一人である中野寛成衆議院議員が「文化芸術活動にとりまして、その創造性また表現において自由が保障されるということは当然のことであると思います。都築さんの自由党の自由の二文字は極めて重要な原則だと思っておりますし、そういう意味では、憲法の19条とか21条に、思想の自由だとか、そしてまた表現の自由だとかということが保障されている。また、同時に、文化芸術といえども他人の人権を侵害するものであってももちろんならないと思いますし、こういう自由とか人権という問題は、これはもう国の基本法の根幹として憲法に明記されているというふうに思うわけであります。

その前提に立って、今、この振興基本法は、もう一つ突っ込んで、創造性や自主性を尊重するだけではなくて、それを大いに振興しよう、応援しよう、そういう趣旨での法律でありますので、我々としては、今都築さんが言われたような基本的な姿勢を持って臨んでいきたいと思っております。」と述べている。

さらに、自由党の都築譲議員が、「第1条でこの法律の目的が書いてございます。そして、その中で、文化芸術に関する活動を行う者の自主的な活動の促進を旨として総合的な施策の推進を図る、こういうことでございますが、文化芸術に関する活動とは具体的に何をお考えになられるのか。それから、自主的な活動といったものは自由な活動といったものとは異なっているのか。そんなことがちょっと大変気になったわけであります。その趣旨は、また第2条の第1項に、基本理念ということで「文化芸術活動を行う者の自主性が十分に尊重されなければならない。」こういうふうになっておるわけであります。

私ども、先ほどから自由ということを申し上げておるわけでありまして、自主的、その自主的な活動、そういったものと自由との考え方をどういうふうにお考えになられるのか。何か、自主的にどうぞやってください、自主的にやっている範囲はいいですよ、こうお上がお墨つきを与えるような印象と、憲法で定められているというか、もともと憲法で定められている以前からの生まれながらの権利というものが、この第2条の3項に実は書いてあるわけであります。

ちょっと幾つかの質問を重ねて恐縮でございますけれども、この3項はまた、生まれながらの権利といったものが初めてここで、「文化芸術を創造し、享受することが人々の生まれながらの権利である」、こういうふうに憲法の理念を引きながらも書いてあるわけですが、実は3項というのは、国民がその居住する地域にかかわらずひとしく文化活動に参加できるように環境の整備が図られなければいけないという、限定的な項目なんですね。

ですから、ちょっと質問を幾つかまとめて大変恐縮ですが、文化芸術に関する活動とは一体何か、自主的な活動とは自由な活動とは異なるのか、そしてまた、この第2条3項で言っているところの生まれながらの権利といったものは、むしろ第2条の第1項に書き記すべき、本当に基本的な人間性普遍の原理といったものではないのか、こんなことを思うわけでありますが、提案者の御見解をお伺いしたいと思います。」と質疑を行っている。

提案者の河合正智議員は、「まず、文化芸術に関する活動とは何かという御質問でございますが、文化芸術を鑑賞し、これに参加し、またこれを創造する活動であると考えております。

次に、自由な活動について、憲法上の立場から先生がお述べになりましたいわゆる基本的な自由権、自由な活動はその意味で使っております。そして、自主的な活動というのもそれと同義でございますが、本法律案では、先生御指摘のように、芸術家等の主体性を明確にするという意味を込めまして自主的な活動と規定しているところでございますが、自由な活動と同義であると考えております。」として、自由権が文化芸術の創造・享受する権利の本質であると答弁している。

さらに、坂井隆憲議員は、その質疑に関連して、「第2条の第3項に生まれながらの権利ということを書いてあることについての御指摘がありましたが、この「文化芸術を創造し、享受することが人々の生まれながらの権利である」ということをうたっておりますのは、まさに御指摘のように、国民がその居住する地域にかかわらずひとしく文化芸術活動を行うことができるような環境整備の必要性、そのことについての理由を述べたものであります。

そういう意味で、この生まれながらの権利ということをこうして設けたことは、非常に意義のある条文規定になっていると認識しているわけであります。」と敷衍している。

以上の国会の審議過程をみれば、まず文化芸術を創造・享受する権利は、憲法が規定する自由権に包含されることが理解できる。18世紀に、アメリカとフランスの革命後、「人は生まれながら自由・平等」との自然権の思想に基づいて人権宣言が出され、それをもとに近代憲法が制定された。つまり、我が国憲法を含む近代の憲法は、人の自由を国家からの権力から守るところにあったわけで、かつその保障措置として国家の統治機構が規定されている。人権は本来人間自体のもつ尊厳性と固有性に起因するものであって、生まれつき誰もが持つものである。かつ、これは憲法が規定したから生ずるものと考えることは、憲法によって人権が存在・非存在することになり、理解できないので、憲法制定以前から賦与されたものであると考えねばならない。従って、人権は国際人権規約[22]に見られるように、人権に対するとらえ方の進捗如何によっては、我が国憲法に規定する人権以外の自由や権利の内容にまで拡散することが予想される。国際人権規約には、文化活動とその成果の保護に必要な種々の自由権の保障などが規定され、それから文化的生活に参加する権利と文学的・芸術的作品より生ずる精神的・物質的利益の保護（文化芸術創造享受権に近い）がＡ規約第15条に規定されている。国際法上の権利の我が国へのただちの導入については、我が国では憲法が最高法規性を有することから、憲法上の権利との整合性が必要である。

文化芸術振興法第２条の「文化芸術を創造し、享受することが人々の生まれながらの権利である」との規定は、文化芸術活動は人権の一つであることを意味している。これは、当然の規定であって、むしろ、第２条第３項後段の「国民がその居住する地域にかかわらず等しく、文化芸術を鑑賞し、これに参加し、又はこれを創造することができるような環境の整備」を導き出すためのものであろう。

提案者の河井議員も先述したように、「権利の規定は後段を述べるための理由である」と答弁していることからもわかる。2001年の公明党・保守党の芸術文化振興基本法案では、文化芸術創造享受権は、法上規定されておらず、芸術文化振興のための環境整備のみが規定されている。文化芸術活動の権利は、人としてもつ自然権の一つとして当然視し、あらためて規定しなかったと思われる。

ところで、文化芸術創造享受権が社会権であることになると、国家に対して権利の保障のため、芸術家や国民が一定の施策を求めることが可能になる。文化芸術活動にとっては、法案審議過程で答弁されたように、自由がなによりも重要であり、国民から国家の積極的作用を求めることを認めると、文化芸術の本質たる個々の芸術家や国民の芸術創造や鑑賞への自由活動に対して制限を受ける可能性が高まる。

一方で、現代の文化芸術作品は、19世紀までのように個々の芸術家によって社会に供給されているのではなく、ミルズがいう文化装置（文化産業）によって、社会に供給されている状態が通常であろう。その装置を利用できない芸術家は、事実上芸術作品が制作できず、発表の場が限定されたり、奪われたりするという指摘がある[23]。従って、国が積極的に、文化装置の供給を行い、芸術作品発表の機会を増やす工夫が必要であるとの提案である。

そのような指摘があるにせよ、文化芸術活動の創造や享受の内容は、個々人によって裁量的な面が大きく、かつ住居地・社会階層・教育程度・所得など後天的に決定される要因で影響を受けるのはいうまでもない[24]。また、このこと自体が文化芸術の創造や享受の特徴であるともいえる。つまり、芸術家が一律的・画一的な活動を行ったり、国民が一斉に同一的な作品を同じ程度の機会で享受することは、文化芸術の本質と相容れない[25]。従って、国が一定程度のシビル・ミニマムの環境整備を行ったならそれ以上、芸術家や国民が、国に対して、文化芸術の発表機会の場提供や供給請求はできないと考えられよう。

3.4　文化芸術振興基本法と今後の文化政策の展開

(1) 文化芸術振興基本法の振興方策

文化芸術振興基本法は、基本理念の下、振興策を規定しその実行を国・地方地方自治体に預けている。つまり、振興策を導き出すためにあるいはそれを遂行するための理念として、文化芸術活動の自由性を据えた。

そのため、先にも述べたように、芸術家と国民への支援措置として、生まれつき持つ人権としての自由権としての文化芸術創造享受権の性格から、国からの制約は原則[26]行えず、結果として、施策としての支援措置は環境整備に限定された[27]。

文化芸術振興基本法では、振興策として、第８条から第35条にかけて基本政策として詳細に規定されている。審議過程でもっとも質疑対象となったのは、振興する文化芸術の内容に関する条文である。振興法第８条から第14条にかけて、「文学、音楽、美術、写真、演劇、舞踊その他の芸術」(以上第８条)「映画、漫画、アニメーション及びコンピュータその他の衛電子機器等を利用した芸術（メディア芸術)」(第９条)、「雅楽、能楽、文楽、歌舞伎その他の我が国古来の伝統的な芸能(伝統芸能)」(第10条)、「講談、落語、浪曲、漫談、漫才、歌唱その他の芸能」(第11条)、「茶道、華道、書道その他の生活に係る文化（以上生活文化)、囲碁、将棋その他の国民的娯楽（以上国民娯楽)」(第12条)、「有形及び無形の文化財並びにその保存技術（以上文化財等）の保存及び活用」(第13条)、「地域固有の伝統芸能及び民族芸能」(第14条）と文化芸術の類似形態ごとに分類されて規定されている。

この類型別列挙は、旧文部省設置法、組織令、施行規則や従来の文化庁における文化行政上の類型区分とほぼ同一である。ただし、宗教関係は憲法との関係から除かれている。人権としての宗教の自由を保障するため、国家と宗教の分離の原則を憲法第20条において規定した上に、その保障措置として、第89条で宗教団体に対する公金支出の禁止を定め、財政的支援措置を禁止している。なお、しばしば地方の伝統行事化している祭事に対して、国から補助が行われるが、これは主催が宗教団体であっても、平等中立に支援が行われるなら、違憲ではないといわれる。文化財の保存活用への支援措置も同じである。従って、文化財への支援措置は、文化芸術振興基本法においても規定されているが、従来の文化財保護行政と同じで、何ら憲法上の宗教の分離の原則を犯さないことはいうまでもない。

衆院での審議過程において、支援内容による国の文化芸術への価値付けが行われるのではないかとの懸念が示された。質疑者の大石尚子、石井郁子各議員からの質疑で、振興法に規定されている文化芸術のジャンルが重点的に支援されるのではないか、つまり公平性・中立性が脅かされるのではないかとの懸念を質疑している。

今、一度関連部分を記載すれば、大石議員は、「国民の皆さんが心配されることは、まず、御自分が大切と思っている文化芸術が例示されているかどうか、それから、御自分がかかわっている文化芸術がここにやはり載っているのかどうか、そういうことを大変心配なさる」と、石井議員は、「これだけジャンル別、分野別というふうになりますと、どうしても差別、選別の問題ということが出てくるんじゃないか」と質疑をしている。両者に対して、提案者の山谷えり子、斉藤斗志二、松浪健四郎各議員は、類型別列挙は例示規定であって、具体的例示を示した方がわかりやすいこと、元来振興基本法の特徴として、そのような例示規定が法令上の慣習であることを述べて、支援策で差別をすることはないこと、例示されている文化芸術の類型を優先的に取り扱うことはないことが答弁され、政府参考人としての行政施策官庁である銭谷真美文化庁次長からも同趣旨の答弁が行われた。

石井議員は、この質疑の理由として、文化庁の予算配分が、特定の文化芸術活動に重点配分になっていること、アーツプラン21ではトップレベルの芸術団体に支援することになっているが、その選考に恣意的な評価が入る懸念があることを指摘していることを付言しておく。

（2）従来の文化政策立案過程

文化審議会以前には、文化政策に関する基本方針は、従来文化庁で私的諮問機関である文化政策推進会議（文化庁長官裁定（1989年7月19日）による設置）を中心とした学識経験者・芸術家等の意見を聴取して行われた。もちろん、それ以外に、文化行政関連諮問機関として、「8条機関」と称する国家行政組織法第8条を根拠とした文部省組織令第107条で、著作権審議会、国語審議会が、文化財保護法第84条による文化財保護審議会が、宗教法人法第71条による宗教法人審議会が設置されていた。それぞれの審議会は、設置根拠の政令でその目的が明確に限定されていたため、文化全体に関わる総合的行政や政策について、審議や提言をすることは難しかった。1970年代後半の「文化の時代」へと国の政策自体が変化すると、文化が国の政策の対象として、取り上げられるようになったことは、第1章で指摘した通りである。

文化庁以外に、産業行政から通産省が、地方活性化から自治省が、国際交流面から外務省が、国土保全から建設省や国土庁が、観光面から運輸省が、それぞれの行政範囲に応じて、文化を行政対象とした。その一例が、地域伝統芸能等を活用した行事の実施による観光及び特定地域商工業の振興に関する法律（いわゆるお祭り法、1992年6月28日施行）の成立である。同法は、名前から知れるように、地域のお祭り（無形文化財である伝統芸能）を活用して、地域活性化を図ろうとするものである。1990年代前半は、バブル経済の崩壊と少子高齢化から、地域社会が疲弊し、その地域活性化策として、観光による交流人口の増加による地域経済の拡大が取り上げられた。観光が主体となっている法律であったので、運輸省主導で政府法案がまとめられた。

通常、閣法（政府提出法案）として国会に提出されるに当たっては、主務官庁と予定されている省庁が法案を考え、その法案を関連省庁間で協議する。お祭り法案は、伝統芸能である祭を地域資源として活用することが眼目であったので、文化財主管官庁である文化庁に協議された。観光事業の活性化には、地域の商工業をも巻き込む必要がある。祭自体は単なる一過性のイベントに過ぎないが、使用される道具類の製造や観光業を成り立たせる地域の産業は、地域活性化の重要な要素となる理由から、通産省が共同提案の主務官庁として加わった。

当時筆者は、文化庁にあって法案協議に加わっていたが、祭という文化財を保存や保護・伝承といった文化財行政の視点から取り上げるのではなく、地域活性化手段として活用しようとする法案は、お祭り法が始めてであった。この背景には、「ディスカバー・ジャパン」の標語で、各地の文化を観光に取り入れ、観光客の増加を狙う旧国鉄の観光政策が影響を与えたといわれている。文化行政を扱うべき文化庁が、主体となってお祭り法を提案し、政府部内をまとめたわけではないことに注意されたい。

第1章に述べたように、従来、文化行政面では、文化財保護、宗教、著作権、国語など文化を細分化して、類型別に各種審議会で方向性を審議・提言してきた。そこには、文化行政を総合的に推進する姿勢は見られない。一方、地方自治体を中心として、「文化の時代」をスローガンに総合文化行政が行われ始めた。また、政府も大平内閣による「地方の時代グループ」による文化を行政面で重用視する姿勢を見せ始めた。

文化庁としても、文化の類型別行政から、総合化した文化行政へと方向を転換する必要があった。そこで、文化政策推進会議を設置し総合的な政策指向の提言をまとめようとしたのが、1989年である。これが法的設置根拠を持たない私的諮問機関となったのは、行政改革面から、新しい審議会を設けるためには、代替としての審議会の廃止が必要であったためであり、その文化庁付属審議会は文化類型別審議会であったので、整理することが困難であったことによる。さらに、文化自体の定義が法律面でも各種多様に使用され、明確な行政上の定義が無く、政府全体の文化政策動向を議論することは、調整官庁（国土庁、総務庁などの各省の政策の調整が設置法ほかで定まっている官庁）でない文化庁が所掌事務上出来なかった面がある。

文化政策推進会議は、文化を巡る環境の把握と分析を踏まえた新たな視野に立った文化政策の展開のための研究協議の場であったと同時に、文化庁の応援団的機能も果たした。その組織は、全体会議の下に企画運営、芸術創造、地域文化・生活文化、国際文化の各小委員会が設置されていた。

推進会議の行った提言・報告等は、「文化の時代に対処する我が国文化振興の当面の重点方策」（1991年7月31日）、「「文化情報発信社会」の基盤の構築に向けた文化振興のための当面の重点方策について」（1994年1月11日）、「21世紀に向けた文化政策の推進について」（1994年6月27日）、「新しい文化立国をめざして」（1995年7月26日）、「「新しい文化立国をめざして」の具体的施策について」（1996年3月8日）、「文化立国21プラン」（1996年7月30日）、「文化振興マスタープラン・文化立国に向けての緊急提言」（1997年7月30日）、「文化振興マスタープランについて」（1998年3月12日）、「文化振興マスタープラン一文化立国に向けて」（1998年3月25日）などである。同じようなテーマで緊急提言や経過報告的なものもあるが、これはときどきの予算要求等への理論的裏付けとして活用された。

文化政策推進会議の設置目的やその審議報告等からみると、会議は多くは文化政策の基本方針とその重点的実施方策を提案することにあった。さらに、文化庁予算要求等への応援団的機能も果たしており、私的諮問機関といった法的設置根拠がないだけに、会議委員の知名度や社会的活動により幅広い意見提言と提言の発信力を期待されていたことは、当時の名簿（章末付表参照）から知れよう。

（3）文化芸術振興基本法による今後の文化政策の展開

政策とは、行政主体が行政対象に投資する行政資源（大半は、金銭）の内容と投資の方法や手段の組み合わせのことである。文化庁においては、2001年に公布施行された文化芸術振興基本法以降、同法に基づく政策が行われている。文化芸術振興基本法は、全体としてプログラム規定であるから、実際の行政を行うため、具体的方策とそて、同法第７条による基本方針を定めることになっている。同方針は「文化芸術の振興に関する施策の総合的な推進を図るため」、「文部科学大臣が文化審議会の意見を聴いて案を作成する」ものである。同審議会は、文部科学大臣及び文化庁長官の諮問に応じて、国語・著作権及び隣接権・文化財・文化功労者の選定及び文化・芸術全般に関する基本的な事項を調査審議すること等を目的として、新たに設置された。行政改革の面もあり、2001年１月６日に旧国語審議会･著作権審議会、文化財保護審議会、文化功労者選考審査会を統合して設置された審議会である。文化財保護審議会、文化功労者選考審査会は文化財保護法、文化功労者年金法にそれぞれもとづく法律設置の審議会等であった。そのため、文化審議会も文部科学省設置法第29条による法律設置で、宗教法人審議会とともに文化庁に付置されている。

この法律設置の意味は大きい。従来、文化に関する総合施策を審議する諮問機関は、文化庁長官の私的諮問機関であった文化政策推進会議であったが、文化芸術振興基本法以後、法律設置の文化審議会となった。さらに、機能として、閣議を経る国全体の文化政策を規定する基本方針案を審議することができることから、諮問機関としての重みが増したといえよう。

文化芸術振興基本法と文科省設置法にもとづく、文化に関する政策立案過程の法的整備が図られたため、従前のような推進会議での議論とそれをかなり裁量的に取り入れた自由度の高かった文化行政が、法律内での制約を受けることになった。これは政策立案の透明性の確保であり、文化芸術振興基本法第34条に規定する政策形成への民意の反映の一つの有力な担保措置でもある反面、文化行政の機動面が失われたとも言われる。従前の文化政策推進会議では、幅広い有識者の知見を行政に反映させることを目的にしていたから、会議メンバーの個人的力量や知識に頼ることがなかったとは言えない。一方、文化審議会設置以降、審議会の機能は文化庁からの諮問に対する回答という形になった。そのため、文化財保護・著作権など専門分野以外の政策を審議する部会のメンバーは、それぞれの専門分野の有識者の集合体となって、審議会のテクノクラート化が進んでいる。章末付表の推進会議と文化審議会政策部会メンバーを比べられたい。前者は、巾広い知見を有するメンバーが多いが、後者は、それぞれ専門分野のメンバーが多い。

文化芸術振興基本法は、国（政府）に対して「文化芸術の振興に関する基本的方針」の策定を義務づけている。同方針は、文化審議会の意見を聴いて文部科学大臣が案を定め、それが閣議を経て国全体の方針となる。現在まで3度の基本方針が定められたが、文化審議会案が大幅な修正なく、基本方針として閣議決定されている。基本方針策定の作業過程は、文化審議会の庶務を扱う文化庁政策課と文部科学省人事課（文化審議会令第9条に基づく文化功労者選考関係）が基本方針案の作成段階で、関係省に対して案の調整を行っている。従って、文化審議会は委員が方針案の作成にあたるのではなく、事務局が関係省と協議した方針案の審議を行うだけである。

そもそも、基本方針は行政計画の一つの形態であって、行政活動の重要な指針である。一般的には国民に対して拘束力がないものが多いといわれる。経済政策面において多用された計画行政の一つである。西尾は「計画という立法形式や政策表示を行い始めたのは、第1次世界大戦後であって、恐慌時に経済復興計画となった。その後我が国では国土復興や経済復興[28]のため無数の計画が国・地方レベルで出現した」と述べている[29]。行政計画は、その適用期間の期間、種類（何を対象にするか）、内容（投資資源の類型と方策）、国民・地域住民へ拘束力があるか、ないか[30]等で、その性格・特質を区別できる。

なお、計画が実行といかに相違するか、また相違した場合のチェックと集成が行いやすい利点があるが、マイナス面もある。行政計画が長期にわたる場合、実行の担保措置として予算措置が記載される場合が多いので、計画が将来の予算を制約し、行政府が立法府が審議する予算に制約を設けることになるのではないかとの懸念がある。技術的な面から、計画自体は現在の状況下での延長的予測に基づいているのが普通なので、急激な環境変化に機動的対応ができるのかとの計画自体の問題が指摘される。また、計画の策定が審議会や専門家による討議を経て策定されるのが通常なので、国民の政策決定への参加が制約されているとの行政手続き面からの課題も存在する。

3.5 劇場法の制定の動機と意義

劇場、音楽堂等の活性化に関する法律（以下、単に「劇場法」と慣例通りいう）は、文化芸術振興基本法が公布施行後、約11年後の2012年6月27日に公布施行された。同法も文化芸術振興基本法とおなじく、民主党政権下で、音楽議員連盟の尽力により議員立法によって成立した。文化芸術振興基本法と異なり、2012年6月14日に参議院文教科学委員会において最初に審議されたが、審議当日のうちに可決され、参院本会議の議決を経て、衆院文部科学委員会で同年6月20日に1日間の審議ののち可決、翌日の衆院本会議を経て、同日に公布施行された。

「劇場、音楽堂」と法律名に示されているように、劇場法は、演劇、音楽等実演芸術を公演する劇場やホール（名称を問わない）における公演活動の活性化の向上を目指すことを目的としている。従来から、貸し館といわれてきた地方の文化会館・ホールの活動を、自主的活動へと支援することと、施設を使用する地域住民のアマチュア活動を促進することを目的とする。従って、従来の貸し館から芸術活動を制作する館への移行と公演作品の質的量的拡大、館利用の自主文化活動の発展を狙っている。その目的達成手段として、館同士の公演作品の連携・共同制作、外国の館・芸術団体との交流が主事業として挙げられ、その事業のための支援策として、研究・調査や館運営人材の育成が規定されている。

劇場法第2条（定義）において、劇場を「実演芸術の公演を企画し、又は行うこと等により」と記載されていることから、劇場法の目的は劇場の活動（上記の第2条の定義）を向上させることにあるので、第3条各号列記の事業は、各号が併記されていたとしても、劇場は第1、第2各号の事業に資することなく、単独で第3号以下の各号事業を行うことはできないと解釈すべきである。

劇場法が公布施行された翌年の2013年度から、文化庁は劇場活性化事業と称して、約30億円の事業規模で各地の劇場に対して、企画提案型事業を公募し、その中から3段階に分けて補助金を交付している。この採択された事業内容を精査すると、単独での劇場法第3条第3号以下の事業はない。法案が、議員による立法では、当該法律の成立によって行政庁が拘束されるので、法案作成段階で内閣に対して、法案への意見を求めてくる。特に、予算を伴う法律であると予算は内閣のみが作成し国会に提出する権限をもつので、法律の執行を担保する意味から、法律成立後の法所管省庁と財政当局（財務省）は、公式非公式に法案提案議員達に法案意見を伝える。

劇場法は、劇作家の平田オリザが民主党政権下において内閣参与として、法案作成に協力したといわれる。平田も「劇場を通じて、劇団や個人へと助成をする制度の方が合理的で健全であるということは、拙著『芸術立国論』以来、私の変わらない主張です。現在議論になっている、「劇場法」（仮）の制定に向けての動きは、劇場に対する新しい支援のスキーム作りにとって、追い風になることは間違いありません」と述べている。劇場法は、民主党政権下での議員立法といいながら、平田の関与から閣法（内閣提出）と実質的にかわらないと思われる。実際、文化庁は、平田参与が協力に閣内で劇場法成立を進めることがわかった時点で、2010年12月に、「劇場・音楽堂等の制度的な在り方に関する検討会」（以下「検討会」）を設け、劇場法への対応を行っている。同検討会は、約１ヶ月に１回程度のペースで11回の開催を行い、2012年１月に検討会報告書を「検討会まとめ」として発表した。重要な箇所を列記すれば以下の表の通りである。ただし、まとめは条文のように整然としているわけではないので、該当箇所を以下に拾いまとめた。

表3-2　劇場法と文化庁検討会まとめの比較

劇場法の該当条	同条文	文化庁検討会関係事項
前文	・文化芸術を継承し、創造し、及び発信する場であり、…地域の文化拠点。・活力ある社会を構築するための大きな役割 ・劇場は、公共財というもの ・実演芸術団体の活動拠点が大都市圏に集中 ・劇場を巡る諸問題を克服するためには、・・・設置運営するもの、実演芸術団体、国・地方自治体、教育機関の連携 ・文化芸術の特性を踏まえた国・地方自治体設置の劇場の短期的経済効率より長期的継続的施策	文化芸術がその役割を果たすための拠点。 ・活力ある社会を構築する機関 ・劇場等の文化施設は、公共財というべきもの ・文化芸術団体の活動拠点が東京をはじめとする大都市圏に集中 ・国・地方自治体、民間事業者、公演を行う文化芸術団体の連携 ・地方公共団体が設置する劇場は、経済性効率性の重視があり、文化芸術の特質を踏まえた長期的継続的な視点に立った施策
第２条（劇場の定義）	・文化芸術に関する活動を行うための施設及び施設の運営に係る人的体制により構成	・文化芸術活動を行い、…必要となる専門的舞台とこれらを管理・維持。運用する専門的職員と企画制作の職員を配置
第３条（事業内容）	・実演芸術の公演企画、実施 ・実演芸術の公演または発表者の利用に供する ・実演芸術の普及啓発 ・関係機関との連携 ・国際的交流 ・調査研究、資料収集 ・人材育成 ・地域社会の絆の維持強化	・実演芸術の企画・制作 ・実演芸術の公演・公開。・実演芸術を鑑賞するもの、創造するもの、発表するものへの利用 ・同左 なし なし 同左 同左 なし
第４条から７条（劇場関係者の任務）	・設置・運営者は実演芸術水準向上を積極的に果たす ・実演団体は、劇場等への協力 ・国は、劇場等の環境整備 ・地方自治体は地域特性に応じた施策の策定と劇場等の積極的活用	同左 同左 同左 同左
第９条	・国地方自治体は助言、情報提供、財政上・金融上・税制上の措置等を講ずる（努力義務）	なし
第10条	国は、芸術上価値の高い実演芸術の継承と発展を図るため、独立行政法人（実際は、日本芸術文化振興会：新国立劇場、国立劇場、芸術文化新興基金）を通じた劇場等の事業と地方自治体が行う劇場等の事業への支援活動	芸術のトップレベルの水準維持と継承、支援のための国立劇場、新国立劇場等の活用
第11条と12条	国における情報発信のための劇場等の国際交流事業への支援と地方自体の劇場等事業の施策を講ずるほか、国の地方での劇場事業への支援	同左
第13条から15条	国・地方自治体の劇場運営専門家養成とその能力向上施策の実施。鑑賞者の養成のための学校教育との連携	同左
第16条	文部科学大臣による劇場等活性化指針の策定（任意）	同左

（出典）筆者作成

表3-2をみると、「検討会まとめ」は条文内容と相当重なっており、「まとめ」の方が、劇場等の事業内容、関係団体との連携、人材育成の具体的方策面で詳細に書き込まれている。平田の提案と従来からの関係者（特に、（公社）日本芸能実演家団体協議会、（公社）全国公立文化施設協議会）の提言（それぞれ、2009年と2011年に発表。後者では文化庁検討会審議と時期的に合わせて検討している）の動きをとらえて、文化庁は文化審議会文化政策部会からの指示という形で、検討会設置をしたものと思える。この背景には、2003年の指定管理者制度の公立文化会館への導入があり、短期的成果主義傾向の劇場運営の実態が生じていたこともある。具体的には、利用者数が文化会館の評価手法として用いられ、公演の質的面より、鑑賞者層拡大のための公演が行われなど商業劇場と変わらない公立文化会館の運営の実態があった。指定管理者が運営するだけでなく、設置を地方自治体から財団などに移管する動きも加速した。これは、劇場の財政的基盤を弱くするので、劇場関係者の危機感があった。劇場法は、文化庁、実演芸術家、劇場関係者を含めた劇場をめぐるステーク・ホルダーによる劇場強化策の実現ともいえる。

3.6　劇場法以降の劇場政策の方向性

（1）劇場法によって変わる文化庁予算

劇場法は、2012年６月21日に可決成立し、同月27日から施行された。2012年度途中の公布施行なので、予算は2013年度から措置される。ちょうど６月は、８月末日の財務省概算要求締め切り期日までには、ぎりぎりの日程である。文化庁としては、すでに検討会での審議過程や音楽議員連盟の動き、法案準備作業内容には十分知悉していたはずであるから、法案成立を見越して、予算要求作業を行っていたと思われる。そのため、予算要求に弾みがついたことは事実である。

表3-3　劇場法成立後の文化庁事業の予算変化

主な事業名	2012年度予算	2013年度予算	差し引き	削減増加率(%)
文化芸術創造都市	33,927	10,635	-23,292	-68.7
国際文化交流	2,116,788	2,072,636	-44,152	-2.1
文化財研究所補助	6,883,691	4,801,955	-2,081,736	-30.2
平城宮跡地整備	110,621	90,590	-20,031	-18.1
史跡購入費	14,107,229	11,412,160	-2,695,069	-19.1
文化遺産活用観光事業	5,811,275	2,680,412	-3,130,863	-53.9
国宝重文保存整備補助	8,944,373	836,292	-8,108,081	-90.7
平城宮管理費	393,536	373,924	-19,612	-5.0
世界遺産外国人招聘	13,504	4,129	-9,375	-69.4
鑑賞体験教室	360,742	503,080	142,338	39.5
国立美術館施設整備	5,347,281	5,104,264	-243,017	-4.5
国立美術館管理費	7,783,702	7,312,924	-470,778	-6.0
メディア芸術祭	724,904	673,676	-51,228	-7.1
メディア芸術振興	1,142,567	1,083,453	-59,114	-5.2
文化創造地域発信事業	3,215,266	2,614,831	-600,435	-18.7
上記までの合計	56,989,406	39,574,961	-17,414,445	-30.6
劇場・音楽費等活性化事業	0	3,002,900	3,002,900	-
文化庁予算総計	103,200,232	107,008,046	3,807,814	3.7

（単位は、千円）
（出典）文部科学省各年度予算より筆者作整

表3-3は、劇場法の成立前と施行後の文化庁予算の比較を示す。文化庁予算は、全体として約4％弱の伸びである。劇場・音楽堂等活性化事業は劇場法を根拠として、新規予算として計上された。その額はおおよそ30億円で文化庁の新規事業規模としてはかなり大きい。文化庁全体としては、シーリングのためほとんど伸びていないので、活性化事業の代わりに大きく減少したのは、国宝重文保存整備補助（90.7％減）、世界遺産外国人招聘事業（69.4％減）、文化芸術創造都市事業（68.7％減）、文化遺産活用観光事業（53.9％減）であり、2012年度の半分以下の事業規模となった。予算額の規模面で10億円以上減少したのは、国宝重文保存整備補助（81億円減）、文化遺産活用観光事業（31億円減）、史跡購入費（27億円減）、文化財研究所補助（21億円減）の各事業である。このことから、文化財保護関連予算が、劇場拠点事業の新規予算の代替財源として扱われている。もともと文化庁予算の約3/4は文化財関連予算であるといわれ、その傾向は文化庁発足以降ほとんど変化がなかった。これは、文化庁が1963年に発足するに当たり、文部省の外局としての文化財保護委員会に本省の社会教育局を中心とする芸術関連部局を加え、文化

図3-1　文化庁の年度別予算額推移

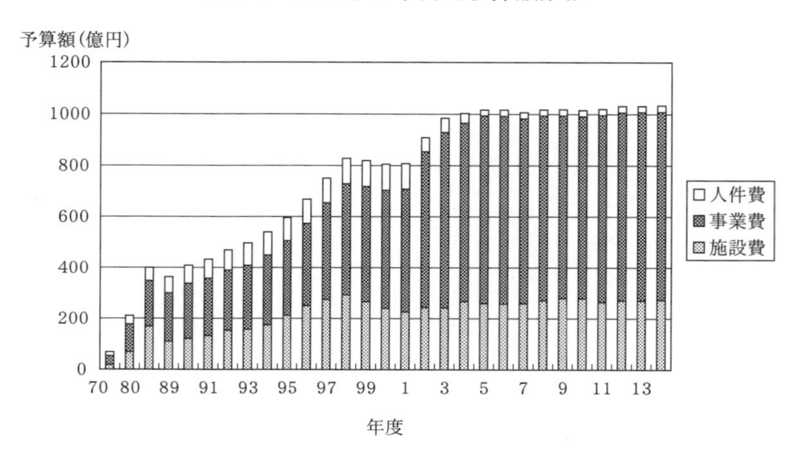

（出典）各年度文化庁予算書より筆者作成

庁が発足したが、予算も文化財を主体にそれに文化芸術関連予算を加えたからである。

文化庁発足の母体となった文化財保護委員会は、明治時代に成立した文化財保護行政の重要美術品輸出禁止令の延長線にあたる文化財保護法を所管する文化財保護部局であった。歴史的にも「文化行政＝文化財保護」という枠組みが長く続き、一方、文化芸術行政は基盤となる法制度も進まず、予算も保護事業費の約1/3程度という状態であった。ところが、文化芸術振興基本法、劇場法などの文化芸術全般を振興する法整備が進み、予算計上の契機を作った。文化庁予算全体は、文化関係者が長官に就任した21世紀目前の1998年度予算から約1,000億円と伸びていない（図3-1）。詳細に述べると、1968年の文化庁発足以来2000年度までの文化庁予算の年平均の増加率は8.6％であるが、2000年以降の増加率は1.1％である。政府予算案が、ゼロ（マイナス）シーリング下であった1990年度以降から2000年度までの文化庁予算の増加率は、年率平均6.4％もあったが、2001年に文化芸術振興基本法が成立してもその伸びを増やすことは難しかった。

全体の予算が伸びないので、新規予算計上のためには、他の予算を削る必要が出てくる。もちろん、財務省への概算要求基準では、文部科学省全体としての枠であるから、外局としての文化庁予算を増加させるためには、文部科学省本省部分の予算を削ればよい。財務省への文部科学予算要求額は、最終的には文部科学大臣が省議を経て予算を決定するので、その事前省内協議として局長等会議で文化庁予算の増額を文部科学省全体で認めてもらう必要がある。局長等会議に局長クラスとして文化庁次長（長官の次の職階）が構成員と加わるが、本省の局長と次長とでは処遇が異なるので、文部科学予算枠中での拡大要求はかなり困難であるといわれる。

図3-2　文化庁予算／文科省予算

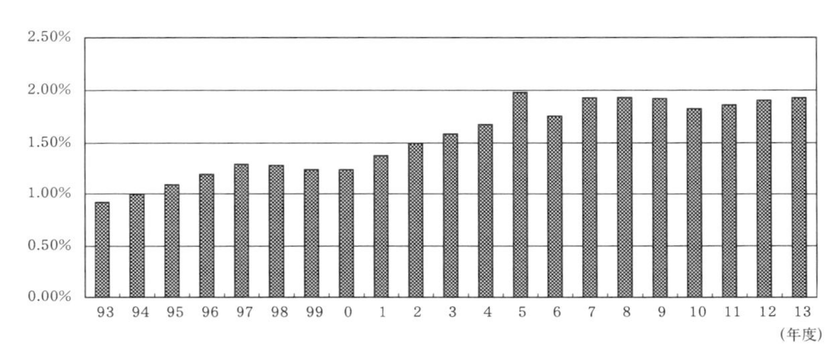

（注）2000年度以前は、文部省予算と科学技術庁予算の合計を文科省予算とした
（出典）『教育白書』各年度版より筆者作整

図3-2に1993年度から2013年度の11年間に渡る「文化庁／文科省予算」を掲載した。2000年度以降は旧科学技術庁と合併したので、文部科学省予算であり、1993年度から1999年度の分母の予算額は、教育白書平成13年度版に記載されている旧科学技術庁と文部省予算の合計値である。

セクショナリズムから、文部科学本省の予算枠を削ってまで、文化庁枠として提供することは考えにくいので、文化庁枠内での新規予算計上となるから、当然もっとも額の大きい事業の予算がその「削りしろ」候補となりやすい。また、少額の事業予算といえども、その事業に拘わっている芸術団体や文化活動もあり、かえって少額予算は削るのが困難であるし、削っても絶対額は小さい。

これをみると、文化庁の文科省にしめる予算割合は2005年度まで順調に伸び、1993年度では0.92％であったが、2005年度には1.98％とほぼ倍増している。その後、割合は若干減少して現在では約1.9％程度で推移している。この間文科省予算全体は減少しており、2000年以降、科学技術庁と文部省が統合されて文部科学省になってからは、毎年３％から１％程度（金額にして年平均にして900億円程度）減少しているので、割合としては増加しているものの、絶対額としての文化庁予算は頭打ち状態となっている。

（2）劇場法による劇場等活性化策

劇場・音楽堂等活性化事業の内容について検討したい。同事業は劇場法が2012年度に成立公布されたことを受けて、翌年度の2013年度から事業が開始された。従って、2013、2014各年度の2年間続けられている事業である。

補助対象となる劇場とは、いわゆる劇場法で第2条第1項で定義された「劇場、音楽堂等」であり、「文化芸術に関する活動を行うための施設及びその施設の運営に係る人的体制により構成されるもののうち、その有する創意と知見をもって実演芸術の公演を企画し、又は行うこと等により、これを一般公衆に鑑賞させることを目的とするもの」である。さらに、補助対象として、「音楽、舞踊、演劇等の実演芸術の創造発信や、専門的人材の養成、普及啓発に対する支援を行うこと等により、我が国の劇場、音楽堂等の活性化と実演芸術の水準向上を図るとともに、コミュニティに支えられた豊かな地域づくりを推進することを目的として」いる事業である（劇場法第2条第2項の定義を引用)。その具体的事業内容としては、劇場法第3条に規定する4種の事業（「特別支援事業」「共同制作支援事業」「活動別支援事業」「劇場・音楽堂等間ネットワーク構築支援事業」）のみである。

各事業の内、ネットワーク事業を除いた各事業別の事業予算につきて下記に示す。

表3-4　劇場・音楽等活性化各事業の予算比較

事業名	2013年度予算	2014年度予算	比較増減
特別支援事業合計(n:17)	942,414	944,434	0.21%
上記事業の合計に対する割合	38.2%	38.0%	
標準偏差	10,632	10,471	-1.51%
変動係数	0.17	0.17	
平均	62,827.60	62,962.27	0.21%
共同制作支援事業合計(n:3)	141,846	147,688	4.12%
上記事業の合計に対する割合	5.7%	5.9%	
標準偏差	20,518	26,693	30.09%
変動係数	0.75	0.94	
平均	47,282.00	49,229.33	4.12%
活動別支援事業合計(n:89、91)	1,385,290	1,393,840	0.62%
上記事業の合計に対する割合	56.1%	56.1%	
標準偏差	1,274	1,252	-1.73%
変動係数	0.77	0.78	
平均	15,565	15,317	-1.59%
合計	2,469,550	2,485,962	0.66%

(予算、標準偏差の単位は千円)
(出典) 文部科学省予算より筆者調整

事業開始の2013、2014各年度を比較すると、事業総額にはほとんど変化がない。全体事業費として１％強程度の増加であり、各事業も事業にの半分程度が「活動別支援事業」に当てられ、４割弱が「特別支援事業」、残りの全事業費の1/20程度が「活動別支援事業」である。「劇場・音楽堂等間ネットワーク構築支援事業」は、実演芸術を鑑賞できるよう、「劇場・音楽堂等又は実演芸術団体」が企画制作する実演芸術の巡回公演助成に当てるため、事業費の1/2を上限として補助する事業であるが、事業費総額として大きくないことや本稿執筆時点で、2014年度事業の採択が決定していないことから除いてある。

「特別支援事業」だけは、数年間事業が継続して行われるので、2013、2014年度とも同じ事業が採択されている。採択率を見てみると「特別支援事業」は16件応募して15件採択、「共同制作支援事業」は応募事業が年度により１件のみ異なったがすべて採択、「活動別支援事業」は2013年度が113県の応募に対して89県採択、2014年度は114県応募で91県採択と、採択率は「活動別支援事業」が少し低いが、応募すればまず採択される可能性が高い。

一方、類似の公募事業である国が主として出資している芸術文化振興基金の「文化会館公演活動事業」では、助成を始めた1990年度以降の助成実績では、3,669件の応募に対して、2,326件が採択され採択率は63.4%と約2/3の割合で事業が採択されている。その１件当たりの助成額は、約120万円である。基金の「文化会館公演活動事業」と劇場・音楽堂等活性化事業の「活動別支援事業」は助成対象内容が類似するだけでなく、１件当たりの助成金額も非常に似ている。文化庁・基金側双方に助成申請をすることも原則可能だが、助成が決定した時点でどちらか一方の助成しか得られない。通常は、劇場・音楽堂等活性化事業の決定の方が早いので、基金側に申請する段階で補助事業者（主催者の文化会館）が申請を取り下げているようである。

劇場法が目的とした劇場活性化のうち、実演芸術の水準確保や向上を目指す事業である特別支援事業は、国が率先して行う水準確保としての先導的事業として意義がある。しかし、実演芸術の鑑賞機会の確保等裾野を広げる事業は、基金側事業とかなり重なっている。劇場（文化会館）側からみれば、助成メニューの多様化は採択の可能性が広がるので望むことであろうが、政府資金の有効な投資という観点からは、助成の一本化や整理が必要であろう。そのため、基金助成事業と当時の文化庁助成事業との区分について、当時の国会審議から検討する。

3.7　劇場法による事業と芸術文化振興基金事業

芸術文化振興基金は1990年４月に発足したが、旧国立劇場法が芸術文化振興会法に改正され、振興会の下に芸術文化振興基金が造成された。その国会審議は、1990年３月27日衆院文教委員会及び同月29日参院文教委員会で行なわれた上可決された。

まず、衆院文教委員会審議から。

審議過程で政府委員の遠山文化庁次長は、基金から助成する必要性について、「実施事業自体が継続的あるいは安定的な財源を確保する必要がある」ことを指摘し、「さまざまな芸術文化団体とか各地域の多彩なニーズ、活動に応じて運用そのものも弾力的あるいは機動的に対応することが必要である」ことを述べている。文化庁としては、従前より「芸術活動の基盤を整備するという角度でいろんな政策」を行ってきたが、それも継続して、「基金におきましては芸術文化の多彩な展開と普及に資する活動を助成する」のが眼目だと述べている。さらに、文化庁の事業と基金の事業との整理として、「文化庁自体は、中核的な芸術活動あるいは芸術団体の基盤的な活動に対しまして今後とも援助を続けるわけでございまして、一方、基金の方は、多彩な芸術文化活動の展開に対して援助をしていくという考え方でございます。両輪相まって日本の芸術文化振興に当たっていくわけでございます」と答弁している（中西績介議員への答弁）。

類似の答弁が、参院文教委員会にて、森暢子議員の「具体的な援助業務の内容についてですが、従来も文化庁は芸術文化活動について援助を行っていらっしゃったと思うんですけれども、今後、振興会の行う援助との関係がどうなるのか。二本立てになると思うわけですが、その関係調整というものはどのように考えていらっしゃるか」との質疑に対して、遠山政府委員は、「芸術文化振興基金の役割と文化庁の行います国庫補助との関係でございますけれども、文化庁におきましてはこれまで、芸術文化の水準を高めるということを主たる目的といたしまして中核的な芸術団体の基幹的な活動に対する助成というものを行ってまいっておりますし、・・・・全国的な観点に立った文化振興事業を実施しておりますが、これは今後とも充実してまいりたい・・・・。　一方、芸術文化振興基金におきましては、文化のすそ野を広げるということを主たる目的といたしまして、国民に親しみやすい公演あるいは身近なジャンルに対する援助、それから新たな分野を開拓する先駆的、実験的な芸術創造活動の奨励でありますとか、地方公共団体指定等の文化財の保存活用事業に対する援助、これはこれまで文化庁でできなかった事柄でございますけれども、そういうものもやりたい」と抱負を述べている。さらに、別の答弁で「地方公共団体や文化団体が行う文化による町づくり事業に対しても援助をする」とし、「助成事業の対象につきましては、商業ベースでは採算のとれないすぐれた芸術活動ということが必要条件」と答弁している。

以上の審議過程やその後の基金助成の制度からは、文化庁は中核的・全国に跨る事業への助成、基金はむしろ地域住民への鑑賞機会の確保やまちづくり等地域活性化につながるような文化事業への助成が考えられていたようである。

この審議過程と劇場法の審議過程または、文化庁の検討会等での劇場法に関する議論過程を比べると、基金造成の審議では文化活動が自由であること、芸術家や団体への助成は彼らの考えを尊重し、かつ国家の介入がないような助成制度（具体的には複数の専門家集団による審査）が議論されていることである。一方、後者の劇場法の検討では、文化が社会の構成要素であり、劇場が公共財であるといったような社会との関連がとりわけ目立つ。すなわち、劇場を活性化することによって社会特に昨今過疎化、少子化、さらには限界集落等地域社会の機能喪失といった社会面、経済面への劇場の効果が述べられる。

これは、1990年当時と2012年当時の我が国の地域社会の在り方が相当異なってきたことに影響を受けている面がある。

劇場に対する助成金は、実際には劇場を実演場所として活動する芸術家・芸術集団にその活動費の一部分として劇場側を通じて支払われる。この制度の趣旨からは、劇場法あるいは劇場に基づく支援事業では、劇場がその運営方針の下、公演制作を行いそれに合致する芸術家を決定するように、あくまで劇場側が公演制作を先導する。このように劇場が場合によっては、公演内容に介入することも考えられる。国が劇場を通じて、給付型の行政を行っている形態であり、助成を通じたある特定の価値観や基準（優れた作品とか地方活性化に役立つとか）にもとづく給付となる可能性について、芸術家側の懸念を招いたのだろう。そして、劇場側としては、入場者数の確保は運営の財政的健全化や地域住民への利用に貢献しているいわば「地域の公共財」的性格を持つことにつながるから、入場率の上げやすい実演芸術を選択することが多いことは事実だろう。

もちろん、ヘーゲルが美学講義で述べたように、「芸術家の相手とする鑑賞者は、さしあたり同国・同時代の鑑賞者で、かれらに芸術作品を理解させ、親しいものに感じさせねばな」らないのは言うまでもない。その中で、芸術の先端性、創造性を作り出す劇場をいかに選択するかは、劇場法の具体的展開である劇場・音楽堂等活性化事業の今後の運用にかかっている。

［付表］

文化政策推進会議及び文化審議会文化政策部会の各委員名簿

文化政策推進会議委員（1993年、肩書きは当時）

有馬稲子	俳優
石川六郎	日本商工会議所会頭
石原　俊	前経済同友会代表幹事・日産自動車相談役
石本美由起	作詞家・日本音楽著作権協会理事長
犬丸　直	日本芸術院長
梅棹忠夫	国立民族学博物館顧問
江戸京子	ピアニスト・アリオン音楽財団理事長
加藤秀俊	放送教育開発センター所長
加藤芳郎	漫画家・日本漫画家協会会長
倉橋　健	早稲田大学名誉教授
小泉　博	日本芸能実演家団体協議会専務理事
酒井新二	共同通信社相談役
坂本朝一	元NHK会長、NHK名誉顧問
佐治敬三	サントリー会長
佐野文一郎	東京国立博物館館長
鈴木忠志	劇団SCOT主宰
千　宗室	茶道裏千家家元
高階秀爾	国立西洋美術館長
塚本幸一	ワコール会長・京都商工会議所会頭
堤　清二	セゾンコーポレーション会長
遠山一行	東京文化会館長
登川直樹	映画評論家
長岡　實	東京証券取引所理事長
中川鋭之助	舞踊評論家
新野幸次郎	神戸大学名誉教授・神戸都市問題研究所長
西尾信一	第一生命会長・経団連国際文化交流委員長
畑中良輔	東京芸術大学名誉教授
平山郁夫	日本画家・東京芸術大学長

福原義春	資生堂社長・企業メセナ協議会理事長
松沢卓二	富士銀行相談役・経団連評議員会議長
三浦朱門	作家・日本芸術文化振興会会長
水上　忠	東京都教育文化財団理事長
三善　晃	作曲家・桐朋学園大学学長
森下洋子	バレリーナ
森　英恵	ファッション・デザイナー
山崎正和	大阪大学教授
山根有三	東京大学名誉教授、出光美術館理事
吉井澄雄	舞台照明家・劇場コンサルタント
吉國一郎	プロ野球コミッショナー・元内閣法制局長官
吉田貴壽	昭和音楽大学学長・芸術家会議副会長
吉村　融	埼玉大学大学院政策科学研究科長
渡辺浩子	演出家

文化審議会第12期文化政策部会委員（2014年４月１日現在）

赤坂憲雄	学習院大学教授、福島県立博物館長
太下義之	(株)三菱UFJリサーチ＆コンサルティング芸術・文化政策センター主席研究員／センター長
大林剛郎	(株)大林組代表取締役会長、(一社)日本経済団体連合会経済外交委員会共同委員長
片山泰輔	静岡文化芸術大学教授
加藤種男	(公社)企業メセナ協議会代表理事専務理事
河島伸子	同志社大学教授
熊倉純子	東京藝術大学教授
紺野美沙子	女優、国連開発計画親善大使
佐々木雅幸	同志社大学特別客員教授
相馬千秋	アートプロデューサー
武内紀子	(株)コングレ代表取締役社長
仲道郁代	ピアニスト、大阪音楽大学特任教授、桐朋学園大学教授
野村萬斎	狂言師、世田谷パブリックシアター芸術監督
林　文子	横浜市長
平田大一	(公財)沖縄県文化振興会理事長
増田宗昭	カルチュア・コンビニエンス・クラブ(株)代表取締役社長兼CEO
馬渕明子	(独)国立美術館理事長、国立西洋美術館長
黛まどか	俳人
宮田亮平	東京藝術大学長
三好勝則	アーツカウンシル東京機構長、工学院大学特任教授
山下裕二	明治学院大学教授、山種美術館顧問、美術史家
湯浅真奈美	ブリティッシュ・カウンシル アーツ部長
吉本光宏	(株)ニッセイ基礎研究所主席研究員・芸術文化プロジェクト室長

注

1　記念物に対しては、太政官達「古墳発見ノ節届方」、「史跡名勝天然記念物保存法」(1919) などにより、記念物の体系的保護が整備された。

2　予算のみによる行政を、「事業計画に資金による裏付けを与えるが、議会・国民の統制手段である」と村松は述べ、ある程度予算措置行政を評価している。村松岐夫『日本の行政』(1994)

3　行政活動は、設置法・組織例・組織規則の範囲内において行われるが、先進国に比べ、我が国は職員数、政府支出もCDPに比べ少ないので、行政効率を上げるため、法的措置より、設置法行政が行われた土壌がある。なお、この典型が行政指導である。行政指導は非権力的事実行為で、法的拘束力はないが、行政手続法では、「行政機関がその任務又は所掌事務の範囲内において一定の行政目的を実現するため特定の者に一定の作為又は不作為を求める指導、勧告、助言その他の行為であって処分に該当しないもの」とされ、通説・実務上は法的根拠は必要ないとしている。

4　これは、給付型行政の典型であるが、給付に付される条件の如何によっては、人権への行政の介入問題を引き起こす。詳細は、第１章参照。

5　制定割合：都道府県；55％、政令市；25％、中核市；21％、その他の市町村・特別区；４％

6　地方分権改革の趣旨に添って2000年に交付施行された地方自治法は、「適切な国と地方の役割分担」を求め、行政の事務配分と配分後の国の地方地方自治体への介入の許容度について規定した。補完性原理は、直接民主制や住民に身近なところで、その法的拘束を行う権力を選定すべきであるとの人民主権説から説明される。

7　憲法94条は地方自治体の自治権の内容を列記しているが、財産管理、事務の処理、行政の執行の自治行政権と条例の制定の自治立法権をもつ。前者の自治行政権には文化施設の管理・運営の非権力作用が含まれ、また地方分権委員会勧告によるように「地域づくり」等のために組織（人員、組織編成）をもつ組織権が含まれるのは当然である。そのため、地方自治法も「地方自治の本旨」に沿うよう包括的規定とされており、逆作用で行政改革、財政緊縮化の中で、自己決定的に不必要と見られる行政分野が削減・廃止されている。

8　詳細は、第１章参照

9　音楽議員連盟の主な活動として、1980年に三鷹市に始めて貸しレコード店が開業、レコード製作者との軋轢が高まっていたとき、その解決のための著作権法の改正を行ったこと、1990年の芸術文化振興基金（芸術家に対して、年間10～30億円の助成を行う基金）の創設がある。21世紀になってからは、新たな文化芸術関連の２本の法律は、議員立法で制定されたが、そのすべてに関わっている。

10　国家の国民の権利・自由に対する介入手段は、取り締まり型と給付型に分かれる。20世紀に入り国家の行政領域の拡大は、国民の福祉面で給付型行政を行い始めた。我が国憲法も生存権（第25条)、教育権（第26条）によって国家に給付を請求する権利（社会権）を規定するが、文化権を生存権に絡ませて国家への請求権の一つとして文化権（文化を創造、享受する権利）を含ませるのはいかがなものか。

11　杉原は、憲法制定時の際の「文化国家」の理念と憲法第25、26両条に規定からみて、文化に対する公的・積極的な援助・助長を打ち出していると理解する。国際人権規約A規約からも文化的諸活動の成果とそれらへのアクセス・共有権利として保障しているともいう。杉原泰雄『憲法の「現在」』(2003)

12　憲法の自由権の規定から、表現の自由は保障されているのは当然だが、それを発表する場・メディアまで、国家に保証しているということを憲法から直接的に導き出すことは難しい。

13　環境権が、大きく取り上げられたのは、環境権・人格権に基づき、航空機発着による損害賠償請求事件の過程である。大阪空港公害訴訟では、大阪高裁裁判決（1975）が、人格権に基づく妨害の排除・予防差し止めを認めた。環境権は、含まれる範囲が識者によって相当幅があるが、通常は自然的環境のみを示し、文化的環境は含まない。なお、最高裁は、当該裁判で損害賠償のみ認めた。

14　公共性は論ずる専門分野によって、多義的である。文化芸術活動の「排除不可能性」「消費の非競合性」の性質を帯びることを認め、市場での過少供給のため、国として非市場的手法で供給する方が望ましいとの謂いであろうか。それとも文化芸術活動の自由性に注目し、その自由権保保障措置としての国の制度設計のことであろうか。あるいは、個人的な自由活動としての文化芸術活動が、「闘争と妥協を繰り返す合意形成を目指す公共圏」へ含まれるような考え方であろうか。山口定ほか『新しい公共性』(2003)

15　宇沢弘文「社会的共通資本の考え方」『社会的共通資本』(2000)、『経済動学の理論』(1986)

16　高畠通敏『政治学への道案内』(2012)。

17　ミルズは、「現代は「文化装置」によって、芸術、科学、学問、娯楽、笑話、情報が生み出され、分配される」という。「その分配装置は、学校、劇場、新聞、撮影所、図書館、小雑誌、ラジオ放送網といった複雑な諸施設である」。「文化装置を通じて個人は自分たちが見るものを見て、解釈するし、文化的職業従事者によって創造され指示された対象でなければ、美でない」ともいう。「文化的職業従事者は権威のため、支配制度と暗黙に共同する」。ライト・ミルズ、青井、本間訳『権力・政治・民衆』(1971)

18　もちろん、国側としても、大平内閣当時の「文化の時代」「地方の時代」の報告書で、「文化振興法」の提言を行っているし、文化庁の有識者懇談会報告でも「文化振興法（仮称）」に触れている。しかし、その後国は文化基本法的な法整備は行っていない。基本法制定への表だっての動きは、90年代の芸団協のより具体的提言（作業は10年間にも及ぶ）が契機となっている。

19　「生命、自由及び幸福追求に対する国民の権利については、公共の福祉に反しない限り、立法その他の国政の上で、最大の尊重を必要とする」の規定

20　「二風谷ダム事件判決」札幌地裁1997.3.27は、ダム建設のために土地収用採決の取り消し訴訟にて、「文化を共有する権利」のことばを判決文に使っているが、これは文化を享受する意味（受け身）では使用していない。

21　我が国憲法では、基本的人権と規定され、人権とは規定されていない。そこで、基本的人権と人権が同一概念か、はたまた別の概念か、それとも後者に前者が包含されるのか（この場合、基本的人権と非基本的人権に分かれる）、議論される。通説では、同一概念とされる。同一と考えると、基本的人権として、核となる自由権に、参政権・社会権を加えた権利が含まれる。

22　正式には、「経済的、社会的及び文化的権利に関する国際規約」(1966年に国連総会で採択、我が国の批准は1979年。なおＡ規約第15条の外務省訳は下記の通り。

　第十五条１　この規約の締約国は、すべての者の次の権利を認める。

　　(a)文化的な生活に参加する権利(b)科学の進歩及びその利用による利益を享受する権利(c)自己の科学的、文学的又は芸術的作品により生ずる精神的及び物質的利益が保護されることを享受する権利

2　この規約の締約国が1の権利の完全な実現を達成するためにとる措置には、科学及び文化の保存、発展及び普及に必要な措置を含む。

3　この規約の締約国は、科学研究及び創作活動に不可欠な自由を尊重することを約束する。

4　この規約の締約国は、科学及び文化の分野における国際的な連絡及び協力を奨励し及び発展させることによって得られる利益を認める。

23　アメリカのNEA（全米芸術財団）のメイプルソープ事件に伴って起きたフィスの議論。Owen M. Fiss, “The Irony of Free Speech” (1996)

24　ブルデュー（Pierre Bourdieu）の「文化資本（cultural capital, capital culturel）」. “Les trios etats du capital culturel” *Actes de recherché en sciences socials, n 30* 福井憲彦「文化資本の三つの姿」『actes』No.1（1986）

25　梅棹忠夫は、1970年代の十分文化施設が整備されていない時期に、「東京に住んでも、地方都市に住んでも、日本国内にいる限り、同じくらいの文化生活を享受できるくらい文化を提供する、これが地方自治のレベルにおける文化行政の目的」といっている。第1回全国文化行政シンポジウム（1979）

26　公共の福祉による最低限度の制約はあろう。

27　人権の不可侵性から国民の個々の活動領域において、個人相互間と個人と私的組織間の人権侵害にも、考察する必要があるが、これは、文化芸術振興基本法の射程外の課題である。本法は公（国家・地方自治体）と個々の国民との関係を規定しているが、文化芸術団体も統合化、総合化され、巨大化してくるとそれに所属する個人の権利と自由が制約される事例が起こってくる。例えば、書道展における有力者による選定や子弟間の芸術活動への指導面がある。

28　戦後のケインズ政策による公共工事やインフラ投資が国土計画として多くの先進国で行われた。

29　西尾勝『行政学』,（1993）

30　都市計画法第10条に定める都市計画は建築行為に対して一定の制約をあたえ、規制行政の典型である。

第4章

・

地域における文化芸術活動

4.1　戦後の国・地方の文化芸術活動の動き

（1）文化庁の発足と文化芸術活動を巡る環境

朝鮮戦争を契機とした我が国の産業の復興は目覚ましく、1960年代中頃に入ると国民も時間的、金銭的にゆとりが生じ、時間消費型財の典型である文化活動は、鑑賞･参加されるようになった。特に、都市の文化活動の拠点としての劇場は百貨店、鉄道会社、新聞社等の終局集客装置としての機能から大都市部、中でもターミナルや繁華街に多く設立された。1957年４月には有楽町芸術座、新宿コマ劇場が開場し、美術館としても松方コレクションの展示機能をもつ国立西洋美術館が1959年６月開館した。また、芸術団体への補助金が同年４月から開始された。

オーケストラも1952年に東京フィルハーモニー交響楽団が財団法人となり、ついで東京交響楽団が財団法人化を行い、日本フィルハーモニーもフジテレビと文化放送により財団法人として設立された。従来の任意団体での活動は税制の面でも不利であること、楽団員の処遇等雇用関係を明確にすることのため文部省が進めたものである。

1960年代後半には、文部省文化行政部局の大きい組織改編が２回あった。まず、1966年には、1928年以降33年間にわたって設置されていた調査局が廃止され、文化局が設置された。従来の文化課、芸術課、宗務課に加え、調査局にあった国語課、国際文化課を再編成し、著作権課を新設して、文化局が発足した。我が国行政機関の中で文化と名付けられている局組織が設置されたことは注目してよい。行政は組織で行われるが、その主体は予算と職員である。予算要求、定員要求において、独立の局が存在するのとしないのとでは、かなり相違する。そういう意味で1950年に設置された文化財保護委員会と併せて文化行政の要となる一大組織変更であった。1968年４月には、佐藤栄作総理の１省１局削減の行政改革により、文部省は文化局と文化財保護委員会と統合し、文化庁を発足させた。仮に行政改革がなかったら文化庁も発足できなかったかもしれない。ここに、芸術活動と文化財の保存・修復・活用を図る文化行政を司る文化庁が創設されたことは、概算要求や定員要求で対外的に有利になることが予想された。

（2）地域の文化芸術活動とその進展

国の政策は、法令に端的に表されるので、法的側面から地方の文化に対する政策を見てみよう。高度経済成長を経て公害等の負の資産が国民生活を脅かすようになると、開発法や開発計画[1]の中に文化の振興が努力規定として置かれるようになった。最近では、開発法というよりも「振興法」的な法や計画[2]の方が多い。また、昭和時代の終わり（1985年ころから）から平成にかけて、地方での人口減少や過疎化、それによる地域社会の崩壊現象が見られるようになり、定着人口の増加は国家レベルであきらめ、観光など交流人口の増加による地方都市の活性化方策の一つとして文化振興が目指された。そのための法制度[3]も準備された。これらは地域が計画を策定し、国の基準に沿った場合に、財政的、税制的優遇措置を行うという枠組みで、従来のように国が地域の計画を策定し、その計画に沿って予算を重点的に交付するという方法とはかなり相違している。これは、地方の時代、地方分権といわれるように、地域の自主性や創造性に任せた方が、結局地域や住民のためになるとの考えが一般化してきたことによる。特に、交流という観点から産業のみならず、観光、医療、文化といった従来の全国総合開発計画では端役であったものが最初に注目され始めた。この端緒は、第３次全国総合開発計画（1977年から1987年）における産業開発優先から生活優先への定住圏構想の中で、全国44地域をモデル定住圏として指定した整備の過程に見ることができる。折からの「地方の時代」、地方自治体の「行政の文化化」と相まって、この頃から全国各地に文化施設が整備され始めた。

そのため、多くの省庁では地方自治体の「やる気」を起こさせる政策手段を取り始めた。都道府県より基礎的団体である市町村を対象に、生活環境の整備を目標として、従来のハード中心の整備のみならず、ソフト事業も加えた住民参加型の地域政策が多くなってきた。

（3）ハード整備よりソフト事業整備

地方自治体が文化行政に熱心に取り組み始めた端緒は、兵庫県、埼玉県、神奈川県等のいわゆる「文化行政先進県」といわれる県において、1970年代中頃より、大都市部を中心として広まった「行政の文化化」「文化の行政化」運動の始まりにあった[4]といわれる。なお、地域の文化活動面では、文部省文化財保護行政は考察の対象と考えられていないのが特徴である[5]。一方、戦前の公会堂に起源を発する文化会館は、1960年代頃より都市住民からの文化的な欲求を満たすため、特に都市部を中心に建設され始めた。その後、地方交付税等の国からの財源的裏付けを得て、多目的な文化会館が整備されはじめ、1980年代には専用ホールを持つ文化会館が建設されている。これは、所得の向上と自由時間の増加により、都市住民から地方住民へと文化活動の波及が拡大し、質の高い文化施設の整備を要求し、また地方自治体首長もそれに答える意味で「はこ物」といわれる文化会館を整備したからである。

交流の動線となる東北自動車道の沿線に、1981年に音楽専用ホールとして座席後方の音響可変装置で残響時間を調節可能な「中新田バッハホール（現在は、加美町中新田文化会館)」が、常磐自動車道沿線に1990年に「水戸芸術館（コンサートホール、劇場、美術館等の複合施設で、総事業費は約103億円余)」が建設された。全国国土総合開発計画は、高規格道路整備による多極分散型の国土形成を目標とし、地方中核都市の整備を進めた結果、ブロック中枢都市の整備が進められ、東京に所在する専用ホールに匹敵する機能を有するホールが整備された。

さらに、専用ホールや多目的ホールの整備はその他の中小都市に波及し、今や2,000館[6]程度にもなった文化会館（多目的文化ホールをもつ会館も含む）が存在し、今でも建設中の施設も多い。梅棹忠夫は、1970年代の中頃、文化施設を作ることが地域文化振興の手始めと述べたが、今ではホールの多さに比べ、そこで演じられる演目の不足が嘆かれる程になった[7]。

1980年頃よりは、地域では産業振興よりも保健・福祉や教育・文化・スポーツの振興、地域のイメージアップづくり等が中心的な事業分野となりつつある。例えば、都道府県の主な開発プロジェクトを見ても、47都道府県のうち７県が、文化事業や文化遺産による観光客誘致事業を計画し、全国に一つしかないものを目指している。「地域からの日本再生に向けて」として、国も文化芸術、地域医療、産業振興の３分野について、他の定住自立圏のモデルとなるような取組を委託調査事業を行っている「『定住自立圏』推進調査事業」『地方財政白書』(2013))。

一方、バブル経済の崩壊等による地方自治体の税収入の低下は、その行政活動に大きい影響を与えている。以前は、税収入の伸びを背景に地域住民からの要望により、地方自治体予算は文化活動への助成や文化施設の建設へと支出されたが、ここ５年間では地方選挙での政治的な争点と成り得ず、かつ不要不急の行政課題として、文化活動への地方自治体からの支出は減少している。このように、文化予算は、住民を取り巻くその時々の情勢や経済状況との兼ね合いにより大きく変化するのが通常である。

ここでは、戦後の地域における文化活動を決定付けた1960年代から近年までを地方自治体が支出した文化関連経費を対象として分析しながら、その変化を通して地域文化活動がその時々の社会状況及び文化行政機関の政策によっていかに発展してきたかを述べる。

4.2　伸びる自治体文化芸術予算

（1）地域文化芸術活動を支えた文化活動予算と文化行政費

表4-1に都道府県が毎年支出した文化関連経費（文化財保護費を除く）を記載した。これを見ると、1960年度ではわずか5億円余の経費であったが、その40年後の2000年度では1,455億円と約280倍となっている。特に伸びの著しいのは、1960年度から1965年度と1965年度から1970年度に掛けてである。一方、1975年度から1980年度に掛けては経費が減少している。また、21世紀に入って以降は、次第に減少してきている。もちろん、都道府県の経費自体も伸びるので、都道府県の歳出決算額も併せて記載しておいた。表4-1の一番右の欄は、都道府県決算額と文化関連経費の比である。その比がもっとも高いのは、1970年度であり、ついで1990年度で30を超えている。

表4-1　年度別経費の推移

年度	経費(A)(億円)	対前比	都道府県歳出総額(B)(兆円)	対前比	A/B(×10,000)
1960	5.2	-	1.21	-	4.3
1965	32.5	6.23	2.71	2.24	12.0
1970	228.4	7.02	5.92	2.18	38.6
1975	398.3	1.74	14.39	2.43	27.7
1980	373.1	0.94	24.57	1.71	15.2
1985	530.8	1.42	30.43	1.24	17.4
1990	1,392.3	2.62	42.89	1.41	32.5
1995	1,431.7	1.03	52.82	1.23	27.1
2000	1,455.3	1.02	53.4	1.01	27.3
2005	884.5	0.61	47.87	0.90	18.5
2010	681.4	0.77	49.06	1.02	13.9

（出典）総務省、自治省資料より作成

また、低いのは、1960年度を別とすると、1965年度、1980年度、1985年度と2000年度以降である。1960年度から1965年度、1965年度から1970年度、1985年度から1990年度にかけては歳出総額以上の伸びがあった。ちょうど1960年代後半から大都市部を中心に、文化芸術活動への住民欲求が高まり、そのニーズに応える意味からも、大都市部を抱える都道府県が文化施設を積極的に整備していた時期と重なる[8]。1970年度から1975年度に掛けての文化関連経費の減少は、第１次オイルショックによる財政の悪化により、文化施設の整備が一時中断したことや、大都市部での文化施設の整備の一段落が要因と思われる。また、2000年度以降の経済停滞化が、都道府県の税収入自体の伸びの鈍化と減少により、次第に文化関連経費に支出しづらくなっているものと思える。文化関連経費の大宗を占める文化施設建設費が少なくなっていることから、文化会館などの文化施設の建設が一段落したため、文化関連経費が減少しているといえる。

現在、47都道府県のすべての都道府県において、文化行政は教育委員会のみならず知事部局でも行われ、その支出する経費は教育委員会に比べ大きい。また、教育委員会の所掌事務が文化財保護行政のみの県も存在する[9]。そこで、文化関連経費の部局別経費の割合の推移をみた。図4-1をみると、知事部局経費の占める割合が1975年代から1980年代にかけて急激に高くなっている。1980年度以降は、おおよそ90％台で推移している。これは、文化会館の建設費や土地取得費等のハード施設経費が知事部局で計上されたことによる。さらに、「はこ物」は建設に長期を要するので、単年度予算で整備することが困難なので継続的な経費や後年度負担があるため、一度建設が始まると予算的に支出せざるをえない状況にあるためと思われる。なお、2010年度にその割合が減少したのは、知事部局での文化施設建設費が大きく減少したからである。

図4-1　文化関連経費に占める知事部局経費の割合の推移

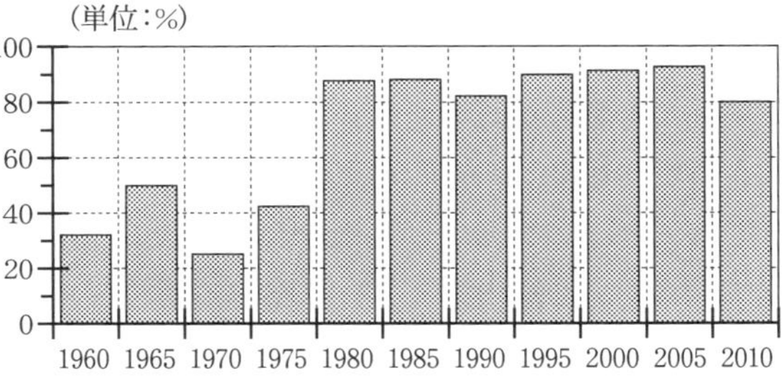

(単位：%)

100
80
60
40
20
0
1960 1965 1970 1975 1980 1985 1990 1995 2000 2005 2010

（出典）文化庁「地方文化状況調査」に基づき筆者作成

（２）1970年代後半の地域文化行政

前項で分析したように、1975年度から1980年度にかけて知事部局での文化関連経費支出の割合が増大している。1975年度及び1980年度の都道府県全体の文化関連経費は約400億円程度なので、知事部局での絶対額が相当大きくなってきていることを示す。

1970年度から1980年度にかけて、大きい変化が見られるのは、ハード事業の知事部局経費が増大している点である。しかも、ソフト事業でさえも知事部局経費の増大が著しく、文化関連経費では教育委員会の相対的な地位が下がってきている。予算が少なくなると行政組織としては権限縮小に向かうが、そのことと、知事部局での文化行政主管課の増加とは、深い関係がある。

図4-2　知事部局及び教委の文化担当課数の推移

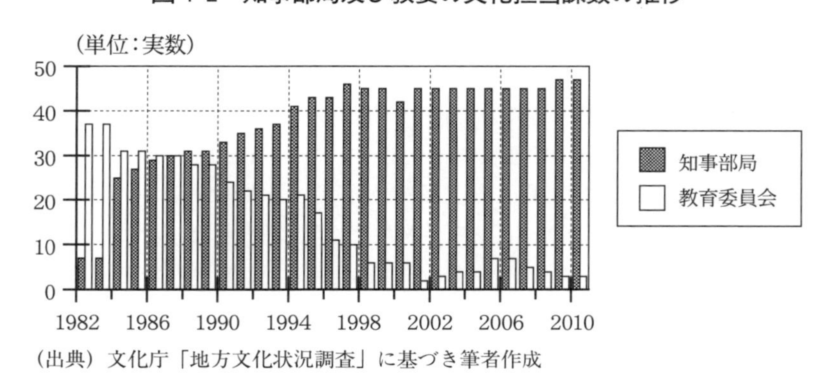

(出典) 文化庁「地方文化状況調査」に基づき筆者作成

知事部局で文化行政を所掌する課は、図4-2にあるとおり時系列的には増加している。それらが、従来教育委員会が行っていた事務を代替していった。なお、図4-2では、1つの県で、知事部局と教育委員会とで文化行政担当課が併存する場合には2課として計上しているため、課数を年度毎にそれぞれ合計しても都道府県数を超える。知事部局・教育委員会の各文化行政課の役割分担は、知事部局では総合的文化行政を、教育委員会では、教育的視点から文化事業をとりまとめていることが多かった。最近では、ほぼ知事部局に文化行政のとりまとめが集約化された。この原因として、本来教育委員会経由で文化行政関連の助言や文化団体への助成、文化会館事業への補助を行っていた文化庁が、1990年代後半からの、文化遺産(文化財や文化活動)を活用した「まちづくり」「むらおこし」事業を開始し、首長部局に関与し始めたことがある。1990年代に入り、地方の少子高齢化が一層進み、過疎対策、集落再編に力を注がなければ行けなくなった都道府県では、その行政手法の一つとして、地域の文化遺産を活用した事業に着目し、一方文化庁でも国全体の施策としての地方振興策を政策目標[10]とすることにより、予算増額と行政の幅を広げようとした結果ともいえよう。

1983年度から1984年度にかけて、知事部局の文化担当課は3倍程度に増加しており、知事サイドで意図的に教育委員会での文化関連経費を移行させたと考えられる。この場合、教育委員会の文化行政担当課が急激に減少していないのは、所掌事務を暫時移行させていったものと考えられる。

この原因として考えられるのは、従来大都市部で起こった文化活動欲求が地域住民へも波及し、また行政側でも「文化の行政化」運動が次第に大都市部から地方へ移行し、選挙運動等でそれらを身近に感じた知事が、主体的に文化行政に関与したためであろう[11]。

4.3　文化芸術活動経費の推移

（1）大都市の後を追う地方都市

1970年代後半から「行政の文化化」「文化の行政化」が文化先進県で提唱[12]されはじめ、その動きが全国に波及したのが1980年代であると述べたが、1970年度と1975年度の文化関連経費を詳細に見ることにより、その動きの芽を把握することが可能と思われる。そこで、1970、1975、1980各年度の文化関連経費の細目について述べたい。

まず、文化関連経費をソフト事業とハード事業に分類する（詳細は、本節末注釈a）参照)。後者には文化会館建設費、土地取得費を含む。

表4-2に、1970、1975、1980各年度別に文化関連経費と都道府県の基礎的な社会経済指標との相関を示した。1970年度においてもっとも相関が高いのは、大都市部を含む県（以下、「大都市部県」）を示す指標を代表する「地方税収額」であり、ついで「人口」「人口密度」「所得格差」等である。また1975年度も同様であるが、生活水準を示すと思われる公共施設整備指標の代表的な指標である「公共下水道普及率」も高い相関を持っている。しかし、1970、1975各年度で文化関連経費と有意の相関があった「地方税収額」「所得格差」等は、1980年度では相関がない。大都市部県は1975年度頃まで文化関連経費を地方の県より多めに支出していたが、1980年度では大都市部県以外の地方の県（以下、「地方県」）が文化関連経費を支出し始めたことを示す。

表4-2　文化関連経費と他の関連指数との相関（Pearsonの相関係数：両側検定）

		70年度	75年度	80年度	80/75比	面積	人口	人口密度	人口伸び率	所得格差	工業出荷額	地方税収額	70年度下水道普及率	75年度下水道普及率	80年度下水道普及率
70年度	相関係数	1													
	有意確率	.													
	N	46													
75年度	相関係数	0.281521	1												
	有意確率	0.058046	.												
	N	46	48												
80年度	相関係数	0.113234	0.121256	1											
	有意確率	0.453696	0.41166	.											
	N	46	48	48											
80/75比	相関係数	-0.06848	-0.20681	0.556393	1										
	有意確率	0.651122	0.163088	4.89E-05	.										
	N	46	47	47	47										
面積	相関係数	-0.04901	-0.09366	0.013091	0.008569	1									
	有意確率	0.74637	0.531183	0.930404	0.954413	.									
	N	46	47	47	47	47									
人口	相関係数	0.504**	0.711**	0.091482	-0.11336	0.11312	1								
	有意確率	0.000355	1.45E-08	0.540825	0.448032	0.449012	.								
	N	46	47	47	47	47	47								
人口密度	相関係数	0.501**	0.846**	0.03451	-0.12899	-0.19222	0.872**	1							
	有意確率	0.000394	4.67E-17	0.817869	0.387506	0.195512	4.67E-17	.							
	N	46	47	47	47	47	47	47							
人口伸び率	相関係数	0.307907	-0.03065	0.358315	0.148985	-0.14599	0.343*	0.203051	1						
	有意確率	0.037367	0.837935	0.013396	0.317563	0.327513	0.018378	0.171039	.						
	N	46	47	47	47	47	47	47	47						
所得格差	相関係数	0.481**	0.555**	0.260813	-0.11383	-0.11775	0.780**	0.708**	0.556284	1					
	有意確率	0.000717	5.21E-05	0.076613	0.446166	0.430532	5.7E-12	1.92E-08	4.91E-05	.					
	N	46	47	47	47	47	47	47	47	47					
工業出荷額	相関係数	0.451**	0.560**	0.105587	-0.10972	-0.08163	0.859**	0.729**	0.448575	0.792**	1				
	有意確率	0.001663	4.27E-05	0.479969	0.462828	0.585444	4.67E-17	3.02E-09	0.001565	5.27E-13	.				
	N	46	47	47	47	47	47	47	47	47	47				
地方税収額	相関係数	0.525**	0.747**	0.068404	-0.13926	0.017838	0.974**	0.890**	0.362*	0.800**	0.913**	1			
	有意確率	0.000179	4.79E-10	0.64777	0.350531	0.905268	4.67E-17	4.67E-17	0.012505	1.08E-13	4.67E-17	.			
	N	46	47	47	47	47	47	47	47	47	47	47			
70年度下水道普及率	相関係数	0.446**	0.803**	0.016591	-0.18443	0.089506	0.835**	0.796**	0.100364	0.681**	0.703**	0.843**	1		
	有意確率	0.002143	6.08E-14	0.911866	0.214597	0.549637	4.67E-17	2.57E-13	0.502073	1.29E-07	2.81E-08	4.67E-17	.		
	N	46	47	47	47	47	47	47	47	47	47	47	47		
75年度下水道普及率	相関係数	0.351*	0.786**	0.008244	-0.18903	0.111634	0.855**	0.796**	0.101358	0.670**	0.708**	0.856**	0.977**	1	
	有意確率	0.016766	1.83E-12	0.956139	0.20319	0.45503	4.67E-17	2.73E-13	0.497828	2.55E-07	1.92E-08	4.67E-17	4.67E-17	.	
	N	46	47	47	47	47	47	47	47	47	47	47	47	47	
80年度下水道普及率	相関係数	0.344*	0.761**	0.029575	-0.16522	0.145257	0.835**	0.768**	0.125316	0.635**	0.660**	0.819**	0.963**	0.977**	1
	有意確率	0.019382	8.36E-11	0.84356	0.267082	0.32996	4.67E-17	3.03E-11	0.401298	1.63E-06	4.52E-07	1.14E-15	4.67E-17	4.67E-17	.
	N	46	47	47	47	47	47	47	47	47	47	47	47	47	47

**相関係数は1％水準で有意（両側）

* 相関係数は5％水準で有意（両側）

（出典）筆者作成

このように、1975年度から1980年度にかけて都道府県における文化関連経費に示されるように、文化への行政の対応は大都市部県から地方県へと進展している。図4-3、図4-4に1975、1980各年度の文化関連経費とその時々の地方税収額とのグラフを示した。とりわけ、県の財政指標を示す「地方税収額」や生活水準を示すインフラの代表例の「下水道普及率」と、1970、1975各年度の文化関連経費が有意な相関を持つ点は、財政的に豊かな県（主に産業や商業、人口が集積している大都市部県）から文化行政が開始されたことを示す。その5年後の1980年度には、文化関連経費が「地方税収額」とはほぼ相関が無くなった。図4-4をみると、財政が豊かでない県でも文化関連経費を相当支出している県がある反面、そうでない県も多い。文化行政への財政的対応が知事等の関心を引いて行われた後は、文化行政への関心が高い県とそうでない県に分裂したようだ。

図4-3　75年度文化関連経費と地方税収額の関係

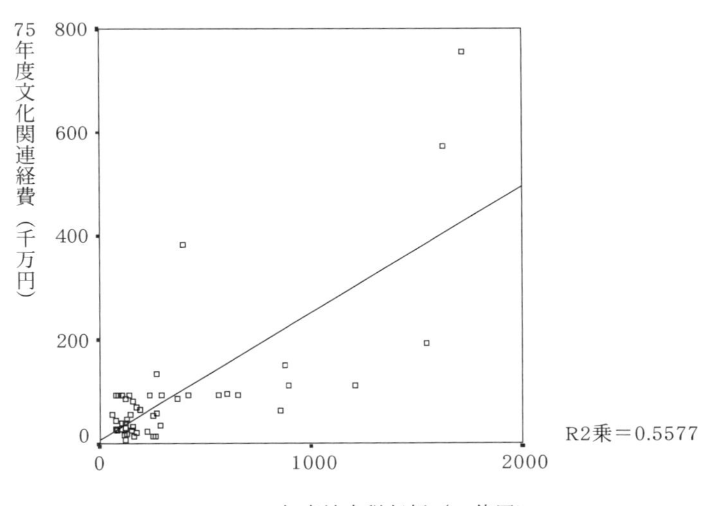

（出典）筆者作成

図4-4　80年度文化関連経費と地方税収額

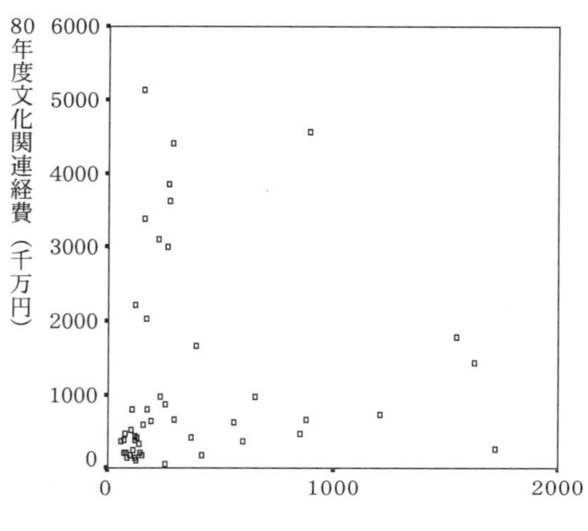

（出典）筆者作成

1980年代に入ると、地域住民への文化欲求がに対し、財政問題とは切り離して「流行の形」で文化行政を行った県があると考えられる。図4-3、図4-4をみて、5年間の間に文化関連経費の支出県の分布がかなり散らばってきたことがわかる。

1980年度では豊かでない県でも文化行政を行っている。生活水準の代表的な公共施設整備指標である「下水道普及率」と文化関連経費の相関においても、生活水準とは関係なく文化行政が行われたことがわかる（図4-5、図4-6）。

図4-5　75年度文化関連経費と下水道普及率の関係

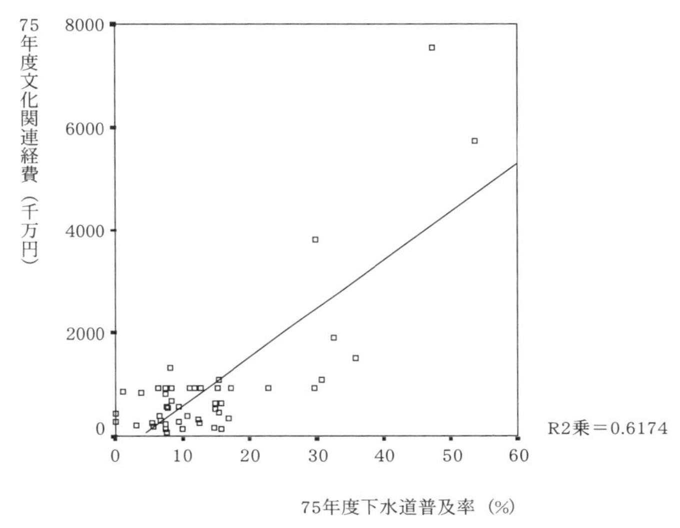

（出典）筆者作成

図4-6　80年度文化関連経費と下水道普及率

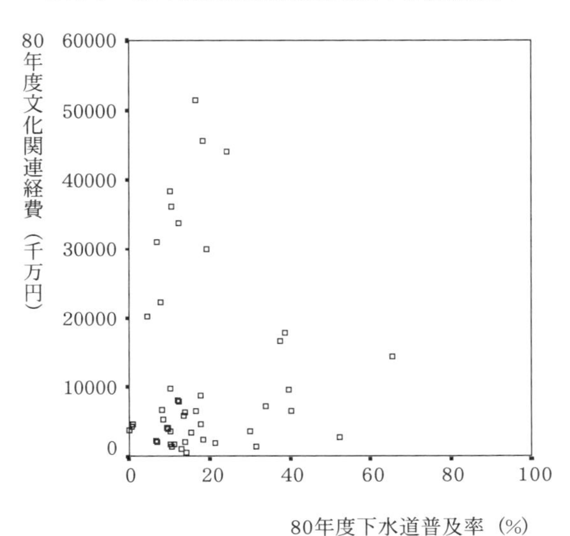

（出典）筆者作成

（2）地域文化活動の性格の変化

1975年度から1980年度にかけて、地域における文化行政は都市住民から地方住民へと対象者が拡大したこと、行政担当部局が教育委員会のみから首長部局関与へと移り変わり、行政対象と内容が大きく変化した。文化行政担当者が変化することは、文化事業にも変化を及ぼすことが予想される。

都道府県教育委員会は、義務教育諸学校・公立高校と教員・職員人事や教育内容の指導・管理関係で密接に連携している。地域における文化活動の指導者や担い手は教員が中心である場合が多い。その活動の場は学校・公民館といった教育委員会が所管している施設で行われてきた。一方、知事部局では知事のパフォーマンス的事業、過疎対策、地域振興のための観光客の誘致等、一過的なイベントが開催されやすい[13]。そこで、行政主体の変化により、地域で行われる文化活動への支援に使用される文化関連経費も、行政主体の性格を示すと思われる。

その内容変化を、文化行政主体が教育委員会から知事部局へと変化した1975、80年度を境にして文化関連経費の支出内容で見てみたい。行政はインクレメンタリズム（暫増主義）や行政の継続性があるので、急激に予算が変化するとは考えにくい。その変化の境界年度より前後に10年から5年ずつ離れた年度の文化関連経費を算術平均化して見てみよう。これは、単独年度での比較では当該年度特有の文化活動内容のぶれが予想されるのでそれによる偏向を除くためである。

それを示す図4-7をみると、両年度とも文化施設整備にかける経費が多くなっているが、1965、1970年各度ではまだ60％程度である。活動の何が変化したのか検討するため、「文化施設建設経費」「土地取得費」を除いた残りのソフト経費の内訳を

図4-7　各年度別文化関連経費の内訳

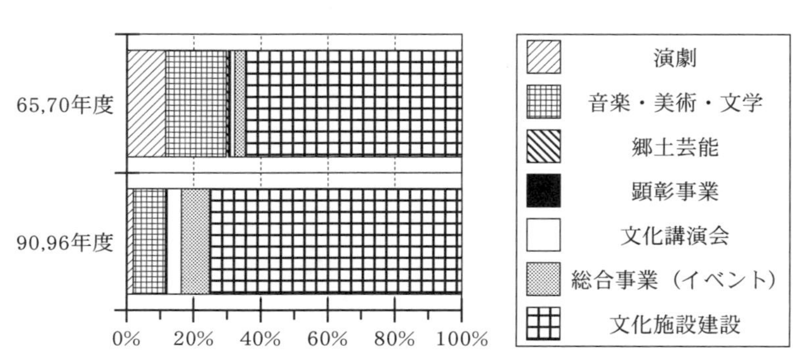

（出典）文化庁「地方文化状況調査」より筆者調整

分析した（図4-8）。1965、1970各年度では「演劇」「音楽・美術・文学」等の個別事業への支出が多いが、1990、96各年度では、「総合事業（イベント）」事業への支出割合が多い。特徴的なことは、各個別事業への支出割合が減少する反面、総合事業への支出割合が増加していることである。

図4-8　各年度別ソフト事業の内容

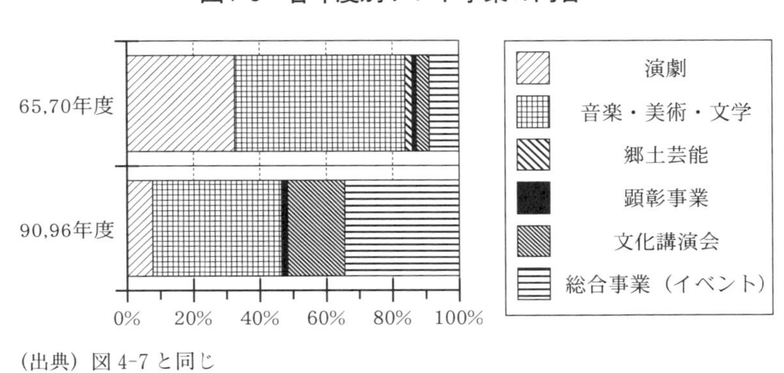

（出典）図 4-7 と同じ

4.4　文化芸術活動の質的変容

文化関連経費の時系列的分析から、地域での文化活動が大都市部から地方への拡大したこと、それは知事の文化に対する考え方が変化したこと、さらに対応する行政主体が教育委員会から知事部局に移行したこと、それによって文化事業の内容が、個別文化事業補助からイベント的事業へ助成となったことについて述べた。これらの現象は、住民の所得の向上や自由時間の増加が住民の文化欲求なっていったことが背景にあり、それを敏感に感じ取った政治家の知事が増加したことと無縁ではない。文化への要求は都市住民から地方住民へと波及していったことが、文化施設の整備となり、予算が巨額になるので知事部局での事業対応となった。この文脈の裏に、地方での「はこ物」を補助した国側からの政策もあったことを忘れてはならない。

地域文化活動の場となった文化会館は戦後、特に1970年代以降多く建設された。この要因として、①大都市部住民からの文化欲求が高まり、そのニーズに地方自治体が住民サービスの一環として応じたこと、②その建設の裏付けとなる財政措置（地方交付税制度による文化会館建設のための基準財政需要措置）が1954年に図られたこと[14]、③建設省・自治省・通産省等国によるハード予算措置（電源立地促進対策交付金、防衛施設周辺整備助成補助金、構造改善事業、町並み整備事業、地域総合整備事業）が、高度経済成長による税収入の伸びの裏付けによって講じられたことが挙げられる。

文化庁も、1967年に「文化会館補助金制度」を創設したが、1996年度に全国的にみて人口10万人に１館設置というシビルミニマムは果たしたと考え補助金を廃止した。その予算を人材養成や地域文化振興補助金といったソフト経費に組み替えた。地域における住民の文化への欲求の高まりが進むにつれ、文化会館は「講堂的タイプ→多目的会館→専用ホールタイプ」と整備が進んできた。21世紀に入ってから、音響・映像・舞台装置がIT機器の発展により進歩し、従来の専門ホール程度の機能をもつ多目的ホール建設が可能となった。そのため、地域住民の多様な文化活動に対応するスペース活用柔軟型とでもいえる会館や従来型ホールを設置しない会館が整備されつつある。

従来、地方自治体への文化活動面の財政的な支援も主としてハード整備向けにはあったわけであるが、1999年度から地方交付税にソフト経費としての地域文化振興費が464億円計上されるなどハード整備のみならずソフト事業も充実していった[15]。それが文化事業への間接的な支援となっており、新しい文化活動も生じてきている。

さらに、2000年度の地方分権一括法により地方自治法が改正され、市町村が都道府県に近い文化事業を行えるようになった。さらに2003年度より民間営利事業者に対して文化施設の管理運営を委託できるよう地方自治法が改正された[16]。2012年には劇場法（劇場、音楽堂等の活性化に関する法律）が成立して、文化庁から総額9.4億円、１館当たり平均6,300万円の助成金が15箇所程度の基幹的文化会館へ補助された。そのほか、中核的文化会館を含めると、総額26億円の事業費が107箇所の文化会館に助成された。

国から文化会館への助成制度が新たに創設される一方で、地方財政が厳しくなるにつれ、文化活動経費として地方交付税に積算されている交付税額を下回った文化事業経費を予算化する事例が増えている。美術館・博物館では、運営経費が大幅に削減され、５年前の１／２程度の購入予算になってしまった例もみられる。財政が逼迫した際は、最初に文化予算を減少させるといった考えが、地方自治体に存在する。これは、国において文化庁予算が他の一般会計予算の伸び以上に進展していることとは対称的である[17]。

注釈

a）「文化関連経費」とは、都道府県が行う芸術文化事業に関わる経費で、「各分野別芸術文化事業費」「国民文化祭、都道府県芸術祭等総合的な地域文化祭、高校、中学校等文化祭開催費（以上、総合事業という）」「文化講演会開催費」「顕彰費」「県立文化施設運営管理費」（以上、「ソフト事業経費）、「県立文化施設（博物館、美術館、文化会館（文化ホールを含む））建設費」「県立文化施設用地取得費」（以上、ハード事業経費）をいう。純粋に行政経費に含まれる文化行政経費（計画立案経費、行政職員等人件費）は含んでいない。

なお、調査項目は、下記の２項目である。

① 事業支出経費（以下、全て万円を単位とし、四捨五入する）

1）ソフト事業に要する経費として（知事部局、教育委員会に分けて記載すること）、「各分野別芸術文化事業費」「国民文化祭、都道府県芸術祭等総合的な地域文化祭、高校、中学校等文化祭開催費（以上、総合事業という）」「文化講演会開催費」「顕彰費」「県立文化施設運営管理費」

2）ハード事業に要する経費として（知事部局、教育委員会に分けて記載すること）、「県立文化施設（博物館、美術館、文化会館（文化ホールを含む））建設費」「県立文化施設用地取得費」

② 傘下市町村への補助金（知事部局、教育委員会に分けて記載すること）

（注） 純粋に行政経費に含まれる文化行政経費（計画立案経費、行政職員等人件費）は調査対象としない。

4.5 固有文化による地域づくり

21世紀は芸術文化の時代ともいわれているが、雇用状況の悪化など経済活動が地域住民への与える影響は大きい。それは経済的な側面に止まらず精神活動面にも影響を与えている。このような状況下において芸術文化活動が、地域活性化の観点から地域社会に好影響を与え、さらにそれが住民への精神的面でも貢献している事例が増加している。地域活性化を考えるときは、地域のもつ特有の個性に注目する必要がある。従来、国土計画に見られるような全国画一的なインフラ整備や産業振興といった地域の固有性が無視された地域づくりが進められてきた。中央集権的国土開発の時代が長く続いたので、地域固有性を示す精神活動とそれが表出した文化活動が地域で消滅しつつある。しかし、地域住民が固有精神を誇りに思って、精神の伝承や継続することによりそれを地域づくりの大きなエネルギーとして個性ある人づくりや社会の再構成の源として考えている地域も見られるようになった。

この地域固有の精神は地域づくりにとって重要との考えから、その表出現象である文化活動のうち、地域に根付きかつ地域住民が誇りと考えている地域文化活動の発掘、継承、活用を内容とする展開方策についての状況を述べたい。全国における文化・民俗等の「歴史的文化資源」を調査したことがある[18]。それらが経済的な観点のみならず地域社会の活動の活性化に繋がっている地域や、これから可能性がある地域等に着目し、実際に地域活性化や経済的に貢献しているかを発見することで、地域固有の精神文化活動を把握した。逆にこれらの文化の発掘と継承及び地域社会への活性化への貢献程度の実態を調査することが、産業指向ばかりで地域づくりを行ってきた行政施策への一石を投ずるものと考えておきたい。

また、その文化活動の中から内容や事業費と当該開催地の観光関係に影響を及ぼすと思われる参加者数との関連を調べ、実際に地域の経済面での貢献度も分析した。その結果、交流人口の増加や地域経済の活性化等の経済的な波及効果が見られたところは少ないが、関連する新規事業の立ち上がりや関連する公共投資が一部地域に見られ、中長期的に見た場合、経済的な効果以外の文化的効果を地域社会に及ぼしていることは否定できないと思われた。

人間には個性があり、精神的な支柱があるように、地域にも個性があり精神文化がある。音楽や劇などの文化活動を起こし、人々がこれらを誇りに思い、これを地域づくり、地域振興につなげている地域も多く見られる。また、地域を形作る山や川、水などの自然そのものを敬い、これを誇りとして地域づくり、地域振興につなげている地域もある。一方で、各々の地域では、有史以来、経験し蓄積してきた多くの歴史的事象も存在する。その中でも、地域の人々により、時には労力を出し資金を出し精神を発揮して、これら歴史的事象を祭をはじめとする民俗芸能、遺構、あるいは町並みなどとして、大切に守り育て受け継いできているものがある。それらが現在まで残り受け継がれているのにはやはり理由があり、また受け継ぎ、守り育てるために様々な努力がなされている。

このように地域に固有ともいえる精神文化（「地域固有の精神文化」という）が地域住民の中で共有できている地域においては、時代が変わり、社会システムが変貌しようとも、個性ある人づくり地域づくりが継続できる可能性がある。「地域固有の精神文化」を共有した人々により地域づくりが行われていくことは、これからの持続可能な社会の形成、豊かな人の感性や作法を生み出すばかりではなく、地域社会の再生・活性化、観光や新産業といった地域振興にも大きく寄与できるであろう。

スロスビー（David Throsby）は文化財を経済的価値と文化的な価値を併せ持つ文化資本と定義[19]し、文化資本の蓄積が地域社会の持続的な発展にとって必要不可欠であると指摘している。実際、第四次全国総合開発計画（四全総）に代わって「21世紀の国土グランドデザイン」に基づく新たな国土形成計画では各地の文化資源に言及されている。神野[20]は、産業が重化学工業から情報産業へ移行しつつあることを見通し、そのような産業は人間そのものの能力が重要な投資財であるとの認識から、ヨーロッパにおいて見られる人間の生活の場を創造していく持続可能な都市再生が必要であると述べている。

以上の認識にたち、「地域固有の精神文化」の発露による地域づくりについてその精神文化の内容、その活用手法、活用主体、コンテンツ内容及びその精神文化を守り育ててきた努力・行為についてモデルは以下のようである。その地域での努力・行為が「個性ある人づくり・自立する地域づくり」に繋がり、最終的には「持続可能な社会」へと発展していくモデルを考察したい。

図4-9 「地域固有の精神文化」から地域づくりへの発展過程

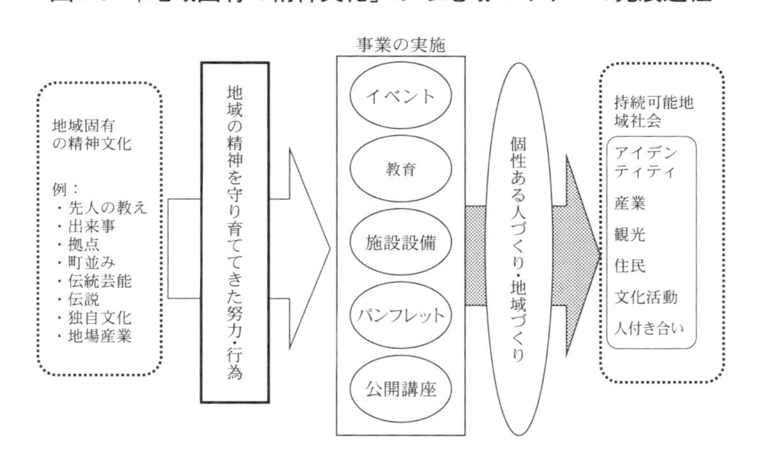

4.6 地域固有文化の実際（都市部への応用）

(1)「地域固有の精神文化」を基礎とした文化活動

地域の歴史的事象の中で、地域の人々によって受け継ぎ、守り育てられてきた「地域の精神文化」に基づく文化活動を「地域固有の精神文化」を基礎とした「文化資源」と考える。さらに単なる文化資源として存在するのみならず、それらが地域社会の活動の活性化に繋がっている地域とこれからの可能性がある地域に着目する。

地域社会が崩壊しているのは、地方だけではない。むしろ、人口移動の激しい大都市部の方が「隣は何する人ぞ」のように、隣人同士無縁である。また村落では地域での地縁・血縁があり、それが地域社会の崩壊に歯止めを掛けていることも多い。大都市部では、町内会も成立しない所も多く、防災・治安の観点から望ましくない事件も起きている。

そこで図4-9で示したモデルの都市への応用として調査対象地域として、地域社会が崩壊しているといわれている都市部を検討対象とする。過疎地域とは真逆の都市部において、地域社会再生のための核となる地域固有の精神文化を何に求め、かついかに固有文化を育てていくか、その手法について探る。

（2）研究の前提

従前、地域社会の崩壊と言われ続けてきた過疎地域の状況をまず見てみよう。

図4-10　集落維持活性化のため行われている活動（N：123）

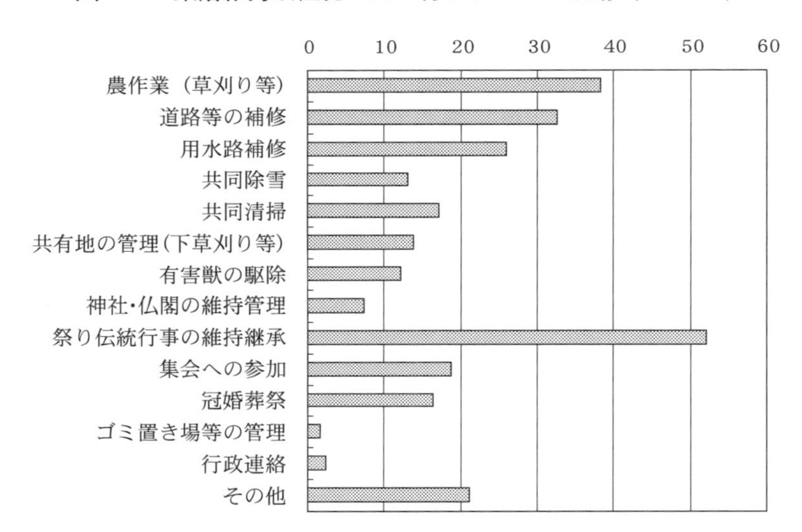

（出典）　総務省等委託「過疎地域における集落機能の維持・活性化に関するアンケート調査」(2011年9月に実施)

過疎地域[21]では、住民の高齢化、少子化とそれに伴う生活パターンの維持の継続的困難性が顕在化している。そのため地域社会における協働活動ができない状態になっている。できなくなった協働活動の中でも、「祭・伝統行事等の地域文化保存の維持継承が困難」と回答する集落は多い。図4-10には、同調査から過疎地域の地域社会維持のための活動の内容について示してある（複数回答、全対象集落（776）に対して、活動を行っていると回答したのは、123集落（15.9%））。これによると、祭りや伝統行事の共同活動が地域社会維持手段として行われていることが多い。

地域社会維持機能には、地域に根ざした祭などの文化活動は役立っているようだ。反対に地域社会の崩壊の兆候として、祭りなど伝統行事の維持継承ができないことが挙げられ、対象地域社会（集落（708））の半数以上の53％に維持継承ができないと回答している。

人口が多い都市部での地域社会崩壊を防止するための手法として、過疎集落と同じ手法で崩壊防止はできないであろうか。ところが、都市部で、地方と同じように地域地域固有の精神文化から発露する祭りや伝統行事の活性化に求めることはかなり無理がある。それは、人口移動の激しい都市部では、地域固有の伝統芸能や祭、町並み、史跡、独自文化、神話・伝説が伝承されにくくなっているからである。東京、大阪、その周辺都市では、行政、NPO、有志の住民が、江戸時代から続く地域の祭や他地域の盆踊りを敢えて復活・開催し、地域住民のつながりを持たせようとしている。大都市の中でも伝統行事が生活の中に入り込んでいる京都、奈良等の伝統的な都市は、そのような行事は行政等が意図的に開催することはない。

伝統的な都市を除く都市では、地域固有の精神文化を育成するために、過疎地域の伝統行事に代え、新規の文化事業や伝統行事の復活を行っており、そして地域固有の文化の育成・継承そして地域社会の再構成につなげていると考えたい。さらにその育てる場所が、公立の文化施設（特に文化会館（文化ホール））であり、逆に文化会館は、地域社会崩壊を防ぐ住民同士のつながりを再構成する一助となるのではないかと検討する。

4.7　文化芸術活動と文化施設の活用

（1）文化会館の諸機能

文化会館と称する文化施設は、文部科学省の社会教育調査によれば、2009年５月現在で1,893館、そのうち9.2％が営利法人設置であるなど、そのほとんどが公立文化会館[22]である。文化会館について、公立文化会館も含め、法制度上の定義はない。しかし、文化会館関係者は、実務上「文化活動を目的とし、かつ施設的に文化ホール機能を有する施設」のことを文化会館、文化ホール等と呼んでいる[23]。本節では、公立文化会館が地域住民の文化活動の拠点であること、さらに私立の文化会館は大都市部しか存在せず、営利目的（商業ベースでの運営。従って、いわゆる「＊＊劇場」との相違が困難）であることから、公立文化会館を対象として述べる。

文化会館の機能として、文化活動を開催する場所としての文化会館があり、文化芸術供給者側として芸術家（団体）と需用者としての鑑賞者がいる。舞台芸術においては、実演家（演奏家、舞踊家、俳優等）、作曲家、振付家、劇作家、演出家が該当する。彼らの周辺には、芸術家を支えるいわゆる裏方がいる。職務として、マネージメント[24]、舞台技術、出版・放送等のメディア関係に分けられる。さらに、マネージメントは、企画制作、アーティスト・マネージメント、芸術団体・文化施設運営に細分化される。

需用者と供給者をつなぐ専門家の一部に批評家がいる。彼らは「批評」という媒体で需用者・供給者間をつなぐ[25]。文化会館を文化芸術活動のやりとりする場として考えると、公演を行う芸術家（団体）、鑑賞者側としての住民並びに会館を拠点に自らの文化活動を行う住民という枠組みとなる。文化会館が自主活動型・鑑賞型などと館の性格の相違は、主にこの活用形態の相違によっている。活用形態の相違は、会館設立時の位置づけの違い（住民自主利用型か単なる劇場型か）、所在地の都市規模・周辺の社会構造の違いによるところが大きい[26]。

文化会館は、地域における住民の文化活動拠点であるといえる。従って文化会館側からも地域住民に対し、地域の文化活動の水準を挙げるような努力を行っているのが通常である。そのような住民と会館の相互交流を通じて、地域文化活動は推進される。そこでは、文化会館が斡旋業者（プロモーター）からの受け売り的な「買い公演」ばかりを行うのではなく、地域の実状に応じた自主事業の実行も行われるべきであろう。自主事業を行うことにより、文化会館サイドの企画能力が磨かれ、それが公演内容に反映されることにより、地域住民の文化活動が喚起される。その動きが文化会館側に伝わるというプラスのフィードバック機構が望ましいのは当然である。プラスのフィードバックをもたらすという意味で、文化会館の自主事業は文化会館機能を飛躍的に高める働きをする[27,28]。

従来、我が国では文化会館（ホール、劇場）と公演者とが独立に存在し、文化会館と芸術団体との共存が図られてこなかった。文化会館の設置が地方自治体の首長の政治的な目的で設置されたり、設置と運営と切り離されたりして、文化会館の多くは貸し館であった歴史的経緯も理由の一つである。欧米の芸術団体は、自ら活動の場所として特定の劇場をもっており、そこを中心として他の劇場に公演のため出かけていく。すなわち、「劇場＝建物（ハード）」ではなく、「劇場＝芸術団体＋建物」であり、建物以上に芸術団体が重要視されている[29]。ところが、我が国では、貸し館スタイルが定着したこともあって、「劇場＝建物」という観念が強く、建物さえ豪華なら、文化会館として一流であるとの誤った認識がなされてきた。従って、管理する地方自治体でも建物の管理面のみ専念しておけばよかったので、本来の劇場としての機能が文化会館にはなかったといってよい[30]。

1990年代から、芸術団体が文化会館と専属契約を結び、特定の文化会館を拠点として活動するようになってきた。恒常的な練習場所を持たなかった芸術団体との利害とも合致したからである。さらに進んで、地域住民の意向を聴取しながら、優れた芸術団体を創設しその活動に合う文化会館を構成しようとする動きも出てきた。

(2) 調査

調査対象

調査対象とする文化会館は、以下の基準で選択した。民俗文化財の調査、総務省委託調査から、人口移動の激しい地域でかつ大都市部に近い（あるいは大都市部）に所在する文化会館を対象とする。

地域社会崩壊や地域づくりが全国的に話題となり、国・地方の政府レベルでそれらが政策課題となり始めたバブル崩壊後の1990年頃以降で、人口移動率（ここでは、(人口移入+移出) /調査年人口の比）が5年間で15%程度の地域を調査対象地域とする[31]。この15%の根拠は、過疎地域対策緊急措置法では、過疎地域として人口減少が国勢調査人口比で5年間で10%減少した地域であったが、のちに当該過疎地域対策緊急措置法が失効したのち、成立した過疎地域振興特別措置法ではその人口減少要件が20%となっているので、その平均とした。

さらに大都市部を調査対象とするため、首都圏、近畿圏、名古屋圏等政令市内部及びその周辺を対象地域とした[32]。

調査対象地域：春日部、戸田、和光、蕨、朝霞、千葉市中央区、浦安、東京都中央区・新宿区・渋谷区・目黒区・杉並区・港区・文京区、豊島区、武蔵野、調布、国分寺、国立、小金井、狛江、三鷹、川崎市中区・高津区・中原区・多摩区・宮前区、横浜市西区・中区・青葉区・都筑区港北区・神奈川区、名古屋市中区・名東区・東区・千種区、京都市西区・下京区、大阪市中央区・浪速区・西区・北区・天王寺区・淀川区・福島区、神戸市中区、芦屋、福岡市中央区・博多区早良区・南区・西区・城南区（以上、53地区）

次に対象地域の所在する文化会館について、その事業目的・内容・対象者を調査する。事業企画者へのインタビューも行い、事業への取り組み方について可能な限り聴取した。文化会館の事業目的、内容、経費及び運営、利用形態（だれがどのように利用しているか）について、アンケート調査とヒヤリング調査を行った。なお、対象地域の同じ地域に文化会館が複数存在する場合はそのうち大規模館とした。回答が得られたのは、対象文化会館の約50%に当たる34館である。調査時点は、2010年10月から2011年2月である。

表4-3　会館の人員及びホールの規模

職員人員数（人）	実数	ホール席数	実数
10人未満	8	300まで	2
10人から19人	7	500まで	5
20人から29人	2	700まで	6
30人から39人	7	1,000まで	10
40人から49人	7	1,500まで	4
50人以上	3	1,500以上	7
合計	34		34

(注)席数は複数ホールが設置の際は，もっとも大なホール
(出典）筆者作成

文化会館事業は、文化会館のもつ施設面･人的面によって大きく制約されるので、その業務遂行能力が施設と人的面で規定される。対象会館の施設・人的な面をみると表4-3の通りである。

全国的な文化会館の水準からみて、ホールの規模に比べ相当職員が充実していることがみられる（全国平均では、8.06人[33]（文部科学省「社会教育調査」2013年度)）。なお、一般的にホールの大小と人員数との直接の関係はない。小規模ホールでも開催事業内容（例えば、単なる「買い公演」か「自主公演」か）に応じて、人手のかかるものがあるからである。

のちにほど詳細に述べるが、事業規模や事業内容の裏付けとなる経費については、その事業1件当たりの平均は、635万円（標準偏差：683.4万円）で、最大2,447万円、最小128万円である[34]。

事業の目的・内容・対象者

文化会館で行われる事業は複数ある。事業の調査選択基準として公平を図るため、①事業内容の水準が一定以上の基準（文化庁等国の機関、地方自治体、独立行政機関の芸術文化振興基金、総務省文化補助機関の（財）文化創造からの補助を受けている）を満たす、②①を満たしていなくても、会館がもっとも力をいれている代表的な事業のうち、①②のいずれかを、調査対象事業として各館ごとに1事業ずつ選んだ。その事業を行う目的は4-4、4-5、4-6の各表の通りである。なお事業目的は、複数ある場合があるので、それも区別し、重要度に応じ3番目までを記載する。

目的の「地域の文化を育成する」は、「最重要」、「2番目に重要」において、もっとも多くの件数を占める。さらに地域社会再生にとって必要と思える「住民の

表4-4　事業目的（もっとも重要）

	度数	パーセント	有効パーセント	累積パーセント
住民の連携を図る	4	11.8	11.8	11.8
地域の文化を育成する	10	29.4	29.4	41.2
芸術の普及を図る	9	26.5	26.5	67.6
地域の身近な芸術家を育成する	9	26.5	26.5	94.1
こどもに芸術教育をする・その他	2	5.9	5.9	100.0
合計	34	100.0	100.0	

（出典）筆者作成

表4-5　事業目的（２番目に重要）

	度数	パーセント	有効パーセント	累積パーセント
住民の連携を図る	2	5.9	8.3	8.3
地域の文化を育成する	10	29.4	41.7	50.0
芸術の普及を図る	7	20.6	29.2	79.2
こどもに芸術教育をする・その他	5	14.7	20.8	100.0
合計	24	70.6	100.0	
未記入	10	29.4		
合計	34	100.0		

（出典）筆者作成

表4-6　事業目的（３番目に重要）

	度数	パーセント	有効パーセント	累積パーセント
住民の連携を図る	2	5.9	20.0	20.0
芸術の普及を図る	2	5.9	20.0	40.0
地域の身近な芸術家を育成する	2	5.9	20.0	60.0
こどもに芸術教育をする・その他	4	11.8	40.0	100.0
合計	10	29.4	100.0	
未記入	24	70.6		
合計	34	100.0		

（出典）筆者作成

連携を図る」も比較的高い。

つぎに事業内容を4-7、4-8、4-9の各表に示す。複数の公演事業で1事業を構成する「コンポジション形態」が多いので、事業の内容は複数の公演事業に分解して示している。この場合、中心となる公演事業を最初におき、その事業内容の文化会館が判断する重要度に応じて、3番目まで示す。

事業内容としては、クラシック音楽がもっとも多い。ついで伝統芸能・行事に基づく事業である。伝統芸能・行事が多いのは、地域社会づくりのために、我が国の

表4-7　事業内容（もっとも重要）

内容	度数	パーセント	有効パーセント	累積パーセント
伝統芸能・行事に基づく事業	6	17.6	17.6	17.6
クラシック音楽	10	29.4	29.4	47.1
オペラ	5	14.7	14.7	61.8
バレエ	4	11.8	11.8	73.5
ジャズ等ポピュラー音楽	2	5.9	5.9	79.4
演劇その他	7	20.6	20.6	100.0
合計	34	100.0	100.0	

(出典) 筆者作成

表4-8　事業内容（2番目に重要）

内容	度数	パーセント	有効パーセント	累積パーセント
クラシック音楽	2	5.9	40.0	40.0
オペラ	3	8.8	60.0	100.0
小計	5	14.7	100.0	
未記入	29	85.3		
合計	34	100.0		

(出典) 筆者作成

表4-9　事業内容（3番目に重要）

内容	度数	度数	パーセント	有効パーセント	累積パーセント
シンポジウム	2	5.9	100.0	100.0	
未記入	32	94.1			
合計	34	100.0			

(出典) 筆者作成

歴史的文化を選択したいと考えてのことだと思える。クラシック音楽は、新しい地域固有の文化を創り出す欲求の現れとも考えられる。オペラは総合芸術といわれ、音楽と演劇が複合的に合わさったものである。もともと音楽のジャンルに属するが、演劇的視覚的要素も多い。従って、舞台装置等もコンサートに比べ制作に時間がかかり、逆に言うと多くの住民がそれぞれの能力で参加しやすい。また、住民が舞台で共演でき、共同体意識を作るのに向いている。住民が参加して大規模に行われる大分県民オペラ、出雲オペラなど事例は多い。

公演事業の対象者（鑑賞者や事業参加者）は、一般住民が約2/3と多い。ついで、学生・生徒・児童等である。地域住民を対象とした文化事業が約2/3もあり、学生・生徒・児童も地域住民であることを考えると、事業の対象者のほとんどが文化会館の所在する地域の住民と考えられる。

表4-10　事業の対象者

	度数	パーセント	有効パーセント	累積パーセント
住民一般	22	64.7	64.7	64.7
芸術関係者	3	8.8	8.8	73.5
学生・生徒・児童・その他	9	26.5	26.5	100.0
合計	34	100.0	100.0	

(出典）筆者作成

事業の企画・出演者・参加者

事業が、会館設置者である地方自治体のいわゆる「押しつけ」事業か、あるいは地域住民が自発的の行う「創造的」事業かの相違は、事業の企画者、出演者、文化会館が行う事業内容（自主的・自発的に事業を行っているか、公演内容への関与の程度）から判断できる[35]。事業の企画者を文化会館内部者か、外部委託か、あるいは単なるサービス購入のような「買い講演」かについて、表4-11に示す。８割以上が自主企画で、文化会館が主体的に事業展開を図っている。

さらに、出演者が地元住民（１人でも主たる出演者に地元住民が含まれていると「地元住民参加」とする）か、そうでないかを見てみたい。プロを含む地元住民が出演者に多く、特に自主企画で地元住民が参加している傾向が非常に多い（全事業の約80％）。全体では、86％（29/34）の事業で地元住民が参加している。

つぎに、事業内容について、文化会館事業にいかに住民が関わっているか、参加の程度について見てみよう。通常、文化事業の一連の展開は、「①［企画過程：原

表4-11　事業の企画への関与の程度と出演者の地元の程度

			出演者		合計
			地元住民(プロを含む)	地元住民外	
制作	自主企画	度数	23	5	28
		出演者の%	79.3	100.0	82.4
	外部委託	度数	2		2
		出演者の%	6.9		5.9
	「買い」公演	度数	4		4
		出演者の%	13.8		11.8
合計		度数	29	5	34
		出演者の%	100.0	100.0	100.0

(出典) 筆者作成

案作成］→②［公演筋立て制作過程（同時に脚本作成、作曲）→演出→舞台監督→（振り付け)］→③［公演舞台制作過程：音響制作→舞台制作（同時に大道具製作）→衣装制作］→④公演（同時に舞台操作（照明、舞台操作)）を経る。以上の各過程に文化会館側と住民側の参加の程度によって、住民の参加度を把握し、住民の主体的な制作か、外部委託的かの状況を探ろう。なお、我が国では労働安全衛生法、労働基準法等の労働関係の法律により専門的な知識のない素人が舞台操作を行うことはできないので、④の過程からは「照明・舞台操作」は除く。なお音響操作は危険性が少ない[36]ので法的制限はないので除かない。

表4-12をみると、企画と公演の過程に住民が参加する文化会館が多い。一方、公演筋立て、公演舞台制作の各過程は参加割合が少ない。両者の過程はかなり専門的な知識と技術がいるので、素人の住民は参加しずらいからといえる。

実演・制作に参加するのではなく、鑑賞者として参加する住民もいるが、その参加率は入場料に大きく左右されよう。表4-13に１人当たりの入場料別事業数を記載

表4-12　各公演制作過程における住民の参加程度

過程	住民参加件館数	割合(%)
企画	20	58.8
公演筋立て	6	17.6
公演舞台制作	6	17.6
公演	32	94.1

(注)　複数解答。右欄は調査対象館に対する割合（%）
(出典) 筆者作成

表4-13　入場料別事業数

一人当たり入場料（円）	事業数	割合(%)
1,000以下	9	26.5
2,000円台	4	11.8
3,000	9	26.5
4,000	10	29.4
5,000	0	0.0
6,000	0	0.0
7,000	0	0.0
8,000	0	0.0
9,000	2	5.9

（出典）筆者作成

した。9,000円台は２件あるが、ほとんどが5,000円未満で、一般の商業演劇・コンサートよりかなり廉価である。この背景には、公演制作費への公的機関（文化庁、(一財）地域創造)、地方自治体）からの助成があるためと思われる。つまり、住民が公演・製作・実施（サービス提供側）だけでなく、鑑賞者（サービス受給者）として参加している事例も多い。

図4-14に事業への公的機関からの補助率と１人当たりの入場料の散布図を示す。一部の入場料が高い事業を除くと補助率と１人当たりの入場料とは逆相関（R＝.276）が見て取れる。補助の効果は、１人当たりの入場料低下に貢献し、それが住民の鑑賞を促すと思える。補助率100％とは、入場料が無料で、公的補助金によって事業費の多くがまかなわれていることを示す。図には単純回帰線を併せて記載した（なお、相関係数と回帰線の計算には、入場料が高い２件の事業は除いている)。

図4-14　補助率と１人当たりの入場料の関係

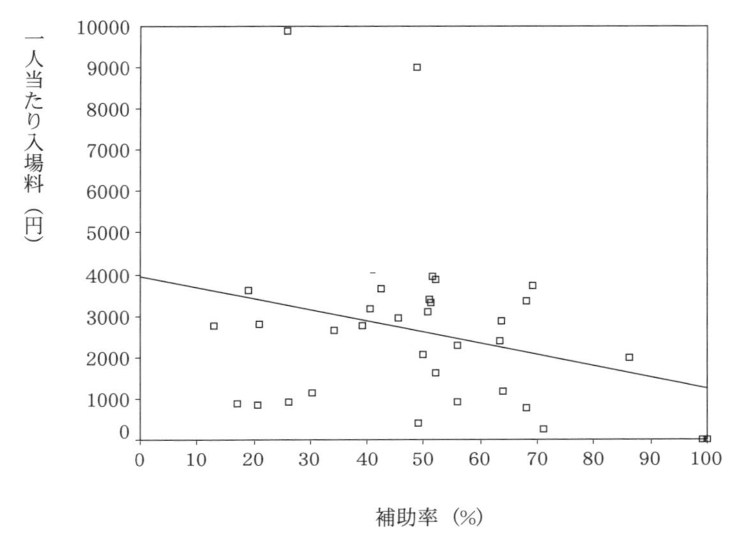

（出典）筆者作成

文化事業、特に演劇・コンサート等の実演芸術は、入場料を徴集することによって、実演者と鑑賞者の緊張感が高まるといわれる。入場料の徴集により、その額に見合った公演を提供することを事業目標に、事業参加住民に対して企画者のプロモーター力、切符の売りさばき、鑑賞者の開拓、リピーター客の把握といったマーケティング力をつけさせ、結果として事業を継続に繋げている文化会館も多い。無料で開催することは、なれ合い、放任主義にもなりやすく、事業継続にはマイナスになることもあるので、注意が必要である[37]。

事業の継続性と今後の展開

地域固有の伝統的精神文化に変わりうるものを創造し、それを住民の精神として定着させるには長期の時間が必要である。そのため事業が継続しなければならない。事業の継続性について見てみると、34事業の半分（50%）が５年以上継続している。ただし、固有文化を創造し、それを地域へ定着させるためには、単なる時間的継続性のみで判断できることではない。そこで、ヒヤリングからの聴取やアンケート用紙の特記事項から、実質的に定着しているケースの状況について列記する。

・「住民の文化ネットワークを作ることを目的に芸術関係者と住民が一体となって、独自の文化を創造したが、とりわけ体験講座が人気をもち、幅広い住民が参加」

・「演奏会の10年以上の地道な継続が、地域の音楽文化を通じた音楽でふれあうまちづくりにつながっている」
・「児童に対して地域ゆかりの昔話を元にしたオペラを公演することにより、音楽の魅力と友情の大切さが育ち、また地域のオペラ歌手の起用によって地域の人材と住民とのつながりができた」
・「子供達に伝統芸能公演の際、プロとともに参加することにより、日頃疎遠となっている高齢者の聴取者と一体感が育った」
・「もともと地元演劇が盛んであったが、演劇者とのつながりはほとんどなかった。かれらに演技指導、演出、原案作成を依頼し、住民参加型公演により、住民と舞台俳優支援組織ができ、首都圏で公演できるくらいレベルが挙がった」
・「伝統のある地域だったが、住民の移動の激しさから、郷土愛が失われていた。そこで講談とクラシック音楽の共演により、和と洋の新規な文化が創造でき、住民が興味をもってくれ、毎回公演は盛況」

以上の回答事項から、おおよその判断をすると、新しい文化が地域社会に地域の共同体的精神として根付き、地域社会の活性化の一助になっているようだ。

都市部では、地域固有の精神文化を育成するために、新規の文化事業や伝統行事の復活を行い、地域固有の精神の発露たる伝統行事に変えているのではないか、さらにその育てる場所が、公立の文化施設（特に文化会館（文化ホール））ではないか、逆に文化会館は、地域社会崩壊を防ぐ住民同士のつながりを作る一助となるとのではないかとの仮説を立てた。その仮説について、文化会館の事業の目的・内容・制作過程に応じた住民の参加の程度から、ある程度妥当な説明ができたと思っている。公的機関からの公演への助成は、表面上は制作費を安く仕上げることを意味するが、結果として入場料を廉価させ、住民が気軽に鑑賞できる機会を増やす。

人口移動の激しい地域では、文化会館を足場として文化事業を興し、従来の伝統的な地域固有の文化に代わる固有文化として育っていくのではないだろうか。それは、住民相互に公演を通じた密なコミュニケーションを作り出し地域社会づくりに貢献すると思える。そのためには事業継承や継続が必要である。事業成功・継続性につながる条件・環境はどこにあるのだろうか。住民との密接なつながりを重視する文化会館の姿勢が必要なのは言うまでもないだろう。

文化事業は企画・実施・内容を含め、任意性・裁量性が大きいので、中心となる人材の能力に大きく依存すると思える[38]。公立文化会館は指定管理者制度の導入、地方自治法の改正や地方独立行政法人法により、指定管理者制度と地方独立行政法人制度が導入され設置者からの事業・運営評価が厳しくなっている。一方、国・自治体の財政改革から補助金は減少の一方である。そのため、一部事業の民間部門への外部化が民営化という形で行われている。そして、代替財源となる寄付金・助成金の獲得を巡る競争が激化している。その中で、公立文化会館も新たな資金調達先を巡り、利用料金の引き上げと関連事業の営利目的化（「商業化」）が行われている[39]。

地域においては多用なサービス需要を背景に、「地域活動の概念は、（地域の）くらしのあらゆる場面での起こりうる生活課題に対応する幅広いもの」、「方法や対象をあらかじめ限定することなく柔軟に対応」することが求められる。政治家は当選する必要から地域の中位意見に対応する政策を掲げやすい。地域住民の選考が多様化していくと中位の意見から距離をおく住民数が増加し、今までと同じ公共財・サービス提供を行っても、満足しない住民が増加する。そのため、財政状況厳しいにもかかわらず財政支出要求が増加する。そこで、公共サービス増加に対応して、NPOの役割が期待され、実際公共機関補完機能として公的には供給されないサービスの供給や公共機関に対する意見を行うアドボカシー活動も期待されている[40]。

地域の文化活動を支える主体として、住民に対する多用な公共サービス提供主体として、住民活動への助成・支援団体として、NPOの果たす役割は大きい[41]。地域社会の活性化のため、住民相互の地縁組織の補助・支援として、地方自治体のみならず、営利法人（文化会館管理団体）、公益法人、NPO、ボランティアが補完的・重層的に地域文化活動を担っていく方向が必要だろう。その実際例として、NPO「フュージョン長池」（八王子市での地域情報発信、住宅維持管理、総菜配送）、同「えがおつなげて」（首都圏の過疎地域交流）、同「まちづくり支援えひめ」（まちづくりのセミナー、ワークショップ）、同「鳳雛塾」（佐賀県、起業から地域の産業創生）をあげたい。

NPOが活動するための財源の手当の隘路として、我が国では先進諸国比べて遅れているといわれる寄付金制度が指摘される[42]。地域で主体的に活動可能な人材養成も必要である。この人材は、地域住民、外部からの人材に分けられるが、外部からの人材のみでは、地域社会づくりにおいて住民からはよそ者として排除される可能性もある。また、リーダーだけでなくリーダーを支える人材も可欠であろう。

そこに必要な人材は、「企業家的」精神で事業を創造し実施できる能力をもつ者である。一方で、公益的目的ももつ公立文化会館では、市場機構のみを考え、収益性に着目する狭い意味の企業家では営利の劇場と変わらない。「社会的」企業として社会的価値創造を行うタフさを持った人材が、地域固有の文化を創造する過程でも必要である。また、そのような人材が関与している文化会館は事業成功に結びついている面が大きいからである[43]。

4.8 地域文化の展開とアマチュア活動

(1) アマチュア活動活性化の背景

文化的側面が地域の発展に必要との認識から、公共政策の対象として都市再生、「まちづくり」と関わる重要な要素として、文化活動が「文化資源」として地域活性化のため種々活用されている[44]。また、地方の所在する2,000館近くの公立文化会館が、地域固有の精神文化を育てる文化拠点として、地域社会の再構成と住民相互のネットワーク化に貢献することは、前節で述べた。特にそこでは、アマチュアに代表されるプロ集団でない文化芸術団体が自主的に公演を企画・制作し、鑑賞も住民であるような住民相互の関係ができ、地域活性化に貢献していることを知った[45]。

アマチュア活動に由来する活動の規模の限界は、その内容面もさることながら財政面から来ることが多い。アマチュア活動に限定した全国規模の抽出調査を行い、アマチュア文化芸術活動の規模からくる限界を明らかにしようと調査を行った。その調査は、全国の活動団体から約600程度選択し、そのうち半数程度から回答を得たものである。この回答率は文化庁等の協力を得たため高回答率となったが、そのためかなり正確にアマチュア団体活動の規模を知ることになった。

一方で、地域における文化活動は、地方分権による制度改正により、従前以上に広範な文化活動を地方公共団体が行えるようになった[46]。それに伴う財源は、独自財源は少なく、国からの補助金や企業からの寄付金等が主なものである[47]。また、21世紀は芸術文化の時代ともいわれ、また雇用状況の悪化等経済活動の地域住民への与える影響は経済的な側面に止まらず、精神活動にも影響を与えている。そのような状況下においても、芸術文化活動が地域住民に対し精神的な面での貢献や、地域活性化の観点からよい影響を与えている事例が増加している[48]。

地域文化活動の中心となる地域住民による自主的文化活動について、その活動経費の点から調査したものを示す。文化活動の面から地元住民が日常の生活圏の中で、身近な地域固有の芸術文化、伝統文化、文化財等の様々な文化に触れる（体験する）ことにより、地域間交流や地域イメージアップ等地域の再生に貢献している事例も多く発見できた。

調査結果から文化活動の財政的な面を把握出来た。その種の調査は公開されていないこともあって、地方分権推進下での地域文化活動の在り方について検討する過程で役立つことが予想される。

（2）アマチュア活動の実際

調査の枠組み

本調査は、地方の文化活動の中心を担う住民達による文化体験活動を推進する立場から、一定の文化活動について全国的な実態調査を行い、その問題点や将来課題等を、統計的手法で分析することを目的とした。

地域における文化活動の全体像を把握することは、予想外に困難である。これは、活動主体が広範囲に広がっているからのほかに、主催団体が国、都道府県、市町村、事務組合の地方公共団体等、公益法人、NPOの非営利法人、地方公共団体と民間団体との協同による実行委員会方式、芸術団体、文化団体等の民間団体、個人と非常に多岐に亘っているからである。その状況把握として、活動内容、主催者、開催場所の３種へのアプローチがある。

今回の調査においては、地方分権下での地域再生を図る文化体験活動（地元住民が日常の生活圏の中で、身近な特色ある地域の芸術文化、伝統文化、文化財等の様々な文化に触れる活動）に絞って行った。主催者側にアプローチすることとして、主催者が把握できる文化庁及び（一財）地域創造資料、都道府県、市町村や観光振興関連団体等の資料、ピア等イベント情報誌を参考した。その中から調査対象を選別した。その選別基準は次の通りである。

活動の目的、内容は問わないが、アマチュアが主体となって行っている活動で、宗教的、政治的な宣伝の意図の下に行っていない活動であること（単なる祭のような祭事は除かれる）、地方自治体が主催者であるのが明示的でないこと（行政活動の一環として行われていない。例えば、国民文化祭、県民芸術祭等）である。ただし、文化庁及び（一財）地域創造、地方自治体といった国の機関・地方公共団体から補助金が支出されている活動であってもよい。なお、文化庁と（一財）地域創造との二重に補助金を受けることは、補助要項で禁止されているので、両団体から同時に補助を受けている活動は存在しない。

以上の調査対象団体の選別を行い、ついで国、地方公共団体を通じたアンケート調査により状況を把握することにした。調査対象先は、全国47都道府県における「文化振興」、「生涯学習」、「文化財保護」、「地域振興」、「NPO」、「観光」を担当する各部署（担当部署が複数ある場合は、複数の部署に配布する。）であり、配布及び回収方法は、郵送留め置き及びインターネット・メール並びにFAXによる回収を実施（督促１回）した。

なお、配布数及び回収率は、配布数：597件に対し、回収数：254件（回収率：42.5％）であった。実施時期は、2008年11月であり、2009年２月末まで、アンケート回答内容についての再確認を行い、最終締め切りは、同年１月末までにした。都道府県別及び担当部署別の回答状況を見ると、全ての都道府県から１件以上の回答を得ている。文化活動は継続性が重要であることから単発的なイベントに類似する事業は除外し、そのため調査年次を含む過去継続して３年以上連続して事業を実施している活動に限定した。

調査は郵便留め置き方法により行ったが、記載の不十分な回答については、電話及び可能な限り訪問も行い、記入内容の万全と、記入者の知識レベルの相違による記入誤りの防止等、記入内容の水準確保に努めた。調査対象数が少ないため、統計上の誤差をできる限り少なくすることに努め、文化庁や市町村の協力も得て可能な限り調査票を回収した。全体の回収率は、42.7％でこの種の調査としては高い。

開催月及び期間

表4-14　開催月

月		度数	パーセント
有効	1	9	3.5
	2	12	4.7
	3	17	6.7
	4	12	4.7
	5	27	10.6
	6	22	8.6
	7	24	9.4
	8	21	8.2
	9	15	5.9
	10	29	11.4
	11	46	18.0
	12	21	8.2
合計		255	100.0

（出典）筆者作成

開始月は、11月が最も多く、全体の18.0％であり、ついで10月の11.4％、５月の10.6％となっており、この３カ月間で全体の40.0％と全体の４割が季候のよい季節に開催されている（表4-14）。特に秋に多いのは、伝統芸能関係では秋祭りが、そのほかの活動では美術展、音楽祭が集中的に開催されることに起因している。活動の効果として、交流人口の増加が見られると回答している事例も多く、交流人口の増加を狙って季候のよい時期を考え開催していることも考えられる。冬季にあたる12月から3月にかけては全体の16.4%と少なくなっている。野外での文化活動が気候の上から困難になること、年末年始の担当者の多忙等によるものと思われる。

開催会場

表4-15　開催会場

会場	度数	パーセント
公立文化ホール	142	55.7
社会教育施設	12	4.7
体育施設	4	1.6
学校施設	3	1.2
公的コンベンション施設	37	14.5
その他公的施設	1	0.4
私立ホール	31	12.2
ホテル	1	0.4
神社仏閣	4	1.6
広場	9	3.5
公私立美術館	11	4.3
合計	255	100.0

（出典）筆者作成

開催会場として、55.7%の活動は公立文化ホールを会場としている。ついで、公的コンベンション施設の14.5%、私立ホール（12.2%）である。反対にホテル（0.4%）、その他公的施設（0.4%）は少ない。当該活動を詳細に見ると、継続的にホテル等を利用しているのであって例外といえよう。広場（駅頭を含む）（3.5%）、体育施設（1.6%）、神社・仏閣（1.6%）は少ない。宗教・祭事活動は除外してあること、近年、公的な施設が充実してきたことや、活動内容によって広場のような開放空間での開催ができない活動も多いからと思われる。

活動内容が「演劇」や「音楽」の舞台体験を中心とするいわゆるワーク・ショップ型[49]では、劇場やホールの舞台装置は不可欠なのでそれらが措置されていない広場等では開催できない。「会場」と「活動内容」との交差分析を行うと「音楽」「演劇」「舞踊」が活動の中心であり、それらは文化会館等の文化施設において多くが開催されている。子どもたちに文化体験学習的に行う活動は学校での開催が多い。

主催団体の性格と財政規模

主催団体の主な構成員上位３名の職業別を調べ、主催団体の構成の性格について調査した（表4-16)。主催者を見ると、もっとも多いのは、芸術家（36.5％）であり、次いで会社員である。またNPOの主催者や構成員が代表となっている事例も8.6％と多い。「無職」では主婦がほとんどを占める。注目すべきは、医師が主催者、主構成員として含まれている事例が多く、地方においては主婦層と併せてアマチュア文化文化活動の担い手となっている。

表4-16　構成員の職業別分類

	主催者	パーセント	主構成員(1)	パーセント	主構成員(2)	パーセント
芸術家	93	36.5	33	19.5	9	12.2
教員	14	5.5	38	22.5	9	12.2
会社員	60	23.5	36	21.3	11	14.9
自治体職員	25	9.8	18	10.7	9	12.2
医師	22	8.6	10	5.9	8	10.8
ＮＰＯ	4	1.6	2	1.2	1	1.4
学生	29	11.4	26	15.4	20	27.0
その他	6	2.4	6	3.6	6	8.1
無職	2	0.8	0	0.0	1	1.4
合計	255	100.0	169	100.0	74	100.0

（出典）筆者作成

自治体職員には首長も若干含まれており、自治体としてアマチュア活動に主体的に関与しているともいえる。しかし、多くは自治体自体が関与するのではなく自治体職員が自主的に個人の資格として活動に関与している。地方においては自治体職員に、学歴も比較的高く文化活動に関心がある層が多いためとも見られる。自治体職員は公立施設の貸し出し等行政側との交渉に対して有利である。

教員は代表にこそ少ないが、主構成員として活動している。地方文化活動は、地方在住の芸術家、会社員、主婦、自治体職員、教員等で担われている。さらに詳細に見ると、主婦においては、芸術関係の学校やピアノ教室等で学んだ経験があるほか、現在学んでいる人が多い反面、教員は芸術関係の教員ばかりでなく専門分野も多岐にまたがっているのが特徴である。

活動内容及び経費と補助の状況

調査対象活動の約半数は、国からの補助金が支出されており、その補助者の多くは文化庁と（一財）地域創造[50]であるが、国土交通省、総務省からののまちづくり関連の補助金、民間からの助成金もあった。活動内容と補助措置との関連をみると、補助は「美術」「ミュージカル」「音楽」が多い反面、「舞踊」「オペラ」は少ない（表4-17）。

表4-17　助成措置の有無別活動内容の相違

活動分野	国補助有	なし	合計
演劇	11	13	24
音楽	48	36	84
伝統芸能	11	13	24
美術	15	9	24
舞踊	17	27	44
オペラ	5	10	15
ミュージカル	12	9	21
その他	12	7	19
合計	131	124	255

（出典）筆者作成

また、表4-18には補助金の有無別活動内容別の活動経費について記載した。これを見ると、活動経費の平均では、「補助あり」の方が「補助無し」に比べ約50万円（率にして11.5%）高いが、「音楽」「伝統芸能」「オペラ」では「補助無し」の方が多めの経費がかかっている。特にオペラ、ミュージカルは開催経費が平均で約1億円程度必要で、補助金の有無が開催者の経費負担に大きく影響を与える。開催の難易に結びつこう。

表4-18　補助の有無別分野別活動経費（千円）

分野	有り			無し		
	平均値	度数	標準偏差	平均値	度数	標準偏差
演劇	4,107.3	13	3,279.2	4,182.6	11	2,867.0
音楽	3,470.6	36	4,025.7	4,313.4	48	5,912.6
伝統芸能	5,386.2	13	4,444.8	6,312.1	11	3,681.1
美術	6,705.2	9	5,799.4	2,808.7	15	2,354.0
舞踊	5,030.7	27	5,879.7	4,827.2	17	6,148.7
オペラ	8,169.6	10	2,969.9	12,335.6	5	11,836.5
ミュージカル	9,893.6	9	11,691.7	4,782.0	12	3,840.8
その他	2,952.3	7	1,246.1	3,094.2	12	2,475.2
合計	5,128.5	124	5,521.2	4,602.0	131	5,368.9

（出典）筆者作成

「補助有り」の事業について文化活動の内容別補助額を見てみると、表4-19の通りである。国補助では補助率が平均14.4％であり、「演劇」「音楽」「その他」の補助率は20％に近いものの、「ミュージカル」を除くと活動分野にかかわらず10％から20％の間である。収入項目では、「入場料」「主催者負担」が多く、この２項目がアマチュア活動の主な財源である。

「オペラ」、「ミュージカル」は音楽と演劇を総合化した活動であるから経費も掛かるのは普通であるが、「美術」展も主催者負担が大きい（表4-20）。経費の多くは会場設営費であり、出品者に出品料や会員制度による会費負担でまかなっている。

表4-19　分野別文化活動経費の収入内訳（千円）

分野		入場料	共催負担金	補助金	寄付金	図録	参加費	広告料	国補助金	主催者負担	収入合計
演劇	平均値	929.7	384.6	74.6	380.5	0.0	53.4	469.2	753.8	1061.4	4107.3
13		22.6%	9.4%	1.8%	9.3%	0.0%	1.3%	11.4%	18.4%	25.8%	100.0%
音楽	平均値	773.0	207.9	297.1	214.6	1.5	86.3	213.8	602.8	1073.8	3470.6
36		22.3%	6.0%	8.6%	6.2%	0.0%	2.5%	6.2%	17.4%	30.9%	100.0%
伝統芸能	平均値	1439.7	730.8	614.5	398.5	7.7	11.5	269.2	784.6	1129.7	5386.2
13		26.7%	13.6%	11.4%	7.4%	0.1%	0.2%	5.0%	14.6%	21.0%	100.0%
美術	平均値	280.1	434.4	481.1	606.7	285.0	182.2	1056.8	922.2	2456.7	6705.2
9		4.2%	6.5%	7.2%	9.0%	4.3%	2.7%	15.8%	13.8%	36.6%	100.0%
舞踊	平均値	1679.7	9.3	105.2	187.2	15.0	123.3	265.3	729.6	1916.1	5030.7
27		33.4%	0.2%	2.1%	3.7%	0.3%	2.5%	5.3%	14.5%	38.1%	100.0%
オペラ	平均値	3386.8	360.0	129.5	125.0	30.0	153.0	350.0	1150.0	2485.3	8169.6
10		41.5%	4.4%	1.6%	1.5%	0.4%	1.9%	4.3%	14.1%	30.4%	100.0%
ミュージカル	平均値	5246.7	86.4	1155.6	142.8	100.0	203.3	1212.8	700.0	1046.0	9893.6
9		53.0%	0.9%	11.7%	1.4%	1.0%	2.1%	12.3%	7.1%	10.6%	100.0%
その他	平均値	237.9	168.6	224.3	292.9	97.1	84.9	172.9	557.1	1116.7	2952.3
7		8.1%	5.7%	7.6%	9.9%	3.3%	2.9%	5.9%	18.9%	37.8%	100.0%
合計	平均値	1526.2	255.7	323.3	265.7	40.4	103.8	400.0	737.1	1476.4	5128.5
124		29.8%	5.0%	6.3%	5.2%	0.8%	2.0%	7.8%	14.4%	28.8%	100.0%

（注）　分野の欄の数字は、開催実数
（出典）筆者作成

表4-20　国補助金の有無別分野別支出費目（千円）

分野	国補助有無		出演	設営	謝金・旅費	その他	支出合計
オペラ	無し	平均値	3992.6	6775.0	1568.0	0.0	12335.6
			32.4%	54.9%	12.7%	0.0%	100.0%
	有り	平均値	2977.2	3855.0	1328.4	9.0	8169.6
			36.4%	47.2%	16.3%	0.1%	100.0%
	合計	平均値	3315.7	4828.3	1408.3	6.0	9558.3
			34.7%	50.5%	14.7%	0.1%	100.0%
演劇	無し	平均値	2114.0	735.1	1324.8	8.7	4182.6
			50.5%	17.6%	31.7%	0.2%	100.0%
	有り	平均値	1075.2	1420.4	1561.0	50.8	4107.3
			26.2%	34.6%	38.0%	1.2%	100.0%
	合計	平均値	1551.3	1106.3	1452.8	31.5	4141.8
			37.5%	26.7%	35.1%	0.8%	100.0%
音楽	無し	平均値	1582.8	1087.5	1629.4	13.7	4313.4
			36.7%	25.2%	37.8%	0.3%	100.0%
	有り	平均値	1372.0	980.4	1110.4	7.7	3470.6
			39.5%	28.2%	32.0%	0.2%	100.0%
	合計	平均値	1492.4	1041.6	1407.0	11.1	3952.2
			37.8%	26.4%	35.6%	0.3%	100.0%
伝統芸能	無し	平均値	2428.3	2377.5	1502.4	4.0	6312.1
			38.5%	37.7%	23.8%	0.1%	100.0%
	有り	平均値	1172.9	2740.4	1469.5	3.5	5386.2
			21.8%	50.9%	27.3%	0.1%	100.0%
	合計	平均値	1748.3	2574.0	1484.5	3.7	5810.6
			30.1%	44.3%	25.5%	0.1%	100.0%
美術	無し	平均値	109.3	1321.9	1145.1	232.4	2808.7
			3.9%	47.1%	40.8%	8.3%	100.0%
	有り	平均値	184.2	2828.6	2901.8	790.7	6705.2
			2.7%	42.2%	43.3%	11.8%	100.0%
	合計	平均値	137.4	1886.9	1803.8	441.8	4269.9
			3.2%	44.2%	42.2%	10.3%	100.0%
舞踊	無し	平均値	1812.9	2091.8	892.2	30.2	4827.2
			37.6%	43.3%	18.5%	0.6%	100.0%
	有り	平均値	871.1	2479.3	1511.3	169.0	5030.7
			17.3%	49.3%	30.0%	3.4%	100.0%
	合計	平均値	1235.0	2329.6	1272.1	115.4	4952.1
			24.9%	47.0%	25.7%	2.3%	100.0%
ミュージカル	無し	平均値	1215.3	2614.2	942.6	10.0	4782.0
			25.4%	54.7%	19.7%	0.2%	100.0%
	有り	平均値	2386.7	6158.4	1318.4	30.0	9893.6
			24.1%	62.2%	13.3%	0.3%	100.0%
	合計	平均値	1717.3	4133.1	1103.7	18.6	6972.7
			24.6%	59.3%	15.8%	0.3%	100.0%
その他	無し	平均値	568.1	1000.2	1404.6	121.3	3094.2
			18.4%	32.3%	45.4%	3.9%	100.0%
	有り	平均値	432.4	1392.9	1115.0	12.0	2952.3
			14.6%	47.2%	37.8%	0.4%	100.0%
	合計	平均値	518.1	1144.8	1297.9	81.1	3041.9
			17.0%	37.6%	42.7%	2.7%	100.0%
合計	無し	平均値	1524.9	1672.3	1356.2	48.6	4602.0
			33.1%	36.3%	29.5%	1.1%	100.0%
	有り	平均値	1274.8	2302.5	1445.5	105.7	5128.5
			1303.6	3723.0	1720.9	527.4	5521.2
	合計	平均値	1403.3	1978.8	1399.6	76.4	4858.1
			28.9%	40.7%	28.8%	1.6%	100.0%

（出典）筆者作成

国の補助金の有無と分野別に、支出費目別経費をみると、総計では「舞台設営費」がもっとも高く40％程度を占め、「出演」「謝金・旅費」はそれぞれ28％程度である（表4-20）。分野別では、「演劇」「伝統芸能」「舞踊」では「出演費」が相対的に高い。「美術」では、活動の性格上、出演者として関連シンポジウム開催、講演界、海外招聘の芸術家の講義などに主演料は限られるので、「出演費」は少ない。「出演料」の多寡の相違が、活動分野によって見られるものの、あまり大きい「出演料」の割合が見られる活動分野は見られない。文化庁、（一財）地域創造が補助する際、助成申請審査において高額な出演料を支出している活動は、アマチュア活動の名を騙ったプロ出演として見なし、補助を行わないためである。

（3）地域再構へのアマチュア活動の貢献

地域のアマチュア活動の実態は、主催者の自己負担が相当大きいこと、国補助が自己負担の軽減に機能を果たしていること、地方自治体からの補助は少ないこと、地元芸術家以外に教員、主婦、医師等がその活動主体であること、会場として公立文化ホールが多いことである。地方の文化水準を高め、精神的にゆとりのある生活を営むための文化活動の振興はアマチュアが主体となっていくべきと考えるが、地元地方自治体が緊縮財政の下で補助金を減少させていることが懸念される。補完性の原理[51]や地方分権などの地域復権運動と「自主性」「自立性」を名目に地方自治体の裁量にもとづく補助金減少と国からの助成金の廃止・減少との関係を地域社会の文化の活性化という観点からいかに議論していくのか、今後の課題と考えられる[52]。

地域住民の文化欲求の高まりがある中で、地方財政の硬直化・財源不足など財政面で厳しい状況と地域文化振興との兼ね合いを首長がいかに政治的に解決するのか、逆に文化活動者の立場から地方自治への働きかけを活動目的を明確にすることによって可能となるのかが課題である。地域社会では、高度産業社会の中で、急速な都市化、情報化等による社会全体のグローバル化とローカル化が同時に進行している。そのため地域社会が崩壊しつつあるが、その精神的な社会のバックボーンとして住民自らの参加型文化活動を目指すことは可能である。そのような文化活動を社会再構成に価値付け、地方自治体や首長から支援してもらうことは十分考えられるであろう。文化庁、（一財）地域創造の補助金交付機関は、地方公共団体が横並び的な文化活動を行うような補助制度とするのではなく、よい活動内容を競争し合うコンクール的な補助制度として欲しいと考える。

ハーヴェイは、1970、80年代に生じた都市統治における都市管理主義から都市企業家主義への移行が、「官民協力体制」をもたらし、文化的な投機場所としての開発が行われ、ポストモダン的建築物、祭典、文化イベントなどの住民の生活向上を図る戦略が国、地方自治体で意図的に行われてきたとする[53]。そして、『資本の限界』の中では、「広範な人工的に創出された自然環境に合体された使用価値からなる資源体系として機能するもので、生産・交換・消費に利用することができる建造環境（build environment）」概念を提案した。建造環境の例として「工場、ダム、商店街、道路、鉄道、港湾」といった従来の「公共事業」以外に、「公園、映画館、文化施設、学校、病院、交通のネットワーク」等を挙げている。ハーヴェイは土地といった空間的に移動できない不動産に密着している固定的資産は、時間的・空間的に変化しにくいため、それを維持・再生・移転等をするために、住民・消費者・生産者間での対抗関係が生ずるとしている。さらに、宗教施設など資本主義以前から存在する施設も資本主義的社会関係の中では商品として消費の対象となると指摘した。つまり、消費経済で宗教施設・宗教活動も商品化されると説いたのである。これは、地域の文化遺産が観光産業などに囲い込まれ、消尽される可能性を指摘しているともいえよう[54]。

また、クラヴァルは、地域的な空間組織の形成と機能メカニズムを解明するためには、生態学的、経済的、社会的、政治的ばかりでなく、文化的な面からの地域意識と地域的アイデンティティの視点が重要としている[55]。特に、現代は文化の伝達と空間の分節化が議論され、文化の伝達は、近代以前の口承、身振り伝達から、口承、文書伝達へと2極化し、それが文化空間の二重構造を引き起こすという。すなわち地域的な文化は小規模な単位で伝達され、かれのいうエリート文化はより広い基盤に立って、同一価値基準で伝達され、コミュニケーション技術の進展は、より地域的な文化を大衆文化の発展に取り代わり、またエリート文化は技術文化の出現を促すという。そして、大衆文化や技術文化は文化的社会や空間を画一化し、そのアンチテーゼとして地域的なアイデンティティの確立運動が起きると考える[56]。

さらに、地域の文化が社会的アイデンティティ、集団意識としての形成を促す要因となり、それは、国レベルでのアイデンティティの後退の中で地域的なアイデンティティの復活が図られ、地域イデオロギー、地域への情熱が生ずると指摘している。

本節では地域におけるアマチュア文化活動の調査結果を示した。この活動が各地で盛んとなったのは、文化庁、（一財）地域創造、芸術文化振興基金等によるアマチュア文化活動への資金援助の創設が契機となっている。それらは、1980年代終わりから90年代始めにかけて相次いで制度設計され助成が始められた。その時期は我が国がバブル経済が絶頂期を過ぎ、一部崩壊の傾向が見られた時期と一致する。その時、地域では土地神話の崩壊と税収入の低減が見られ始めたが、一方ではバブル期に計画されたハーヴェイのいう「官民協力体制」の下、文化施設が相次いで開場した時期でもある。地域住民側からは、東京を中心とする画一的なメディア文化の浸透による地域文化への悪影響について批判が行われた。

少子高齢化、過疎化や地域産業の衰退による地域社会の崩壊が言われて久しい。そのため、産業移転による地域活性化策が唱えられ、製造業の海外への移転が止められないと考えられると、移動人口の増加による観光業・運輸業による活性化策が立案された。現在では、地域社会の構成員たる住民のもつ固有な精神的価値を活かしたまちづくり、村おこしが始まっている。その地域固有の価値は、地域文化に表出されるが、その具体例として地域独自の工芸品や祭がある。さらに独自の商品、１次産品もあり、１次産品を単に送り出すだけでなく、それを商品化し流通経路にのせて売り出す（６次産業化）ことも行われている。山崎正和が指摘するまでもなく、江戸時代まで培われた地域独自の文化が、今産業に結びつき、雇用を生んでいる（第１、５章等参照）。祭や催事を住民共通の参加型イベントとして、住民のコミュニケーションを図り、地域社会の再構成に貢献する事例も多い。このように、地域活性化策は、製造業の誘致→観光客の誘導→地元民による文化に根ざした固有価値の実現化と変わってきた。地域の文化活動は、住民によるアマチュア手作りによって、精神的共通性の確認と共同体意識の醸成面で、より一層評価されるものである。

注

1　一番古いのは、国土総合開発法である。これは2005年に国土形成計画法に改正された。国土形成計画法は、国土総合開発法により作成された全国総合開発計画（全総）に代わる新しい国土形成計画（全国計画）を策定する根拠法。首都圏整備法（1958）、近畿圏整備法（1964）、中部圏開発整備法（1966）、奄美群島振興開発特別措置法（1954）等とブロック開発法が続く。

2　山村振興法（1975）が嚆矢で、その後農業振興地域の整備に関する法律施行令（政令レベル、1969）、半島振興法（1985）など

3　総合保養地域整備法（1987）、地方拠点都市地域の整備及び産業業務施設の再配置の促進に関する法律（拠点法）（1992）、地域伝統芸能等を活用した行事の実施による観光及び特定地域商工業の振興に関する法律（お祭り法）（1992）、外国人観光旅客の旅行の容易化等の促進による国際観光の振興に関する法律（1997）、中心市街地の活性化に関する法律（1998）

4　『都市の文化行政』総合研究開発機構、（1979）によれば、「行政の文化化」期間は、1972～75年「文化行政の播種期」、1976～1977年「文化行政の発芽期」、1978年～「文化行政の若葉期」に区分される。なお、同書は1972年以前は、文化行政は、文部省社会教育行政の一領域であったと総括している。

5　注４と同じく、長洲知事は「行政の文化化」を「行政活動に文化的視点をいれること」と定義し、公共施設の建設費１％を地域特性にあったデザイン経費」とすることを具体的行政事例と述べている。同じく、理論的支柱となった松下圭一（当時法政大教授）は、「客観的文化情報把握」「自治体のデザインポリシー」「生活工学」などを文化行政のやるべき事と述べているが、後に「行政の文化化」は「行政の自己革新」であるとして、「地域文化戦略」の構築だとし、地域雇用・生産力増大まで射程に含める。『市民文化と自治体文化戦略』(2003)。同じく梅棹忠夫は「地方都市に住んでいても大都市と同じくらいの文化生活を享受するくらいの文化のシビルミニマムを達成ことが目標」と述べる。「第１回全国文化行政シンポジウム」(1976)

6　文化会館の明確な定義はない。公立の文化会館が主体的に加盟している（社）全国公立文化施設協会では、公立文化会館のことを「音楽、演劇、舞踊、映画など文化芸術事業のための設備を有する施設」と定義している。文部科学省の社会教育調査によると、文化会館とは、「ホール座席数300席以上を設置している施設」である。なお、劇場法（劇場、音楽堂等の活性化に関する法律）は、実演芸術が可能な施設とそれを運営する人員を併せて「劇場、音楽堂等」と定義しているが、その規模等については明確な基準がない。社会教育調査では、1,866箇所(2011)。(社）全国公立文化施設協会の調査では、公立施設で1,177箇所（2011)、総務省「サービス産業調査」では、営利企業運営も含め、1,125箇所（2012）であり、最大見積もっても2,000箇所程度である。

7　劇場法策定の理由は、劇場でのコンテンツ不足を補うためであり、その不足は専門職員の絶対数の不足と能力不足が原因としている。

8　この地域文化に関する動向については、梅棹忠夫、松下圭一等の学識経験者のみならず、文化庁も同じ考え方を持っている。『新しい文化立国の創造をめざして、文化庁30年史』(1999)

9　総合研究開発機構は、「文化の担い手は市民であり、文化行政は市民のコミュニティが基礎となる」との考えが、首長部局に文化行政を担当させたと総括する。総合研究開発機構『地域社会における文化行政システムに関する研究』(1975)

10　2014年度文化庁予算項目では、「劇場・音楽堂等活性化事業（30億円)」、「地域発・文化芸術創造発進イニシアティブ（25億円)」、「文化遺産を活かした地域活性化事業（21億円)」、「地域と協働した美術館・歴史博物館創造活動支援事業（13億円)」など目白押しである。

11　『文化行政のこれまで、これから』総合研究開発機構（1987）には、1987年に行われた都道府県知事への文化行政アンケート結果が出ている。それによると、宮城、秋田、山形、福島、福井、山梨、鳥取、島根、徳島、香川、愛媛、熊本、大分、宮崎、鹿児島、沖縄各知事が、東京、埼玉、兵庫、大阪など文化先進県といわれた知事以上に「新たな文化創造の場つくり」「文化を人間生活の総体としてとらえる」「魅力ある地域文化の創造」「文化とか美を行政で尊重」など「行政の文化化」運動が全国的に浸透している。

12　「第１回全国文化行政シンポジウム」（1976）において長洲一二神奈川県知事は「「行政の文化化」はごく最近生まれた考え方で、私どももよくわかっていない」と述べているところから、このころ「行政の文化化」運動が始まったと思える。

13　市町村においても首長部局の地域関連事業では観光振興関連が多く、純粋に文化関係は少ない。総務省『地域政策動向調査』(2011)

14　基準財政需要額に積算されても、交付金を文化会館建設費に充当するかどうかは、自治体の判断である。実際に文化会館が盛んに建設されるのは、1970年代である。

15 「まちづくり交付金」、「中心市街地活性化ソフト事業」など。なお、ソフト事業は2000年度には「ミレニアム事業」と名付け、デジタル・ネットワーク型博物館におけるデジタルコンテンツの作成の支援など351億円が措置された。

16 憲法が保障する「地方自治の本旨」の趣旨にそった2000年改正の地方自治法は、「自主性」「自立性」を強調しているが、行政改革の一環としての流れの中にあり、財政基盤が弱い自治体では、文化行政経費は言うに及ばずナショナル・ミニマム経費も支出困難な現状も言われている。

17 2000年度以降国の一般会計予算の伸びは、平均0.6％程度であるが、文化庁の予算は、1.0％程度の伸びとなっている。

18 枝川明敬「「地域の精神文化」を基礎とした地域文化活動及びそれによる地域活性化の状況に関する研究」『地域学研究』(2009) において、地域固有の精神文化の掘り起こしが重要と述べた。そのほか、Claval, P. *An Introduction to regional geography, Malden*, Mass. Blackwell Publishers (1998)

19 ネアン (Sandy Nairne) は、特定の美術品の評価は、ときにごく少数の関係者によってのみ評価されるという。西欧社会では、美術品の価値は世代によって異なるともいい、評価には見る者の知識が果たす役割が大きいとも指摘する。『美術品はなぜ盗まれるのか』中山ゆかり訳 (2013)。なお、ヴェブレン (Thorstein Veblen) は「みせびらかすための消費」を美術品を購入する動機として述べた。みせびらかしの消費財とは、商品価格が高いほど購入される商品のこと。村上隆は美術品が金銭価値として評価されるのをいやがる人は、「誰にでもわかる数値で評価されると本当は価値がないことがバレてしまう」と怖れるからという。『芸術起業論』(2006)

20 『地域再生の経済学』(2002)。神野は地域社会を重視した財政学はリスト (Georg Friedrich List) を嚆矢とし、もともと「財政学的アプローチでは人間の生活は地域共同体で営まれている」と指摘する。

21 「過疎地域対策緊急措置法」における過疎地域の要件は、当初５年ごとの国勢調査による人口移動率が10％以上、かつ財政力指数が過去平均３年間で0.4未満であることであった。なお、過疎問題が指摘されるようになった昭和40年代では、「過疎」を「人口減少のため、一定の生活水準を維持できなくなった状態 (であり)、そのため、資源の合理的利用が困難となって地域の生産機能が著しく低下すること」と定義している。経済審議会『地域部会報告』(1967年10月30日)

22 なお、昨今では地方自治法の改正として民放法人への移管が増加しており、厳密な意味での公立は、50.2％である。本稿では、それらを「公立」に含めて扱う。

23 なお、博物館・美術館は、社会教育法及び博物館法に設置根拠があり定義されている。公立の文化会館が主体的に加盟している (社) 全国公立文化施設協会では、公立文化会館のことを「音楽、演劇、舞踊、映画など文化芸術事業のための設備を有する施設」と定義している。文部科学省の社会教育調査によると、文化会館とは、「ホール座席数300席以上を設置している施設」である。

24 「公演等の企画・制作、マーケティング・資金獲得、営業・渉外・広報等の業務に従事し、芸術の創り手と受け手をつなぐ役割」をいう。「文化振興のため」に「全般的な制度、文化芸術団体等の組織基盤及び文化施設等の物的基盤の整備、芸術家・アートマネジメント担当者等の人材の育成などが」必要と文化庁文化審議会答申は述べる。第5期文化審議会文化政策部会経過報告『アートマネジメント人材等の育成及び活用について』(2008年2月1日)

25 芸術家、芸術作品の研究は、ヴァザーリ (Giorgio Vasari, イタリアの画家、1511-1574) による『芸術家列伝』が嚆矢であるが、17世紀には美術品を扱う専門市場も存在し、美術品の評価・鑑定を行う人もいた。クラシック音楽でも王侯貴族から市民相手のコンサートが開かれるようになると、作品に対する批評が行われるようになった。『音楽新報』(シューマン編集) 参照。

26 清水は、貸し館型、公演買い取り型、自主企画型と文化会館の事業を分類し、それに応じたホールが設置されたと説く。清水浩之『21世紀の地域劇場』(1999)

27 森は「近年では市民自らの手による芸術の創造という視点が重視」と述べ、文化会館にそのような動きが出てきていると指摘する。森啓『文化ホールがまちをつくる』(1991)。同趣旨に清水裕之『21世紀の地域劇場』(1999)

28 筆者がこのサイクル論を提案したのは、根木昭、枝川明敬ほか『文化会館通論』(1997) であり、国立劇場舞台技術部長を務められた立木定彦氏は同氏の『現代の公共ホールと劇場』(1999) で取り上げ賛意を示されている。行政側でも、同じような認識をしているが時期的にかなり遅い。文化庁『劇場、音楽堂等の制度的な在り方に関するまとめ』(2012)

29 筆者をはじめ文化会館研究者や実務家は、かなり早い時期から同種のことを指摘していたが、2012年になって劇場法が施行され、文化的拠点として文化会館が位置付けられた。

30 行政として、「アーティスト・イン・レジデンス」について認識し重要視したのは、1990年代後半になってからである。文化庁監修『新しい文化立国の創造をめざして 文化庁30年史』(1999)

31 この基準は、概ね5年間に5人から6人のうち1人の住民が入れ替わる意味である。1世帯で考えると、2世帯に1世帯が近所で入れ替わるのは、相当激しい移動であり、経験的にほとんど近所付き合いが不可能だと考えてのことである。

32 調査対象地域内において、過疎地域と指定され、人口減少率が15%を越える町村もあるが、4.9節の調査に当てはまるので、本節では除外する。

33 非常勤、兼任も加えると、10.66人。営利企業も含めた「興業場、興業団」(特定サービス産業調査 (2012年度) では、常勤職員で平均24.81人。ただし、対象は、劇場、興業場、劇団、楽団、スポーツ興業団が含まれ、必ずしも劇場のみの職員数ではない。

34 事業1件当たりの平均額を述べているのは、会館によって行う公演・事業数に相当の開きがあること (主な理由は、公立会館の特有の設置者による休館日の設定、公演演目の相違による練習時間、外部への貸し出し等、会館独自の判断でできない実質的休みがあるから) による。

35 立木定彦『現代の公共ホールと劇場』(1999) に詳細な分析がある。衛紀生、本杉省三『地域に生きる劇場』(2000) では、文化会館を劇場としてとらえ、劇場の性格から事例的に各地の文化会館の事業の分析がある。

36 通常は、副調整室等で舞台と独立して行う。昨今ではコンピュータ操作により舞台操作・音響操作も非専門家が行えるケースも増えている。

37 NPO「スサノオの風」渡辺良治理事長へのヒヤリングによる (2012年2月)。なお、同氏は出雲歌舞伎を再興し、40年以上公演し続けている。同じ意見として神楽を産業化して町の活性化につなげたNPO「神楽芸術研究所」石井誠治理事、増田恵二事務局長がいる。

38 事業として大型ではあるが、「松本記念オーケストラ公演」の小沢征爾やラ・フォル・ジュルネを成功に導いたルネ・マルタンの努力と取り組みを見て欲しい。また、文化庁含め関係団体が文化会館運営者の育成の重要性を指摘している。政府レベルでは、文化審議会『文化芸術の振興に関する基本的な方針（第3次）について』(2011)

39 事業評価では、従来企業における商品評価における基準「顧客満足度」「価値創出」などの言葉が頻繁に出てくる。また、ホールの稼働率の向上と経費の削減率などが評価されている。例として『横浜市市民文化会館関内ホール 指定管理者業務評価報告書』(2010)

40 "advocacy"活動とは、特定の社会的課題を解決するために社会的な働きかけをすることである。Anheier, H. K. *Nonprofit Organizations: Theory, Management, Policy*, Routlege, 2005

41 厚生労働省『地域における「新たな支え合い」を求めて―住民と行政の共同による新しい福祉』(2008)。饗庭伸はまちづくりには、市民ネットワークが不可欠でその検討や運営にNPOの果たす役割は大きいと述べる。「NPOは地域社会をどう変えるか」伊藤滋編『市民社会とまちづくり』(2000)

42 山内直人ほか『NPO白書2010』大阪大学NPO研究情報センター（2010)。そのほか、文化庁『文化政策に充当する財源に関する調査研究』(2014）にも企業寄付に関して、フランス、イタリア、韓国、アメリカ、イギリス、スエーデンの事例が掲載されている。この報告作成には、筆者も協力している。マルテル（Frédéric Martel）は、アメリカでは「文化的多様性を作り出す役割を果たしているのが、非営利の団体、大学、地域社会」と述べている。根本長兵衛ほか訳『超大国アメリカの文化力』(2009)

43 M. Porter等がいう「経済的価値と社会的価値を同時実現する共通価値」であろう。『Harvard Business Review（ハーバード・ビジネス・レビュー)』ダイヤモンド、2011年06月号

44 枝川明敬「地方分権から見た地域活性化文化活動の調査研究」『文化情報学』Vol.12, No. 2 (2005)

45 4.8節の調査は、必ずしもアマチュア主体の活動に限定されているわけではないが、地方においては主催者にアマチュアが参加する可能性が極めて高いことが調査分析する過程で知ることができる。また、後述するが、クラヴァル（Paul Claval）等は地域的なアイデンティティの形成の過程で、地域住民の文化活動の伝承（プロ的でない）が重要としており、また筆者が現在行っている「地域民俗文化財調査」においても、地域住民のマチュア活動がその保存に重要な役割を果たしていることが見られる。

46 地方分権の一環としての1999年成立の地方分権一括法により、地方自治法の前面改正が行われ、「補完性の原理」に基づき、住民の身近な行政は身近な行政主体が行えるようになったこと、文化活動に即して具体的にいえば、地方自治体の権限が列挙方式から、包括方式の「自治事務」として固有事務が括られた。従って、文化施設の整備、文化芸術活動への支援等幅広く行えるよう地方自治体の裁量行為の幅が相当広がった。逆にこれが、地方自治体間の文化芸術支援への格差を生むきっかけとなっている。

47 4.8節の調査では、国（文化庁、(一財）地域創造、芸術文化振興基金）による補助金総額が平均で562万円余であり、活動経費の40%近い。

48 例えば、地域の文化芸術（伝統的な文化を含む）を地域のほこりとして、地域アイデンティティに繋げていることは、総社（古代吉備王国の中心地としての伝説の継承)、松江（お茶文化)、高梁（山田方谷の教えの継承)、都城（旧後藤家商家の保存活用）等の例を挙げたい。

49 ワーク・ショップとは、一般に全員参加の問題把握・討議・解決思考などを含む手法のことで、

地域社会での問題解決に使われる。しかし、文化芸術面でのワーク・ショップとは、プロ集団による公演にマチュアが参加して共同で作品を制作したり、練習を行うことをいう。その参加程度はまちまちで、これといった定義はない。

50　一般財団法人地域創造は、文化・芸術の振興による創造性豊かな地域づくりを目的として、1994年に地方自治体が出資して財団として設立された。地域における文化・芸術活動を担う人材の育成・文化会館事業への補助を主たる任務としたが、文化庁の補助金と重なる部分が大きい。約230億円の基金の運営費で事業展開を行っているが、近年の利子率低下や株式市況の関係で、初期より補助額は減少している。補助額は約10億円程度である。

51　2000年施行の地方自治法では、国・地方自治体間の「適切な役割分担」を求め、「住民に身近な行政は可能な限り身近な地方自治体にまかせる」との考えで、補完性の原理が地方自治法第１条第２項に規定されている。

52　杉原は、「補助金や機会を欠く文化的諸活動は、現実にはその対象にアクセスすることができず、文化活動としての意義を失い、または社会は文化的にゆがんでしまう」と指摘する。『憲法の「現在」』(2003)。なお、杉原は補助金が減少しているには、憲法の目指した「文化国家」を政界・官界のみならず、学界も忘れてしまっているから、憲法解釈にその影響があると考えている。それと2001年に公布施行された文化芸術振興基本法については、第１章、第３章参考。

53　Harvey, D. *The Urbanization of Capital*. Baltimore, The Johns Hopkins University Press (1985)：水岡不二男監訳『都市の資本論』(1991). なお、文化を含む地域の多様性を重要視するマッシー（Massey, D.）からは、ハーヴェイはアイデンティティに力を入れすぎていると批判している。一方で、ハーヴェイは地域の個別調査は理論の一般化放棄との批判をしている。マッシーは、あくまでマルクス主義的な発想で、労働の役割を重視し、経済的な地域研究を社会的、政治的、文化的な面まで拡張した。

そのほか、ハーヴェイの著作の訳されたものの中からは、加藤政洋、水内雄訳「都市空間形成を通じてのフレキシブルな蓄積―アメリカ都市における『ポスト・モダニズム』に関する省察」『空間・社会・地理思想』Vol.2, 1997などが参考になる。

54　世界文化遺産に登録されることは、地域の観光産業には貢献するが、観光客の増加により、本来の地域固有の文化遺産が本来の精神的な発露から歪められることもあろう。

55　Claval, P. *An Introduction to regional geography*, Malden, Mass. Blackwell Publishers. 1998。なお、原著はフランス語。

本著は、日本語でいうと「地域地理学概論」とでもいえるいわば教科書である。クラヴァルは、固有の地域を想定しないで、研究視点として人文地理学を立脚点として、地域を分析する経済地理学から文化地理学を含む幅広い学問領域を持つ。かれは、地域的なアプローチとして、地図、現地調査、そのほかの情報収集を対象とする地域の歴史的社会的におかれた立場をもとにそれらの情報を適切に組み合わせて、分析を行う手法をとっている。

本著では、社会的・文化的次元について１章割かれている。その中で、伝統的社会における生活様式の存在に対し、一方で工業化により社会階層、労働者の集積により次第に空間的な変化を生ずるとのべ、工業化が成熟するにつれ、所得水準によって区別される中間層が登場すると分析する。そのような変化が居住区の分化を引き起こし、社会的ネットワークは、交通・通信手段の多様化により次第に変化する。そして、地域における文化の変質を招くという。

すなわち、大きい社会構造変化の中で、従来の地域文化の変化とまた都市部、外部から流入する画一化された文化とのせめぎ合いの中で文化変容は行われ、画一化された文化に対する反動としての地域アイデンティティの見直しが始まるとするのである。また、人間は個々のアイデンティティを必要とするばかりでなく、地域的、社会的アイデンティティを求め、集団意識を高めるという。現在、一方ではグローバル化によって地域社会は変容しつつあるが、新たな秩序体制の構築、これは市民社会と政治システムによるところが大きい。なお、地域のグローバル化の影響等については、80年代以降盛んとなった地域構造論を参照。

56 山崎正和は、明治以降の輸入西洋文化を工業化になぞらえ、「なるべく均質の商品を、大量に生産し、それを全国に均しく分配する」ものであるとしている。その西洋文化を「東京というひとつの窓口を通じて・・・津津浦浦に配るという体制」のため、江戸時代まで「個性的な土地の気風を持ち、文芸、美術から演劇までに至るまで、その都市独自のものを生み出して互いに競い合っていた」文化が貧困となった都指摘する。山崎正和編『文化が地域をつくる』(1993)

第5章

・

文化芸術活動の経済波及効果

5.1　経済波及効果とは

文化芸術活動は、経済的側面からみれば芸術作品の生産と流通（実演芸術では公演）であるから、特に実演芸術はその公演地である地域経済に波及する。しかし、この波及効果は地域社会全体に拡散して波及することから、受益者自体の特定が困難であり、道路・河川・港湾等の公共財を公的機関が整備するように、公的な助成や公的機関が供給すべきであるといわれることもある。しかし、文化芸術の鑑賞者は鑑賞による便益を幾分なりとも個別に得ているので、完全な公共財というわけにはいかない。公共財とは無料で提供されるサービスでその経費が税金で支払われている点にある。従って、個々人が受け取る便益と費用負担者との直接の関係はない。

一方、四季のミュージカル等の商業演劇は各鑑賞者の鑑賞量（サービス消費量）に応じた対価を支払う。なお、水道利用料金のいように使用料に応じて負担する場合は、サービス提供者が公的機関であっても公共財とはいわない。経済学的に公共財というのは、「排除不能性」「競合性」がないことといわれる。誰でも利用できかつ利用者がいてもほかの利用は妨げられないということである。特に後者はある財が同時に多数によって消費され、その財への競争がないということに特徴がある。実演芸術では、多くの鑑賞者が同時に同じ場所で鑑賞するが、チケットを購入することによって排除可能であるし、排除の経費は少ない（切符捥りの窓をつくり人員を雇うのみ）。また、美術品は普通は１個であるから、その美術品の支配は個人が可能であるので、普通の物品販売となんら変わることがない。

以上のことから、文化芸術活動に公共財の概念を入れて、公的機関の供給の根拠にすることは理解できない。

さて、文化芸術活動の１つとして、万博やイベントを考えてみよう。これらイベントは、チケットを購入することによって、利用可能であるから公共財ということはできない。しかし、そのイベントの経済効果は、広く開催地に及ぶ。そこで、自治体は地域活性化のためイベント開催に熱心で、そのための開催経費の負担を担ったり、自ら開催者となることが多い。これはイベントが公共財だから供給が少ないので、公的機関が供給するという考えではなく、地域経済への波及効果とそれから得られる地域活性化、観光客誘致としてのプロモーション効果をねらったためである。開催のための経費と得られた経済効果との比較考量で、前者より後者が多ければ費用便益効果があったことになる。この点において、私的企業の利益確保と何ら変わらない。

従って、2005年の愛知万博にみられるように、多くの国・地方自治体は自らの地で万博のようなイベント開催を望む。過去竹下内閣当時の１億円創生事業では、各地で地域イベントやお祭りが開催された。

5.2　地域文化芸術活動の経済波及効果

(1) 地域域振興史にみる文化芸術振興

多くの地方自治体では、地域文化振興を住民への文化芸術活動の水準向上のみならず、地域振興の一手段として考えている。その一例として富山県旧利賀村を上げたい。同村は2004年11月に周辺町村と合併し、現在、南砺市となっているが、人口が戦後すぐには4,000人であったのだが、高度経済成長期を通じて1,000人程度に減少した。たまたま劇団が練習場に村内施設を使用していることに村長が着目し[1]、過疎対策の一環として交流人口（公演鑑賞者）を呼び込み、観光資源とした[2]。それのみならず、利賀の国際演劇祭が村の知名度を向上させ、イメージ作りに役立っている。

大分県の「一村・一文化運動」は、それぞれの町村に伝わる芸能を中心に、産物振興（「一村一品運動」）に替わるものとして、ソフト振興による町・村の振興策として行われた。これは、今まで制定された多くの地域振興法（国土総合開発法、地方拠点都市法、総合保養地法（リゾート法）、多極分散法、山村振興法、過疎法、離島振興法等57の法律と広域市町村計画等18計画）によるところが大きいが、最近の傾向として「地域開発」から「地域振興」への発想転換がその制度に見られる。

特に、1988年度から行われた「ふるさと創生」事業は、地方自治体にいろいろな振興策を出させ、それが財政措置の契機となった。これは、各地方自治体に１億円ずつ地方公付税を基準財政需要額に上乗せ措置したもので、その使途は特定されな

表5-1　ふるさと創生関連事業

事項	事業規模(億円)
1）地域づくり推進事業	
ハード整備	6,700
ソフト事業	3,300
2）ふるさと市町村圏基金	3,000
3）ふるさと財団総合貸付	710
4）地域文化財保全事業	100

(出典) 自治省「ふるさと創生関連事業」に基づき筆者作成

かった。特にその内容をみると、従来の開発思想には見られなかった地域イメージづくり、文化芸術振興、観光、人材育成等ソフト事業が多い。

また、ハード整備では「ふるさとづくり特別対策事業」が実施され、これらの事業が地方自治体の文化芸術新興への起爆剤的役割を果たしたともいえよう。さらに、文化庁では地方拠点都市の文化事業を推進するため、1993年度より「地方拠点都市文化推進事業」を実施し、地方拠点都市のソフト事業支援のための基金と併せ、地域の特色ある文化の振興と地域住民の芸術活動への参加に寄与した。なお、この事業は1996年度以降、「地域発・文化芸術創造発信イニシアチブ事業」に発展している。

(2)文化芸術活動が与える経済効果

文化施設の建設が地域経済に与える影響は、古くは国立民族学博物館の研究（総合研究開発機構（1979）「国立民族博物館をモデルにした文化施設の経済効果」）があるが、それによると、建設費（1975年から1977年にかけて建設され、総経費は75.77億円）は当時のF15戦闘機ライセンス生産分１機相当といわれ、産業連関分析により大阪府内の生産額を25.2億円誘発した。この波及額は、同額の道路、公園、住宅建設と比べても遜色がない。また、文化芸術の経済効果について分析した研究（文化経済研究会「文化の経済効果に関する調査研究」（1997））によると、東京都を対象とした場合では、生産誘発効果（対象団体が活動することにより、対象産業以外の産業生産の増加）が、「劇場」では1.88倍、劇団等「興行団」では1.82倍、「美術館」では1.59倍、「ビデオ・映画制作」では2.04倍となっている。また、それらの施設を利用したり、演劇等を鑑賞するために来訪する人達の消費による誘発効果も1.66倍程度になっている。

イベントの経済的波及効果として、2005年に開催された「愛知万博」を例にとろう。愛知県瀬戸市、長久手町において開催された2005年日本国際博覧会（2005年３月25日から９月25日まで）においては、2,205万人の来訪者の消費支出として、来訪者の飲食、買い物、観光、交通、宿泊等及び主催者の会場設営、印刷製本、飲食、宿泊、交通、機材レンタル等の直接経費を考えると直接誘発効果は併せて6,910億円（旅費・宿泊等の直接効果は4,588億円、運営者運営関連費は1,917億円：日本国際博覧会協会、UFJ総研調べ）があった。さらに、建設費として直接会場建設費に限ると建設額4,860億円であり、それらを合算した１兆1,771億円の直接経費と直接経費から波及する生産誘発効果は２兆7,973億円となり、全国で16万人余の雇用を創出した。愛知県を中心とする中部圏ではその2/3にわたる生産誘発額があった。建設費を除くと、直接効果の70％が博覧会運営期間中の消費活動による経済波及効果であり、間接効果では「消費」が68%となる。また、1985年度に開催されたつくば科学技術博覧会においても来場者による直接消費の割合が、78%と大きく、ソフト関連消費が大きくなっている。

また、愛知万博で会場が見直されたように、環境問題からハード整備は制限を受けることが多く、むしろイベントの開催による来訪者の消費活動による波及効果を地域活性化につなげることが重要となっている。このように、ハード整備にしてもソフト事業にしても地域経済に及ぼす効果は大きいものがある。さらにイベントの開催によるよいイメージつくりは、地方自治体の情報発信面での認知度を高め、「排除不可能」な便益ともいえる効果がある。

次に2005年より開催されている「ラ・フォル・ジュルネ」の経済波及効果について述べる。

ラ・フォル・ジュルネは、2005年開催以来、2014年まで10年間に渡ってゴールデン・ウイーク中に丸の内ほかの全国数カ所の会場で開催されているが、当初は東京会場のみであった。2005年の第1回開催では、32万人余の来場者があり1,500人を超える音楽家が演奏を行った。その経済効果をみると全体で41億円（直接効果22億円、波及効果19億円、丸紅経済研究所調べ）であった。イベント運営直接経費として約6億円であり、このイベントも入場者の消費活動による経費が直接経費で80%程度と高い。誘発効果は、1.74倍であり先の文化経済研究会による試算と変わらない。さらに消費税、都税、事業税等で2.6億円程度の税収入があった。

このようにイベントの経済波及効果は、産業連関表分析で算出するが、建設等のハード整備に比べ、サービス業での統計調査の把握度や調査密度から誤差が製造業等に比べ大きくなることがあり、その点波及効果について十分注意して使用しなければならない。

5.3　地域経済波及モデル（産業連関モデル）

（1）産業連関モデル

イベント等の地域社会への経済的な波及効果測定は、通常「産業連関分析（input-output analysis）」で行われる。ここではその分析モデルを使用して、文化芸術活動の地域経済への波及について述べる。

ただし、完全な経済波及効果というのは複雑でとらえにくく、かつ実際の測定は時間と費用がかかるのが通常である。そのため、イベントの経済波及効果を含むある産業の活動等が全体経済に及ぼす影響モデルを構築し、別の地域にも同種のモデルが適用可能として地域間の比較を行う（具体的には、係数のみをそれぞれの適用地域に合わせたモデルを使用する）。事例として上げたアメリカ・ニューヨーク州と我が国の首都圏における文化芸術産業の波及効果比較についても同種の仮定を自明なこととしている。

レオンティエフ（W.W. Leontief）により開発された産業連関分析は、各産業の算出額は、生産する産業以外の他の産業の中間財及び最終消費者（個人、産業）による消費額の合計額に一致するとした仮定の下に行われる。これを地域の文化芸術活動の経済効果として計算するときには、産業は時間的にみれば文化イベントと相違し永続性があるが、瞬間的には産業算出物とイベント産出物とは同種のものとして扱う。言葉をかえていえば、イベントが１日間開催すれば、１日間商品を生産する産業をイベント産業として考える。

なお、更に以下の仮定をおく。産業連関表の構成の仮定として、①各生産される製品・サービスは、同種のものは一つの産業から生産される（企業の区別、ブランドの区別はしない）、②各産業が投入する量（原材料費）が２倍になれば生産高も２倍となるという比例法則を考え、工場など生産現場の規模に関する逓増や逓減の法則は当てはまらない（規模に関して一定）[3]、③それぞれの産業は独立に製造・提供してもまた同時にそれを行っても生産高は同一である（企業同士の無形・有形の影響はないと仮定する。つまり外部経済[4]が存在しない）を考える。

経済活動は、外部経済や規模の経済性が存在しているが、波及効果測定のような短期間では問題が生ずるほどでないとして無視していると考えてよい。従って、産業連関分析を用いて、やや長期的な波及効果を調べるときは、産業構造が変化するので、各係数を変化させるように、関連表自体に時間的変化が反映するようにモデルを作る。これを動学的モデルという。ここでは、非常に単純に、静学的モデルを考えているが、数年程度の期間では、産業構造は変化しないと考えてよい。

（２）産業連関モデルによる計算と産業連関表

以上の仮定の下、以下の計算が可能となる。

一番簡単な事例として、３種の産業が存在する地域を考えよう。その一つに先ほどいった文化芸術産業（１日間のイベントでもよい。産業といっているが、名前は何でもよいのである）も含んでもよい。

各産業は、同種の企業から成り立ち、各産業間ではそれぞれ違った製品・サービスを生産している。また、各産業は自ら産業や他部門の産業からそれら産業が生産した製品・サービスを購入して、新たな製品・サービスを製造する。それを最終的には消費者（経済学では、家計という）が購入して消費する。

a_{ij}（ただし、$i=1, 2, 3, j=1, 2,3$）を、i 産業の生産物を１円分だけの価値を生産するための必要とする j 産業から購入する生産物の価値とする。つまり、材料費である。たとえば、産業１は、産業１、産業２、産業３が生産した生産物を材料として生産する。そのとき、生産物を材料費と同額で売ることはない。つまり、材料を加工して付加価値を高めたので、価格を高めて他生産部門や最終消費者（家計部門という）に売るので、価格で図った生産高には、材料費と付加価値額が含まれる。付加価値額には、生産者利益分（営業余剰）、機械等資本消耗分、雇用者所得、間接税（生産額に税を加え、それだけ分の価値を政府に支払っている）に分かれる。

以上のように考え、海外からの輸入や輸出がないと仮定すると、産業連関表の横軸[5]でみて、これは生産額＝需要額として

x_i（産業 i の生産額＝需要額）$=\sum_{j=1}^{3} a_{ij}x_j + y_i$

となる。この第１項は、中間需要といって、企業が生産に必要な材料費である。製品を生産するには、材料のみならず機械設備を使用するが、その長期にわたる機械等の資本の使用額（資本投資）は、粗付加価値額の中の「資本減耗引当」で処理[6]する。また、最終部門（y_i）は、消費財（原材料として投入されない製品で、１年未満で消費されるもの）と資本（原材料等として投入されない製品で、原則として１年以上で消費される物）に分かれる。従って、費用で資本摩耗分は考慮するので資本投入分は含まれていない。商業のように他人の商品をやりとりするだけで、自ら生産しない企業（産業部門）は、いわゆるマージン（＝販売額—仕入れ額）を生産額と見なしている。運輸業も同じである。

また、市場で取引されない商品・サービスも生産活動に貢献するなら、その同じような商品・サービスが市場で取引されたとして、市場価格を考える。そのいわば市場で同じ種類の商品等の擬制的価格の積み上げをその商品・サービスを生産している部門に生産額として計上する。市場で取引されない商品をもっていてメリットを受けている部門には産出先として擬制的に計上する（帰属計算を行うという）。例として、持ち家（家を借りれば家賃がかかる）、農家等の自家消費（野菜等を購入すれば経費がかかる）などがある。政府部門（国、自治体）のサービス生産高は、使用した商品・サービスの全額と公務員など職員の給与全額を生産額とし、さらに民間と合わせるため、建物等の減価償却費を生産額に含める（建物等を使用して、政府サービスを提供したから、サービス価格に建物等の消耗分は含まれる[7]）。

すべての係数 a_{ij} が既知であるなら、x_i を導き出すことができる。いま、下図に

示すような各産業間の取引があり、最終消費が産業ごとに11億円、1,391億円、3,097億円としよう。

図5-1に示した各産業間と各産業に属する家計（各産業から消費者へ流入する量）のやり取りを表5-2にまとめると次のようになる。縦軸（列：費用構成）に沿って読むと、各部門（この場合は、産業1、2、3）がその製品（サービスも含む）を提供するために要した経費の構成及び投入の様子が知れる。これを大きく2種類に

図5-1　各産業部門間の商品のやりとり

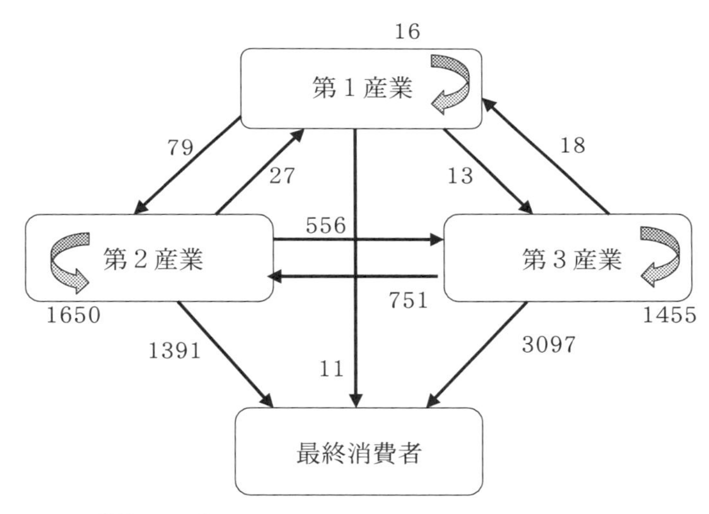

単位は，億円

（注）産業内の矢印は、産業内での商品の部内やりとり

（出典）筆者作成

表5-2　各産業間の連関表

	産業部門（中間需要：材料として使用部分）			家計（最終需要）	総生産（算出）
	産業1	産業2	産業3		
産業1	*16*	*79*	*13*	11	**119**
産業2	*27*	*1650*	*556*	1391	**3624**
産業3	*18*	*751*	*1455*	3097	**5321**
付加価値額	58	1144	3297		
生産額（投入）	**119**	**3624**	**5321**		

（注）　1．各産業及び家計間のやり取りの数値の単位は億円
　　　2．本表には「輸出・輸入」は考えていない

（出典）筆者作成

分け、第１産業では、第１産業から16億円、第２産業から27億円、第３産業から18億円といった中間投入（材料やサービス）を受け、58億円の付加価値（雇用者による所得や営業による余剰と機械設備の摩耗分である償却引当）を受けて、119億円の生産を行う。他部門の産業も同じように考える。

一方、横軸（行：販路先）に沿って読むと、第１産業では、第１産業に16億円、第２産業に79億円、第３産業に13億円売り、家計に11億円分の商品やサービスを最終商品として販売提供し、総生産高が119億円であることを示している。すなわち、第１産業の販路先あるいは生産物の配分構成を示している。当然、産業部門ごとの生産高はそれぞれ一致しなければならない。

表5-2では生産額を量でなく金額で示すことが自明としているが、それは各部門に共通に使用できる評価基準として、金銭評価がもっとも適切であることによる。金銭評価の場合、生産者価格で表示し、商品販路に携わる商業・流通業についてはその経費（マージン）を一括して「商業・流通部門」に計上する方法とマージンを含めた購入価格表示を行い、生産部門の「商業・流通」経費として一括計上する方法がある。経済取引の実体を見るためには、後者の購入価格表示が便利であるが、波及効果分析では前者の生産価格表示が適切である。この理由として、購入価格にマージンが含まれていると、流通部門毎のマージン率の相違が表示価格に反映され、マージン率が変化するだけで波及効果に影響が計算上出るようなことになりかねないからである。その価格は、実際に支払った価格（ダンピング等で極端に廉価の場合や当該地区に劇場が少ないので賃貸料が高騰する場合もある）でなく平均的な価格で示す。

縦軸はある生産を得るために必要な投入量の割合であるし、横軸は生産物の配分構成であるといえるので、産業連関表を投入産出表（Input-Output Table）という。投入産出表を活用すると、経済全体の産出の予測だけでなく、生産部門間の構造と経済循環及び経済活動の波及効果が測定できる。投入産出表の利点として、消費、投資、輸出などの最終生産物市場と各産業の生産とを結びつけることができることがある。各産業が、消費等の増減によってどの程度の生産が誘発されるかといった問題や各産業が消費等の最終需要市場にどの程度依存しているかが判明する。

レオンティエフによる産業連関表は1936年に発表され、1944年に実際にアメリカの全国レベルの経済活動に合わせた表が作成された。我が国においても、1955年に第１回産業連関表の発表があってから、５年毎に発表されている。その表のもととなる統計の精度やその種類が異なるため、縦横の総計が一致しないことが多く、精度の高い部門から生産額の推計と各部門への配分を行うので、作業に時間がかかり5年毎の発表となっている。

以下の節にて、文化芸術産業の波及効果を例示するが、特に文化芸術産業は、サービス提供が中心であり、製造業と異なり本格的な統計調査が時系列的に行われたのは最近になってからで、それも精度が他部門に比べよろしくない。従って、製造業に比べ波及効果についてもやや雑なことを前提としなければならない。先ほどの国立民族学博物館の経済波及効果測定においても、建物としての建設整備に係る波及効果のみであって、観客の来館による消費活動や鑑賞行動による波及効果を測定しているわけではない。

5.4 波及モデルの文化芸術活動への応用

商品やサービスの取引を示している産業連関表を芸術部門に応用するなら、芸術団体がチケット販売を通じて芸術活動というサービスを消費者に提供しているといえる。この場合、劇団→鑑賞者といた単純な直接販売（劇団が直営している劇場での窓口販売や通信販売（インターネット販売））のほか、劇団→チケット販売代理店→鑑賞者といったように複雑な販路もあり得る。この直売方式は、連関表上では単純に提供者（劇団）から鑑賞者が直接購入するように考え、代理店等販売経路を使用した購入（間接販売）は商業部門からチケットを劇団が委託販売させた場合のマージン代（通常はチケット代金の20から40%）を、鑑賞者が購入する（反対にチケット販売代理店は各マージンの合計額を生産する）と考える。

また、劇団が自前の劇場を所有している場合と劇場を賃貸している場合では、実際には劇団として前者は経費がかからないが、後者は賃貸料がかかる（劇場を経営する会社・団体が劇団に劇場空間を貸すサービス提供を行っている）。これを市場で同一に評価するため、帰属計算を便宜的に行い、実質的に効用が発生していてそれを享受しているので、市場での評価額（この場合同レベルの劇場を賃貸している賃貸額）を生産額に計上し、享受している劇団の経費として考える。

現在では独立行政法人となったが、以前の国立劇場のように国が直接整備している施設の場合には、国という特殊性から賃貸料＝利潤相当分を計上する必要がないので、原則として減価償却費相当分だけが帰属経費となる。なお、地方自治体は、国以上に博物館、美術館、劇場、ホール等の文化施設を直接整備しているが、それも国と同じように考える。地方の文化施設の運営団体を地方独立行政法人に整備する法律（地方独立行政法人法）が2003年7月に公布された。それにより順次公立の文化施設が地方独立法人化されている[8]が、独立行政法人となった際は、産業連関表において通常の私立の文化施設と同じ欄に記載されるものと思われる。

もう一度、先の各産業別の投入産出式を記載する。

$$x_i\text{（産業}i\text{の生産額＝需要額）}=\sum_{j=1}^{3}a_{ij}x_j+y_i$$

ここで、x_i は、i 部門の産業の投入（中間財）と最終消費関係を示す式であることから、これが多数の生産部門（この例示では、1、2、3の3部門）に分かれるので、

$$x_i=\begin{bmatrix}x_1\\x_2\\x_3\end{bmatrix}\qquad A=\begin{bmatrix}a_{11}&a_{12}&a_{13}\\a_{21}&a_{22}&a_{23}\\a_{31}&a_{32}&a_{33}\end{bmatrix}\qquad a_{ij}=\frac{x_{ij}}{x_i}$$

のように、記載すれば便利である。

さて、以上のように記載すると下記のように投入産出式はベクトル表記で示せる。

$$\boldsymbol{x}=A\boldsymbol{x}+\boldsymbol{y}\qquad A=[a_{ij}]$$

A が投入係数行列である。

$$\boldsymbol{x}=A\boldsymbol{x}+\boldsymbol{y}\text{となるので、}\boldsymbol{y}=[E-A]\boldsymbol{x}$$

従って、$\boldsymbol{x}=[E-A]^{-1}\boldsymbol{y}$ である。Eは単位行列

このようにして、各産業と家計が構成要員とした経済系の各構成員間の商品・サービスの流入と流出が判明すれば、各構成員の算出量が求められる。

投入係数を先ほどの例示にて簡単に求めてみよう。

$a_{ij}=\frac{x_{ij}}{x_i}$ であるので、

$$a_{11}=\frac{16}{119}=0.1345\text{、}a_{12}=\frac{79}{3624}=0.02180\text{、}a_{13}=\frac{13}{5321}=0.002443$$

$$a_{21}=\frac{27}{119}=0.2269\text{、}a_{22}=\frac{1650}{3624}=0.4553\text{、}a_{23}=\frac{556}{5321}=0.1045$$

$$a_{31}=\frac{18}{119}=0.1513\text{、}a_{32}=\frac{751}{3624}=0.2072\text{、}a_{33}=\frac{1455}{5321}=0.2733$$

以上を整理して、投入係数を行列にしたものが投入係数行列である。

それを表5-3として記載すると

表5-3　投入係数行列

	産業１	産業２	産業３
産業１	0.1345	0.0218	0.002443
産業２	0.2269	0.4553	0.1045
産業３	0.1513	0.2072	0.2733

（出典）筆者作成

この行列の縦（列）は各産業の各原材料投入単位を示し、産業技術構造（生産に必要な有効技術の構造）を示している。

$[E-A]$ 行列　　　　　　　　　総生産額

$$\begin{bmatrix} 0.8655 & -0.0218 & -0.002443 \\ -0.2269 & 0.5447 & -0.1045 \\ -0.1513 & -0.2072 & 0.7267 \end{bmatrix} \times \begin{bmatrix} 119 \\ 3624 \\ 5321 \end{bmatrix} = \begin{bmatrix} 10.992 \\ 1390.9 \\ 3097.9 \end{bmatrix} \text{（家計の消費）}$$

今度は、逆に $[E-A]$ 行列と総生産高を掛け合わせると、家計の各産業から流入する額が求められる。

さて、投入係数が判明していると、消費者（家計）への必要投入量を算出するのに必要な各産業部門別の産出量を計算することができる。たとえば、各産業から消費者は、ある期間（１年間でも１日でもよい）内に第１産業からは、11億円、第２産業からは1,391億円、第３産業からは、3,097億円ずつ消費しているとする。

そうすれば、今度は、先の最終消費額に、$[E-A]$ の逆行列を掛ければよいのだから、

$[E-A]$ の逆行列は、

$$\begin{bmatrix} 1.1708 & 0.051152 & 0.01129 \\ 0.56539 & 1.9668 & 0.2847 \\ 0.40497 & 0.57144 & 1.4596 \end{bmatrix}$$

となるので、家計の最終消費額をかけると、各産業部門の必要な産出額が計算できる。

家計が消費している消費額 $\begin{bmatrix} 11 \\ 1391 \\ 3097 \end{bmatrix}$ を掛けると

各産業の算出額は、第１産業が119.0億円、第２産業が3,623.9円、第３産業が5,319.8億円の生産が必要であり、計算誤差を含めると先の各産業部門別の生産額と一致している。数学的にはすべての行列の逆行列は存在するとは保証できないが、産業連関分析では存在すると暗黙に仮定している。下記のソローの条件が成り立つときは、逆行列が存在する。

$$x_{ij}=\sum_{i=1}^{n} a_{ij}<1 \qquad (i=1, 2, 3\cdots\cdot n)$$

仮に、文化芸術産業から消費者が必要とする需要額（例として、オペラに対する需要を考える）が想定できれば、それらに必要なオペラ産業等の関連産業の生産高が計算できる。１回につき１万円のチケットを年間５回購入すると、一人につき５万円の消費額であり、そのような消費者（鑑賞者）が、首都圏に10万人いれば年間のオペラ消費額は10億円である。この10億円を首都圏の産業連関表に代入すれば、オペラにかかわる産業の生産高が計算される。これより実際の生産高が多すぎれば、それは過剰生産であり、需要を満たす以上の水準でオペラ団等関連団体が存在していることにもなる。

もう一つのことは、産業連関表の付加価値のところに注目すると、商品・サービスを各産業が製造することにより、当該地域での付加価値額を計算できることである。先に述べたように、付加価値学は、生産者利益分（営業余剰）、機械等資本消耗分、雇用者所得、間接税に分かれる。つまり、企業の利益と賃金上昇や労働確保につながる。今、先の例でこの付加価値額を計算してみよう。

念のため、先ほどの産業連関表を記載する。

表5-4　各産業間の連関表

	産業部門(中間需要：材料として使用部分)			家計(最終需要)	総生産(算出)
	産業１	産業２	産業３		
産業１	*16*	*79*	*13*	11	**119**
産業２	*27*	*1650*	*556*	1391	**3624**
産業３	*18*	*751*	*1455*	3097	**5321**
付加価値額	58	1144	3297		
生産額(投入)	**119**	**3624**	**5321**		

（出典）筆者作成

この付加価値額の欄をさらに詳細に記載すると、

表5-5　付加価値額の連関表

	産業部門		
	産業1	産業2	産業3
付加価値額(上段：企業利益等、下段：雇用者所得)	*43*	*289*	*1197*
	15	*855*	*2100*
生産額(投入)	119	3624	5321

(出典) 筆者作成

$v_{ij}=\frac{V_{ij}}{x_i}$ とし、V_{ij} は、上図の各付加価値額であるとする。

$$V=\begin{bmatrix} v_{11} & v_{12} & v_{13} \\ v_{21} & v_{22} & v_{23} \end{bmatrix} \text{とおけば} V=\begin{bmatrix} 0.3554 & 0.07975 & 0.2250 \\ 0.1276 & 0.2358 & 0.3946 \end{bmatrix}$$

このV行列の第1行は、企業利益等を第2行は、雇用者所得を示す係数である。

次に、各産業別の生産額を $X=\begin{bmatrix} 119 & 0 & 0 \\ 0 & 3624 & 0 \\ 0 & 0 & 5321 \end{bmatrix}$ とおけば、

$V \cdot X$ は、$\begin{bmatrix} 42.29 & 289.01 & 1197.23 \\ 15.18 & 854.54 & 2099.67 \end{bmatrix}$ となる。それぞれ、左から、第1産業、第2産業、第3産業となるが、上段は企業利益等、下段は雇用者所得である。計算誤差内で実際の値と合っている。

産業連関モデルは、投入係数が時間的に変化しないならば、いつの時点でも適用可能である。そのためには、投入係数は系を構成している産業部門と家計間の投入・算出量が一定であること、構成産業が増減しないこと等の静的な制限が必要である。ところが、実際には経済の流動化や産業の盛衰により、静的な経済構造は事実上存在しない。

しかし、測定する期間を短期間に限れば、ほぼ静的な系と見なせるので、投入係数一定と仮定しても消費者の需要に対する各産業の算出量や各産業間の波及効果についての計算に大きい影響は与えない。その場合、投入係数自体を時間的な変数と見なし、より精密な分析を行うことが可能である。愛知万博やラ・フォル・ジュルネ・オ・ジャポンなど短期間に開催されるイベント、あるいはコンサート、演劇の経済波及効果を測定するためには、十分な手法である。

5.5　東京都とニューヨークとの文化芸術活動の波及効果比較

(1) 両地域における産業連関モデルの文化芸術への適用

人々は、物質的豊かさだけでなく精神的な面も含めた「豊かさ」を求めるようになってきた。こうした志向を反映して、文化芸術事業、文化施設に対する投資や支出が増加し、これが新たな需要を惹起し、都市における経済活動の活性化、地域振興という観点からも多大な貢献をすることが注目され始めた。文化芸術には、創造し、提供する供給者とそれを鑑賞、享受する需要者が存在するが、文化芸術を産業として捉えるあるいは、個人又は家計の消費行動として捉えるという試みは、未だ緒についたばかりである。その一つの試みとして、文化庁の委託を受けて文化経済研究会（枝川も構成員）が東京都文化芸術分析用産業連関表により、東京都の文化芸術産業の経済波及効果を算出した。この文化経済研究会の試算した数値に関しては山田他[9]が紹介している。

この研究では、東京都における文化芸術支出の経済波及効果と、東京都に新設予定の新交通システムの経済波及効果等との比較を通じて、文化芸術産業の地域内における高い経済波及効果、またはその可能性を指摘して、国や地方自治体の文化支援の充実を期待している。東京都の文化芸術産業の経済波及効果は、ニューヨーク・ニュージャージー大都市圏の港湾局（T.H.A:The Port Authority）が産業連関表を用いて試算したニューヨーク・ニュージャージー大都市圏における文化芸術産業の経済波及効果より低い。逆にいうなら、東京における文化芸術産業が経済を活性化する可能性への希望が持てるともいえよう。また、佐々木[10]は、ニューヨーク市と東京都の文化芸術産業とその振興策の歴史を比較することにより、その質の違いを指摘している。

ここでは、更に作業を進めて、東京都の文化芸術産業の経済波及効果とニューヨーク・ニュージャージー大都市圏におけるそれとの数値の差の背景、及び両者の文化芸術振興施策の質的相違を考察する。なお、東京都との比較の対象とするニューヨーク・ニュージャージー大都市圏は、その人口規模（ニューヨーク・ニュージャージー大都市圏1,560万人（1992年）。東京都1,188万人（1992年））及び経済規模を考慮した場合、比較事例として、分析の対象としては妥当である。

(2) 文化芸術分析用産業連関表の構築

東京都産業連関表（1990年）を基に、文化芸術に関連の深い産業を詳細に表した文化芸術分析用産業連関表を作成した。部門数は92部門（東京都地域46部門、その他地域46部門[11]）である。また、対象産業部門として次の4部門を設定し、その4

部門の産業活動に伴う産業間波及効果を産業連関分析の手法を用いて分析した。

①「劇場」…演劇、歌劇、人形劇、ミュージカル等を演じる劇場及び劇場付属劇団、楽団、歌劇団、舞踏団

②「興行団」…劇団、楽団、歌劇団、舞踏団、芸能興行団等

③「ミュージアム」…美術館、博物館、植物園、水族館等

④「ビデオ・映画製作業」…ビデオ映画製作、映画配給、映画フィルム現象等を含み、映画館、放送業を除く。また、生産誘発効果を以下のとおり示した。

$X = AX + F + E - M$

X…生産額行列

A…投入係数行列

F…最終需要行列

E…輸出行列

M…輸入行列

次に、輸入は地域内の需要に比例するものとし、$M = \bar{M}(A^*X + F^*)$ とする。

$\bar{M}$…輸入係数対角行列

A^*…投入と産出が同一地域である投入係数行列

F^*…投入と産出が同一地域である最終需要行列

従って、$X = AX + F + E - \bar{M}(A^*X + F^*)$ となり、これを X について整理すると、I を単位行列[12]として、

$(I - A + \bar{M}A^*)X = F + E - \bar{M}F^*$

X について解いて、$X = (I - A + \bar{M}A^*)^{-1}(F + E - \bar{M}F^*)$

投入の変化により同一地域内にある最終需要が ΔF^* 分増加し、そのとき生産額が ΔX 分増加したとする。なお、$(I - \bar{M})$ 行列の各行列成分は、1から輸入係数を引いた値を対角成分とする行列（国内自給率行列）である。これを、用いると生産増加分は、

$\Delta X = (I - A + \bar{M}A^*)^{-1}(I - \bar{M})\Delta F^*$ だけ生産額が上昇する。

分析対象としたサービスの輸入はすべて特殊貿易及び直接購入とする。ビジネス客による海外（ここでは、東京に来訪した）での財・サービス購入を「特殊貿易」、観光客による海外での財・サービス購入を「直接購入」という。これらは、地域内の商品・サービスの需要 AF^* によって決まるが、上記に見るとおり、その $(I - A + \bar{M}A^*)^{-1}$ 倍だけの生産が誘発される。この産業連関表の92部門を2部門にまとめて、表5-6にその構造を示した[13]。

表5-6　東京都産業連関表

	中間需要		最終需要		輸入
	東京都地域	その他地域	東京都地域	その他地域	
東京都地域	44	47	55	12	-5
その他地域	27	353	15	410	-41
粗付加価値	82	364			
生産額	153	764			

（出典）東京都産業連関表より筆者調整

（3）東京都の文化芸術活動の波及効果

各部門の現状

各部門の営業収入、支出額及び支出のうちの経常経費、給与総額を表5-8に示した。ここでいう「劇場」とは、日本標準産業分類に掲げる小分類802の興行場、興行団に属する業務を主業として営む事業所（国や地方公共団体等から施設の運営等を包括的に代行している指定管理者制度利用の事業所を含む）であって、次の劇場と興業場を含む。

劇場

ア　演劇を提供する事業所（劇場）イ　劇場（貸しホールを含む。）を賃貸する事業所　ウ　国・地方公共団体から劇場の管理・運営を委託されている事業所　※演劇の範囲：一般劇、歌劇（オペラ）。ミュージカル、歌舞伎、人形劇、舞踏、舞踊

興行場

ア　音楽、落語、講談、浪曲、漫才、見世物、軽業（かるわざ）などの娯楽を提供する事業所（ライブハウス、興行場、寄席、演芸場、サーキット場など）イ　野球、サッカー、ボクシング、相撲などの娯楽を提供する事業所（興行場、プロ野球興行用の野球場、プロサッカー興行用のサッカー場、ボクシング場など）
である。なお、国・地方自治体直轄の事業所は含まない。

「ミュージアム」は、美術館、博物館以外に、動物園、植物園、水族館を含む。

「ビデオ・映画製作業」は、映画、ビデオ、テレビ番組の制作・配給を行う事業所である。

劇場

東京都における劇場数は、1994年現在、114事業所（対全国シェア20.3%）。従業員数2,395人（対全国シェア28.7%）である。また、東京都地域の劇場に収入を見ると、総収入額83,207百万円あり、内訳は、公演売上高37,837百万円、食堂・売店その他売上高31,582百万円、寄付・助成金・補助金等13,788百万円となっている。また、劇場の収支を見ると、東京都地域の劇場の事業収入（公演売上高と寄附・助成金・補助金の合計）は、51,625百万円ある。他方、支出額は、79,075百万円もあり、事業収入額を上回っている。

興行団

興行団は、1994年現在で、東京都地域に895事業所存在し、全国の57.6%を占めている。従業者数は、8,427人（対全国シェア54.2%）である。東京都地域における興行団の事業収入額は、197,337百万円であり、これに対応する支出額は、184,413百万円である。

ミュージアム

東京都のミュージアム（美術館、博物館、動物園、植物園、水族館）の事業所数は、146事業所であり、従業者数は、2,308人である。対全国シェアを見ると、館数では16.6%に対し、従業員数では21.6%となっており、東京都地域のミュージアムは規模が大きいといえる。事業収入額は、29,312百万円であり、それに対する支出額は24,342百万円となっている。

ビデオ・映画製作業

東京都のビデオ･映画製作業の事業所数は、1,749事業所あり、全国の55.8%を占める。また、従業員数は、30,918人であり、対全国シェアは、63.3%である。収入額は、835,793百万円（対全国シェア80.4%）であり、それに対する支出額は、760,340百万円（対全国シェア80.4%）である。ビデオ･映画製作業は、東京に事業所数の過半が存在するだけでなく、収支面から見ると集中度が高いことが解る。

表5-7　東京都の各部門別事業所数及び従業員数

	事業所数	従業者数	常雇者数
劇場	114 20.3%	2,395 28.7%	2,300 48.8%
興行団	895 57.6	8,427 54.2	6,337 53.6
ミュージアム	146 16.6	2,308 21.6	2,077 26.3
ビデオ・映画製作業	1,749 55.8	30,918 68.3	26,130 70.0

(注)　下段は、全国に占める割合を示す。
(出典)　通産省「平成６年度特定サービス実体調査」、総務庁「平成６年度サービス業基本調査」

表5-8　東京都の各部門の収支

(単位：100万円)

	収入額	支出額	(経常経費)	(給与支給額)
劇場	51,625 34.2	79,075 39.5	63,039 42.6	16,036 30.7
興行団	197,337 57.4	184,413 58.6	149,449 57.4	33,124 59.5
ミュージアム	29,312 27.6	24,342 27.7	19,298 31.3	6,152 23.5
ビデオ・映画製作業	835,793 80.4	760,340 80.4	605,990 82.2	154,350 73.7

(注) 収入額は、公演売上高と寄付金・助成金・補助金の合計で、下段は全国に占める割合を示す。
(出典) 表5-7に同じ

(４) 各部門の生産誘発効果

前述の文化芸術活動分析用産業連関表を用い、東京都地域における各部門毎の生産誘発効果を求めた。いずれの部門についても、東京都地域内の「対事業所サービス」、「本社」等第３次産業に高い経済波及効果を示している。

劇場

東京都の劇場に１単位の消費があった場合の波及効果を求めると全国に1.88倍の生産誘発効果があり、東京都地域に80.3%、その他地域に19.7%の生産誘発効果が生じる。この効果を産業別に見ていくと、最も大きいのは、東京都地域の「対事業所サービス（0.11倍）」であり、以下、「その他地域の本社（0.09倍）」、「東京都地域の興行団（0.08倍）」となっており、この他、映画、不動産、電気・ガス・水道の生産を誘発している。

興行団

東京都地域の興行団に１単位の消費が発生すると、全国で1.82倍の生産が誘発され、そのうち、82.1％が東京都地域へ、残りがその他地域へ波及する。これを産業別に見ると、最も波及効果の大きいのは、「東京都地域の本社部門（0.08倍）」であり、ついで、「東京都地域の運輸部門（0.05倍）」「東京都の興行団（0.05倍）」、「東京都地域の劇場・興業場（0.04倍）」である。

ミュージアム

東京都地域のミュージアムで１単位の消費支出が発生すると、全国で1.59倍の生産が誘発され、そのうち、85.6％が東京都地域へ波及する。産業別に見ると、「東京都地域の対事業所サービス（0.12倍）」に波及効果が大であり、サービス業への貢献が注目される。次いで、東京都地域及びその他地域とも「本社（0.03倍）」、「東京都地域の広告（0.02倍）」、「東京都地域の新聞・出版（0.02倍）」、「東京都地域の商業（0.02倍）」となっている。

ビデオ・映画製作業

東京都地域のビデオ・映画製作業で１単位の消費支出が発生すると、全国で2.04倍の生産が誘発され、そのうち82.1％が東京都地域に波及する。産業別に見ると、「東京都地域の本社（0.20倍）」に波及効果が大であり、次いで、「東京都地域の映画（0.10倍）」、「東京都地域の興行団（0.08倍）」となっている。

表5-9　生産誘発効果

（単位：倍）

	劇場	興行団	ミュージアム	ビデオ・映画
生産誘発効果	1.88	1.82	1.59	2.04
東京地域	1.51	1.49	1.36	1.67
その他地域	0.37	0.33	0.23	0.37

（出典）筆者調整

（５）文化芸術に対する消費行動の経済波及効果

文化芸術を目的とした消費者の行動が、経済波及効果を生み出している。特に、映画館・劇場・ミュージアムの入場料に対する支出と文化芸術を目的として外出した際の関連の消費活動の波及効果について分析する。

文化芸術に対する消費の実態

全国の映画の入場料は、1,431億円、東京都地域は、409億円、その他地域は、1,022億円であり、これを産業連関表の「映画」における最終需要とする。劇場入場料は、総額600億円、東京都地域280億円、その他地域は、320億円であり、これを産業連関表の「劇場・興行場」における最終需要とし、これを逆行列を乗じて生産誘発効果を算出する。また、全国のミュージアム入場料は、798億円でうち東京都地域は222億円であり、その他地域は572億円でありこれを産業連関表の「社会教育」の最終需要とする。文化芸術を目的とした外出の際に、入場料等直接支払うものだけでなく、関連して交通費、宿泊費、飲食費等の消費がなされる。東京都地域に文化芸術目的で訪れる人々の関連の消費額は、6,157億円（映画、劇場、ミュージアム等への入場料を除く。）になる。文化芸術分析用産業連関表において、交通費は、「運輸」に、宿泊費は、「旅館･その他の宿泊所」に、飲食費は、「飲食店」に属するように分類した。また、その他買い物等の消費パターンは、不動産関係の比重が高い都内在住者の消費パターンではなく、他県民の消費パターンに近いことから、産業連関表上、最終消費需要における他県民消費の構成比を利用して各項目に配分し、生産誘発効果を求めることとした。

表5-10　映画・劇場・ミュージアムの入場料総額

（単位：百万円）

	全国		東京	
		うち一般消費者		うち一般消費者
映画	143,116	140,682	40,863	40,358
劇場	60,022	31,583	27,998	14,648
ミュージアム	79,421	67,352	22,226	17,754

（出典）筆者調整

表5-11　東京都への芸術文化（ミュージアム、映画、劇場）目的の来訪者消費額総計

（単位：億円）

	総額				
		交通費	宿泊費	飲食費	その他
都民	2,507	103	6	55	2,343
上記以外	3,651	236	384	730	2,301
計	6,157	339	390	785	4,643

（出典）筆者調整

生産誘発効果

1単位の消費支出に対し、映画入場料については、2.06倍、劇場入場料については、1.75倍、ミュージアム入場料については、1.52倍の生産が誘発される。また、東京都地域に文化芸術目的で訪れる者の消費額は、交通費は「運輸」に、宿泊費は、「旅館･その他宿泊所」に、飲食費は「飲食店」に属するものとした。その他の買い物等の消費パターンは他県民の消費パターンに近いので、最終需要における他県民消費の構成比を利用して各項目に配分し、波及効果を求めた結果、1単位の消費支出に対し、1.66倍の生産誘発効果が認められた。

(4)ニューヨーク・ニュージャージー大都市圏の文化芸術活動の波及効果

各部門の現状

ニューヨーク・ニュージャージー大都市圏においては、文化芸術産業を5つの項目(商業劇場、非営利の芸術機関、画廊・オークションハウス、ビデオ・映画製作業、芸術目的の来訪者)について、分析している。それぞれの部門の概観は、(表5-12)のとおりである。

表5-12　東京都・ニューヨーク両地域の芸術文化関連支出額

(単位:億円)

項目	支出額	
	東京	ニューヨーク・ニュージャージー
劇場	759	733
興行団	1,771	1,346
ミュージアム	226	665
画廊・オークションハウス	—	665
ビデオ・映画製作業	7,302	2,644
来訪者消費	6,025	2,189

(出典)筆者調整

劇場

ニューヨーク･ニュージャージー大都市圏における商業劇場の数は497、非営利の劇場数は112、合計609であり、東京の劇場数114を大きく上回っている。また、商業劇場及び非営利の劇場の支出額は566百万ドル(945億円:当時の為替換算)であり、興行団に該当する巡回公演を差し引くと439百万ドル(733億円)である。これは、東京都の759億円と比較すると同程度の支出規模である。

非営利の芸術機関

ニューヨーク・ニュージャージー大都市圏においては、商業的な活動をする団体の他に、音楽、オペラ、演劇、ダンス等の団体、美術館、博物館、動物園、植物園、公共テレビ放送、非営利の映画・ビデオ製作団体、非営利の劇場、文学雑誌、芸術関連のサービス機関、民間芸術・地域芸術の団体等の公的助成の対象となる非営利の芸術機関が多数存在している。

非営利の芸術機関は、通常、教育、学術その他の慈善目的を有する税制優遇団体として法人化されたもので、内国歳入庁（Internal Revenue Service）による税制優遇の許可[14]を得る。これらの機関は、公益のために運営され、その収入に係る連邦税を免除される他、郵便料金の割引や州の固定資産税や売上税の優遇も受ける。非営利の芸術機関の総支出額は、1,331百万ドルであり、そのうち、53%が人件費（賃金、俸給、税、社会保険料を含む。）である。

ビデオ・映画製作業

映画作品の製作会社、テレビ番組の製作会社、産業映画の製作会社及び製作後方産業（編集、音声、タイトル作成、コンピュータ・グラフィックス）などが含まれている。ニューヨーク・ニュージャージー大都市圏におけるビデオ・映画製作業の支出額は、商業ベース1,444百万ドル（2,411億円)。非営利機関139百万ドル（232億円)。合計1,583百万ドル（2,644億円）である。東京においては、7,302億円となっており、ニューヨーク・ニュージャージー大都市圏が、この種の産業のセンターでないとはいえ（ロサンゼルス市のビデオ・映画製作業の支出額は、13,694億円)、東京都における支出額は大きい。

芸術目的の来訪者の消費

ニューヨーク・ニュージャージー大都市圏への芸術を目的とした来訪者の消費額は、1,311百万ドル（2,189億円）であり、内訳としては、交通費508.5億円（23.2%)、宿泊費663.8億円（30.3%)、飲食費399.6億円（18.2%)、買い物等その他費用350.4億円（16.0%）である。他方、東京都のそれは、6,025億円であり、内訳としては、交通費334億円（5.5%)、宿泊費375億円（6.2%)、飲食費763億円（12.6%)、入場料を除くその他費用4,553億円（75.5%）である。

その他

東京との比較において、興行団は東京と同じように集中している。ニューヨーク・ニュージャージー大都市圏において、劇団、楽団、歌劇団、舞踏団、芸能興行団等のいわゆる興行団の数は、700程度と見られるが、東京都においては877である。興行団の支出額は、ニューヨーク・ニュージャージー大都市圏では、806百万ドル（巡回公演を含む。1,134億円）であり、 東京都においては、1,771億円である。

経済波及効果の比較

ニューヨーク・ニュージャージー大都市圏における文化芸術の経済波及効果に関する産業連関分析結果（1992年）を比較すると表5-13のとおりである。

支出額の規模を比較すると、東京についてもニューヨーク・ニュージャージー大都市圏のそれと遜色のない規模であり、特に、ビデオ・映画製作、来訪者の関連消費については、東京都はニューヨーク･ニュージャージー大都市圏の約2.7倍の規模がある。しかしながら、経済波及効果という観点から見ると、各部門ともニューヨーク・ニュージャージー大都市圏の生産誘発効果をいずれも下回る。

特に、東京都における商業的な興行団とミュージアムとの比較において注目すべき点として、ニューヨーク・ニュージャージー大都市圏における非営利の芸術機関である興行団、ミュージアム等の生産誘発効果が高いことが挙げられる。これは、ニューヨーク・ニュージャージー大都市圏における文化芸術産業のうち、多様性のある民間非営利の芸術機関の活動とその多様な官民を挙げた支援システムによるところが大きいと考えられる。他方、東京都において集中の著しい放送産業、メディア関連産業を背景としたビデオ･映画制作については、ニューヨーク･ニュージャージー大都市圏のそれと比べて遜色はない。

表5-13　生産波及効果

<table>
<tr><th colspan="2">項　　目</th><th colspan="2">生産誘発効果倍率</th></tr>
<tr><th>東京</th><th>ニューヨーク</th><th>東京</th><th>ニューヨーク</th></tr>
<tr><td>興行団(スポーツ除く)
ミュージアム
その他</td><td>非営利の
芸術機関</td><td>1.82
1.56
—</td><td>2.04</td></tr>
<tr><td colspan="2">画廊・オークションハウス</td><td>—</td><td>2.11</td></tr>
<tr><td colspan="2">劇場</td><td>1.88</td><td>2.00</td></tr>
<tr><td colspan="2">ビデオ・映画製作</td><td>2.04</td><td>2.1</td></tr>
<tr><td colspan="2">芸術目的の来訪者消費</td><td>1.66</td><td>1.77</td></tr>
</table>

(出典）筆者調整

5.6　経済波及効果以外の効果

ニューヨーク･ニュージャージー大都市圏と東京都における文化芸術産業の支出、文化芸術関連消費の規模及び誘発効果を比較することにより、以下に記すいくつかの論点が見いだされる。

①ニューヨーク・ニュージャージー大都市圏においては、税制優遇措置の対象となる非営利の芸術機関の役割[15]が大きいが、東京では、支出額に関し、商業ベースの芸術機関、ビデオ、テレビ映画製作業などの比重が大きく、文化芸術活動の質の違いが顕著である。

②ニューヨーク・ニュージャージー大都市圏における各文化芸術部門、文化芸術関連消費活動は、いずれも東京のそれより高い生産誘発効果を生んでいる。特に非営利の芸術機関の生産誘発効果が高いことは、大都市における産業政策の方向性を示唆している。

③東京における文化芸術関連の来訪者の消費規模は、ニューヨーク・ニュージャージー大都市圏に比較して大きい。このことは、文化芸術と日常生活との関わり方の差にあると思われる。東京においては、文化芸術目的の外出は、未だ特別な行事であると推察され、また、消費額の中に占める買い物等関連消費の割合が高いことから、東京への来訪者は結果的に多目的な稼動となっているようである。他方、景気変動の影響を受けやすいことも否定できない。また、文化芸術関連の財やサービス自体の価格の差も存在すると思われる。

①及び②に関しては、まず、東京における商業ベースの劇場の支出を例に採ってみると、給与総額が20.3%を占め、残りが経常的経費となっているが、ニューヨーク・ニュージャージー大都市圏の劇場においては、支出のうち芸術的、技術的、管理的労働者への支払いが57%を占め、劇場等ハード部門と興行団等のソフトとの連携が有機的になされていることが窺える。

これは、さらに、ニューヨーク・ニュージャージー大都市圏における非営利の文化芸術機関の興行団等ソフト部門の支出割合の高さ（53%）にも現れており、非営利団体の先導的役割を示している。また、ニューヨーク・ニュージャージー大都市圏と、東京都又はわが国における非営利団体への公的支援、非営利団体と商業ベースの芸術機関との役割分担ないし文化芸術産業内の連携等の差異が顕著に現れている。

ニューヨーク市では、すでに前世紀の終わり頃から、メトロポリタン美術館の設置[16]への市所有地提供を嚆矢とする文化芸術活動推進への布石があり、それを引き継ぐ形で市や富裕者層による寄付行為による有形無形の文化芸術活動への支援が行われてきた。連邦政府においても、非営利団体に対する寄付は、受け取り側も支出側もかなりの割合で非課税として扱っている。

一方、我が国では特定非営利活動促進法（NPO法、1998年公布施行）が2011年6月に改正され、国税庁長官から認定を受け認定特定非営利活動法人になると、特定公益増進法人と同様の寄附控除等の対象となる[17]。また、最近のアベノミクスに代表される経済活性化策による市場利子率のより一層の低下は、芸術団体への助成を行っている助成財団の基金果実の減少を誘い、助成額の低迷となっている[18]。一方で、経済状況の改善は寄付金額の増加に見られているが、現段階では文化芸術団体への明確な支援が活性化したことはいえない。また、2020年東京オリンピック・パラリンピックの開催に向けて、東京のみならず我が国全体で文化活動を展開することが政府からも提言されている。我が国経済の沈滞により世界の経済のセンターの一つとして東京都の存在意義の低下が見られたが、オリンピック景気とアベノミクス景気によってどの程度文化芸術産業が活性化するか予断を許さない。

情報伝播技術の進展による従来型のテレビ等の放送網の再構築等や、商業ベースでの文化芸術産業のウェイトがニューヨーク・ニュージャージー大都市圏に比べ高いことを考慮すると、今後の東京都における商業ベースの文化芸術産業による経済活性化より、インターネット活用の個々人による文化芸術創造事業や発進事業に期待したいものである。

従来、先進諸外国に比べ経済活動に占める割合が低いと見られていたNPO活動がアメリカには及ばないもののヨーロッパ諸国とでは遜色ないことも最近の調査[19]で知られており、本調査と併せ考察すると、ニューヨーク・ニュージャージー大都市圏が目指したような民間非営利活動による文化芸術活動の活性化と、それによる経済波及効果も東京都の文化政策の選択肢に含めるべきでないかと思われる。

例えば、滞在型の創作を支援する「アーティスト・イン・レジデンス」活動には、NPOが活躍している。アーツ・イン・イニシアティヴ・トーキョウ（AIT）は美術館学芸員が組織している集団であるが、スエーデンの政府文化機関と提携し、隅田川のアトリエにスエーデンからの写真家を招聘する事業や美術学生に作品を画商・学芸員にプレゼンテーションする手法を教授する事業を行っている。また、「関西フィルハーモニー管弦楽団」「札幌室内歌劇場」「人形劇場文楽座」など、文化芸術活動のNPOも目立つようになってきた。

いずれにせよ、東京都においても、文化芸術産業は、域内の第３次産業に高い生産誘発効果を示している。地方自治体としても、文化芸術産業を発達させることは、都市型の地域活性化方策の一つとして有意義であるという認識の下、低コストの民間非営利活動を支援しつつ、それを商業ベースの文化芸術活動と連携させていくことが重要である。わが国の地域振興方策は、基盤整備を重視する傾向が強く、文化芸術関連についても、文化施設等の整備に対する助成を中心に行われてきたが、このように非営利団体と営利企業の連携、都市型の産業連関効果を高め誘導していく施策展開が目指される時期に来ていると言えよう。

③に関しては、都市における人々の消費行動パターンの分析が必要となるが、所得が上昇すれば、豊かさに対する要求は強まり、文化芸術関連の消費は増加する。また、その傾向が強まれば、人々の文化芸術に対する選択肢も広がり、より質の高い文化芸術関連の財及びサービスの提供を期待するようになる。東京においてはニューヨーク・ニュージャージー大都市圏に比べ、ビデオ製作・映画といった比較的安価に手に入る文化芸術関連商品・サービスの消費と来訪者の関連消費の規模が大きいが、いずれの経済波及効果もニューヨーク・ニュージャージー大都市圏と比較して小さい。東京都民とニューヨーク市民の文化芸術の日常性という観点から見ると興味深い結果である。

産業連関分析の文化芸術活動への適用例を述べたが、東京における文化芸術産業及び文化芸術目的の東京への来訪者の消費の生産誘発効果を把握し、また、ニューヨーク・ニュージャージー大都市圏のそれと比較することにより、都市における経済活性化及び地域振興方策の方向性を検討することが可能となる。

その結果、東京における文化芸術産業は、域内の第三次産業に比較的高い生産誘発効果が見られたが、ニューヨーク・ニュージャージー大都市圏と比較して、未だ生産誘発効果が低く、商業ベースが優先するなど質的にも異なる状況も散見される。この適用例から、東京においてもNPO等の民間非営利活動を支援、活用し、商業ベースの活動とのスムーズな連携を誘導していくことは、従来の公共投資、補助金等によるハード部門に対する助成を中心とした経済活性化方策の転換の一つのシナリオとして有効であると考察される。文化芸術活動に産業連関分析を加えることによって、施策の方向性も得られることに注目すべきである。

5.7　文化芸術活動の全国レベルでの経済波及効果

地域における文化活動は、昨今では地域住民の文化水準の向上のみならず、地域経済社会への効果、特に経済面での効果が取り上げられつつある。ところで、文化活動の経済的な側面からの研究は、その活動内容に把握が困難なため、あまり行われず、一過性のイベントが観光産業の観点から効果測定が行われてきた。そこで、前節では東京とニューヨーク・ニュージャージー大都市圏の文化芸術の経済波及効果の比較を行った事例を掲載した。本節ででは地域文化の経済的な波及効果を算定するほか、次の課題としての社会的な効果について述べ、今後の地域文化活動の在り方の一つを提示したい。

さて、我が国全体の文化文化活動の経済規模は、開催経費だけでも少なく見積もって約1兆円規模であり、産業規模では鉱業に匹敵する。また波及する経済規模も加えると開催経費のみで3.7兆円程度となる。経済波及効果のみならず、文化活動は地域の創造的な活動を底支えし、新企業の創造や発生を促す効果が見いだされている。そのためには、地域住民が自らの考えで行動でき、それを支える環境整備が必要である。

(1)経済波及効果

文化活動の全国的な経済規模

我が国における文化活動のうち一般の住民が参加する地域密着型的な文化活動(もちろん観光目的もあり、域外の住民も来訪することもある)の経済的な規模については、正確なところは把握できない。そこで、以下の方法により類推する。まず、文化活動についてその生産者(主催者)側からの把握である。もう一つは消費者(参加者)側からの把握である。一般的に地域における文化活動は、入場料が低廉かまたは無料であることが多いので、一般に使用される「家計消費生活調査」によっては把握することができない。すなわち、無料の活動に参加しても統計上出てこない。そこで、もう一方の生産者の方から経済規模を類推する。なお、このケースでは2001年度の調査を用いるが、その後類似の調査をみてもほとんど変化がない。

筆者がかつて行った全国レベルでの文化活動費調査[21]によれば、我が国で1年間に開催される文化活動は、約10万件でありその経費は平均1,355万円である。しかし、平均開催経費を採用すれば、多くの文化活動は先の調査で把握した活動より規模的に小さいのが多いと思われることから、その最頻値をとれば、160万円となる。これと年間開催件数10万件をかければ、1,600億円となる。一方、地方自治体の文化活動への補助金は、地方自治体の文化関係経費4,533億円(2001年度)に含まれている。先の調査によると調査対象の文化活動の収入のうち平均すると26%程度が市町村等からの補助金であるから、補助率は26%となる。

文化関係の4,533億のうちどの程度が文化活動への補助金か、文化庁『地域文化行政調査』からは把握できないが、一部の地方自治体の予算書から分析するとおおむね20％程度が補助金として文化活動へ支出されている。そこで、4,533億円のうち20％が文化活動への補助金とすれば、全国でおおむね900億円強が文化活動への補助金と類推できる。この値と先の補助率26％より3,500億円程度が文化活動経費となる。

さらに、最頻値でなく中央値は約1,000万円であるからそれを使用すれば、約１兆円が全国的に使用されている文化活動経費といえよう。最小1,600億円から最大１兆円が文化活動経費として支出されていると予想できる。そこで、その平均をとれば5,800億円となる。これは先ほどの補助率から逆算した経費3,500億円とほぼ近い。いずれにせよ、数字の桁数としては数千億円程度が全国的に使用されている文化活動経費であろう。これが、文化活動費の直接消費額といってよい。さらに、観客が来訪することによって関連消費が行われ消費支出額が算出できる。この二者によって誘発された経済効果が直接経済効果である。

直接消費額を、筆者の調査により文化活動経費の内訳を表5-14に示す。文化活動経費は１年の消費額であり、会場の建設投資はない。さらに、その内訳の詳細を見ると以下の通りである。

表5-14　補助金別文化活動の経費支出の内訳

(単位：千円)

助成		支出総額	公演経費	旅費	滞在費	創作費	企画宣伝費	会場設営費	謝金	事務費	その他
なし	平均値	5687.167	995.2273	501.6818	225	819.6279	634.5909	592	755.3721	762.4545	849.8636
	度数	42	44	44	44	43	44	44	43	44	44
	標準偏差	3577.567	1262.908	779.6013	523.8324	1021.747	772.0398	792.9033	1339.236	1046.388	1399.309
市町村のみ	平均値	15868.07	3187.844	1774.756	1045.867	1742.932	2198.222	1620.756	1421.727	1069.422	1828.067
	度数	43	45	45	45	44	45	45	44	45	45
	標準偏差	10667.44	2586.102	2584.256	1894.902	1822.173	2364.2	1969.499	2989.548	1568.262	3230.524
国，市町村	平均値	17595.86	5918.39	1235.085	538.2373	2043.914	1715.814	1730.695	1439.121	1134.322	1803.525
	度数	57	59	59	59	58	59	59	58	59	59
	標準偏差	17342.38	6821.908	2158.843	1307.657	3037.539	2127.667	3266.301	3070.054	1910.415	3208.124
合計	平均値	13550.37	3624.514	1181.135	599.4595	1589.517	1541.047	1358.736	1231.076	1004.034	1527.466
	度数	142	148	148	148	145	148	148	145	148	148
	標準偏差	13555.05	5006.994	2064.669	1390.748	2283.755	2005.976	2409.748	2649.313	1588.096	2820.115

(出典) 筆者作成

表5-15　各費目の内訳

「旅費」「滞在費」	出演者、講演者の移動・滞在にかかる経費
「創作費」	文芸費(原作料、著作料、翻訳料、演出料、企画等)
「企画宣伝費」	公演、講演、シンポジウム等事業の企画、宣伝広報
「会場設営」	会場賃貸、舞台装置、楽器賃貸、運搬、録画、録音
「謝金」	出演者、公演者にかかる出演料、講演料
「公演経費」	チケット販売手数料、稽古費用、アルバイト代、ケッタリング代、接待費、ヘヤー、かつら
「事務費」	通信、会議費、資料代、補助団体への交通費、印刷
「その他」	雑費、以上のいずれの項目にも該当しない経費

文化活動開催のための直接経費（投資）支出の産業連関表部門への配分

上記の表5-15に表示されている直接経費（投資）支出を産業連関表に組み替える(表5-16)。産業連関表の各部門に振り分けられた支出金額は、均衡算出モデルで計算するための生産者価格表示の産業連関表に対応していない。商業マージン・運輸マージンを含む購入価格者表示である。そこで、本来ならマージン部分を取り出し、「運輸」「商業」部門に振り分ける必要があるが、その内訳は「ケッタリング代」「印刷」費程度であるから、全体からみて無視できると仮定する[22]。

表5-16　文化活動の消費支出の産業連関表部門への組み替え

2006年調査分	支出額(千円)	産業連関表(2000年、32部門)への組み替え
公演経費	3,624.51	対個人サービス
旅費	1,181.14	運輸
滞在費	599.46	対個人サービス
創作費	1,589.52	対事業所サービス
企画宣伝費	1,541.05	対事業所サービス
会場設営費	1,358.74	対事業所サービス(2/3)、運輸(1/6)、放送・通信(1/6)
謝金	1,231.08	対個人サービス
事務費	1,004.03	対事業所サービス(1/3)、放送・通信(1/3)、その他製造(1/3)
その他	1,527.47	対個人サービス

(出典) 筆者作成

モデル構築

以下のモデルは、言うまでもなく文化活動開催による直接経費による波及効果である。「東京都とニューヨークにおける文化芸術活動の波及効果」には、２次効果

（経済波及効果により得られた所得増加による、消費効果は含まれていない。しかしここでは所得増加による消費効果を含める。つまり ΔX_2 において、第１次効果によって生じた誘発額のうち所得によって生ずる消費による生産誘発効果（２次効果）を含めて計算している。

$$\Delta X_1 = (I-(I-M)A)^{-1}(I-M)\Delta F$$

$$\Delta X_2 = (I-(I-M)A)^{-1}(I-M)\boldsymbol{ckw}\Delta X_1$$

$$\Delta X = \Delta X_1 + \Delta X_2$$

（注）　ΔX_1：全国レベルでの生産誘発額
（直接効果＋第１次波及効果）
ΔX_2：全国レベルでの生産誘発額（第２次効果）
ΔX：合計生産誘発効果
ΔF：最終需要増加額
$\boldsymbol{w}$：雇用者所得率（行ベクトル）
$\boldsymbol{c}$：民間消費支出構成比（列ベクトル）
k：消費転換係数（平均消費性向、スカラー）

（仮定）

ここでは、$M=0$とする。全国レベルでは、それぞれの地域間の商品･サービスの移入・移出は打ち消し合うこと、地域の文化活動に関する輸入材はなく、輸出財もないとする。厳密にいえば、オペラ公演のための衣装とか音響設備、テープ、CD、LDなどの音響関係の備品・設備を当該文化活動のために輸入することもあろうが、非常にまれとみて無視できると仮定する。

以上の仮定により、

$$\Delta X_1 = (I-A)^{-1}\Delta F,\ \Delta X_2 = (I-A)^{-1}\boldsymbol{ckw}\Delta X_1,\ \Delta X = \Delta X_1 + \Delta X_2$$

と簡単になる。なお、$(I-A)^{-1}$ はレオンティエフ逆行列である。

文化活動関連消費支出額

文化活動に参加する観客等の消費支出が考えられる。ここで、筆者の同種の調査[23]から全国規模での文化活動への参加者数等を類推する。同論文によれば、平均71,389人で中央値は3,000人、最頻値は1,000人である。また、詳細な分布を見ると参加者数が5,000人以下が全体の60%となっている。また、５件に１件は1,000人以下の小規模活動である。そこで、最頻値の1,000人を採用すれば、前節の年間開催件数10万件と掛け合わせると延べ１億人が参加している。また中央値を採用すれば延べ３億人が参加者数となる。

ここでは、国民１人当たり１回程度は地域の文化活動に参加していることは妥当と考え、控えめに延べ参加者数を約1億人と積算する。たとえば、1992年から順調に開催を続けており運営が安定している「サイトウ・キネン・フェスティバル松本」の最近の10年間の平均参加者数は1回公演当たり1,531.9人であり、先ほどの1回の公演に平均1,000人の参加者数はおおむね妥当と考えられる。サイトウ・キネン・フェスティバルは年間平均11回開催されており、年間延べ参加者数は16,851人となっている。

鑑賞者の消費行動については、調査が存在しないので、便宜的に各地域で行われた類似アンケート調査から観客層の消費行動を参考にする（表5-17）。

表5-17 最近開催されたイベント等の参加者の消費行動

下段は宿泊を伴わない%

名称	開催場所	期間(日)	参加者数	飲食費	宿泊費	交通費	土産物購入	その他	合計	備考
ラ・フォル ジュル ネ・オ・ジャポン2005	東京丸の内	3	323,687 98	2,006 12	10,000 60	1,023 6	2,000 12	1,614 10	16,643 100	2005年
学会等コンベンション	山形県村山地区		31,437 —	7,865 21	14,900 39	3,058 8	10,196 27	2,289 6	38,308 100	2004年
学会、PTA大会	鳥取県内		80,658 38	8,192 22	10,623 28	3,397 9	6,195 16	9,649 25	38,056 100	2005年
学会、スポーツ大会	高松市、周辺		77,395 72	6,077 25	8,184 34	1,783 7	4,199 18	3,688 15	23,931 100	2005年
会議、学会	さいたま市	平均 1.335	244,390 約60	—	—	—	—	—	9,034	2003年
すべてのイベント	石川県		約100万 約70	2,000 14	10,000 69	1,425 10	1,150 8	— 0	14,575 100	2004年
国際学会	奈良市	5	643	—	—	—	—	—	45,090	2003年
サイトウ・キネン・フェスティバル2001	松本市	13	28,400 63	6,690 24	8,450 31	9,014 33	3,521 13	— 0	27,675 100	2001年
単純平均			67	5,472 21	10,360 39	3,283 12	4,544 17	2,873 11	26,531 100	

(注)「飲食費」等は、参加者平均で単位は円である。各欄の下の数値は各費目の構成比で%。
(出典) 各イベントのホームページ、発表資料より筆者調整

各種のイベント等からみると、地元参加者数は全体のおおよそ2/3程度であり、残りが地元外参加者である。宿泊費はおおよそ1万円、交通費は3,000円、土産物代は4,000円程度、その他3,000円程度である。また、消費項目内訳の不明なイベントを除いた単純平均の消費額は、2.6万円程度となる。宿泊の有無を問わない単純平均で、全消費に占める各費目の割合は、飲食費が21%、宿泊費が39%、交通費が12%、土産物代が17%、その他が11%となっている。ちなみに、静岡県への観光客による消費費目の割合は、それぞれ14.6%、45.3%、22.2%、13.0%、4.7%となっており、前者の数値は妥当とも思える（静岡県観光政策室「静岡県における観光の流動実態と満足度調査」(2010))。なお、文化会館等で開催されている小規模

の地元指向型の文化活動では、県外客による外泊を伴う消費（併せての観光のための消費も同じ）はほとんど無いと思われるので、文化活動の規模によって、鑑賞者層の消費行動を区分することが妥当か検討する。

先の筆者の調査により、文化活動への参加者数を１日当たりで見てみると、全体件数の17%は50人以下である。そこで、１日当たり50人程度の文化活動はほぼ地元の参加者であると見なして、50人までの公演の累積参加者数は、全体の参加者数の0.7%程度となる。同様に１日当たり参加者数を100人までとした累積の参加者数は全体の1.4%である。そこで、全体の参加者数の消費行動と小規模の参加者の消費行動と異なっていたとしても全体にはほとんど影響ないと見なす。従って、文化活動参加者の消費行動は、表5-17で示す消費行動を行っていると考える。

以上の仮定に基づき、全国で開催される文化活動の参加者による経済波及効果を計算した結果を表5-18に示した。参加者による波及効果は、初期の文化活動開催経費（投資）に比べ、2.33倍の効果が見られる。１次誘発効果だけをみると、生産誘発係数は1.72となり、「東京都とニューヨーク比較」の事例、「ラ・フォル・ジュルネ」の事例と比べてもほぼ妥当である。ちなみに、第１次の直接誘発効果のみを他産業部門と比較すると、公共事業が1.87、全産業で1.82、うち社会福祉部門が1.46、サービス部門が1.62、製造業部門が1.99程度であり、中間財に物を投入する産業の方が１次の直接波及効果は大きい。同じサービス業でもイベントは、0.1程度波及効果が大きくなっているが、これは「広報」関係の波及効果が大きいことが影響している。

表5-18　文化活動の開催による経済波及効果

産業	我が国全体(ΔF)	第1次誘発(ΔX_1)	第2次誘発(ΔX_2)	文化活動生産誘発効果($\Delta X_1+\Delta X_2$)
農林水産業	0	293	109	402
鉱業	0	15	8	24
飲食料品	0	758	252	1,010
繊維製品	0	36	20	55
パルプ・紙・木製品	0	222	122	344
化学製品	0	262	123	386
石油・石炭製品	0	304	110	414
窯業・土石製品	0	48	28	77
鉄鋼	0	123	85	209
非鉄金属	0	38	23	61
金属製品	0	87	57	144
一般機械	0	196	106	302
電気機械	0	54	29	83
情報・通信機器	0	10	5	15
電子部品	0	84	47	131
輸送機械	0	336	169	505
精密機械	0	6	4	10
その他の製造工業製品	335	781	314	1,095
建設	0	148	93	241
電力・ガス・熱供給業	0	338	139	477
水道・廃棄物処理	0	218	112	330
商業	0	1,001	612	1,613
金融・保険	0	720	429	1,149
不動産	0	245	92	337
運輸	1,408	2,173	742	2,915
情報通信	561	1,583	690	2,273
公務	0	25	18	42
教育・研究	0	124	112	236
医療・保健・社会保障・介護	0	1	0	1
その他の公共サービス	0	51	36	86
対事業所サービス	4,371	5,952	2,032	7,984
対個人サービス	6,983	7,094	1,533	8,627
事務用品	0	38	14	52
分類不明	0	89	35	124
支出計	13,658	23,452	8,303	31,755
指数	100	172	61	233

(出典)筆者作成

（2）経済波及効果以外の効果

社会的（あるいは定性的）効果

社会的波及効果には、文化活動それ自体がもたらす効果と鑑賞者・参加者と地域との交流がもたらす効果とがある[24]。一般的には、前者の効果として、開催地が国内外に向けて文化情報を発信させることにより、当該地域のイメージアップや環境整備が行われやすいことが挙げらる。最近では地域住民による核となる文化資源の発掘によって、地域の誇りを作り出す効果も認められている[25]。後者として、文化水準の向上、情報交換などの面でのレベルアップや新たな文化の創出、街づくりなどが推進されるといわれる。

たとえば、第１回熱狂の日音楽祭「ラ・フォル・ジュルネ・オ・ジャポン」(2005年４月24日から５月１日まで、東京国際フォーラムで開催）の効果として、

1．感動を創造した
2．交流を創造した
3．クラシックで画期的観客動員を達成した
4．クラシック愛好者の裾野を拡大した
5．将来世代への教育効果が期待できる
6．芸術創造の場を提供した

を挙げている（『同音楽祭効果分析』―報告書―＜抜粋＞丸紅経済研究所)。

「ラ・フォル・ジュルネ・オ・ジャポン」の経済波及効果は、丸紅経済研究所から、第一回開催分が発表されているが、その後の詳細な波及効果は発表されていない。その概略のみ開催年度別に表5-19に示した。

表5-19　ラ・フォル・ジュルネの活動の経緯

開催年度	2005	2006	2007	2008	2009	2010	2011	2012	2013
テーマ	ベートーベン	モーツァルト	国民学派	シューベルト	バッハ	ショパン	後期ロマン派	ロシア音楽	パリ，至福の時
出演者数	1558	1870	2264	2169	1620	1327	1342	2097	2170
内外国人	462	767	813	730	394	475	128	703	628
公演数	209	377	473	529	419	358	274	351	344
チケット数	116508	160218	200441	181724	137094	140915	45145	122610	138014
入場者(千)	324	695	1060	1004	711	808	221	460	510
外国人割合	29.7%	41.0%	35.9%	33.7%	24.3%	35.8%	9.5%	33.5%	28.9%
入場者/公演(人)	1549	1844	2241	1898	1697	2257	806	1311	1483
出演者/公演数(人)	7.5	5.0	4.8	4.1	3.9	3.7	4.9	6.0	6.3
経済効果(億円)	41	90	137	157	114	113	―	81	84

（出典）ラ・フォル・ジェルネ事務局ホーム・ページ資料より筆者調整

経済波及効果としてもっとも高い年は、2008年度であり、東北大震災以降約80億円程度で推移している。また、東北大震災のあった2011年度をのぞくと、１公演当たりの入場者数は1,500人から2,000人程度で、通常のクラッシクコンサートに比べ、規模が大きい。その割に１公演当たりの出演者数は、10人未満５人前後である。つまり、かなりお手軽なコンサートといえよう。

全体の入場者数に占める有料チケット数は最高で約４割程度、概ね３割程度である。特徴の一つとして、一流の演奏家を低料金で鑑賞できることが唱われているが、時間単価で見る限り通常のコンサートより廉価であるとはいえない。また、2014年度に開催経費で折得なかったといわれ、鳥栖市での同イベントが中止となった。通常、開催都市の地域振興やにぎわいを作り出すために、開催都市が開催費の一部を負担することになっているが、思うような経済波及効果が見い出せなかったといわれる。

芸術文化活動を地域振興の要と位置付けると、本来の芸術振興から地域振興へと目的が変わるため、観光客誘致ために文化芸術の内容も変容することが予想されたり、開催中止になることも考えられる難しさがある。

フランス[26]、シンガポール[27]の文化活動の経済効果を見ると、フランスでは247の文化イベントに５億6,700万フラン（当時の邦貨で128億円、１つの文化イベントに対して平均5,180万円）が投じられ、270万人の観客が鑑賞し、開催地では平均毎年10程度の芸術創作活動・舞台芸術が開演された。効果として地域の産業活性化・雇用創出・アソシアシオン活動に対する価値付与、観光促進などの地域振興を推進する効果がみられるほか、若者を中心として地域社会の統合・連帯・活性化等の社会的効果もあったことが指摘されている。

シンガポールでは、国策として観光客誘致を行っているが、シンガポール芸術祭の効果により、観光客数は1999年から３倍に増加した。芸術祭を鑑賞するため来星した観光客が41％存在すること、観光客の17％が芸術祭のために滞在期間を延長しているという結果が出ており、観光客を誘致するうえで芸術祭の効果は少なくない。また、観光客の滞在期間も６日間以上が半数以上占めていることから、地域への経済的な波及効果も存在する。

しかし、我が国では、文化活動の開催による地域への効果で最も多かったのは、「地域における文化活動の向上」であり、全体の８割以上であった。一方、「定住人口の増加」や「環境面の悪化」は少なく、「（地域の）知名度の上昇」が高く「観光客の増加」「関連施設の整備」は低いのが現状である。これは、文化活動の目的が「地域文化の水準向上」を挙げているためであると思われるし、また数量的な経済波及効果が地元開催者の意識には上っていない面もあろう。

（3）今後の地域文化活動のあり方

従来経済活動とは文化活動とは無縁であると思われてきたが、最近文化的な要素を加えた経済発展拠点整備が唱えられ始めている[28]。スロスビーは、文化財を経済的価値と文化的な価値を併せ持つ文化資本と定義し、文化資本の蓄積が地域社会の持続的な発展にとって必要不可欠であると指摘している[29]。実際、第四次全国総合開発計画（四全総）に代わって「21世紀の国土グランドデザイン」に基づく新たな国土形成計画では各地の文化資源に言及され、それを引き継いだ「国土のグランドデザイン2050」が2014年に示された[30]。神野は、産業が重化学工業から情報産業へ移行しつつあることを見通し、そのような産業は人間そのものの能力が重要であるとの認識から、ヨーロッパ的な人間の生活の場を創造していく持続可能な都市再生が必要であると述べている[31]。

しかし、一方で数量的な経済波及効果が地元開催者の意識には十分把握できていないことや文化事業と経済的な活性化との関連が十分実施主体に認識されていないため、効果的な手段が活用できないことも指摘できる。歴史文化資源を活かした地域づくりの実施主体が、「都道府県」「市町村」「町会、自治会、地域住民」「NPO、市民活動団体等非営利団体」が中心であり、また、都道府県・市町村の支援部署も「文化財」「地域振興」「文化振興」「観光」が主である。このように、地域の産業を所管している部局や商工会等地域産業と関連が深い団体との連携は十分でない。しかし、フロリダ（Richard Florida)、が指摘するように、文化的側面が地域の発展に必要との認識[32]から、都市再生、「まちづくり」と関わる重要な要素として公共政策の対象として、「歴史的文化資源」を活用するためには、担当部署のみならず、非営利団体等の一層の活動が期待される。1998年には、「特定非営利活動促進法（NPO法）」が制定され、NPOは文化・医療・環境等地域社会に密接に繋がった、純粋経済活動では市場供給されにくい商品・サービス提供を行っている。これは、従来公的な部門が独占してきた非営利部門の解放であり、今後ますます進展して行くであろう「地方分権」との文脈で議論していくことも必要と思われる。

［補論］本章は、1990年東京都産業連関表を用いた文化産業の経済波及効果の測定である。最近発表された最新の連関表による波及効果について、若干述べる。

表5-19　東京都投入産出表（2008、1990）

単位：兆円

	中間需要				最終需要				輸入		生産額	
	東京都地域		その他地域		東京都地域		その他地域					
東京都地域	56	44	51	47	65	55	11	12	-8	-5	174	153
その他地域	25	27	429	353	12	15	495	410	-88	-41	874	764
粗付加価値	93	82	394	364								
生産額	174	153	874	764								

（注）左欄は2008年度、右欄は1990年度
（出典）東京都産業連関表より筆者調整

左欄が2008年度で右欄が1990年度である。中間需要は東京都において14％、その他地域においても同じ程度拡大しているものの、その全般的傾向に変化はない。

表5-20　東京都産業連関表（2008、1990）

	中間需要				最終需要				輸入		生産額	
	東京都地域		その他地域		東京都地域		その他地域					
東京都地域	0.322	0.288	0.058	0.062	0.37	0.36	0.063	0.078	-0.05	-0.03	1	1
その他地域	0.144	0.176	0.491	0.462	0.01	0.02	0.566	0.533	-0.1	-0.05	1	1
粗付加価値	0.534	0.536	0.451	0.476								
生産額	1	1	1	1								

（注）左欄は2008年度、右欄は1990年度
（出典）表5-19と同じ

投入産出表を連関表に改めて表5-20に記す。2008年度、1990年度を比較すると中間需要の都内間での投入産出関係が大きくなり、東京からその他地域への投入が小さくなっている。逆にその他地域から東京への投入も減少している。

これを図示すると図5-2のようである。付加価値は生産額の0.536から0.534へと若干減少しているもののほとんど変化がない。東京都内での投入は12兆円増加、東京その他地域間の投入は4兆円増加、その他地域から東京への投入は2兆円減少している。このように、1990年度から2008年度の約20年間で経済活動の東京一局集中はより進んだ。

図5-2　東京その他地域間の投入関係

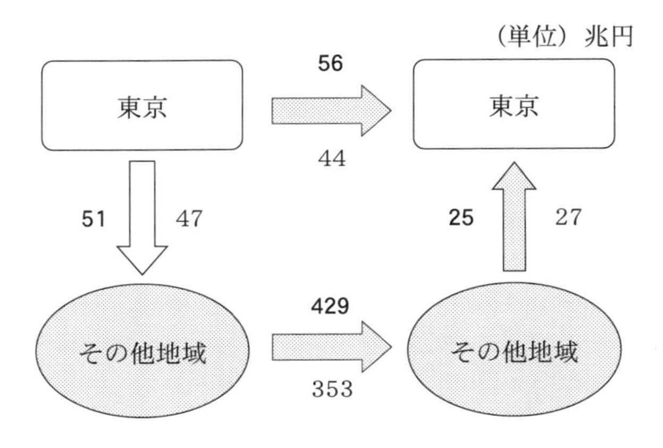

（注）左（ゴシック体）または上：2008年度、右または下：1990年度
（出典）筆者作成

それは、産業連関表の投入係数においても東京→東京は0.322であり0.034増加、東京→その他地域は、0.062から0.058へと減少した。

文化産業のうち「興業場、興業団」[20]の東京の占める割合は、年間売上高で57.3%、事業所数で54.9%、従業員数で33.1%、年間入場者数で37.4%と圧倒的なシェアを占めている。これは、本文の調査以降次第に増加し、文化産業の東京集中が他産業以上の集中傾向が高まっていることを示す。

一時期、インターネットの普及は、文化の地方拡散を促進するとの観測もあった。インターネットを活用した文化芸術作品の発信もさらに加速されているが、実演芸術の価値はインターネットでは得られない。インターネットが普及するにつれ、人と直接コミュニケーションがとれる芸術の価値が高まっている。実演芸術は劇団・俳優などが集積する方がお互いに刺激があり、公演の質が高まることを考えると東京への加速度的な文化産業の集中は止まることを知らないのかもしれない。

今回は、サービス産業調査ほかの調査項目の関係で、1990年度に相当する2008年度の経済波及効果は計算出来なかった。文化産業自体の東京一局集中と投入係数の東京その他地域間の減少は、文化産業の東京から全国への経済波及効果を弱めることは十分予想可能である。

注

1　劇団SCOTは、1976年に東京から富山県利賀村に拠点を移し、合掌造りの民家を改造した劇場を利賀山房と名づけて活動を開始した。野外劇場・稽古場・宿舎などを増設した。

2　SCOTの活動は国際的に注目され、1982年には日本で初めての世界演劇祭「利賀フェスティバル」を開催した。そのこともあって利賀村は演劇界の聖地の一つと言われるようになった。

3　ある生産物を生産するのに、必要な投入物の割合は一定ということである。つまり、生産関数において、一番少ない投入物によって生産量が規定されてしまう。生産現場にある生産要素がすべて生産に使用されるとは限らないことであり、これをレオンティエフ型生産関数といい、コブ・ダグラス型生産関数のように、生産要素間の代替性がない。ある意味生産要素の代替性が効かないということは短期的な経済活動を考えている。

4　外部経済効果とは、企業の生産活動が市場取引を通さず直接的に他企業の生産や消費者の効用水準を低下、高める現象である。筆者の例でいうと、セブン・イレブンが自宅の前に開店したため、駐車場の車による排ガスによる環境悪化や若者達が不用意に集合し、深夜まで騒ぐことによって、安寧な住環境が侵害されたことなどが負の外部経済効果である。

5　簡単にいうと、ある生産部門がどこに製品を販売したか、その製品が材料（中間財）として使用されたか、最終消費者に渡った商品か、製品の「販路」をしめすのが横軸である。

6　縦軸は、製品を生産するのに必要なものを示し、購入先別材料費、使用した機械設備（使用すると摩耗するので、資本減耗引当）、労働（雇用者所得）、企業利潤（営業余剰）が含まれる。

7　公立の文化施設（劇場、美術館）の活用によって、演劇・コンサート、美術展を自治体が開催するなら、それは文化施設の建物や機械設備・展示物の摩耗を引き起こす。なお、展示物（美術品）については、国税庁基本通達（1980年直法2-8「十九」）により原則償却できない。理由は、そのときどきで価格の変動があるためといわれるが、美術品を使用した節税・脱法行為的脱税が行われたのでそれを防止するため、あるいは美術品は1点ものであり、通常の商品と異なり代替性がないので、いわゆる固有価値を内在する性格をもつので永続性をもち、償却（長く使用すれば価値が減ずる）との考えが通用しないからとも言われる。

8　2014年4月の調査では、大学65、公営企業（病院）43、試験研究機関10、社会福祉1の合計119。

9　山田浩之・新井益洋・安田秀穂「文化支出の経済効果」『文化経済学』Vol. 1、No. 2（1998）

10　佐々木雅幸「都市の文化産業政策：ニューヨーク市と東京」『文化経済学会年次大会予稿集』(1997)

11　東京の文化芸術産業が、我が国全体に及ぼす波及効果測定のため、その他地域の部門もモデルに入れる。

12　単位行列は、数学では一般にEを用いるが、ここでは輸出（Export）行列でEを用いるので、経済学等で使用される慣習に従い、Iとする。

13　最新の2008年産業連関表については、補論参照

14　内国歳入法第501条(C)(3)による非課税措置を申請する。

15　1901年カーネギーは鉄鋼業等所有会社を4億9,200万ドルで売却し、その後議営利活動に全財産を使用した。このような富裕者による文化芸術等の非営利活動への寄付をフィナンソロピーと呼び、内国歳入法第501条(C)(3)に規定される団体への寄付が原則非課税となっている。

16　1886年にパリでアメリカ独立祝賀の際「アメリカにふさわしい美術館」構想が発端で、その後ジョン・ジェイ（ユニオン・リーグ・クラブ会長）をリーダーにして、政財界と芸術家が創設した。後にロックフェラーIIの寄付により施設が充実した。

17　2012年10月現在、認定特定非営利活動法人はNPO法人の約0.6%の280である。

18　日本芸術文化振興基金においても、利子率の低迷から助成額が12億円程度と90年代の半分程度である。一方、メセナ協議会が得た530社（企業の財団も含む）からのメセナ活動（文化芸術支援）のための経費（うち7割程度が寄付事業）は約810億円で、10%程度の増加となった（「メセナ活動実態調査」(2013)。会員企業のみ）、民間寄付額も寄付白書によれば法人部門の寄付では、約5,467億円、個人寄付は、5,455億円程度であり、個人寄付の方が法人寄付より多い。なおアメリカでは2012年度で全寄付額は約3,162億ドル（27兆円）で、この内個人寄付が72%となっている。

19　経済企画庁『国民生活白書』(2000）で、政府として最初の統計の発表（「NPOに関する経済分析調査」）を行った。このときは、GDPの3.1%の経済規模だとした。なお、塩澤修平「日本のNPOの経済的規模」『公益法人』, Vol.27, No.10 (1998) も参照。その後、経済産業省経済研究所がNPOの産業連関表を作成し、我が国のNPO活動の経済規模を推計している。

20　経済産業省の『特定サービス産業実態調査』は、統計の簡素化・総合化のため、2009年度に大きく変わった。その結果、過去の同統計と連続的に見るのはやや難しい。また、美術館・博物館は『経済センサス』』に統合され、詳細なデータは得られない。

21　枝川明敬「全国的に見た文化活動の展開に関する調査分析研究」『文化経済学』, Vol.2, No. 3 (2001)。枝川明敬, 日比科学技術振興財団助成,『地域文化芸術活動に係わるデータの収集と指標の設定に関する研究』(2003)

22　通常は、連関表の投入係数の安定性を図るため、市場要因で変化しやすい流通マージン（輸送費）を、商品・サービスの購入価格から除外して商業部門に一括計上する。生産者は投入財の価格は投入財を出荷した工場出し価格として、投入されるとする。

23　枝川明敬「地方分権から見た地域活性化文化活動の調査研究」『文化情報学』, Vol.12, No. 2 (2005)

24　文化庁, "文化ボランティアアンケート調査概要",『文化庁月報』No.417 (2003)。高田昭彦「市民運動の新しい展開―市民運動からNPO/市民活動へ」『都市問題』, Vol,94, No,8 (2003)

25　川島哲郎『経済地理学』(1986)。国土交通省『平成18年度観光の状況』(観光白書) (2006)

26　BERNARD, Antoine, Le ministrère des affaires culturelles et la mission culturelle de la collectivité, La documentation Française, 1968. BODIGUEL, Jean-Luc, L'implantation du ministère de la culture en région -naissance et développement des directions régionales des affaires culturelles, La documentation Française, 2000. CHAUDOIRE, Philippe et DE MAILLARD, Jacques, Culture et politique de la ville, L'aube, (2004)

27　Ministry of Information, Communications and the Arts, "The Singapore Sutra art Singapore", (2004). National Arts Council, "Singapore Arts Festival Survey 2006 Audience Survey", (2006). National Arts Council, "National Arts Council Annual Report. FY2005/06", (2006)

28　Porter, M., E.,The Competive Advantage of Nations, Free Press (1990). 土岐坤, 中辻萬治, 小野寺武雄, 戸成冨美子訳『国の競争優位』上下, (1992)。矢田俊文, 松原宏『現代経済地理学―その潮流と地域構造論―』(2000)

29　Throsby, D., Economic and Culture, Cambridge Univ. Press, 2001. 中谷武雄, 後藤和子監訳『文化経済学入門―創造性の探求から都市再生まで』(2002)

30 国土総合開発法（現・国土形成計画法）に基づく第５次の中期的な日本の国土総合開発計画で、目標年次は2010年から2015年までであり1998年に閣議決定（橋本内閣）された。副題に「地域の自立の促進と美しい国土の創造」を掲げ、第２章に「文化の創造に関する施策」として、「ゆとりある生活空間の形成」「地域の個性を生かす新しい文化の創造と発信」「国内及び国外からの観光の振興」を掲げている。この計画の特徴は、東京対地方の図式でなく、各地域が連携・相互協力することにより、文化面では「新しい文化と生活様式を創造するとしている。

31 神野直彦『地域再生の経済学』(2002)

32 Florida, R., "The Rise of Creative Class: And How It's Transforming Work, Leisure, Community and Everyday Life", Basic Books, (2002)

第６章

・

文化芸術活動と経済市場

6.1　供給・消費から見た文化芸術活動

(1) 文化芸術の分類

文化芸術活動が個人的な趣味において行われ、それを個人が楽しむといった範囲であるなら、文化芸術活動の提供者と鑑賞者がサークル的なつながりで終始し、いわゆるサービス市場とは関係がない（bの場合)。しかし、その関係が大規模になり、典型的には専門家集団による芸術家（団体）が不特定多数の鑑賞者層に文化芸術活動を提供するなら、一般のサービス産業と変わりはない（aの場合)。

表6-1　文化芸術活動の分類

a．供給と消費の双方が存在する活動

		提供側（公演，制作，展示）	
		プロ	アマチュア
消費側(鑑賞)	プロ(専門家	ファッションショー	演劇，音楽，芸能オペラ，ファッションショー，茶華道，囲碁，将棋，映画，写真，文芸，和洋裁，ファインアーツ
	アマチュア		伝統芸能，囲碁，将棋，文芸，音楽

b．自己完結型の活動…音楽（楽器を演奏)、日記、文芸、料理

（出典）筆者作成

すなわち、サービス業として考えるなら、供給者（芸術家）→消費者（鑑賞者）といった一連の活動は、サービス市場において取引され、具体的には芸術家が提供するチケットの代金がそのサービスを受け取る代価として表される。ただし、通常はフリーマーケットやヤフー等のオークションのように、消費者と生産者が自家取引を行うようなことは少なく、画家の場合には画廊が、音楽家の場合にはエージェント（音楽事務所）や劇場が、文化芸術活動を媒介する業者として間に入ってくる。

文化芸術産業の経済活動面での形態は、宿泊、交通産業等の再現性のないサービス業と、パソコンや自動車を提供する製造業に近い産業に分けて考えることができる。前者はいわゆる実演芸術を提供する場合であり、後者は文芸や彫刻・絵画と

いった美術工芸品を提供する場合である。さらに後者は単一しかない美術作品を創造する場合と、同品種同品質の工芸品を多数製造する場合に区分できる。この製造される量的基準で芸術作品と工芸品を分類する方法も、16世紀に印刷技術[1]が、19世紀に写真技術が、20世紀に情報技術が発展することにより、多数の本物（例えば、錦絵、写真芸術、コンピュータグラフィックス）が創造されると、美術品と工芸品の区分基準が曖昧になってきた。

（2）文化芸術の活動内容と人間の成長過程

梅棹忠夫は、人間活動の動機としてまず第一番に「腹の足し」があり、次いで「体の足し」、最後に「心の足し」であるという（梅棹忠夫『大阪の文化を考える』）。すなわち、生理的な欲求が充足されてはじめて心を満足させるための欲求が生ずるといっている。これは、マズローの欲求の段階説とも同じ考え方である。ここでいう「心の足し」とは、文脈から、文化芸術活動を鑑賞（享受）したり、自ら文化芸術活動に積極的に参加し、自らが演じたり唱ったりすることを意味している。鶴見俊介は『限界芸術論』を1967年に発表し、その中で芸術活動を３つに分類した。一つは純粋芸術（鶴見によれば「バレーのようなハイ・アート」で英語では、“pure arts”といっている）、一つは大衆芸術（同じく、歌謡のような芸能で“popular arts”）、そしてそれら２つの間に含まれない限界芸術（“marginal arts”）が存在するとした。鶴見の言う「限界芸術」とは、人間が生まれて初めて「遊び・唱う行為」であり、例えていうならアルタミラ洞窟の壁画に近い表現だという。それらの芸術作品は、創造するのに特に高度な能力が必要なわけではなく、人間が生まれついて持っている能力で、特別の教育を受けずに創造が可能であるという。

それらの３つの芸術活動を人間の成長過程と比較すると、「限界芸術」→「芸能（大衆芸術）」→「純粋芸術」の順に、成長段階に応じた教育を受けることによって、後天的に創造や鑑賞可能となる。芸術の提供者と享受者の性格別で区分し、それと先の３つの芸術ジャンルを対応させると下記のように書けるであろう。

図6-1　文化芸術の提供者と享受者の能力別と文化芸術

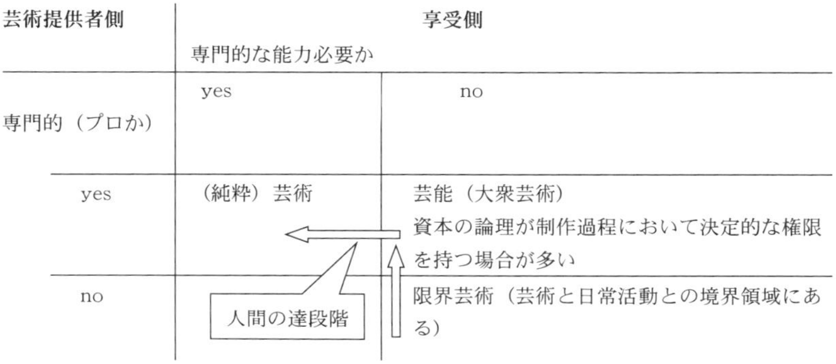

芸術提供者側	享受側 専門的な能力必要か	
専門的（プロか）	yes	no
yes	（純粋）芸術	芸能（大衆芸術） 資本の論理が制作過程において決定的な権限を持つ場合が多い
no	人間の達段階	限界芸術（芸術と日常活動との境界領域にある）

（注）１．人間の発達段階と芸術の区分とを結びつけ、（純粋）芸術を芸能の上位に置く考えが生ずる。

２．ここで、「プロ」とは芸術技術情報の独占をしている者であり、そのため芸術作品に対する市場（絵画の販売、コンサートの開催）を独占している者であると定義しておきたい。最近では、享受者側の情報を独占しているかどうかの相違区別してもよい。

①子供時代：遊び（竹馬、チャンバラ、落書き、カルタ遊び、鼻歌、紙による兜作り、カラオケ、プリクラ）

②青少年期：機会を得てより高度な専門的享受能力を受けて芸能（ロカビリー、流行歌、浪速節、落語、ドラマ、大衆小説、和歌、俳句、映画）を享受

③成人期：最後に純粋芸術（バレー、歌舞伎、能、彫刻、交響楽、謡曲、絵画、文楽、前衛映画）を享受

（出典）筆者作成

このように人間の成長段階と芸術のジャンルを対応させると、人間の高度な教育が芸術活動の創造に必要条件となっている芸術とそうでない芸術（大衆芸術あるいは娯楽的といってよいかもしれない）を提供する芸術家へのいわれなき差別[2]といったことが少しは理解できる。また、芸術については世俗的なものと高尚なものとの分類もかつては行われた。

文化芸術活動を享受し創造するためには、金銭的な費消のみならず時間の消費が必要である。逆に、文化芸術活動では時間を消費することにより、心の満足・欲求を満たす。従って、通常の商品・サービスの購入にみられるように、金銭と時間の代替性[3]が文化芸術活動の享受等においてはあまり見られない特徴がある。

6.2　文化芸術活動とサービス業

昨今の経済学は、近代経済学といわれ、原子と見なしたお互いに独立な個々が商品を市場で交換するシステムを仮定している。個々人がお互いに独立に商品購入可能ということは、その人が他の人に商品を購入することによって、なんら影響を与えないということである。商品の購入・使用が他の人に影響を与える場合、プラスの効果を外部経済効果といい、マイナスの影響を与える場合を外部不経済効果という。そこでの交換は「貨幣」というすべての商品と交換可能な「特別な商品（財）」を考え、その特別な商品と各商品との交換比率を情報として、お互いに商品を「特別な商品」を介在することによって交換する。従って、人が人に提供するサービスや芸術品、情報といった目に見えないものやある単位で測定できない商品は、非常に交換比率を付けにくい（評価しにくい）商品である。また、情報は多くの人に周知となったら、価値がなくなるので、秘匿性が重要であり、また情報を購入するのに知ることは重要だが、知ってしまうと今度は買わないので、いわば商品情報の質・内容をほとんど知らず、売り手を信用して購入する性質のものである。サービスは基本的には相手の要求を知って供給者側が供給するので、いわばオーダーメイド的商品である[4]。

以上の考察から、芸術のうち実演芸術がサービス商品業であり、その効果や評価の価値付けが困難であることがわかる。また、美術品も工業品と同じく物であるが、１つしかないことや注文生産の形態を取りやすいこと、１つの尺度で価値が測定しにくいことなどから、近代経済学が仮定している市場制度とは相容れない面がある。

しかし、以下では若干無理をしてでも、芸術の経済的側面から分析する。これは、「科学的価値が他の価値に勝るとも思わないし、倫理的、宗教的、精神的な主張が科学的価値に勝るとも思わない」との英国自然史博物館のホームページ上の主張に励まされてのことである。

（1）需要・供給曲線

経済的取引では、商品・サービスの取引においては、適切な需要とそれに合った供給が存在し、市場で需要者と供給者が納得した均衡価格で取引されている。このような自由市場での取引は、需要側（鑑賞、消費者）は商品･サービス価格、所得、選好、効用により需要曲線（需要量と価格の関係）を描くことができる。今、需要曲線を $q_d=D(p,\ x_1,\ x_2,\ \cdots\cdots x_m)$ とおく

（注）ここで、q_d は需要量であり、p は価格、$x_i(i=1, \cdots\cdots m)$ は需要に影響を及ぼす価格以外の変数とする。

通常、価格が高いと需要は減るので、需要曲線は右下がりの曲線であらわし、この価格に関する需要量は価格が高いと量は減少するので、$\frac{\partial D}{\partial p}<0$ となる。

同様に、商品・サービス提供者（この場合、文化芸術活動を提供する者）は価格が高ければ、多くの提供者が供給すると予想できる。また逆に価格が低いと提供する量は減ると考えられる。先の需要曲線と同じく供給側の関係を数量と価格で表す。

$q_s=S(p, y_1, y_2, \cdots\cdots y_n)$ とおく

（注）ここで、q_s は供給量であり、p は価格、$y_i(i=1, \cdots\cdots n)$ は供給に影響を及ぼす価格以外の変数とする。

提供される商品・サービス量と取引価格が市場で決定されるに当たって、需要者、供給者とも市場参加費用（例えばオークション参加費や会費）は0で、かつ商品・サービス、相手の提示する価格情報は知られているとする単純な仮定をおく。すると、$q_d=q_s$ ならば、需要量と供給量が一致し、一義的に価格（均衡価格）が決定できる。文化芸術活動に適用すると、あるクラシック音楽会の公演チケットがオークションのみで販売され、そこの入札の結果、価格が一義的に決まるような場合である。

図 6-2　市場の均衡

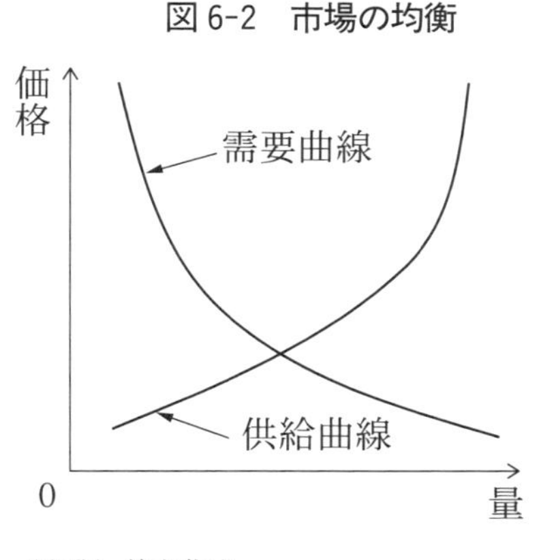

（出典）筆者作成

ところで、音楽会へ行く場合、チケット代だけ支払ったらよいかというと、会場への交通費・その後の食事代あるいは子供のシッターへの支払など多くの費用がかかる。その際はチケット代に音楽会への参加するための付属的経費も含めて考察しなければいけない。アメリカの統計ではチケット以外の交通費、レストランでの食事代、ベビーシッター代を合わせた額とチケット代がほぼ同じという。そのようなケースでは、公演経費としてチケット代のみを見積もると受給関係を見誤ることになろう。

需要関係の具体的事例を図6-3に掲げる。これは、我が国のプロオーケストラの演奏会の平均チケット代金と総入場者数を見たものである。チケットの価格が上昇すると売れるチケットは減少することがわかる。つまり、クラッシクコンサートなど趣向制の強い、価格に対してかなり非弾力的と思われる芸術鑑賞であるが、やはりほかの商品・サービスに比べては弾力性は弱い。

図6-3　オーケストラのチケット代と入場者数

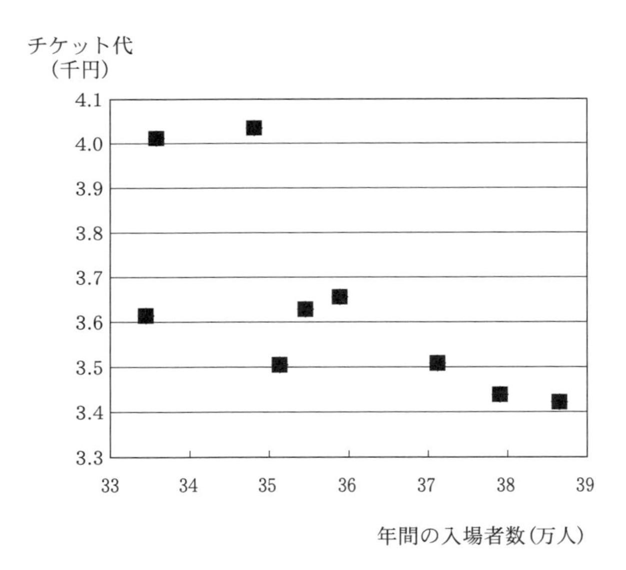

(出典) 日本オーケストラ連盟資料より筆者作成

価格に対する入場者数の変化（価格弾力性）について考えてみよう。

あるコンサートのチケット代5,000円が1,000円上がった時、1,000人のチケット販売数が50人減少したら、需要の価格弾力性は、需要の価格弾力性$=-\frac{50/1000}{-1000/5000}=-\frac{0.05}{-0.2}=0.25$である。

それを一般化すると、

$$\varepsilon_{ij}=\frac{q_i\text{の変化率}}{p_j\text{の変化率}}\quad \varepsilon_{ij}\text{：価格弾力性あるいは価格弾性値}$$

マイナス符号は、弾性値を正とするために便宜的に付する。先のオーケストラの事例で見てみると、1円チケット代が上がるたびに、チケット売り上げが543枚下がっている。全コンサート数はほぼ毎年同程度で、約3,000回程度でほとんど変化がない（オーケストラ数も変化なし)。最近の10年間を平均すると約3,157回/年となるので、1オーケストラ、1コンサート当たりでは、チケット代が1,000円上がる毎に、7.1枚売れなくなることになる。このとき、価格弾力性は、$-\frac{543/3157}{-1/3600}=-\frac{0.17}{-0.00028}=620$である。1コンサート当たり約1,100人程度の入場者数と見積もれるから、1コンサート当たり約0.6%の客の減少である。1,000円のチケット値上げは、チケット代が平均3,600円程度であるから、27%の値上げであるが、それによって客が7人ほど減少する。価格弾力性は極めて低い。チケット代を1,000円値上げすると、計算上は1コンサートあたり100万円程度収入が増加することになる[7]。しかし、実際問題としてチケットの大幅値上げは難しい。コンサートは出演者と演奏目によって相場があり、1度の値上げは可能としても、その後客はそのオーケストラを見限ってしまうだろう。

同様に、供給者側の価格弾性値を考えることができる。この場合、需要者と異なり、価格が上昇すると供給量が増加するため、弾性値に便宜的マイナス符号は付さない。

消費者は商品・サービスを購入する際、その価格のみならず、自らの購買能力（多くは所得）も考慮して購入決定する。所得が高いと同じクラシック音楽でも海外演奏家の価格の高い公演を聞くようなものである。購入者の所得も購買行動に影響を与えるので、所得が増加すると需要が増す財・サービスを正常財といい、反対に減少する財・サービスを劣等財といい、ほとんど変化がないのを中立財と呼ぶのが通常である。レコード、CD等によるクラシック音楽の鑑賞行動を考えると、クラシックファンは所得が低いうちは、ライブではないレコード等で鑑賞する場合が多いが、所得が上昇するとライブで公演を鑑賞するからレコード鑑賞機会は減少することが予想される[8]。つまり、音楽鑑賞といった面からみれば、レコード、CDなど音楽記録媒体はある特殊なケースでは劣等財といえる。

図6-4　芸術活動の無差別曲線

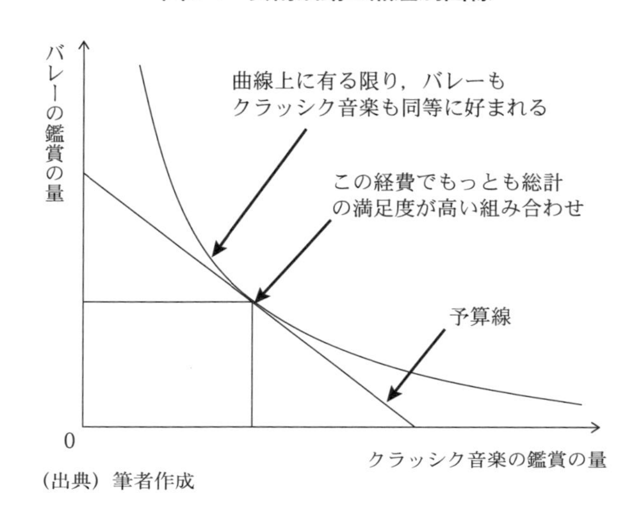

（出典）筆者作成

今、複数の商品･サービスが市場に存在するとして、消費者がそれらの商品･サービスの組み合わせで自己の満足度を高めているケースを考えよう。それらの商品・サービスが同じように区別無く、同等に好まれる場合をそれら商品・サービス間で無差別といい、それらの組み合わせを表す関係を無差別曲線という。複数の財・サービスをそれぞれ消費しているので、ある特定の財・サービスのみが一方的に消費されないことから、原点に対して凸型（凸選好）になる。クラシック音楽もバレー鑑賞も同時に好きな人がいるとする。クラシックとバレーの組み合わせを考えると、クラシック音楽鑑賞数を少なく、バレー鑑賞数が多い組み合わせのときは、１回当たりのクラシック音楽鑑賞の価値は高いが、バレー鑑賞はそれほどでもない。そこで、全体の満足度を一定のまま、クラシック音楽鑑賞数を少し増やそうとすると、バレー鑑賞数をかなり減らすようにしなければ釣り合いがとれない。つまり少ないクラシック音楽の鑑賞は貴重で、バレー鑑賞はそれほど貴重でないので、貴重なクラシック鑑賞を増やそうとすると、貴重でないバレー鑑賞をかなり大幅に減らせねば釣り合いがとれない[9]。クラシック音楽とバレーの双方の組み合わせで、総計が同じ満足度を得る組み合わせ点を結んだ線を無差別曲線という。

クラシック音楽鑑賞もバレー鑑賞もお金がかかるので、その組み合わせとそれぞれの鑑賞数とチケット代のかけ算の和は全体の鑑賞のために必要な経費である。これをそれぞれの鑑賞数とあわせて図上に記載するとちょうとマイナスの傾きをもった直線となる。これを「予算線」という。ある鑑賞に与えられる経費が決まったら、クラシック音楽もバレーも組み合わせはこの直線上にある。一方、クラシックとバレーの鑑賞による合計の満足度は、無差別曲線上にある。この曲線は原点に凸だから、直線の予算線と一点で接する。

現在クラシック音楽を聞いている人が、ほかのバレーといった文化芸術活動を見るため、クラシック音楽にかける経費の幾分なりかを削り、それをバレー鑑賞に回すようなことを考えるとわかりやすい。クラシック音楽はバレーより好まぬ人なら、１万円分のクラシックチケット代を削って、２回分の公演経費を浮かし、それを１回のバレー鑑賞に振り向ける場合もあろう。この場合、多くの人は文化芸術活動を複数享受していることが前提となり、ある特定の１種の文化芸術活動のみ興味があり、それしか享受していないということなら、下に凸の無差別曲線はなりたたない[10]。

（２）芸術の効用関数

鑑賞者の満足度を考えてみよう。それを経済学的には考え、効用関数というのを用いる[11]。

$$u=u(q_1,\ q_2,\ \cdots\cdots q_n)$$

ここで，$q_i(i=1,\ \cdots\cdots n)$は，享受した財・サービスの量で，$u$は，効用関数である。先の２つ芸術鑑賞（クラシック音楽とバレー）について考えると、

$u=u(q_1,\ q_2)$　　$q_i(i=1,\ 2)$は、それぞれクラシック音楽、バレーを示す。

$u_1=\dfrac{\partial u}{\partial q_1},\ u_2=\dfrac{\partial u}{\partial q_2}$は、他の芸術鑑賞を一定とした場合のクラシック音楽またはバレーが１回またはチケット代１円分増加した場合の鑑賞者の効用（満足度）が増加した効用の増し分を示す。

大体、先ほどのクラシック音楽とバレーの組み合わせによる芸術鑑賞による満足度の考察にしても、基本的に「あれもこれも」といった選択ではなく、「あれかこれか」といった時間による鑑賞選択である。また、上記の効用関数もそれぞれの商品・サービスは他の商品・サービスとは独立しているとの仮定をおいている。

しかし、科学技術の進展により、同時に文化芸術活動を楽しむことが可能となってきている。音楽を聴きながら読書をするとか、文化芸術の同時鑑賞はますます増加することが予想され、単純にクラシック音楽鑑賞かバレー鑑賞かといった鑑賞時間でサービスの選択をするやり方が通用しなくなる。文化芸術活動は受動型にせよ能動型にせよ、時間消費型のサービス享受であり、現代人の時間が多様化するにつれ、時間自体を複数並列的に使用する傾向が強まるからである。

仕事によっては時間を複数並列的に使用する（新幹線で移動しながらパソコンで

書類を作成し、携帯電話等でそれを送信する。この場合、移動するという時間と書類作成送信を並列的に行っている）こともあり、労働時間が節約される一方で、精神的慌ただしさが増加している。余暇の楽しみ方が、時間を豊かにゆっくりと過ごすことの方向へと見直されてはじめている。パワー・ランチといって仕事しながらの食事や、サンドイッチ、ハンバーグといった簡便かつ素早く食事から、「スローフード」運動に見られるような食事を楽しむといった方向に向かっている。

経済的には、効用（満足）を高めるためにはできるだけ多くの文化芸術の鑑賞機会の中から経費を最少化するよう選択するのがもっともよい。一方で科学技術の進展によって、時間を合理的に細切れに使うことが可能となった。あるいは「ながら族」に見られるように、生活時間を並行して使うことも行われる。その結果慌ただしくなったので、ゆったりとした時間消費を楽しみたいという傾向も出てきたのは先述の通りである。前者の細切れ・並列時間活用は、芸術鑑賞にも大きい影響を与える。単純な効用曲線と無差別曲線では分析不能な文化芸術活動への新たな経済学的なアプローチが必要である。

（３）芸術享受の類型と効用

（１）の無差別曲線のところで述べたことは、同時点での違った芸術鑑賞行動の選択であった。つまり芸術鑑賞行動に使用可能な予算が限られている中での２種類の芸術鑑賞行動の選択性の問題であった。ここでは、異時点間の鑑賞行動を考える。つまり、限られた予算を現時点で芸術鑑賞行動に使用するか、あるいは将来に残し（貯金し）、次期に芸術鑑賞行動に使用するかという異時点間の予算配分の検討である。作品には、実演芸術と美術品がある。前者は時間と空間を実演者と共有することにほかならないから、現時点での芸術の消費である（サービスの購入）。同様に、美術品鑑賞も展覧会で鑑賞することは、実演芸術と同じ形態の消費行動である。

一方、美術品を購入し美術品を鑑賞することは、将来にわたって所有し、将来への投資である。従って、美術品を購入すると次期以降に美術品を売却あるいは譲渡するまで芸術鑑賞に伴う効用が続くが、ここでは芸術作品を購入した時点のみ効用が発生し将来にわたって継続することはない、との仮定をおいている。もし、美術品を購入し将来にわたってその効用が持続するなら、芸術作品の類型の選択の相違によって、将来の効用は異なってくる。そこで、芸術作品購入即効用発生とする。この消費行動は、異時点間の資源配分とそれからの効用を極大化するための最適消費行動を示すから、オイラー方程式（Euler Equation）[12]に当てはめて考えることが可能である。

オイラー方程式は、解析力学においてあるエネルギー場における質点がある地点から別の地点に移動する際の移動する軌跡をもとめる微分方程式で、力学ではオイラー・ラグランジュ方程式（Euler-Lagrange' Differential Equation）と呼び、その解を停留関数（stationary function）という。これが経済学の生涯効用最大化ための異時点間の資源配分に応用される[13]。以下にオイラー方程式を示す。

$$\frac{\dot{c}_t}{c_t}=-\frac{u'(c_t)}{c_t u''(c_t)}(r-\rho)$$ ・・・・・オイラー方程式

効用関数は、効用逓減となるのが通常だから、$u''(c)<0$ である。そこで、$-\frac{u'(c_t)}{c_t u''(c_t)}>0$ となるから、市場利子率 (r)[14]より時間選好率 (p) が高いと左辺が負となって、現在の芸術消費予算＞来期の芸術消費予算となるし、市場利子率より時間選好率が低いと、現在の芸術消費予算＜来期の芸術消費予算となる。理想的個人は時間的に消費行動を平均化しようとするので[15]、消費の時間変化率は $\dot{c}_t=0$ なる。

以上のように考えると、市場利子率に一致した将来への芸術予算投資が予想される。つまり、現時点の芸術消費による限界効用と将来の芸術消費のための貯金から得られる限界効用は無差別となる。現在の我が国の市場利子率は0に近い。従って、時間選考率が理想的な個人行動にあっては、非常に低い（0に近い）と考えられる。そこで、時間選考が0になればなるほど現時点での芸術鑑賞経費を抑え、将来への芸術鑑賞への貯金をしやすくなる。米国では我が国より市場利子率が高

図6-5　近年のクラシックコンサートの鑑賞状況

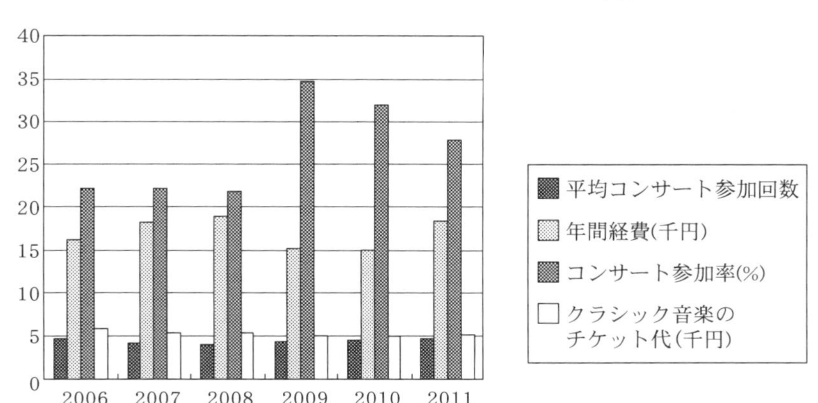

（出典）日本生産性本部「レジャー白書」、A.C.P.C「ライブ市場調査データ」、経産省「ライブ・エンターテイメント調査」より筆者作成

い[16]。現時点での芸術消費活動を盛んとし、我が国より芸術に割かれる経費がより大きくなる傾向が予測できる。

図6-5をみてみると、我が国ではここ5年間はクラッシク音楽への年間経費もほとんど伸びていない。つまり、芸術消費に関しても市場利子率に近い時間選好率と考えられ、特別に他の商品・サービスと異なった消費を行っているわけではない。

6.3　文化芸術活動の生産関数

(1) 芸術家（生産者）側からの生産行動

今までは、諸費者（鑑賞者）の立場から需要行動（鑑賞行動）を見てきたが、提供する側、すなわち芸術家（団体）側からの供給行動について分析する。鑑賞者はクラシック音楽とバレーを鑑賞する機会が平等に存在するなら、自らの満足度が最高になるような組み合わせを選択する。それに相当する生産者たる芸術家は、なにを基準に生産（提供）するのだろうか。

これが、一般の企業なら利潤を基準としてそれを最大にするよう行動するのが妥当と考える。とりあえず、企業についてその関係を説明し、文化芸術活動への適用と限界について述べる。

生産には材料や機械などの投入が必要であり、それを生産要素（投入物）といい、産出物との関係を示す式を生産関数という。一定の産出量を生産するのにいろいろな投入物の組み合わせが存在するが、技術的な制約から組み合わせが無限に存在するわけではない。

投入される生産要素として、機械設備・工場・船舶など短期の製造過程（製品企画から材料を投入してから、製品は製造されるまでの1サイクル間では商品価格は予測通りであるとの仮定を置く）に対して、ほぼ変化のない固定的要素と原材料・中間生産物・電力・水道などの可変的要素が投入される。さらに、労働者や固定的要素に体化した技術的要素がある。労働者・技術的要素も短期的製造期間では固定的要素と考えられる。

なお、企業が固定的要素を製造に使用するため購入し据え付けることを投資とよぶ。従って、固定的要素は資産（ストック）として存在量で計り、生産量・材料等はフローで計る。図6-6には、1投入物1産出物の簡単な生産関数を示した。実際は、投入物は多種類あるので、他の投入物が変化しない場合のことを示しているとも考えてよい。生産関数の曲線は、ある投入物で目一杯生産できる量を示した線である。この線の下の部分は、同じ投入物量でも曲線で示す生産量より劣った生産量

図6-6　企業の生産関数

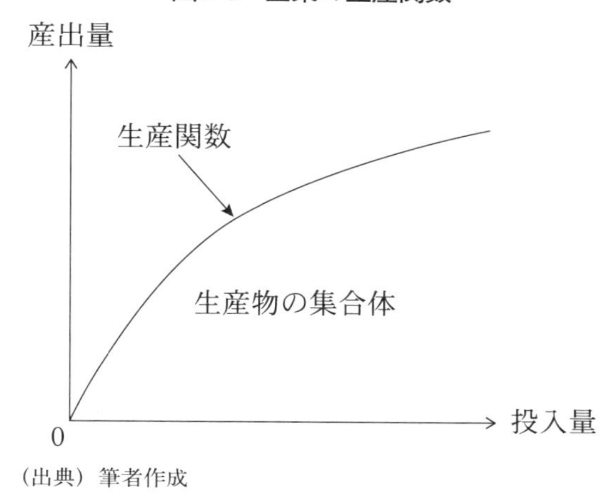

（出典）筆者作成

を示す領域で、企業は少ない費用でより多くの生産量を図ろうとするから、生産関数で示す曲線以下の領域での生産はしない。

例えば、国立大学の生産関数を考えると、固定的要素や労働にあてる経費は運営費交付金であるが、その交付金は国立大学法人になって以来効率化係数１％分を毎年削減された。ただし、その削減分は「特別研究経費」として、プロジェクト事業費となって、毎年文科省への申請主義交付金となった。そのため、使途自由な交付金と使途限定の交付金に分かれた。結果として、法人化初期の2012年度の１兆16,549億円の交付金が第２期終了近い2012年度には１兆134億円となり、13％の減額で毎年平均1.5％の減少率となった。一方、可変的要素である外部資金といわれる科学研究費補助金・産学連携による企業からの委託金等のプロジェクト経費は、増加している。その2012年度と2004年度比較では、1.9倍の増加、毎年7.4％の増加率である。プロジェクトを行うことにより、固定的要素である施設設備などの資本が減耗するが、それに当てる償却費は交付金減額によりままならないのが現状である。また、教員・職員も看護師の医療職員を除くと減少しており[17]、長期的には国立大学の生産量が減少することが予想される。

同じように、文化庁等の国、地方自治体や芸術文化振興基金、（一般財団）地域創造等の公的芸術助成機関からの文化団体、文化施設への助成も可変的要素であって、資本、労働といった固定的要素への投資ではない。このままでは文化団体、文化施設の設備・施設・楽器などがプロジェクト実行による使用によって、減耗することが予想され、結局生産量が減少することになろう。

投入物を中長期的にある一定割合増加させるとき、生産物も増加し始めるが、それが投入物の増加割合より増加する場合を規模による収穫逓増といい、逆に減少する場合を逓減するという。同じ割合だけ増加する時は不変という。当初農業で生産関数を考察したので、土地に肥料や労働力をどんどん投入しても、農産物は投入増加割合異常に増加することは少なかった（土地やせ等）ので、収穫逓減が当然と考えられた。そのため、収穫逓減の法則といわれているが、ほとんどの生産物（工場生産物も含めて）に特徴的な傾向といってよい。

ある投入物のみ増加させ、それ以外の投入物は一定にする場合に生産物が増加する場合、その投入物の割合より生産物の増加の割合が少ない場合との関係を、限界生産物の逓減の法則という。美術工芸品の製造の事例では、製造に携わる労働者を増加させる一方、製造所現場面積を増加させない場合がこれに当たる。ルネサンス期や我が国の平安・鎌倉時代の仏像の工房を制作する場合などを想像して欲しい。１人より２人、３人と労働者を増加させれば、全体の美術工芸品は増加するだろうが、狭い場所ひしめき合うことになり、追加された労働者に応じた製造数は制作できず、１人当たりの製造数の低下を引き起こすだろう。労働を投入した割合以下の割合でしか生産量は増加しない。このように、限界生産物逓減の法則は、ある投入物を増加させるが、一方他の投入物は変化させないで考えていることに注意したい。

通常の作業工程では、労働者１人あたりの利用可能な資本[18]（機械設備や道具）で生産量は既定されると考える。従って、規模をいくら増加させようが規模の拡大や減少に関しては、資本集約度に応じた生産量になると考える。

$Y=F(L,\ K,\ A)$

Y＝生産量、L：労働、K：資本、A：技術（知識）水準

それでは、以下でオーケストラの生産関数を求めて見よう。

（２）オーケストラの生産関数

この生産関数でもっとも使用される関数に、コブ・ダグラス型生産関数（Cobb-Douglas Function）がある。Paul Douglasは、シカゴ大学教授で後に上院議員、Charles Cobbsはアムハースト大教授であった。この式は、生産に投入可能な生産要素を指数関数で表したものである。生産関数は、$Y=AK^{\alpha}L^{\beta}$で、$\alpha+\beta=1$の形をとる。この式のαとβは、それぞれ生産量Ｙに対するＫ財とＬ財に関するウェイト・パラメータである。その値が大きいと生産Ｙに占める割合が大きくなる。$\alpha+\beta>1$のときは、$\alpha+\beta=1$の式の生産量以上になるので、規模に関して生産逓増、$\alpha+\beta<1$のときは規模に関して生産逓減となる。

このコブ・ダグラス型生産関数を変形して、両辺をLで除すと左辺は、投入労働者１人当たりの生産となり、右辺は、

$$\frac{Y}{L}=AK^{\alpha}L^{\beta-1}=A\left(\frac{K}{L}\right)^{\alpha} \qquad \text{ただし，} \beta=1-\alpha$$

となって、労働者１人当たりの資本ストック（資本集約度）の関数になる。これは、資本集約度を高めると、そのα乗の効果が労働者１人当たりの生産拡大（生産性）につながるということを意味する。この生産関数で注意すべきことは、労働量と資本ストックで説明できない生産性向上に独立的に技術水準を入れていることである。実際は、資本ストックの蓄積や資本の形成過程で技術進歩が同時に起こり（製造業では、従来の手作業的製造機械から、コンピュータ制御の機械が廉価で出現するとかの例）、生産性が上昇する。このように、時間を経るに従って、技術進歩が資本ストックに内在していき、このような傾向を体化した技術進歩という。実際に生産性を分析するときは、これを内在化して分析することは困難なので、資本ストックとは独立して、技術水準要素を加え、労働と資本ストックで説明できない労働生産性を技術水準といい、その増加率を技術進歩率といっている。

コブ・ダグラス型生産関数は、もともと製造業で示されたものであるが、その後サービス業等製造業以外への適用も増えている。例えば、金融業への応用として、生産を金利収入、労働要素を人件費、資本ストックを貸し出し残高としている研究例もある。また小売業への応用例では、労働要素を販売従業員数、生産を販売額、資本ストックを売り場面積で代替している。「大阪府自然災害総合防災対策検討（地震被害想定）報告書（2007）」の付属資料に「大阪府の製造業および卸売・小売業の生産関数の推定法」として、コブ・ダグラス型生産関数を示し、「その精度を表す決定係数は１に近い値となっており、良好な推定結果となっている」と記載されている。このように、製造業で使われ始めたコブ・ダグラス型生産関数は、サービス業にも広く応用されて分析の手法とされている。

以上のことも踏まえ、サービス業の典型である音楽、特にオーケストラについて、この応用を考える。

まず、各オーケストラの労働要素を、通常雇用されている演奏者とする。また、資本ストックを各オーケストラが公表している貸借対照表のうち、固定資本の「その他固定資本」と取上げる。オーケストラは公共法人が一般的であるので、その貸借対照表の資産の科目は、流動資産と固定資産に分かれる。流動資産は、公演、グッズ販売等にかかる通常は１年以内に決済すべき資産額が記載され、それ以外が固定資本である。

固定資本は、基本財産と特定資産、その他固定資産に分類される。基本財産は、オーケストラは多くが財団法人の形式をとるので、基本財産があり、これは通常は公演には影響を与えない。また特定資産は、退職者引当金や大型公演等の積立などで、基本財産と同じく公演には影響を与えない。企業の場合は、固定資本として、建物、機械等の有形固定資産、特許権、営業権等の無形の固定資産と投資のための株式など投資その他資産に分かれるが、公共法人の場合では、「その他固定資産」科目が、公演に直接影響を与える資本である。

その科目には、楽器、什器、ソフトウエア、楽器購入貸付金等が含まれる。公演数や公演に伴う収入（いわゆるチケット収入）については、オーケストラ連名の毎年発表する資料に掲載されているが、資本ストックにあたる「その他固定資本」科目については、公表しているオーケストラは13団体しかない。これと先のオーケストラ連名資料とから得られた資料について、以下の操作を行う。

まず、生産量であるが、これは公演数でなく公演収入とする。この理由は、経済的にみた場合、新たに付加価値を生じたものが生産であるからである。つまり、いくら公演数が多くても付加価値を作り出さないならば、考慮されない。ここでは、経済的分析を行っているので、経済的に計測できる数量のみを対象としている。

コブ・ダグラス型生産関数をもう一度記載する。

$$\frac{Y}{L}=AK^{\alpha}L^{\beta-1}=A\left(\frac{K}{L}\right)^{\alpha} \qquad \text{ただし，} \beta=1-\alpha$$

Yは公演収入、Lは演奏者数、Kは、資本ストックである。

オーケストラのコブ・ダグラス型生産関数を求めると、αが0.2496、Aが1,959である。それぞれの係数の t 値は、αが1.922、Aが10.77となり統計的に有意である。改めて、計数値を入れてオーケストラの生産関数を記載すると、

$$\frac{Y}{L}=2000K^{1/4}L^{3/4}=2000\left(\frac{K}{L}\right)^{1/4}$$

となる[19]。

生産関数式は、演奏者当たりの収入が高いオーケストラは、演奏者当たりの資本ストックが大きいこと、また資本ストックより演奏者の寄与分が大きいこと（1対3程度)、独立して考えた「体化されない技術進歩」係数であるAは、2,000ほどであることを意味する。実際の演奏会の質や量には、演奏家の演奏能力がかなり貢献するので、このAは演奏家（L）に「体化した技術進歩」といってよい。

図6-7　オーケストラの生産関数

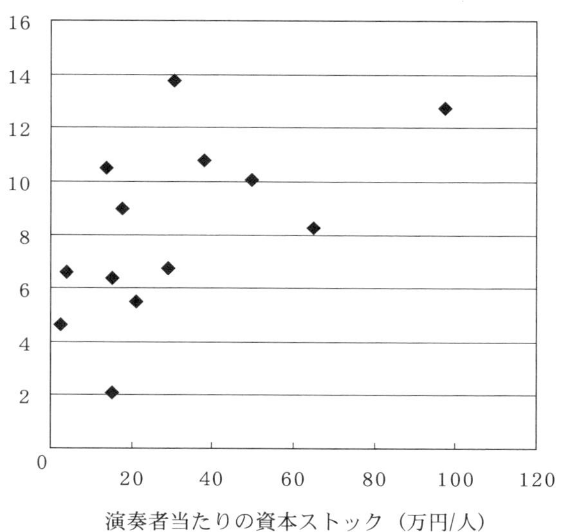

（出典）筆者作成

（3）投入物に代替のない芸術家の例

ある工房で彫刻家が美術工芸品を作成している場合を考えてみよう。その製作にノミのみが必要な工具で、１人の彫刻家が１個の美術工芸品を製作するケースを考える。多くの工芸品を作らせようと１人の彫刻家に２つのノミを与えても製作には利用できないので、２つ目のノミは無駄である。また、２人彫刻家がいてもノミが１個しかないとすると、ノミの利用可能な彫刻家は１人であるから、やはり製造される美術工芸品は１つである。このことから、製作数は、投入される彫刻家またはノミどちらか確保可能な小さい方に制約される。この場合は、生産関数は下記のように表される。ここで f は生産関数を示し、x_1，x_2 は投入物を示す。

$f(x_1,\ x_2)=\min(x_1,\ x_2)$ となる。

このように、ノミと労働力といったように投入物間に代替性（お互いに交換できない）がない場合、等量曲線（投入物が複数あって、それらが過不足無く投入されて生産される場合、同じ生産量を示す最大限可能な集合体を示した曲線）は図6-8のようになる。図上の折れ曲がった等量曲線Bは同じく等量曲線Aの倍数となって

図6-8　投入物間に代替性の無い場合

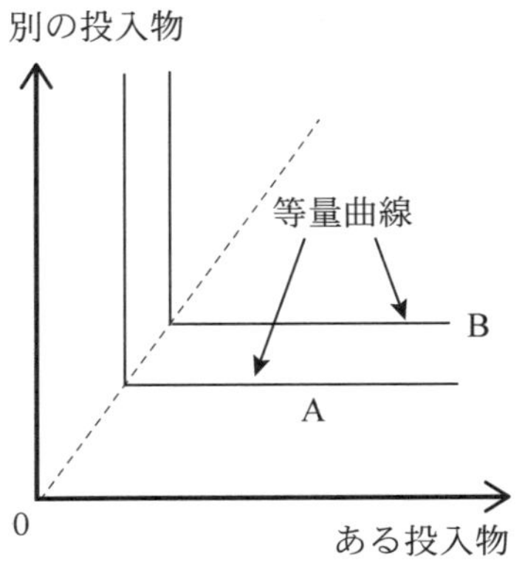

（出典）筆者作成

おり、BはAと相似形であり原点に対して破線にそって移動させた線となっている。これをレオンティエフ型生産関数という。第5章において投入産出分析に用いた生産関数である[20]。このとき、生産物と投入物間の相互の比率は同じである。生産物と投入物の比率を「投入係数」と呼ぶ。

文化芸術に当てはめると、同じ美術工芸品を大量に生産する工場型の場合はともかく、現在では1人の芸術家が1個の芸術作品を制作するのが通常であるから、投入される労働力自体にも労働自体の代替性はない。従って、1人の製造能力で芸術作品の産出量が決定される場合が多い[21]。

（4）創造過程が技術に依存している事例

写真芸術、コンピュータ・アート、デジタル音楽など創造過程が技術的な道具や機械に依存している場合、投入物間での代替性がかなり生じてこよう。そのような技術依存型作品は、デジタル的作品であることが多い。製作の段階でコンピュータ等IT機器が拘わるので、技術の進歩で芸術家の労働とIT機器との代替が可能となってきたからである。

従来なら絵画を描く場合は、頭の中で発想し、それを自ら鉛筆で画布にスケッチし、それに着色して制作する。コンピュータ・グラフィックス用のアプリケーションを利用して、肉筆で画布にスケッチしていたことをパソコン画面に出し、それに肉筆で着色するか、あるいはコンピュータ画面上で着色し、それを画布に写し取ることで絵画を完成させたとする。この場合、スケッチ画をあれこれ描き直し修正するところをコンピュータ画面で早く行え、最終画が作成できる。制作過程にIT機器を導入し最終的には肉筆画とするので、同じ肉筆画でもかなり手早く制作できるだろう[22]。建築デザイン設計過程では、すでに多くの設計を支援するアプリケーションの導入が図られている。

(5) 投入物が固定されているオーケストラ

生産者にとって、一部の投入物が固定されている場合がある。生産者は、好況・不況により当然生産物を増減させようとするが、電力、鉄道といった装置産業では、工場や鉄道設備を短期的に増減させることは不可能なので、機械設備等資本財は短期的には固定的になる。

このとき、製造費用について考えてみよう。総費用をCとおくと、$C=VC+FC$とおくことができる。ここで、VCは固定費用、FCは生産量に応じた可変費用である。これを費用関数という。費用関数とは、生産物が1種類しかなく、投入物の費用と産出量の関係を示したものである。

ここで、生産量をxとおくと $MC=\dfrac{\partial VC}{\partial x}$　　　MC：限界費用

限界生産量は、生産物が1単位（1円でもよいし、1個でもよい。数え方は任意）増加、減少した際の費用の増減を示す。

ある一定量まで生産が増加するにつれて、限界費用は減少するが、そこを越えるとまた増加し始める傾向がある。文化芸術活動でオーケストラを例に引くと、ある一定規模以上の演奏家を雇用していなければ楽団として機能せず、公演回数が減少

図6-9　生産量と限界費用の関係

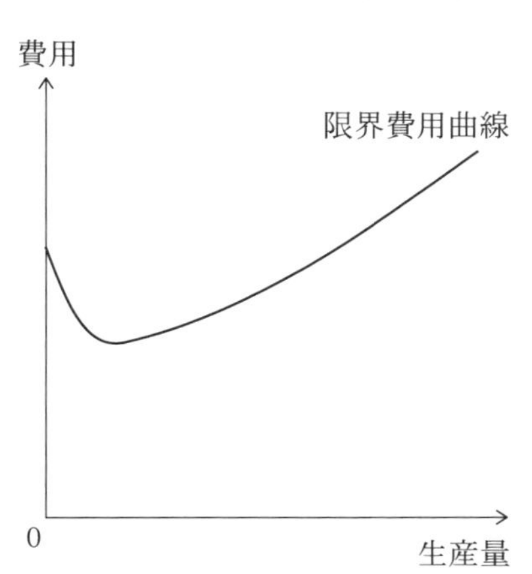

（出典）筆者作成

したからといって解雇することは困難である。そのため、人件費が固定費用となる。これは装置産業の施設設備を廃棄すること以上に人が絡むだけ、経費削減が難しいことを意味しよう。

6.4　芸術家の経済的行動

（1）生産量決定モデル

ここでは、生産者がどのような動機で生産量を決定するか、モデルを使用して説明する。投入物と生産物の価格は与えられていると仮定し、個々の生産者が価格をコントロールできないと考えている市場を想定して、商品・サービスのやりとりを行う（競争市場の仮定)。その場合、生産者は利潤の最大化を目的に生産すると考える[23]。先に述べたように消費者（文化芸術享受者）は、自らの効用を最大に行動することを仮定したように、同じく生産者は利潤を最大化するよう行動すると仮定する。利潤は金銭尺度で外部から観測可能であるが、効用は消費者の心の中での判断であるから測定が困難か、できないことに数値化できる利潤との違いがある。

利潤とは、収入から費用を引いた額であるので、

$$\pi=\sum_{i=1}^{n}p_iy_i-\sum_{i=1}^{m}w_ix_i \quad \cdots\cdots\cdots\cdots\cdots\cdots\cdots\cdots\cdots\cdots(1)$$

p_i：n種類の生産物（y_1：$i=1,\ \cdots\cdots n$）の価格

w_i：m種類の生産物（x_1：$i=1,\ \cdots\cdots m$）の価格

式の最初の項は収入であり、２項目は経費である。自分が自分の会社で働いている場合、自分の労働力が生産に投入されているので、労働費が無償ではなく、市場で適正に評価された労働価格（賃金）を費用の一部分として参入することが必要である。特に、芸術家の場合、自らが創作しそれを売る場合が多いが（たとえば画家が、画廊に絵画を売却する場合)、いくら働いても芸術制作活動と思っているので、その労働力を生産コストに含めないで考える場合が多い。

（2）機会費用の測定

このような自己の労賃のような経済的な費用は、機会費用と呼ばれる。すなわち、自分の労働を他の労働でまかなおうと別の芸術家を雇用すると雇用経費がかかる。また、他の芸術家の工房に勤務した場合、そこで賃金が支払われるわけであり、雇用機会の面からは自分の工房での他人の雇用機会を奪っている。また、投入物についても現在での市場評価での額で評価しなければならない。すなわち、物価

は変動しているので、過去に投入した物の価格は、現在の市場価格とは相違しているが、それを現在市場で評価すればいくらになるかを測定して計算する。

式(1)を単純化して、１種類のみの製品を生産しと１種のみの原料を使っているとすると、$\pi = px - wx$ となる。ここで $R = px$ とおき、投入物（材料）１単位当たりの経費（限界経費）を考えると、$\frac{dR}{dx} = p + x\frac{dp}{dx}$ となる。なお、生産者が完全競争市場にある場合、自らが生産量により価格決定ができないので、つまり材料単価は所与（市場決定）なので、第２項の $\frac{dp}{dx} = 0$ となり、上式は $\frac{dR}{dx} = p$ である。これは生産量を１単位増加させた場合の収入増加分だから、それを限界収入といい、競争下では市場での価格と一致する。

画家が絵画を制作する場合、有名な画家であれば、独占的に販売可能で、また少数の同じような画風の有名画家が競っている場合は、寡占的な状態であろう。しかし、劇団のように多くの劇団が廉価な公演料で全国各地を回っている状態では、競争的な市場での価格に落ち着く。なお、衛紀生は「「個人商店」なみの劇団経営、一部に根強くある旧態依然とした蛸壺的な演劇人の意識、プロを目指すモチベーションの欠如など、演劇人が取り残されかねない事情がいくらでもある。おそらくこれからの10年間は、それらの課題を抱えている地域演劇の負の部分と、変化する仕組みとのあいだのせめぎ合いの季節ではなかろうか。地域における劇団の淘汰の時代と、全国評価を視野に入れた演劇活動をデザインする時代はもうすでに始まっている。」(『芸能白書2001』芸団協出版部（2001））と述べ、多くの劇団が競争的な市場の中に追い込まれていることを述べている。

（３）費用の最小化

投入２種類モデル

式(1)で m 種類の投入物の代わりに２種類の投入物（それぞれ投入物の価格と数量は、$w_{1,2}$ と $x_{1,2}$）のみで生産が行われると仮定しよう。この仮定はあながち無理な仮定ではない。彫刻家が粘土のみで彫像を創造する場合を考えてみると、投入物は彫刻家の労働力と粘土だけである。

その場合、費用 C は、$C = w_1x_1 + w_2x_2$ となる。この費用を出来るだけ最小化したいので、$\min(C) = C_0 = \min(w_1x_1 + w_2x_2)$ である。一方このとき生産関数を、$y = f(x_1,\ x_2)$ とおけば、最少の制作費用は $w_1,\ w_2,\ f(x_1,\ x_2)$ で決まる。これが費用関数である。この式は、$w_1,\ w_2$ の価格の投入物があるとき、y 単位の生産量が製造されることを示す。この費用関数をできるだけ最少にすることを考える。すなわ

図6-10　短期可変費用

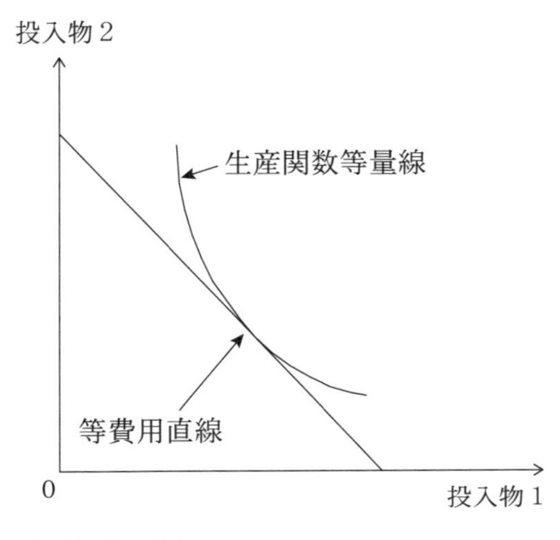

（出典）筆者作成

ち、y単位製造する場合にもっとも少ない経費を計算する。数学的には、ラグランジュ未定係数法を用いるが、ここでは直感的に図を用いて説明する。$C = w_1x_1 + w_2x_2$を変形して、$x_2 = C/w_2 - (w_1/w_2)x_1$とおく。この式は、傾き$-(w_1/w_2)$と切片$C/w_2$をもつ直線である。

図6-10をみると、同じ数量の生産物を生産可能なあるゆる組み合わせを示す生産関数と同じ費用がかかる費用線を書き込んである。この両者が接するところが、費用が最小となる投入物の投入量となる。

競争下での作品制作

通常、劇団は多く存在し、複数の劇団が競争市場で競い合う。一方、著名な画家やオペラ劇団の鑑賞者層には、その作品・演目のみを鑑賞する固定層が多い。それは、独占、または寡占状態の市場である。文化芸術活動はその表象された作品に現れるので、人は他の作品との相違のところに固有価値を見いだす。芸術作品は人間の創造行為が作り出したものであるので、同じような作品が他人によって制作されることは少ない。一方、写真・映画の発明を嚆矢とする絵像技術・音声技術の発展は、ついにデジタル技術によるバーチャル作品を生み出した。そのコピー作品はオリジナル作品と相違がない。このような作品とコピーした作品の交友価値を見い出するのは困難である。

そのようなデジタル芸術や映像芸術のようなものを除いて、工業品とことなり、芸術作品では全く同じ機能・価値をもつ生産物を作り出すことは不可能である。演劇のようにシナリオや脚本があり、その筋書きに沿って演出家が演出し、俳優が演ずる場合がある。厳密にいえば演出の方法や俳優の個性があるので、「昨日の芝居と今日の芝居は違う」という。時空が違えば、作品も異なるということはいえよう。しかし、一般普及向けの演劇では（これはそれをレベルが低いといっているわけではない）、劇団間の相違はともかく、時空間を異なる公演の相違を鑑賞者層が見いだすことは困難である。

芸術作品にもこれ唯一で固有価値が内在しているものと、よく観察、鑑賞すれば相違はあるものの、それほど相違が見られない作品もあることが気づかれる。前者は、有名とか著名とか、名指しで作品が鑑賞される場合であるが、これは市場経済下での独占、寡占状態に近い。ブランドという固有価値をもって、価格優位に立っている。一方、後者の場合は、競争市場に於かれている企業群と類似する。従って、過当競争的、価格競争に陥りやすい。

独占化での作品制作

独占状態における生産物の価格について考える。有名芸術家の作品に当てはまる。密接な代替商品・サービスを提供する企業が存在しない状態を独占という。独占は企業の製造規模や参入障壁が著しく大きい場合、特許、ノウハウなど他社が真似できない状況が存在する場合、原材料を支配している場合など起きやすい。従って、価格は供給者が支配できる。

製作費用は最小化されていると仮定すると、式(1)を微分して、

$$\frac{d\pi}{dx}=\left(p+x\frac{dp}{dx}\right)-\left(w+x\frac{dw}{dx}\right) \quad \cdots\cdots(2)$$

第１項の（　）内は生産量を１単位増加した場合の収入の増加分であり、限界収入（MR）と呼び、第２項（　）内は生産量を１単位増加した場合の費用の増加分で限界費用（MC）と呼ぶ。式(2)を最小にするには、

$$\frac{d\pi}{dx}=0 \text{ であるから，} \left(p+x\frac{dp}{dx}\right)-\left(w+x\frac{dw}{dx}\right)=0$$

$$\text{すなわち，} \left(p+x\frac{dp}{dx}\right)=\left(w+x\frac{dw}{dx}\right)$$

となる必要があり、限界収入＝限界費用が成り立っていなければならない。競争市場にある生産者は、両辺のそれぞれ第２項が生産量により変化することは不可能であるから、それぞれ０となり、$p=W$ となる。

独占企業体では、生産量が価格に反映され、需要に応じた生産量を調節するので、左辺第２項がマイナスとなる。

ここで、需要の価格弾力性（価格１単位（円）に応じた需要単位（個とか））をεとすれば、

$$MR\text{（限界収入）}=\frac{dR}{dx}=p+x\frac{dR}{dx}=p\left(1-\frac{1}{\varepsilon}\right)$$

$$\varepsilon=-\frac{\text{需要の変化率}}{\text{価格の変化率}}=-\frac{dx}{dp}\frac{p}{x}$$

となる。$\varepsilon>0$であるから、価格は高くなる。上式は、限界費用が限界収入（MR）に等しいとき、独占利潤が最大になることを意味する。

図6-11　独占形態と需要曲線

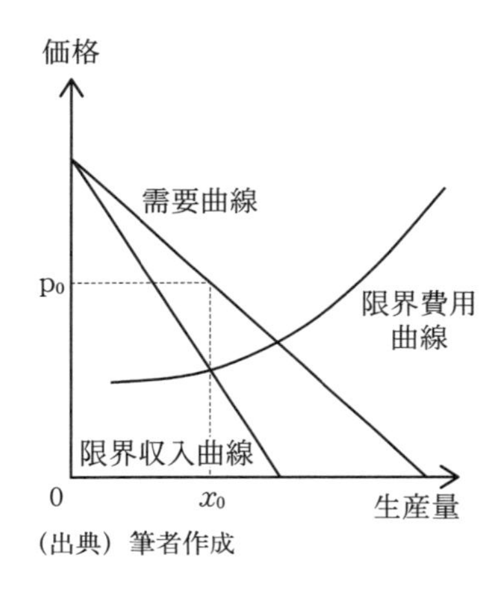

（出典）筆者作成

独占生産者にとって最適な生産量は、限界収入曲線と限界費用曲線の交点上にあり、この生産量を売却可能な価格価格（p_0：独占価格）を付けることができる。価格と供給量を支配できるので、市場価格は供給者価格（平均費用価格）、供給量はその価格での需要量となる。需要曲線は供給者の平均収入曲線と一致する。この場合、収入はその時の生産量と価格をかけた値である。

寡占化での作品制作

寡占状態の生産者が存在する場合を考える。文化芸術活動で例示するなら、有名なオーケストラが少数存在し、それらがクラシック公演をほとんど一手に引き受けている場合が考えられる。

経済的に寡占とは、複数の生産者がいる場合で、お互いに価格・製造数などで協調的になっている。あるいは、１社独占、競争下での多数企業競争と異なり、価格

決定面でのリスクが大きくなっているので、カルテルなどを結びやすい[24]。実際的には数社が製造という場合が多い（例えば、ガラス、石油、ビール等が例示に出される[25]。同じ酒販でも日本酒の場合は多くの日本酒メーカーが存在し、競争的市場になっている）。図6-12に世界の大型旅客機の製造メーカー別製造数を示す。ボーイング、エアバス両社で世界の旅客機の全てを製造している。寡占企業が存在する市場でもニッチ的企業（すきま企業）は、存在するケースが多い。パソコンのOperatin-System（OS）でもリナックスのようなニッチが大手になる場合もあるが、多くのフリーOSが存在するが、大手を脅かすことにはなっていない。

図6-12　世界の民間旅客機製造の推移

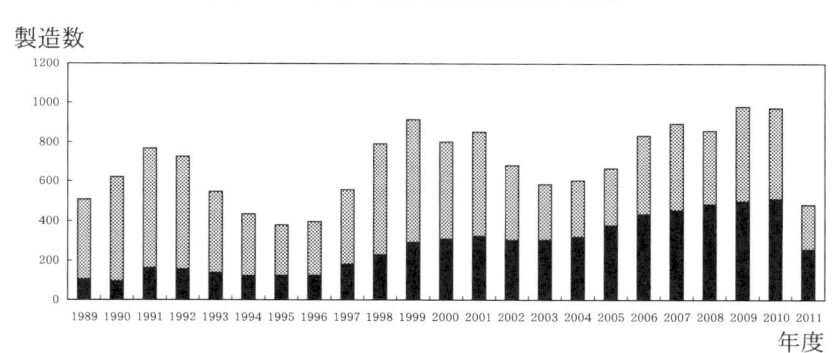

(注) 上段：ボーイング社、下段：エアバス社
(出典) 各社のホームページ、(財) 日本航空機開発協会資料より筆者作成

さらに、文化芸術活動で重要な競争概念に「独占的競争」がある。独占的競争(字句の通り、独占と競争(市場への出入り自由)が入り交じっている市場)[26]とは、商品差別化以外は競争市場のことである。完全競争の段階から、商品の差別化を図り顧客を増やし、市場の一部を独占しようという動きが行なわれる。差別化の方法は、店舗立地やデザイン、支払方法、包装などの要素に及ぶ[27]。また、実際に効果が分かるものとは他に、医薬品などの分野においては、成分が同じなのにブランドが選ばれるという傾向も見られる。ある生産物が差別化されると、「非価格競争」が価格競争に取って代わる。非価格競争下では、広告などの販売促進キャンペーンが実施され、大金が注ぎ込まれる。

競争市場の場合、生産者は需要に応じた価格設定しか（受動型）可能でないが、独占と同じく寡占状態では、生産量が提供する商品・サービスの価格に反映される。この場合寡占企業は１社ではないので、独占状態に比較し、複雑な行動をとるが

(あるいは可能性があるが)、もっとも簡単なモデルでは、製造者が２社しか存在しない。さきの例では大型旅客機製造のケースが当てはまる。

生産者がn個存在するとし、$i=1$の場合が対象生産者（オーケストラ）とし、$i=2$からnまでを他社（他オーケストラ）とおく。

$\sum_{i=1}^{n} x_1$は、全体の需要される総量（講演数）であり、生産量と一致する。その公演１つあたりのチケット平均価格を、pとおくと、生産者１の収入R_1は、$R_1=px_1$となる。そこで、オーケストラ１の限界収入を式（　）と同じように微分して求めると、

$$MR_1（限界収入）=\frac{dR_1}{dx_1}=p+x_1\frac{dp}{dx_1}$$

さらに、仮定より全ての生産者（オーケストラ）は生産量（公演回数）を同じとすると、$x_1=x_2=\cdots\cdots=x_n$であり、それは、全体の生産量（総公演回数）を均等に配分した生産量（個々のオーケストラの公演数）と等しい。従って、

$$x_1=x_2=\cdots\cdots=x_n=\frac{1}{n}\sum_{i=1}^{n}x_i=\frac{x}{n},\ ここで,\ x=\sum_{i=1}^{n}x_i$$

$$MR_1（限界収入）=\frac{dR_1}{dx_1}=p+x_1\frac{dp}{dx_1}=p+\frac{x}{n}\left(-\frac{1}{\varepsilon}\frac{p}{x}\right)$$

$$=p\left(1-\frac{1}{n\varepsilon}\right)$$

ただし、$n>1$なので、MR_1(生産者１（オーケストラ１）の限界収入)は、限界独占収入より低下する。

通常、工業品や農産物の生産においては、生産規模が大きくなるほど、収穫逓増の法則が働くので、生産物１単位（１個の価格）が減少する。従って、独占禁止法やカルテル防止法といった取り締まりがないと、自然に生産者は寡占から独占状態に移行する場合も多い。その状況下では 生産者は需要側（消費者側）の需要に関係なく、生産物の価格決定が可能となる。そのため、多くの国では競争市場の確保・安定を目的に独占状態や寡占状態について消費者保護等の観点から、取り締まるのが通常である。

我が国の文化芸術市場

我が国の文化芸術市場をみると、演劇を例にとれば、一部の有名・著名な劇団が公演の多くを抑え、また首都圏を中心とする都市部を対象に公演している。そして、それ以外の地方都市や町村部においては、巡回公演という形で、小規模劇団が公演しているのが実際である。これは、一時工業生産面に述べられた二重構造と類

似の状態である。

経済の二重構造とは昭和30年代頃まで、生産現場で少数の大手と多くの中小企業が共存し、労働条件や生産過程でのそれら間の大きい格差が生じたことを示す[28]。「経済の二重構造」という言葉が、公式に認知されたのは昭和32年（1957年）版中小企業白書においてであったが、以後この言葉は日本経済の特性を表す代表的な言葉となった。厳密な経済学的定義は別にして、二重構造とはそのまま高賃金の大企業と低賃金の中小企業という、働く者にとっての事実的待遇格差を表す言葉でもあった。

二重構造発生の要因については様々な学説や見方があるだろうが、諸外国に比較して日本経済の特徴とされるほど顕著な現象となった背景は、戦後の膨大な過剰労働力の存在である。彼らは実質的には潜在失業者として一時的に農村社会などに吸収されたが、中小企業における所得水準を引き下げる労働力の供給圧力として長い間存在し続けたのである。二重構造という言葉があまり聞かれなくなったのは、1960年代後半からである。60年代の10年間、高度経済成長政策の中で労働に対する需要が高まり[29]、毎年10%の賃金引き上げが続いた中で大企業と中小企業の賃金格差が急速に縮小していった[30]ことが背景にある。しかし、昨今経済不況とともに労働者の雇用面での待遇で現れてきた。

また1963年には中小企業基本法が制定され、中小企業の「近代化」を推進することによって二重構造問題を解決しようとする産業政策も取られた。

この経済の二重構造は我が国の演劇界に置き直すことができる（表6-2）。一部の恵まれた大規模劇団では１回当たり公演経費（１単位の生産物）がロングラン等により、低価させることが可能であるが、その他の中小・弱小劇団では、そのような規模拡大が難しく、１回当たりの公演経費の単価は高止まりせざるを得ない。

すなわち、工業面での二重構造が演劇界を含む我が国の文化芸術市場で見られるのであって、それが実演芸術家の待遇面・労働面での実演芸術家同士の待遇相違に関係している。

例えば、「日本の芸術家調査」によれば、収入の最大値と最少値の差が大きく、また収入分布の分散が大きい（表6-3）。変動係数は測定単位によらないので、それを見ると１近くあり他の収入分布に比べて大きい[31]。これは、芸術家が置かれた立場（音楽家だと音楽団所属かソリストか）の相違にもよるからである。

表6-2　事業所規模別生産性比較

区分	従業者数	1事業所当たり				従業者1人当たりの年間売上高
		従業者数	興行場，興行団業務の事業従事者数	年間売上高	興行場，興行団業務の年間売上高	
	（人）	（人）	（人）	（万円）	（万円）	（万円）
4人以下	2,504	3	3	3,567	3,466	1,242
5人～9人	3,483	6	8	11,910	11,009	1,844
10人～29人	5,668	16	20	45,113	42,550	2,774
30人～49人	3,296	38	38	171,049	159,433	4,511
50人～99人	4,264	69	103	368,933	354,754	5,323

（出典）経済産業省「特定サービス業産業調査」(2008)

表6-3　芸術家の専門分野別所得

年度	芸術分野	調査対象者数（有効）	年間収入（万円）					変動係数
			平均	中央値	最大	最少	標準偏差	
1996	美術	1,082	480	630	8,000	0	602	1.25
	舞踊	265	471	360	4,600	0	511	1.08
	演劇	428	547	400	9,100	0	649	1.19
	音楽	727	691	600	8,000	0	586	0.85
2001	美術	73	824	800	3,301	100	544	0.66
	舞踊	141	622	500	4,767	14	635	1.02
	演劇	466	480	360	3,000	0	403	0.84
	音楽	502	709	600	5,000	0	586	0.83
2007	舞踊	130	632	500	5,000	0	702	1.11
	演劇	365	428	300	4,000	0	457	1.07
	音楽	595	572	432	6,000	0	520	0.91

（注）2007年度調査では「美術」は公表されていない。
（出典）神戸商科大学「日本の芸術家4000人調査」

[補論 1]

コーナーソリューション問題

日常購入することがあまりない商品・サービスと、よく購入する商品・サービスとをお互いに取り替えて、得られる満足度（効用）を同じにすることはできない。それは、ほとんど購入することがない商品・サービスは、消費者にとって、得られる満足度に比べて価格が高いからである。

その一例として、コンサートと他のサービスの例を無差別線で説明する。コンサートにほとんど行かない人にとって、コンサート入場料（とそこまでの交通費など、q で示す）は、その人が購入している他の商品･サービスとの価格（p）の比率が、その人にとってコンサート入場料と他の商品・サービスとの価格との間の限界代替率と乖離している。従って、コンサートと代替する商品・サービスはなく、コンサートは購入されない。つまり下図における x_1 地点の消費計画となる。

これは、予算線の傾き $\frac{p}{q}$ と無差別曲線の傾き $\frac{dy}{dx}$ を比べた場合、絶対値で常に、$\frac{p}{q} < \frac{dy}{dx}$ となっていることを意味する。つまり、q がその人にとっては、高すぎるのである。

図6-13　コーナーソリューション問題

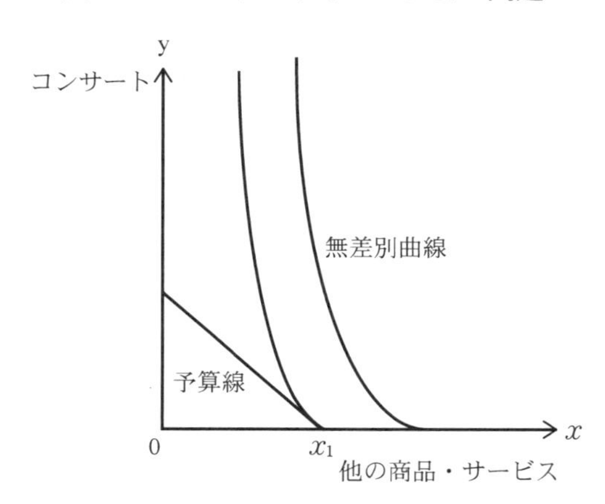

（出典）筆者作成

［補論２］

累級型効用曲線の算出

経済人が購入活動をする時の消費額と効用の関係は、累級型効用曲線を用いる。そこでそれと算出する。

通常の人間の経済行動について、以下の仮定を置く。

今、持っている資産を投資する場合、その投資から得られる利益が、ある確率的に分布しているとすると、その将来の資産回収は非常に不確実であるから、少しでも安定的（確実な将来果実）を得ようとする。簡単に述べると、丁半賭博を行う際、さいころの丁半の目の出方は半々であるから、それから期待される収益は、多くの回数賭けると、胴元がテラ銭（場所の借賃）をとらないとすると、得られる回収金は掛けた全ての金額の1/2となる。しかし、１回しか掛けを行わない場合は、胴元にすべて取られるかあるいはその場に掛けられている掛け金全てがもらえるかである。なお、このケースでは胴元対賭博者の賭であり、胴元は賭けることはない。

そこで、多数回掛けを行って得られる回収金（平均1/2）より少なくてもよいから、絶対得られる金額を欲するのが通常人である。そこで、例えば掛け金に「保険」（リスクプレミアム）をかけて、保険金を若干支払うものの確実な回収金をもらうことにする。その保険金は当然、掛け金より相当少ないはずである。得られる

図6-14　期待効用と累級型効用曲線

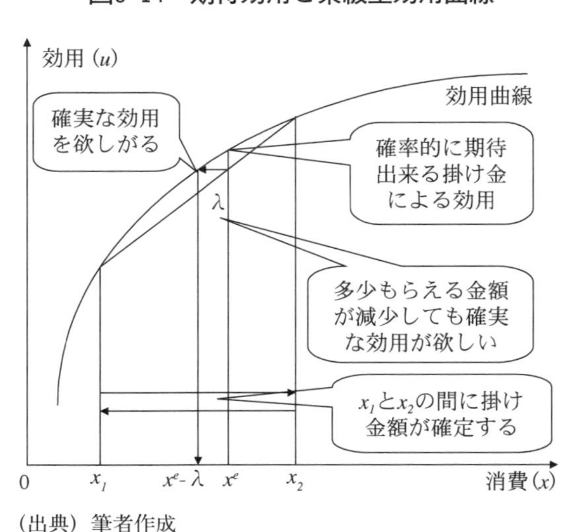

（出典）筆者作成

回収金をこえれば、利益がマイナスとなるので、保険の意味が無くなる。

効用曲線を上に凸の通常型として、２回微分可能と仮定する。

すると、保険額を支払った時の効用と統計的に得られる効用の期待値とが釣り合うよう保険料を考える。

$u(x^e-\lambda)=\sum_{i=1}^{n}p_iu(x_i)$　λ：保険掛け金。ここで、$x^e=\sum_{i=1}^{n}p_ix_i$ であり、これは期待値である。p_iはある将来の起こりうる確率である。$\lambda \ll x^e$ であるので、左辺を x^e の回りで$Taylor$展開を１次の項まで行う。

$$u(x^e-\lambda)=u(x^e)+(-u'(x^e)\lambda)\cdots\cdots(1)$$

右辺については、x と x^e はかなり近い値であるが、その差は保険額 λ に比べ大きいので、同じく$Taylor$展開を２次まで行う。

$$u(x)=u(x^e)+u'(x^e)(x-x^e)+\frac{1}{2}u''(x^e)(x-x^e)^2$$

$$\sum_{i=1}^{n}p_iu(x_i)=\sum p_i[u(x^e)+u'(x^e)(x_i-x^e)+\frac{1}{2}u''(x^e)(x_i-x^e)^2]$$

ここで、

$$\sum p_iu'(x^e)(x_i-x^e)=[(p_1x_1+\cdots\cdots+p_nx_n)-(p_1+\cdots\cdots+p_n)x^e]u'(x^e)$$
$$=[x^e-(1\times x^e)]u'(x^e)=0$$

よって、右辺は、$\sum p_i[u(x^e)+\frac{1}{2}u''(x^e)(x_i-x^e)^2]$ となる。

整理して、$\sum p_iu(x^e)=u(x^e)\sum p_i=u(x^e)$ $\cdots\cdots(2)$

$$\sum p_i[\frac{1}{2}u''(x^e)(x_i-x^e)^2]=\frac{1}{2}u''(x^e)\sum p_i(x_i-x^e)^2$$
$$=\frac{1}{2}u''(x^e)\sigma^2,\ \sigma^2：分散\ \cdots\cdots(3)$$

(1)、(2)、(3)各式より、$u(x^e)+(-u'(x^e)\lambda)=u(x^e)+\frac{1}{2}u''(x^e)\sigma^2$

以上より、$-u'(x^e)\lambda=\frac{1}{2}u''(x^e)\sigma^2$

ここで、効用関数 $u(x^e)$ の x^e を x に置き換えても一般性は失われないから、$-u'(x)\lambda=\frac{1}{2}u''(x)\sigma^2$ である。この関数は、２次の微分方程式であるから、解くことができ、

$$-\frac{u''(x)}{u'(x)}=\frac{2\lambda}{\sigma^2}=\alpha\ とおく$$

$u'(x)=\nu(x)$ とすれば、$\alpha\nu(x)+\nu'(x)=0$

$\dfrac{d\nu}{dx}=(-\alpha\nu(x))$ なので、$\dfrac{d\nu}{\nu}=-\alpha dx$、両辺を積分して

$\ln\nu=-\alpha x+c_1$、$\nu=c_2e^{-\alpha x}$

$u'=\nu=c_2e^{-\alpha x}$、$\therefore u=-\dfrac{1}{\alpha}e^{-\alpha x}$・・・・絶対的リスク回避効用関数（投資額は所持している資産のうち、○%投資するというのでなく、絶対額として投資する場合）

次いで、相対的リスク回避効用関数(Constant Relative Risk Aversion)を考える。

先の投資額を絶対額で投資するのではなく、今所持している資産の一定割合を投資するとする。つまり、大きく資産を持っている人は多く、少ない人は少なく投資し、その投資割合をそれぞれ等しいとする。その割合がμである。同じように、保険額も同じ割合で掛ける。

また、$\sigma^2=\sum p_i(x_i-x^e)^2=\sum p_ix^2(a_i-a^e)^2$、

ここで、$x_i=a_ix$、$x^e=a^ex$

$$-\frac{u''(x)}{u'(x)}=\frac{2\lambda}{\sigma^2}=\frac{2x\mu}{\sum p_ix^2(a_i-a^e)^2}$$

であるので、$-\dfrac{u''(x)}{u'(x)}=\dfrac{\gamma}{x}$ と書き換える。

ついで、これは簡単な微分方程式なので解ける。

$u'=\nu$ とおけば，$-\dfrac{\nu'}{\nu}=\dfrac{\gamma}{x}$ なので、$-\dfrac{d\nu}{\nu}=dx\left(\dfrac{\gamma}{x}\right)$ 両辺を積分して、

$-\ln\nu=\gamma\ln x+c_1$ となるが、さらに変形して、

$\nu=c'_1e^{-\gamma\ln x}=c'_1x^{-\gamma}$　$u'=\nu$ なので、$u'=c'_1x^{-\gamma}$ となるが、両辺を積分して、

$u=c'_1\dfrac{x^{1-\gamma}}{1-\gamma}+c_2$

$x=1$ のとき、$\nu=1$ とすれば、$c'_1=1$ となる。c'_1 は任意の定数であるから、計算しやすいように1にすればよい。

$u=c'_1\dfrac{x^{1-\gamma}}{1-\gamma}+c_2=\dfrac{x^{1-\gamma}}{1-\gamma}+c_2$、

さらに、変形して $\dfrac{x^{1-\gamma}}{1-\gamma}+c_2=\dfrac{x^{1-\gamma}+c_2(1-\gamma)}{1-\gamma}$

$\gamma\to1$ のとき、分母は0に近づくので、発散を防ぐため分子が0に近づかねばいけない。そうすると、$c_2=-\dfrac{1}{1-\gamma}$

$$u=\frac{x^{1-\gamma}-1}{1-\gamma}$$

これで、相対的危険回避型効用関数（累級型）が説明できた。

［補論３］

芸術面でのオイラー方程式の求め方

今、t期と$(t+1)$期の資源配分を考える。t期においてある予算（芸術鑑賞に振り向ける経費）があり、これをt期での消費（実演芸術鑑賞や美術展鑑賞を考えていただきたい）と（$t+1$）期の消費のための投資（実演芸術鑑賞や美術展鑑賞）に振り向けることを考える。すると、以下のことが成り立つ。ここで、uは実演芸術鑑賞行動を規定する効用関数である。

$$u'(c_t)=\exp\left(\int_t^{t+1} r_t dt\right)\exp(-\rho)u'(c_{t+1})\cdots\cdots\cdots\cdots\cdots\cdots\cdots\cdots\cdots\cdots(1)$$

(1)式は、t期と（$t+1$）期 の異時点間の資源配分として考えられる。消費１単位をt期に消費せずに（$t+1$）期に持ち越すと、市場利子率rと時間選好率ρ（いわゆるせっかち指数。ρが高いほど将来に投資せずに現時点で消費する）である。つまり、市場利子率と時間選好率とのせめぎ合いの結果、芸術に割かれる予算が実演芸術鑑賞に向かうか、次期の実演芸術鑑賞に向かうか、予算配分が決定する。なお、美術品購入は、それを売却、消滅するまで美術品鑑賞に伴う効用が持続するので、購入則効用が発生しその後効用は持続しないと考える実演芸術のみ考察している。

(1)式は、左辺で現時点（t期）での芸術鑑賞行動による限界効用を示し、右辺は次期（$t+1$期）への投資（貯金）による金銭による芸術鑑賞の限界効用を示す。

さて、現時点と次期との時間差を極限まで短くすると(1)式は(2)式のように差分式となる。

$$\begin{aligned}(1)\text{の右辺}&=\exp(r\Delta t)\exp(-\rho\Delta t)u'(c_{t+1})\\&\cong(1+(r-\rho)\Delta t)u'(c_t)\\&=(1+(r-\rho)\Delta t)u'(c_t+\Delta c)\\&\cong(1+(r-\rho)\Delta t)u'(c_t)+\Delta c u''(c_t))\end{aligned}$$

なお、$c_{t+1}=c_t+\Delta c$であり、１番目から２番目と３番目から４番目への式を変化する際、簡単な１次までの$Taylor$展開を行っていることに注意

右辺と左辺を整理すると

$$u''(c_t)\Delta c+u'(c_t+\Delta c)(r-\rho)\Delta t=0$$

差分方程式を微分方程式に変え$(\Delta t,\ \Delta c\to 0)$

$u''(c)\dfrac{dc_t}{dt}=-u'(c_t)(r-\rho)$となるが、両辺を$u''(c_t)$と$c_t$で割り、$\dfrac{dc_t}{dt}=c'_t$と書けば、$\dfrac{c'_t}{c_t}=-\dfrac{u'(c_t)}{c_t u''(c_t)}(r-\rho)$………オイラー方程式

なお、右辺の$-\dfrac{u'(c_t)}{c_t u''(c_t)}$は正となるが、異時点間の芸術鑑賞効用の代替弾力性である。

注

1　版画で有名なアルブレイト・デューラー（1741-1528）は、ちょうど印刷技術が進展している最中にあって、それを版画製造に利用したのみならず販売面でも利用した。

2　例えば、音楽界でも歌謡曲よりクラシック音楽が高尚であるような捉え方や歌謡歌手よりオペラ歌手が優れているとの見方などクラシック優位的考え方。なお、最近ではクラシック音楽を広く鑑賞してもらおうとする考え方やオーケストラの経営的マネージメントから、聞きやすい曲名が多く取り上げられたり、ラ・フォル・ジュルネのようにクラシックファンでない人たち向けの気軽なコンサートが増加し、クラシック音楽を楽しむというやや「娯楽的」なコンサートも増加している。

3　運輸業では、早く移動するために特急料金を支払い「時間を金銭で買う」ことが行われるが、芸術文化の鑑賞行為では、その行為自体が楽しみなので、時間を金銭で短絡することは通常考えられない。ただし、知識の増大を図るため芸術作品を鑑賞する時は、早く美術展を回ったり、ダイジェスト版の映画を見たりすることはある。また、何か別の行為をしながら音楽鑑賞を行うなど「ながら行為」はインターネット普及によって、拍車がかかっている。

4　工業品でもオーダーメイド商品は存在する。多くの大型の船舶・軍艦や複雑な機械システム（工場、コンピュータ・システム）がそうである。

5　「絵に不変の価値がないとか、価値がはかれないということにはならない。なぜなら絵もまた売買されるのだからである」サンディ・ネアン（中山ゆかり訳）『美術品はなぜ盗まれるか』(2013)

6　オークションは美術品と貨幣との公開された価値変換システムである。

7　粗収入＝価格×入場者数として、値上げ前は約400万円であり、値上げ後は約500万円でその差額は100万円の増収入となる。

8　ここでは、ライブが気軽に聴ける首都圏で記録媒体とライブの代替性が存在するとの仮定をおいている。地方とか、代替性のないレコード、CDには当てはまらない。

9　限界代替率の低減という。

10　クラシック・コンサートにはめったに行かない人にとっては、入場料はほかのサービスに比べて高いので、別の図となる。これをコーナー・ソリューション問題という。本章の補論1を参照。

11　経済学では、通常効用関数として通常累級型効用関数を用いる。累級型とは、$y=x^a$ のような関数である。通常効用関数は $u=\frac{x^{1-\gamma}-1}{1-\gamma}$ といった関数でしめす。ここで、γは限界効用の弾力性で、$1/\gamma$は異時点間の効用の代替の弾力性を示す。

12　オイラー方程式の求め方については、補論3を参照

13　1930年代に成立した近代経済学は、自然科学の古典力学の応用で表示される。その根拠は、すべての現象を1つの代表する原子単位の集合体であるとの仮定、経済現象が他の政治的、社会的、文化的現象から独立であるとの仮定である。従って、力学上のモデルが経済学上のモデルとして用いられる。ラグランジュ、ハミルトニアン、熱力学（情報、集団での統計）などは、古典的力学・応用物理学の解決手法である。従って、近代経済学と応用物理学とは親和性が強い。

14　市場利子率とは、名目利子率から物価上昇分を引いたもの

15　ある時点に急激に芸術鑑賞に経費をかけるということは、通常考えられない。また、別の切り口では近代経済学は市民社会と市場の自由主義を前提にしているので、理想的個人（市民）は、合理的に活動することが前提である。補論3参照

16　我が国の国債10年債の利回りは、約0.58%程度。同じく米国債は2.5%。ドイツは1.2%程度以上、日銀『金融経済月報』2014.7

17　医療系職員を除くと277人の減少。さらに、教員の研究時間はその毎年減少率は平均3%である。文科省科学技術政策研究所『減少する大学教員の研究時間』(2011)

18　資本集約度という。労働者1人当たりの機械設備等が増加すると労働者1人当たりの生産量（労働生産性）が増加する。一般的に機械を使用して製造する製造業でよく当てはまる。

19　コブ・ダグラスが最初に観測した生産関数は、先のオケの生産関数とおなじく、分配係数α（資本）、β（労働）はそれぞれ、1/4、3/4であった。

20　アクティビティ・アナリシス手法によれば、生産要素をx_1，x_2とすれば、その生産集合体をある種のベクトルとして表示し、その集合体をyとすれば、$y=(x_1, x_2)$と表記する。このとき、比例性、可分性、加法性を仮定する。従って、$\lambda y=(\lambda x_1, \lambda x_2)$である。$\lambda$：定数

21　ただし、このような1人の芸術家によって1個の芸術作品が作られるというプロセスは、19世紀以降に芸術の固有性といった価値が公に言われ始められた時代以降であって、それ以前の時代（例えば、ルネサンス期、ギリシア時代）は特定の芸術家を中心とした工房制作が多かった。そのときは代表する芸術家の名前がブランド名であった。従って、弟子間（従業員）の労働の代替性はあった。我が国では、鎌倉時代、平安闇時代などで製作された仏像は、工房制作が多い。また、江戸時代までは現在芸術品といわれる美術品は、日常で使用される工芸品である。ふすま絵も高級武士、寺社で日常的に飾られた道具である。

22　村上隆は、将来芸術家は本来の精神的労働（創造活動）に特化し、機械などで代理できるところは機械に機能分担することもあるといっている。村上隆『芸術起業論』(2006)

23　経済学では、企業は利益追求と仮定するが、これは仮定というより公準（postulate）である。

24　独占企業では、価格は独自に決定可能だし、競争市場では他社動向もさることながら、自社での可能な限りのコスト低下を求めればよいので、価格決定が容易ともいえる。

25　商品の寡占の例：ビール：アサヒビール、キリンビール、サントリー、サッポロビール（以上で、99.1%）、オペレーティングシステム：Microsoft Windows、Mac OS（以上で、98.06%）、携帯電話：NTTドコモ、KDDI、ソフトバンクモバイル（以上で、100%）、家庭用ゲーム機：Wii（任天堂）、プレイステーション3（ソニー・コンピュータエンタテインメント）、Xbox 360（マイクロソフト）（以上で、100%）

26　各企業は、他の企業とは少し異なった製品を販売するので、ある程度まで価格設定が可能であるが、しかし、ライバル企業の価格や販売量、製品の質等にある程度影響を受ける。各企業は共謀もできるし、また利益が出ないとなれば共謀はしない。

27　1920年までにフォードは、大量生産大量販売で黒のT型フォードを生産したが、GMは車の色、大きさ等種類を多くそろえ、価格以外でフォードと競争した。結果的に1930年代までにGMが市場を支配した。

28　製造業（1955年）では、賃金は、1,000人以上の企業を100とすると、29人以下は43.3、生産性は同じく37.0であった。通産省「工業統計表」

29　1959年→1970年で完全失業率は、2.3%→1.2%とほぼ半減した。

30　1960年→1970年で、1,000人以上の企業と99人以下の企業の給与の差額は、40.3%から22.3%に減少した。労働省「賃金構造基本統計」

31　芸団協が調査している「芸能実演家の活動と生活実態」調査によっても、音楽家：0.83、舞踊：1.28、演劇：1.07程度であり、舞踊、演劇は音楽に比べて変動係数が大きい。

第7章

・

文化芸術と経営

7.1　商業芸術としての演劇

芸術の世界では、芸術家（団体）が芸術作品を提供し、それを需用者（鑑賞者）が消費（鑑賞）しているとはいえ、その形態はまちまちである。演劇という範囲に活動を限定しても、いわゆるショービジネスといわれる演劇から、伝統演劇の伝承で活動している劇団まで幅広く存在する。仮に、現代演劇に着目すると、毎年百万人の単位で動員されている劇団から地方巡業の劇団まであり、それぞれが多様な演劇を創造し、客に見てもらおうと努力している。これは、ビジネスの世界と同じであるが、アメリカのブロード・ウエイはショー・ビジネスの中心である。そこでは、競争市場下、ロングランを行う演目（「キャッツ」(ニューロンドン劇場で8,950回、ブロード・ウエイでは、同じく1982年から7,485回の公演)、「コーラスライン」（ヒューバート劇場で6,137回、14年６ヶ月公演（664万人の観客))、「屋根の上のバイオリン弾き」(インペリアル劇場で3,242回公演)、マイフェアレディ（2,717回公演)）もあれば、１月程度で見切りをつけて公演終了を行う演目もある。

明治の輸入演劇の新劇から派生している我が国の現代劇では、演劇を好む同好の士の集合体として、劇団が発足した経緯もあって、アメリカほどビジネスライクに演劇を考えてこなかったきらいがある。しかし、劇団四季のロングラン活動と、それによる動員力の大きさ及び国からの支援金はもらわないといった姿勢が注目されて、我が国でも演劇を文化芸術活動からエンターテイメント産業へととらえる動きが出てきた。もちろん、古くは江戸時代から歌舞伎は一つの投資事業として考えられ、特に大阪では富豪達が歌舞伎役者に芝居小屋を持たせ、その投資の見返りとして小屋を差配することが江戸後期には起こっている。

明治後期には各地に地元資本による芝居小屋ができ（その一部は現在でも使用でき、保存されている小屋もある)、都市部の劇団を呼んで芝居を公演させた。小林一三による宝塚劇団の発足は、我が国仕様のミュージカルを確立し、それは当初は箕面電気鉄道の沿線開発と乗降客の増収対策ではあったが、その後順調に発展している。フランス、ロシアほかの海外の演劇を我が国に移入し、それを日本人が外国人の振る舞いで演ずる新劇も松井須磨子を代表として、築地小劇場として始まり、それが我が国の現代劇の系譜となった。そのため、多くの演劇人は、「「個人商店」なみの劇団経営、一部に根強くある旧態依然とした蛸壺的な演劇人の意識、プロを目指すモチベーションの欠如など、演劇人が取り残されかねない事情がいくらでもある」(『芸能白書2001』芸団協出版部（2001)）のである。

以上の文脈の中では、芝居をビジネスとして割り切ると、演劇関係者の避難を浴びる面がある。しかし、そのことが、劇団経営を経営学の立場から科学的に分析したり、消費者（鑑賞者）市場を調査によって客観視し、それを芝居に反映させるという経営合理主義を排除することとなった。結果的に独断的な芝居を公演し、理解できないのは観客が悪いといったような独善的な芝居のやり方に終始した劇団もあった。これは芸術活動としては望ましくないことはいうまでもない。文化芸術は頭で創造した行為（思想性又は主観）を作品として外に出し、それを鑑賞者が鑑賞して初めて芸術家の思想性が理解できるのであるから、外界との接触のない文化芸術活動は自己陶酔的な活動といってよい。特に、演劇など実演芸術は時間と空間を鑑賞者とともにすることにより味わう芸術だから、後世から評価されることは美術品や文芸品と違って難しい。

ウイーンでのオペラを晩年楽しんだヘーゲルは、「芸術とは、少数の優れた知識人たちの造る、閉じた小さな集団のためにあるのではなく、国民全体を相手とするもの」であるといい、「鑑賞者は、さしあたり同国・同時代の鑑賞者で、かれらに芸術作品を理解させ、親しいものに感じさせねばなりません」（『美学講義』長谷川宏訳（1995）と述べている。

劇団を巡る環境は極めて厳しい。日夜劇団の運営者はその運営方法に頭を悩ましていることだろう。劇団四季はその運営に合理的企業経営を持ち込み成功したといわれている。逆にいうと、いかに劇団が経営の観点から運営を行ってこなかったかの裏返しでもある。

この章では、その企業の合理的な経営について芸術家も含む（芸術家も税法上はりっぱな個人事業主である）芸術団体の運営について述べる。

7.2　文化芸術への経営学的アプローチ

(1) レベニュー・マネージメント

消費者（鑑賞者）の欲求と行動を分析した上で、この欲求や行動に応える商品を文化芸術作品として提供しなければ、まず鑑賞してくれない。鑑賞してくれなければ、作品を通じた作家の思想性がわかってもらえない。従って、いかに鑑賞者に作品を「売り込むか」「鑑賞してもらうか」が第1歩の重要なステップであることが理解できよう。それならば、一般的なサービス産業に関する経営分析手法が援用できる。文化芸術産業は芸術家や芸術団体が作品をつくり、また見せ聞かせる形態を持つから、人件費の割合が作品生産経費なかでは最も高い。すなわち、固定費が高い産業ということができる。

このような人件費主体産業の製品・サービスの売り込み方策の手法として、米国において1970年代にレベニュー・マネージメント（revenue-management：RM、以下、「RM」）という経営手法が考えられた。RMは、航空業界の規制緩和に伴う運賃競争の激化に伴い、航空会社の経営手法として行われた。RMの内容とは、消費者の欲求・行動を分析し、収益が最大になるような価格で消費者にマッチした時宜を得た商品・サービスを提供する手法である。

商品・サービスの製造、販売について、

・製造に寄与する資産が限られているので、販売すべき量が一定である。

・商品・サービスの販売日時が過ぎれば、商品・サービスは無価値となる（陳腐化する商品・サービスとなり無価値になる）

・商品・サービスは販売前に予約販売が可能である

・販売に際して、顧客別、時間帯別など価格差別化が可能である

・商品・サービスの製造のための経費のうち可変費用が固定費用に比べて低い

の特徴をもつ。これは、実演芸術にも当てはまる特徴である。現在、米国の商業演劇では価格設定がRM手法で行われている。

具体的な方法として、顧客（鑑賞者）をどこに設定するか、提供するサービスは何か、他芸術団体との優位性はどこにあるかと大まかに分類し、鑑賞者の評価軸を設定し、それらの項目に分類して、事業戦略を立案する。

（2）具体的事業戦略

縦軸に、ターゲットとする鑑賞者、提供するサービス（芸術作品）及びその優位性を記載し、それらを鑑賞者（顧客）の目から見た評価をそれぞれの欄に記載する。たとえば、鑑賞者を高齢者とするなら、まず提供する演目は、高齢者向けか、価格は廉価か、また劇場までのアクセスは近いか、開演時刻も昼間にするか夜にするかなど考え、これを高齢者の目で再度評価して、他の芸術団体に比べ優位性があるか、最後にこの演目は実演可能かという工程で考えていく。

表7-1　レベニューマネージメントによる事業の分析

		鑑賞者の評価軸
鑑賞者の設定	・若者、高齢者、男性、女性といった属性 ・富裕者、一般層といった所得による区分 ・近辺・遠隔地といった距離による区分 ・鑑賞に対する専門的知識をもつかどうかの区分	・価格 ・劇場のアクセス ・劇場の快適性 ・チケットの入手の容易さと困難性 ・ ・ 等々
サービス (芸術作品)	・作品の種類と実演する者 ・価格 ・回数 ・期間	
優位性	・イタリア並の出演者と価格で東京でオペラを	

（出典）筆者作成

7.3　ビジネスプランと芸術活動

（1）ビジネスプランに必要なもの

ビジネス（販売や製造業を幅広く意味する）を行おうとする人たちは、最初に何をするだろうか。資金が無くては事業は開始できない。劇団を始める人も同じである。資金を自ら、または親戚等から提供される幸運な人は別であるが、通常は金融機関に出かけて融資を受ける。金融機関では、事業計画（ビジネスプラン）の提出を融資の条件としている。また、昨今では公的な金融機関（中小企業支援センター、日本政策金融公庫、日本政策投資銀行等）でも起業の融資を行っているが、かなり詳細な計画書の策定が求められる。劇団でそのような計画書を持っているところはどのくらいあるのだろうか。

ここでは、起業する場合を考え（劇団を作るという場合)、事業計画（以下、ビジネスプランという）の策定について述べる。

ビジネスプランに必ず必要なものがある。それは、①ビジネス（芸術活動団体）で扱う商品・サービスの内容 ②その財・サービスを提供する顧客（鑑賞者）③同類のビジネス提供者（芸術活動団体）との相違・区別である。

①は、とりあえずここでは芸術作品を意味しようが、美術工芸品（fine-arts）か実演芸術（performing-arts）か、さらに、前者では彫刻なのか、絵画なのか、版画なのかを具体的に考える。これは自らが芸術家である場合はほぼ決定していると

思われる。

通常ビジネスの世界では、顧客（消費者）が満足し（経済学的には効用を高める）、対価を支払ってくれるもの（商品・サービス）を考える。芸術家の場合、創造する作品がまず消費者ニーズに合致しているかどうかを考える。その際、鑑賞者に合わせて作品を創造することは創造の「堕落」として排除されるか、商業ベースだと批判されるかもしれない。また、ここが「商業的」か「芸術的？」かの区分とみている芸術家も多いと思われる（図7-1の①）。

図7-1　芸術家（団体）のビジネスプランの内容

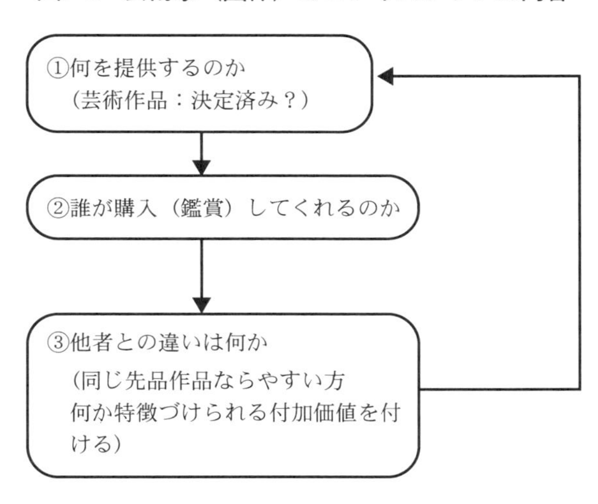

（出典）筆者作成

次に、図7-1の②であるが、自らの商品・サービス（芸術作品）を購入してもらいたい層である。鑑賞者の属性の詳細には不明であるが、とりあえずその人たちの性格（年齢、性別、所得、生活態度）を想像する。これはかなり重要である。芸術作品を見てもらって、あるいは売って対価を得るのであるから、それだけの効用や満足感を顧客に与えなければならない。クラシック音楽演奏会でブーイングが入り、鑑賞者が不満では次回から来ない可能性も出てこよう。消費されない作品は自己満足的商品である。ビジネスの場合でも、大学発ベンチャーのように自己の技術に自信がある人たちは、よいものを作っているのだから売れないはずはないと考えがちである。

③は、他者との比較である。芸術作品は厳密にいえば２つと同じものはないであ

ろう。芸術作品には、原作のオリジナリティが評価され価値がつくものと、小説、漫画、ゲーム、音楽等のようにコピーが多数販売されることにより販売総額として価値が高くなるものの2種類混在する。前者は作者の手を一端放れたら価値評価益は所有者に帰属するが、後者は著作権の効果のため、作者またはその相続人が価値評価による利益を取得する[1]。そういう意味では、作品は他の芸術家の作品と区別は可能である。しかし、特に著名な芸術家の作品は別として、消費する立場（鑑賞者層）から見れば、似た作品は同じように感じる場合がある。

現在、大量に芸術作品が市場に提供されているので、類似の作品から明確に相違を打ち出す必要がある。具体的には、クラシック公演の指揮者やソリストを他のオーケストラと違えたり、オペラの歌手を著名歌手に依頼する、一点豪華主義美術館などは他者との相違を明確に表している事例である。また、第6章で分析したことであるが、顧客は満足度（効用）が同じならば廉価な商品・サービスを選択する。従って、同じような芸術作品では他者より廉価に、かつ同じ価格なら商品・サービス（芸術作品）に特徴となる点を付加することである。具体的には、芸術家のサイン会を行う、記念品を配布する、展示作品のカタログに工夫を凝らす、小さい子供が入場できない公演会では託児所を設置するなどよいアイデアだと思う。

そして、自分に優位性を見いだし、それが発見できなかったら、またもとに戻って何を提供するのかまで考えることも重要であろう。

もう少しビジネスプランとして考えるため、図7-2を見て欲しい。一番上から最後の経費まで一連の流れとして、ビジネスプランを考える。ビジネスプランが仮に当初予算範囲内で収まらなくなったら、当初の誰に［Whom］に戻るのである。そして繰り返し事業の見直しを行い、予算内で収まるように事業を計画するのである。特に強調したいのは、なぜ［Why］である。現在まで残っている名芸術品やロングランの続くミュージカル・演劇などは、時間と空間を超えた存在である。この時空を超える条件の一つに作品の多様な解釈が可能であることがある。すなわち、古典主義時代のクラッシク音楽、ルネサンス期の美術品は、他の作品への幅広い応用（例えば、ベートーベンのピアノ曲が歌謡曲にも使える、パロディーとしてバロック時代の絵画が使えるなど枚挙にいとまがない）が可能であるが、作品の存在意義（なぜそのような美術品が作られたか、社会とのつながりはどうだったのか、社会的意義は何か）も重要である。ビジネス上でも1回限りの商品展開は、販売強化で可能である。しかし、その商品を長く展開するためには、商品のもつ社会的意義・貢献といった名目が必要である。同じように、文化芸術作品や実演芸術もロングランや時空を超えた存在になるには、その存在意義（社会とのつながり面での）が必要なのである。

もうひとつ重要なことは、優位に立った特徴を不断に実行し、継続性を高めていくことである。作品を提供し始めた当初は、多くの他者（芸術団体）が同じ市場（顧客）でひしめき合っている場合が多いと思われるので、どこかの市場（顧客）に入り込み、そこから販路を広げていく方策がもっとも適切である。例えば、画家の場合では、これから高齢社会が到来するので、高齢者向けの絵画の提供、さらに退職した中堅所得者層向けの絵画提供（画廊も同じ）に焦点をあてるといったことも考えられる。

もう少し、具体的に芸術事業を興すためのビジネスプランの中の基本計画を述べる。計画（プランニング）は運営の基本である。計画は、芸術団体が将来進むべき方向を指示すると同時に、その計画によって実施段階での問題点の早期発見と軌道修正が可能となる。計画は、①誰が、②何を（業務範囲）、③どのように（手順）、④いつまでに、⑤いくらの経費で等を記載したものである。この計画を実施していった場合、実施した事業内容と計画とが乖離してくることがある。そのため、時間的な計画を入れて、実施時間に近い計画は緻密に、遠い計画は情報が未定の部分も多いので、荒く計画することが肝要である（ローリング・ウエーブ・コンセプト）。そして、立案された計画とすくなくとも１年のスパンで計画によって実施された事業と照らし合わせ、将来計画を修正する管理手法が必要である。これがローリン

図7-2　芸術事業に必要な７つの疑問（プランに必要なこと）

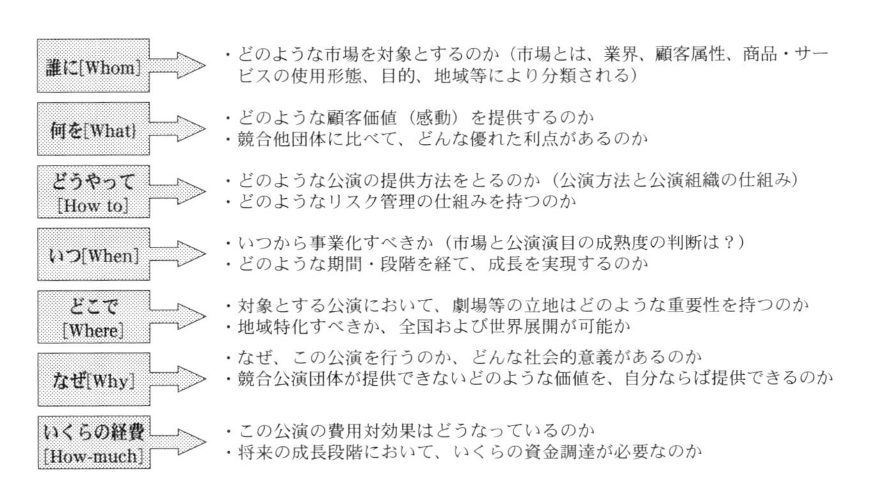

（出典）筆者『MOT教材ビジネスプラン』（2009）より作成

グ・プランニングの概念である。

この左側の矢印は順位があって、「誰に（Whom）」「何を（What）」が最初である。通常のビジネスの場合は、「誰に」を先に考える。ビジネスの要諦は、ナショナル電気（今はパナソニック）を創設した松下幸之助の水道哲学に見られるように、国民の幸福のためには水道のように安く電気製品を普及させるビジネスというように、まず国民（誰が）があり、その手段としての商品開発や普及を位置づけることにある。従って、「誰に」を一番先に考えるのであるが、芸術の場合は、まず芸術作品が先だって存在しているだろうから、「何を」が先であろう。続いて、その「誰に」に続いて、「何を」「どのようにして、届かせるか（How to、When、Where）」が続く。最後が、「いくら（How-much）」である。「いくら」を最後に考えるのは、経費見積もりを先に行うとビジネスプランにあるせっかくの創造的な考え方が、財政的な面で制約されるので、それを防ぐためである。事業が経費的に収まらない場合は、再度「誰に」まで戻って考え、トライ・アンド・エラーで事業を煮詰めていく。これは、行政事務でも同じである。

先述したように、重要なことは「なぜ（Why）」である。これは一言で言うなら、大義名分である。先の松下幸之助は、国民が幸せになることを目指した。このように、誰が聞いてももっともだと思える理想を語らねばならない。1度だけの事業なら、理想は要らなくても“Hard-sell”で売ろうとすれば売れるが、リピートには成り得ない。同じ事業形態を繰り返して信用を得て利益を出すためには、必要不可欠なのが「なぜ」である。

7.4　芸術家によるアート・マネージメント（デューラーのケース）

デューラー（Albrecht Dürer、1471-1528）は、ドイツ・ルネサンス期を代表する版画・油彩画を主体に制作した美術作家である。かれは、新しいテーマ[2]とともに新技法を開拓し、当時の芸術先端国であったイタリアの作家が真似をするほど、当時のヨーロッパの美術界に大きい影響を与えた。ルネサンス期のドイツでは、イタリア、フランスといった芸術先進国[3]と異なり、王侯・貴族が宮廷の壁を絵画で飾る習慣（美術コレクション展示）はなく、力のあった教会からの依頼である祭壇画や有力者の肖像画が工房で制作された。このころは、有名な作家の作品が高額で取引され、メディチ家のコレクションのように美術品を「投資」対象や「誇示」手段として用いることもあり、王侯貴族、富裕者間での競争が激化した。

ここで注意すべきは、彼ら作家は美術市場の動向によって、需要の高まりや取引価格を十分注意しながら、「工房」で制作していたことである。つまり、従来のような注文生産方式よりいわゆる「売り込み」で高額に美術品が売れる時代が到来していたのである。美術市場が成立するためには、美術品の価格設定が相対価格で決定するのではなく、ある程度競争下での取引が行われる制度の存在、さらに美術品や作家の価値を評価する情報が流通していることが必要である。当時、美術作品には作家の思想性が取り込まれており、それを表現する手法であるといういわば現在のメディアとしての性格を芸術作品がもつものとして、作品自体が評価されるという考えができあがりつつあった。これは、美術品の「固有価値」を生み出し、その固有価値を評価判断する専門家を輩出することとなった。

つまり、ここでは後年いわれる「マーケティング」手法が使える市場の存在の萌芽が見られる。デューラーは、作品のコンテントを「宗教」「肖像」「自然」に分け、とりわけ宗教の中の「キリストの受難」にコンテントを絞り込んだ。作品の多くに宗教画があることは、キリスト受難を描くことにより、教会への貢献といった大義名分を示し、作品の永続性を強調したことになる[4]。これは、先の「なぜ」の表徴でもある。いわば教会・宗教界に貢献するという大義名分である。

そして、彼は受難の中でも聖母崇拝に庶民が熱狂することを見てとり、多様な聖母像を描いた。また、当時の神聖ローマ皇帝マクシミリアンⅠ[5]をはじめ、多くの有力者や友人達の肖像を描いている。デューラーは市場を階級で王侯、有力貴族や教会、富裕者、一般庶民（多くは農民）と分け（市場の細分化）、それぞれのセグメント毎に気に入られる作品を描いている。セグメント毎の商品の差別化対応である。

そのセグメント毎の作品を記載すれば次の通りである。

表7-1　セグメント毎の作品

顧客	市場規模	作品の質	作品の特徴	制作過程
王侯	非常に小さい	非常に高い	肖像画，大型画	長時間，精密作業
貴族	小さい	高い	肖像画，大型画	やや長時間
教会	小さい	高い	宗教画(祭壇画)	精密作業
富裕者	中程度	やや高い	日常画，自然画	やや長時間
庶民	多い	低い	宗教画，エロス	短時間多量生産

（出典）筆者作成

当時印刷技術がデューラーの生まれた1470年頃生まれ、作品の流通に大きい変革をもたらした。現在で言うインターネットの普及と似ている。大量に同じコンテンツの作品が制作可能となった。デューラーは、従来の版画家とは異なり、作品自体にも物語性をいれた連作作品を制作し、１枚買えば続けて買うようなインセンティブづけを購入者に与えた。今で言う連続TVドラマ[6]である。この連作はキリストの誕生から受難、復活へと教会の宗教教育に役立つような一般庶民向けであった。つまり、TVドラマのように「続き」を見たいのである。また、庶民（富裕者と農民）は聖なる版画や自然風景だけでは満足しないので、風俗的な版画の中に性表現を含んだ作品を制作している。昨今のインターネットにおいてもいろいろな性表現的画像が流通し、その画像と抱き合わせた販売手法がある。

デューラーが有名になるほど、他国での海賊版が横行し、デューラーの収入が減少することもあって、出版特許をとりサイン（鳥居の下にDを抱えたような文字）を作品に加え、著作権保護的権利を主張している。

かように多くの種類の多様な作品を質量両面で制作出来たのは、デューラーのイタリア旅行で学んだ非常に優れた表現能力だけでなく、版画を制作し売るシステムを作ったことにあったことはいうまでもない[7]。デューラー自身は、芸術制作能力は生まれつきでなく、神が創造した自然を分析模倣しながら神に似るように制作する過程で獲得する後天的な能力と考えていた。

7.5　芸術団体へのマーケティングの応用

（1）組織目標と戦略

ここでは、芸術団体（劇団、美術館・博物館・劇場）を念頭におく。　図7-3に組織の規模別の戦略と目標の相関図を示す。ここで、「目標」とは組織が存在するため、経営としての目標を示し（例えば、地域住民に廉価で絵画を鑑賞させる）、「戦略」とはその目標を達成させるために構築されるスキームである。従って、戦略はその都度変更しても良いが、目標を変更することは組織の存続に起因することになるのでみだりに変更してはいけない。

図7-3　組織目標と戦略の位置づけ

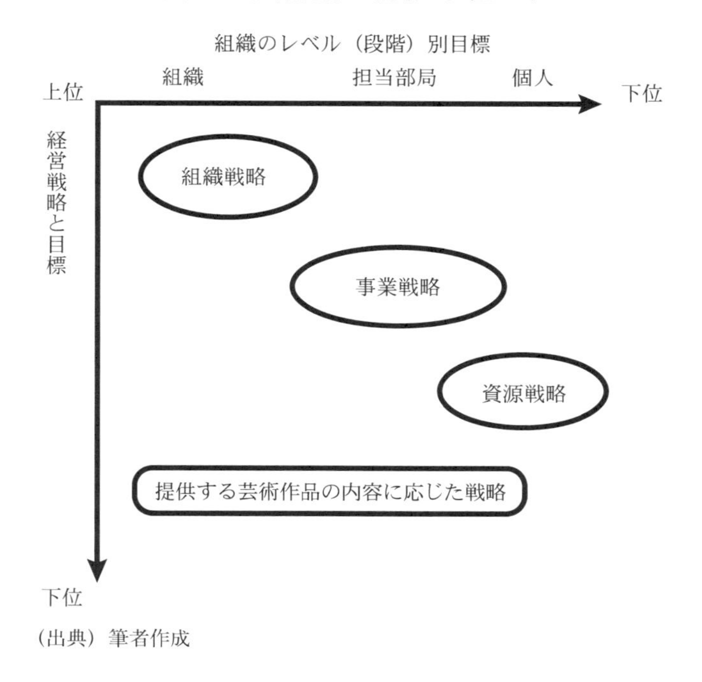

（出典）筆者作成

地域の美術館で、設置目的として「地域文化の向上」を条例や規則に記載することがあるが、目標とはそれよりももっと具体的な内容であり、それは理念とは違う。

地域の美術館の理念の例を示す。

文化芸術団体の理念

例１：山梨県立美術館設置及び管理条例

第１条　美術に関する県民の知識及び教養の向上を図り、県民文化の発展に寄与するため美術館を設置する。

第２条（略）

（事　業）

第３条　山梨県立美術館は（以下「美術館」という。）は、次に掲げる事業を行う。

一　美術品及び美術に関する模写、模型、文献、写真、フィルム等（以下「美術品等」という。）を収集し、保管し、及び展示すること。

二　美術に関する専門的、技術的な調査研究を行うこと。

三　美術に関する講演会、講習会、映写会、研究会等を開催すること。

四　美術品等の利用に関し、必要な助言、指導等を行うこと。

五　一般展示室、実習室等を一般の使用に供すること。
六　前各号に掲げるもののほか、美術館の設置の目的を達成するために必要な事業。

例２：特定非営利活動法人関西フィルハーモニー管弦楽団

この法人は、あらゆる人々に対して音楽の演奏、並びに教育に関する事業を行い、音楽文化の普及、発展、向上に寄与することを目的とする。

例１、２で示した芸術団体の設置根拠は、組織としての理念であり、目的ではない。同様に企業の例も掲げるので見比べて欲しい。

企業の理念

例１：東京通信工業株式会社（ソニー）設立趣意書会社創立ノ目的

一、真面目ナル技術者ノ技能ヲ、最高度ニ発揮セシムベキ自由闊達ニシテ愉快ナル理想工場ノ建設
一、日本再建、文化向上ニ対スル技術面、生産面ヨリノ活発ナル活動
一、戦時中、各方面ニ非常ニ進歩シタル技術ノ国民生活内ヘノ即事応用
一、諸大学、研究所等ノ研究成果ノ内最モ国民生活ニ応用価値ヲ有スル優秀ナルモノノ迅速ナル製品、商品化
一、無線通信機類ノ日常生活ヘノ浸透化並ビニ家庭電化ノ促進
一、戦災通信網ノ復旧作業ニ対スル積極的参加並ビニ必要ナル技術ノ提供
一、新時代ニフサワシキ優秀ラジオセットノ製作普及並ビニラジオサービスノ徹底化
一、国民科学知識ノ実際的啓蒙活動

例２：ホンダの基本理念

人間尊重
三つの喜び（買う喜び、売る喜び、創る喜び）
社是
わたしたちは、地球的視野に立ち、世界中の顧客の満足のために、質の高い商品を適正な価格で供給することに全力を尽くす。

理念は、その達成について定量的にまた定性的に測定可能なものではない。一方、目標は定量的・定性的に表現され、また測定されるものでなければならない。定量的には、入場者数、売上高、利益、他の美術館との比較（東京都の西洋美術館ならば、他の都内美術館とのシェアの占める割合等)、定性面では美術館のイメージ・ブランドである。

（2）事業目標

事業目標はもっとも重要であり策定する際には、「いかなる芸術作品をどのような人たちに鑑賞（購入）してもらうか」を基本として考える。通常企業の場合は製品やサービスのライフ・サイクルを考えなければならないが、芸術団体の場合、提供する芸術作品のライフ・サイクルは考慮しなくてよいので、その点のリスクを回避できる。

しかし、提供先の顧客の満足度（効用）は常に変化しており、特にファッション業界においては、流行を自ら作り出すように顧客の満足度を最高にするような作品提供が求められる。この好例として、アメリカのブロード・ウエイのミュージカル戦略が上げられる。また、相違した作品が複数あるなら、それらの適切な組み合わせをもつことも重要である。例えば、美術館では複数の展覧会を組み合わせる、劇団なら違った芝居を同時公演する、オーケストラなら夜昼によって演目を変更するといった組み合わせも有効である。ただし、これは利用できる経営資源に限定されるが。同じミュージカルでもアメリカのブロード・ウエイでは、観客に男性客が多いが、我が国では女性客が多いので、同じ題名の「屋根の上のバイオリン弾き（Fiddler on the Roof)」でも、オリジナルはユダヤ人の魂の悲劇を表したが、我が国の森重久弥が主演したミュージカルでは笑いと涙で綴るホームドラマに変更した。これは観客を考えて芸術作品を変更し成功した例である。

なお、本ケースでは、著作権上の問題が発生した。同ミュージカルの演出家のジェローム・ロビンス（Jerome Robbins, 1918-1998）の助手のサミー・ベース（Sammy Dallas Bayes、1939-）がミュージカルの内容をオリジナルに変更するために来日し、本来のストーリーにもどした。

（3）組織の機能による目標

機能とは、運営を行う組織を構成する運営機能を示す。それは、劇団であるなら、企画、創造、仕込み、公演、ばらしといった機能である。もっとも重要と指摘した事業戦略は、事業目標ごとの機能に分かれる。

なお、多くの芸術団体は規模が小さいので、複数の事業目標はなく、1個あるいは2個の事業目標であることが多い。具体的には、展覧会にしても同時複数開催や劇団の複数公演はないと思ってよい。一方、オーケストラでは、フルメンバーが出演するくらいの交響曲と室内管弦楽を同時に公演する場合もある。しかし、芸術団体はそのほとんどが企業と比べて規模や利用可能な経営資源が小さいので、企業で言えば零細企業か個人企業と同じレベルと考えてよい。各事業の有する機能別戦略を統合して芸術団体全体の戦略を求め、それを積み上げ目標達成に向けて行くが、

図7-4　目標戦略の階層性とそれぞれの関係

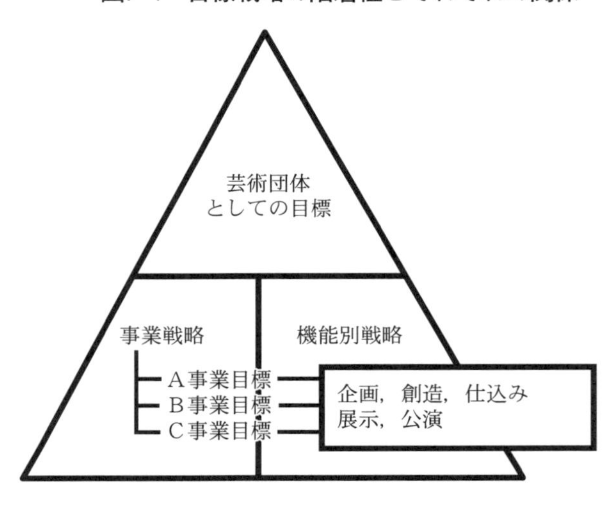

（出典）筆者作成

その際、機能別戦略は事業戦略の下位に位置し、芸術団体にとっては、もっとも優先順位の高い事業と関係の深い機能戦略が高位にくるようにしなければならない（図7-4）。

ここで、美術館の事業について見てみよう。美術館の事業は来客者に美術工芸品を鑑賞してもらう機会を作ることであり、その対価として入場料を徴収している[8]。1990年代に、美術館での主たる活動形態である“curation”という概念がビジネス界に入ってきた。curationは我が国では美術館の展示を主として示しているが、実際はcurationとは、ある考え（思想性）のもとで、美術品をその思想に沿って並べ替え、その並びによって展示された美術品の再評価や展示自体の思想性を表す。そのcurationをおこなうのが、curater[9]である。curaterは自らは美術品の制作はしないが、美術品の展示によって思想性を鑑賞者に訴える（伝える）という芸術作品を制作している。この作業をみてみると、思想性の創造→必要なコンテンツの発見→コンテンツの並び替え→並び替えによる思想性の訴え、またはコンテンツの新解釈・評価となる。このcuration作業が、店舗での商品展開に役立つとして、2000年代当初、我が国でもコンビニエンス・ストア[10]ビジネスにアメリカより導入[11]された。ビジネス界で役立つ手法であるcurationを単なる展示作用として考え、美術館はいままで鑑賞者開拓に利用してこなかった面がある。curationはビジネス界のみならず、出版界では常に編集（edit）[12]として行われている作業である。この編集作業も、作成する本・雑誌の編集方針の下、目次をつくりそれにあったコンテンツを探し出し、必要なら執筆してもらい最後に本・雑誌として販売する。これはまさにcurationである。そのためには、思想性も重要だが、その並べる作品の評価と質を見極める能力がcuraterには必要である。また、出版社はお金を支払って本・雑誌を購入する読者層を意識しないと倒産する危険がある。同じように、美術館もcurationによって入場料を支払う鑑賞者を開拓しないと経営的に苦しくなる。

そのためにも、美術館における事業戦略は重要である。メトロポリタン美術館（Metropolitan Museum、以下メット）は従来保守的土壌であったが、1967年から10年間に渡って館長を務めたトーマス・ホーヴィング（Thomas Hoving）は、メットを「文化のイベント空間」[13]へと変えた。かれは、メットを「人々の文化圏にする」との目標をたて、手法として「楽しい出来事やお祭りでいっぱいにし、刺激と話題性に満ちた、そしてあうくまでわかりやすい視覚芸術の図書館にすること、一般の人間の学習の場として最高の環境を提供すること」を考えた。さらに、「所蔵している美術品について本当のことを正直に語り、よいものと、よりよいものと、最もよいものという質の違いをはっきり示そうとする努力する場」「芸術がお高くとまることなく肩を並べることのできる大きな舞台」とさらにブレークダウンした目標を立てた。

アメリカの美術館の事業は、大まかにファンド・レイジング（資金調達）、管理、展示、収集、普及、広報などに分かれる。まず、資金調達や管理ではパトロン達との交渉がある。昼食会、夕食会、祝賀会、ギャラリーの開店への出席など社交界への付き合いによって、狙っているコレクションの情報収集や寄付集めを行う。「付き合いの席では、ウイットのきいたことをいって彼らを持ち上げる」のである。建物自体も来訪者を「比較的知識のない若者」「美術館好きの有知識者」「学者」と分け、常設展ではすべて彼らを満足させるようにする。最後に、ホーヴィングは美術館の「頭脳集団」であるキューレータの人事を行った。「知名度の高い人物」を招聘し、今までのキューレータをアート・ディーラーとして退任させる。また無理に組織の長として任命し管理者として、キュレータ職からはずしたこともあったようである[14]。

展示事業では、展示、企画、展示物の収集、観客のためのアメニティの確保（子供の預かりサービス、レストラン）といった機能に分けられる。それぞれに事業戦略が存在するわけだが、美術館事業のもっとも重要なことは観客への展示とそれを鑑賞した客の満足度向上である。従って、満足度向上のためには展示内容の充実がもっとも図られるべきであり、そのため企画内容、展示物の他館からの借り出しと交渉、展示物の研究が最上位の戦略として位置づけられなければならない。同時に展示物の充実のみならず、展示スペースや観客の動線、展示後のくつろぎの場や飲食の可能なところの確保（これは、当該美術館の設置場所にもよる。近くに食事処があれば無理して設置する必要はない）が重要である。

（3）具体的な目標作り

芸術団体の成長を考える

芸術団体として今後成長する為には、将来の団体の状況を念頭においた戦略構築とその実施が必要となる。そのための計画をビジネスプランと考え策定する必要がある。それでは具体的な考え方についてみてみよう。通常、「組織の安定化や成長を目指して、リスク回避として行われる、事業、サービス（芸術作品)、鑑賞者等の組み合わせを計画的に行う」ポートフォリオ・マネージメント（図7-5)、「現在の状況と近い将来のそれを結びつける」ローリング・プラン、「芸術団体を取り巻く予測しがたい環境変化の下、おこりうるべき環境変化を予測し、あらかじめ解決策を検討し、環境変化に機敏に対応する」コンティンジェシー・プランニングをキーポイントとして構成する。

図7-5　典型的なポートフォリオ

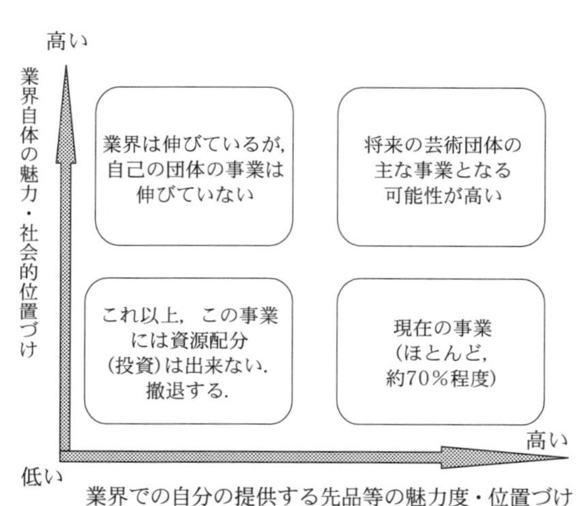

（出典）筆者作成

自分の芸術団体が提供しているサービス（芸術作品）の業界内での魅力度を横軸に、その業界自体の魅力度を縦軸にして、今後伸びて行くであろうサービス・作品提供を予測する。例えば、今、博物館を設置しているが、当該地域または全国的に観客をさらに呼び込もうとしたと考えているとする。

その場合、いかなる展示物を考え、またどのようなコンセプトで博物館を設置したらよいか。同じように、ある自治体が主体となって、劇場を設置するケースでは稼働率を上げ、地域住民に喜んでもらいたいとまず考えるであろう。このようなケースを考えるとき、ポートフォリオ・マネージメント図は役立つ（図7-5）。まず、前者の例であるが、提供する芸術作品は美術工芸品がよいのか、それともロケットや飛行機のような科学技術作品がよいのか。また、美術工芸品なら、海外の文化遺産がよいのか、我が国の現代作家作品がよいのか、博物館業界で、どちらが市場として高いのか、魅力があるのかを考えることが第一歩である。そして、現在の博物館で展示している作品で事業収入（鑑賞者入場者数に通常は比例する）を上げている作品は何か。あるいはどの作品を展示した際、収入が増加したか等を考察する。次に展示品のポートフォリオ・マネージメント図の中での位置づけを行い今後の集客のための展示企画の参考とする。

7.6　美術館のマネージメント（ポートフォリオ分析）

（1）実際のポートフォリオの作成

2003年10月18日に開館した森美術館を例として取り上げたい。同美術館は、現代アートとカルチャーへの開かれた場を創出することを目標にしている。その目標を実現するため、レクチャーやシンポジウムなどのパブリック・プログラム（教育普及活動）をはじめ、多彩なプログラムを充実させ、来館者に刺激を与える。そして、日本を初めアジア各国や世界のアーティスト、デザイナーが活躍出来る基盤を築き、時代を真に反映するのものとしてアートライフに着目し、アートとライフ（生活）の良質な関係を大切にしていくことをコンセプトとしている。そして、若者が集まる東京の拠点の六本木ヒルズ森タワーの52、53階部分に設置されている。

作品は、世界各国の著名美術館からの貸し出しを中心に展示を行い、開館記念展示として、「ハピネス：今を生きるために」のテーマの下、2003年10月18日から2004年１月18日まで、古典美術から現代アートまでの約150点の作品を一堂に紹介していった。これは招聘されたデヴィッド・エリオット館長（David Stuart Elliott）とゲスト・キューレータのピエール・ルイジ・タッツィ（Pier Luigi Tazzi）が共同企画した。彼らの人脈により世界各国の著名美術館から収蔵品を借り出し、アートとライフに焦点を当てながら、さまざまな時代や文化芸術を背景に「幸福」

を４つのカテゴリーに分けて展示している。その後も、「日本美術の新しい展望2004」をテーマに2004年２月７日から2004年５月５日まで、独自の方法で時代を表現する日本の現代アート作品を選考し、定期的に紹介した。

これを先ほどのポートフォリオ・マネージメントに沿って分析しよう。まず、展覧会の内容である。森美術館の位置する場所は、若者や現代アートに関心のある放送番組制作者等のメディア関係者、地方からの観光客が集合する拠点である六本木ヒルズである。従って彼らが満足するような作品を展示している。開館記念展示会で世界各国の著名美術作品を展示し、地方からきた観光客にも理解されるような作品をかなり多量に展示した。

それが終了するとMoMAの近代的なアート（一般客好み）を展示し、同時に52階で、アジアのアート＆カルチャーをリアルタイムに紹介した。このホジュン・グエン＝ハツシバ（Jun Nguyen-Hatsushiba）展は、美術界では評価の高い作家の展覧会であるが一般客には理解しにくいやや野心的な展覧会である。つまり、グエン展で将来の展覧会の方向性を探ると同時に、MoMA展で観客を呼び込むというリスクヘッジ策も取っている。

これを、ポートフォリオ・マネージメント図に重ねて記載してみよう。

これをみると、開館記念展事業は美術館の潜在的大きい収入源となっている。つ

表7-2　森美術館の開館の展覧会内容

開催期間	テーマ	展覧会の内容
2004年４月28日から2004年８月１日(53階)	モダン再考：ニューヨーク近代美術館コレクションから	ニューヨーク近代美術館（The Museum of Modern Art）コレクションから200点以上の絵画、写真、映画、デザイン、および建築作品を紹介する。
2004年５月29日から７月19日(52階)	ホジュン・グエン＝ハツシバ（日本生まれ・在ヴェトナム）展：アジアのクリエイターの今を描く	アジアのアート＆カルチャーをリアルタイムに紹介する。ヴェトナムの社会背景において無視できないアメリカとの関係、経済環境などを作品のコンセプトに強く打ち出す。
2004年８月24日から12月５日(53階)	COLORS：ファッションと色彩 VIKTOR＆ROLF＆KCI	17世紀から現在までに色彩が果たしてきた役割を、京都服飾文化財団（KCI）の収蔵品を中心に、総計87点の衣装の展示：ファッション・デザイナー、ヴィクター＆ロルフによる５つの色別に分けられた会場構成と彼らのコレクション映像が織りなす色彩世界を紹介する。

（出典）森美術館事業報告等から筆者作成

図7-6　ポートフォリオ・マネージメントで分析した森美術館展

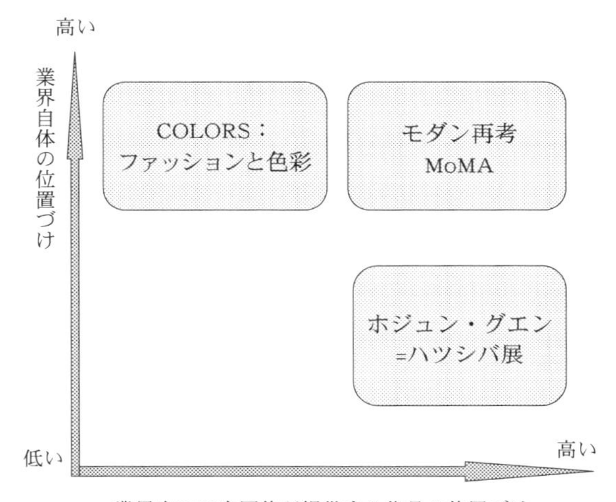

（出典）筆者作成

まり幅広く観客層に受ける作品を選択している。一方、現代アジア美術作品は選好により評価の分かれるものであり、リスクが高い。しかし、将来の美術館を支える作品展示であり、どうしても譲れない事業である。そのため、新興の当該美術館では将来伸びる事業としたいものの、かなり一方では躊躇する事業でもある。この展示では、その事業に対し、運営経費やスタッフ、研究時間等の運営資源を選択と集中により選別し、選別した内容を伸ばしていく方向を考えている。

一方、失敗した事例として、デパート内の美術館の例をポート・フォリオ分析から見てみよう。東京都内に限っても、新宿三越美術館（1998年)、セゾン美術館（1999年)、東武美術館（2001年)、小田急美術館（2001年)、伊勢丹美術館（2002年）と相次いで閉館した。戦前から催事場として存在した展示空間を「美術館」として開館し始めたのは1970年代からであるが、その頃各地に美術館・博物館が少なかったため、展覧会の会場として大いに利用された。例えば、伊勢丹美術館は1979年に開館し、閉館までの22年間余に269回の展覧会を開催し、それはほぼ１月に１回の割合であった。開館時の「ルノワール展」には38日間で合計41万人が訪れた。これは、美術鑑賞者層の裾野拡大には貢献し、展覧会の序でにデパートで商品を購入するという、デパートにとってプラスの面もあった。しかし、公立の大型美術館が開館するようになり、ほとんど貸し館であったデパート内美術館によい企画が持ち込まれないようになると目の肥えた鑑賞者層は美術館に流れるようになった。

この失敗の原因として、まず貸し館が中心で、専門的な企画・運営者がおらず、持ち込み展覧会であったこと、開場が狭くまた天井が低く設備の整った美術館とは競合しえなかかったこと、本家のデパート自体の不況による経営合理化を受けたことがある。特に、施設の限界や専門家不在からくる展示品のポートフォリオ・マネージメントの欠如があったといえよう。

その代わりに、ファッション系の美術館風ギャラリーが成功している。例えば、東京銀座に2001年に開館した「メゾン・エルメス」はポンピドーセンター設計者のレンゾ・ピアノによるガラス張りの建物であり、吹き抜け空間では現代芸術の展示も行われている。エルメスでは買い物客が自然と芸術作品に触れられるような雰囲気を醸し出す工夫を行っている。同ギャラリーのホーム・ページには「パリから日本への贈りもの―好奇心と発見を大切にするエルメスのエスプリが詰め込まれています」とあり、フランスのパリ文化を日本へ普及・広報しようとする意図がある。エルメスビルの最上階にこのギャラリーが位置するだけに、従前のデパート内美術館の模様を描き出す。つまり美術館によって集客し次第に地上に降りてくる段階で販売を行おうとする。この背景には、フランスの文化と産業の切り離せない状況を見せている。今後、デパート内美術館の機能を果たす可能性がある。

（2）習熟度曲線と総費用

ポートフォリオ・マネージメント図の中の４象限に、提供する商品やサービスを当てはめ、将来事業を予測する根底には、大量生産の法則、または習熟度曲線と製品のライフサイクル理論がある。前者は経済学での規模の収穫逓増の法則と類似している。規模の収穫逓増の法則とは、fを生産関数として、

$$f(\lambda x_1,\ \lambda x_2) > \lambda f(x_1,\ x_2) \qquad \lambda：正の実数$$

となるケースを意味する。

ある生産過程で投入資源を同じ比率で増加させたとき、生産量が同じ比率以上に変化する状況のことである[15]。これは、規模の収穫の拡大である。集中的に大型機械設備を工場に置くことによって、小型機械より効率的に生産できるなどのケースが考えられる。生産物１単位当たりでは、規模が拡大する方が投入物がより少なくてすむ。

「大量生産の法則」とは、規模の収穫の法則が働き、生産量を増加させると企業の生産設備不変、生産方法不変との制約条件下で短期的に平均生産費用が低下するとの法則である。さらに習熟度曲線とは、活動が累積してくると、経験が積み重ねられ単位経費が低下するという経験則である。

「製品のライフサイクル」とは、製品の売上高を縦軸に、時間を横軸にとると、

図7-7　一般的総費用曲線

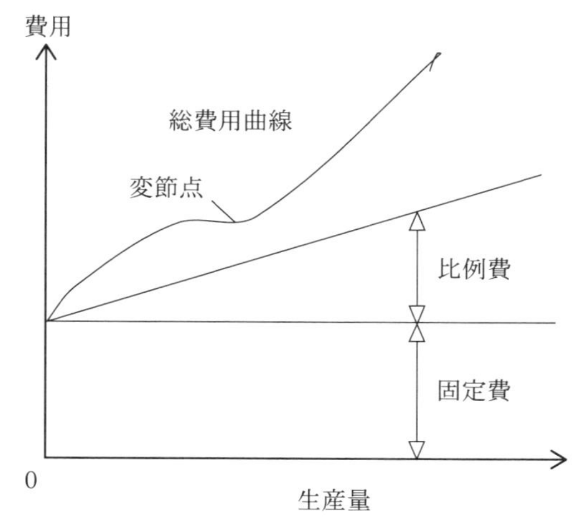

（出典）筆者作成

新しい技術によって新商品が開発され消費者にその価値が認識してもらう「導入期」を経て、消費者が増加し売り上げが成長する「成長期」、普及率が高まり買い換え需要しか期待できない「成熟期」、既存製品を包括する新製品や代替品の出現で売り上げが交代していく「衰退期」が存在することを示す。これらを組み合わせ、ポートフォリオ・マネージメント理論が構成されている。

このことからわかるように、ポートフォリオ・マネージメント分析は商品の性格を生産費用と売り上げの成長度の2軸から評価（ポジショニング）したものである。商品を芸術作品と置き換えると、芸術作品の生産費とは、美術館の例では展覧会にかかる経費を展覧会の開催期間または総入場者数で、オペラや演劇の場合も公演期間と総観劇者数で除したものと一応考えられる。

（3）固定費が高い美術館等

キュレータ等が展覧会の見積もり予算を計上する際、通常は表7-3のようになる。主な経費に学芸員等人件費、施設費等の恒常的ないわゆる固定費は含まれていない。ここでは、先ほどの比例費のみが挙げられている。

表7-3　展覧会に要する経費一覧

項目	経費額	項目	経費額
作品	借料	撮影	
	損害保険	旅費	
	運送	郵送料	
	著作権使用料	展示会負担金	
	展示撤去	前売り券販売手数料	
図録	購入	通訳	
	編集・印刷	その他	
印刷物	ポスター チラシ 案内状 チケット		
展示用消耗品	パネル 作品解説板 屋外看板 展示用具		

（出典）筆者作成

しかし、実際にはメットの例にも見られるようにキューレータを含む職員人件費や一般管理費、建物維持修繕費などの固定費は、直接の展覧会費用以外に計上する必要がある。

実際の美術館の固定費は、たとえば国立美術館（国立西洋美術館、国立近代美術館、京都国立近代美術館、国立国際美術館の4館の連合体）、国立博物館、国立科学博物館を例にとると表7-4の通りである。固定費と見られる経費は、「人件費」「事業経費のうち「一般管理費」「調査研究費」「教育普及費」「施設設備費」」であり、「展覧会事業費」を除いた経費である。これは、国立美術館の75％から国立科学博物館の95％までである。少し古い資料だが『博物館白書』（1983）によれば、固定費は博物館（1980年度）で、国立で91％、都道府県立90％、市町村立で93％、財団立で89％、財団以外の個人等立で96％となっている。さらに堀由紀子「文化施設と資金調達」『ミュージアムマネージメント』によると、一般的に固定費は公立で87.2％となっている。

このように、博物館では固定費がほぼ90％程度とみてよいが、かなり高い。一方、国立美術館では3/4が固定費である。このように、展覧会を多く開催すると、その回数に関わりなく固定費はかかるので、1回当たりの開催経費がかさむことになる。規模が大きい館ほど1回当たりの開催経費を低くすることが可能となり、産業での大量生産の法則と似てくる。2001年度からの独立行政法人化により、入場者数が一つの評価項目として、また開催収入の増加を計るため、従来にない企画展が行われ、各美術館・博物館が競争する状況となっている。特に東京上野地区は類似の展示施設が多数ある上[16]、国立の時と違い現在では各館が集客力のある展覧会を行うので、展示品の類型別ジャンル別相違が少なく、競争が激しい。

表7-4　国立博物館の事業費の推移

年度		2008	2009	2010	2011	2012	平均	割合
人件費		3,507	3,244	3,162	3,116	2,806	3,167	20.7%
事業経費		9,779	10,454	11,010	8,952	8,856	9,810.2	64.1%
	一般管理費	1,173	1,066	932	917	681	953.8	6.2%
	展覧会事業費	3,079	4,050	4,672	2,846	3,229	3,575.2	23.4%
	調査研究費	1,448	1,473	1,633	1,440	1,481	1,495	9.8%
	教育普及費	62	74	89	96	64	77	0.5%
施設設備費		2,106	2,212	5,094	4,414	10,273	4,819.8	31.5%
その他		503	1,034	649	512	620	663.6	4.3%
合計		12,388	13,700	16,753	13,878	19,749	15,293.6	100.0%

(出典)『自己点検評価報告書』各年度ほかから筆者調整

また、劇団でも固定費が高いのが運営のネックとなっている。劇団「企業組合劇団風の子九州」では、厚生労働省の「トライアル雇用併用求人対策」として試行雇用制度（原則3か月で助成金は、最大月額4万円）を利用して、定職に就かない求職者（学校卒業後3年以内で、卒業後安定した職業に就いていない雇用開始時に30歳未満の者）を舞台の設営や後かたづけ、観客誘導に雇用し、固定費の抑制に努めている。劇団としても人件費の抑制による固定費減少、劇団員との交流を通じた演劇理解者の裾野の拡大、若者に演劇創造の楽しさを理解させるという一石三鳥的効果を狙っている。

(4) ポートフォリオ分析の限界

商品のライフサイクルを公演にたとえるなら、導入期は作品が初演され、観客がその価値を認めつつある時期である（図7-8)。「成長期」は観客が増加しつつある時期であり、成熟期はもうこれ以上観客が延びない時期であり、「衰退期」は代替の公演演目や新公演が出現し、観客数が減少する時期である。

実演芸術の公演事業に、ポートフォリオ・マネージメント分析を適用する際は注

図7-8　芸術作品のライフサイクル

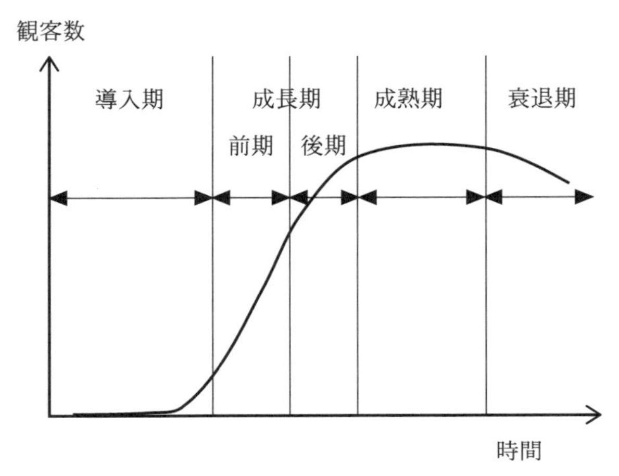

（出典）筆者作成

意を要する。美術館では特別の観客のため、特別展的なことを開催する場合がある。このケースの場合、一般的な展覧会は多くの鑑賞者が集合するので入場者数も多いが、特別展では限定された入場者しか入らない。成長期が見えないという状況が起きる。入場者数だけをカウントすると導入期から衰退期へ成長期、成熟期を経ないで、衰退期へ移ったように見えることがある[17]。

従って、収入も経費や手間の割には少ないといった場合がある。この点だけをみて、すぐにこのような展覧会が撤退すべきであると結論づけることは大きい誤りを招くことがある。特別展に来るような観客は、鑑賞眼の持ついわゆる目の肥えた客が多い。そのため、一般客に比べ、美術展への理解や経験が深く、そういった特別な客が口コミ等で当該美術館のよさをアピールしてくれることも多いし、また一般のみならず特別的な展覧会も開催できるという美術館としての能力を普及啓発するために絶好の伝達者となってくれる人達である。また、特別展を開催するノウハウを学ぶことにより、学芸員をはじめとするスタッフの能力向上ややる気を涵養することができるという側面も無視できない。その中で、美術館と観客との信頼関係も深まる。

さらに、美術館のスタッフのモラル、やる気の観点からもポートフォリオ・マネージメントの分析は困難な場合も多い。撤退事業として認められるとそれに携わったスタッフ、特に学芸員たちは萎縮し、そのほかの事業に対してもいずれ撤退するのではないかと怖れる可能性が無いとはいえない。

7.7 マーケティング・プロセス

（1）新規事業の展開

既存の芸術作品の提供では将来期待する観客数等（収入に直接リンクする）の増加が期待できない時は、新規の事業を展開することが必要となる。

図7-9はこれを模式的に示したものである。下の曲線は現在の事業内容から予測される今後10年程度の観客数（年間）の予測を示し、上の曲線はこの芸術団体（美術館、劇団）が同期間内に希望する観客数の伸びである。この団体は、既存事業が可能とする以上の高度成長を進め、同期間内に年間観客数を２倍程度にすることを望んでいるのである。両曲線の格差を戦略計画ギャップという（Philip Kotler の定義による）。

この団体がギャップを埋めようとすれば基本的にとる運営戦略は、コトラーによれば３つある。それは、①既存事業の中でより多く成長（観客動員が期待できる）事業を発見すること（集中成長）、②既存事業の関連分野で事業を開始を見出すこと（統合成長）、③非関連分野で魅力的な事業を開始する機会を見出すこと（多角化成長）である。

この事業展開の中では、①→②→③の順で展開すべきである。集中成長は、当該団体内での作業であるが、統合成長は場合によっては、他の団体で同じ事業を行っ

図7-9　戦略計画の実際とのギャップ

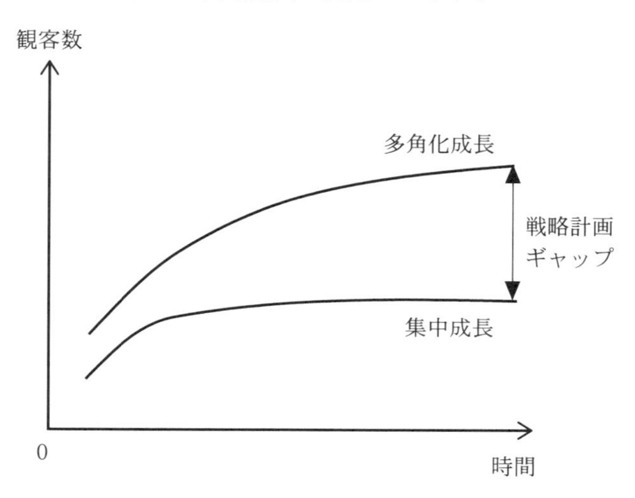

（出典）筆者作成

ている団体（劇団なら演劇市場内での劇団同士）の統合が必要となる場合もあるし、多角成長は異分野との事業・団体との統合が必要である場合も多いから事業展開が困難なことも予測される。従って、①から②に行くに従って、自らの既存事業からは離れて行くのでリスクが高まるからである。この手法は、団体・事業の統合といった面のみならず、同一団体内での事業の見直し・再編にも応用がきく。すなわち、美術館であれば、既存の複数の展覧会から新しい内容の展覧会へと進出していくケースにも応用可能である。むしろ、芸術団体ではこの方が多いと思われる。

（2）アンゾフの事業拡大マトリックス

より具体的にアンゾフ（H. Igor Ansoff）の事業マトリックス（図7-10）を用いて、事業拡大を考えてみよう。アンゾフの事業マトリックス（製品・市場マトリックスとも呼ぶ）は、横軸に製品（芸術作品）を縦軸に市場をとり、それぞれを4つに分ける。

図7-10　アンゾフの事業拡大マトリックス

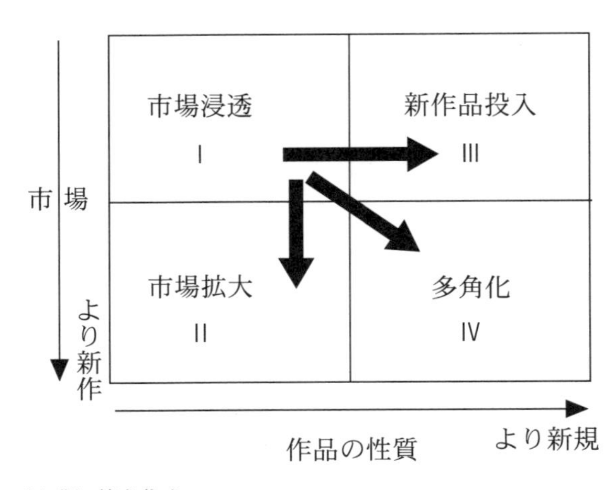

（出典）筆者作成

まず第1象限は既存の事業（演目、展覧会等の企画・内容）になんら手を加えず、既存の観客動員を図る方法である。方法として、既存の観客に公演や展覧会への来会回数を働き掛けることや他の芸術団体の観客を誘引することがある。次の第2象限では現在行っている事業を変化させず、これまでとは異なる観客層に働きかけることである。美術館、アーティスト・イン・レジデンスタイプの劇場では、劇場の周辺の人口動態的市場開拓（青年向けからさらに熟年男性向けとかいうように新グループ開拓)、チケット販売方法の改善による今までとは異なる地域からの観客増加、チケット販売を窓口からピア等の代理店、情報関連企業での販売など従来の販路とは異なるインターネット販売方策が売上げ増加として考えられる。重要なことは、今まで展覧会や公演に来ない潜在的な客を説得し来館してもらうことである。たとえば、入館料、公演料の低減化、入場時間帯の延長、新たなルートによるPR等が考えられる。

第3象限は、新作品の創造活動分野である。新たな観客にアピールするか、既存の観客増加を目指すため、展覧会内容や公演演目の新規な創造である[18]。第4象限は、現在の事業とは異なる事業を創造し、今までの観客とは異なったグループを観客として取り込むことである。たとえば、美術館で展覧会のみならず、絵画を観賞しながら食事をする[19]、美術館自体を所蔵品も含め貸し出す、が考えられよう[20]。劇団であれば方向の変わった演目の創造、劇場と一体化した商業施設への展開もあろう。

(3) 自芸術団体の演目の位置づけと4P

自らの芸術団体の売れ筋(市場)を見つけだしても、その魅力的な市場にいかにアプローチするかが次の課題である。芸術団体は通常の企業と異なり、マーケティング手法に不慣れである。かつ、運営者等の人材や資金も不足しがちであり、限定された運営資源をうまく配分する手法が必要である。そのため、市場を細分化しその中で標的とする市場を決定するのが肝要である。

次の方法は、いわゆる標的市場での競合している他芸術団体の演目等に対しての芸術家(団体)の演目の位置づけである。これを経営学では商品・サービスのポジショニングという。芸術活動では作品を鑑賞することによって、観客に芸術家(団体)の表現しようとすることが到達する。従って、芸術作品が当該芸術家(団体)の表象であり、逆に言えば鑑賞者はその芸術作品に何を求めているのか、他の芸術家(団体)は芸術作品を通じて鑑賞者に何を訴えているのか、芸術家(団体)は何を訴えるべきなのかを分析し、芸術家のポジショニングを決定する必要がある。

その次は、標的市場における芸術家(団体)の行おうとする目標(この場合は芸術作品を多くの鑑賞者に観賞してもらう。入場料収入を上げる。難解な作品の講評を批評家によって説明してもらう等)を達成するための芸術家(団体)が管理・支配可能な多種多様な手段の構築である。

一般的にいってその手段は、芸術作品(Product)、価格(Price)、流通・販売(Place)、広報・宣伝(Promotion)といったマーケティング・ミックスにまとめられる。これを4Pというが、それぞれは独立ではなく、相互に関連している。なお、供給者からの視線でなく、需用者・消費者からの視点では、Product→Content、Price→Cost、Place→Convenience、Promotion→Communicationと言い換え、４Ｐを４Ｃともいう。

図7-11　マーケティング・プロセス

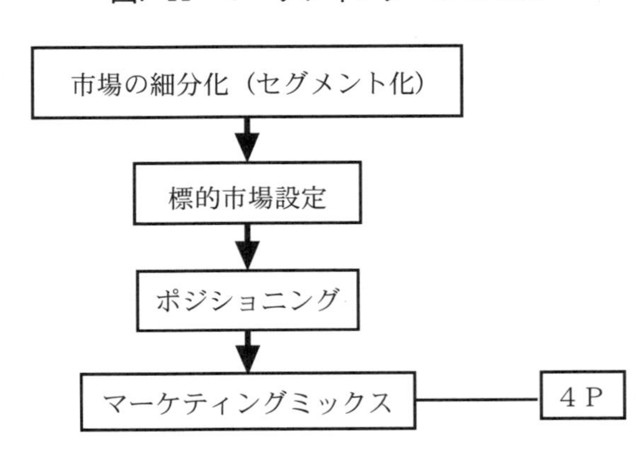

（出典）筆者作成

（４）劇団四季のマーケティング戦略

事例として劇団四季を取り上げる。四季は松竹、東宝、吉本興業、ジャニーズ事務所に匹敵する売上高を誇る劇団であり、マーケティング戦略が成功した一つの例である。四季は、劇団を管理する四季株式会社と劇団四季から構成されている。前者は興業集団であり、それがチケット販売から劇団の経営自体を行っている。四季は1990年代の年間売上高が75億円、観客数120万人から、わずか10年程度で売上高200億円前後、観客数250万人までほぼ２倍増の伸びをしている。これは、他の興業会社が売上高、観客数が伸びない中で、特異な存在である。他の興業会社と異なり、興業・管理部門と芸術団体を分離し、しかし四季株式会社の株主は劇団員であり、劇団が興業会社を所持している形となっている。

劇団四季は1953年７月に創設されたが、浅利にいわせれば「創設当時の四季は貧しかった。俳優の日下武史は慶応仏文科の３年生、私は２年。二人ともせっかくの慶応高校で学んだのに経済学部や医学部進まなかったので、親は大変なおかんむりである。そのころの四季の団員は東大や慶応にいながら貧乏劇団をつくるという狂を発したため、勘当同然の状態に置かれている者が多かった。それでなくても戦後の混乱期で経済的に破綻している家庭ばかりであ」ったのが、現在では歴史の古い

図7-12　劇団四季の売上高等の推移

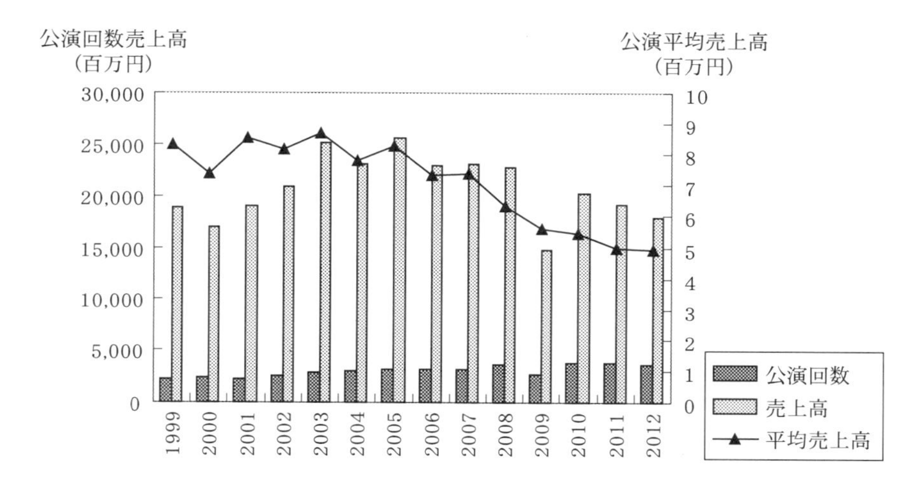

（出典）四季株式会社の財務諸表より筆者作成

松竹等と同じ規模の興業会社となっている。「1998年、…四季は東京に２つの本拠劇場を持つことができた。…今日四季は全国に８つの専用劇場をもつ」までになっている（『文芸春秋』2003.7、2003.12)。これは、同じく浅利によれば電通の広告マンであった清水大三郎の指導によるところが大きい。清水によって浅利は劇団とはコンテンツ制作業の一つだと知る。また、清水のネットワークによってで広告業界のことを教えてもらうようになった。また、アメリカの放送業界の実体をみて、コンテンツ制作者はその内容で資金提供者を募り、成功するか失敗するかのリスクを持つとき面白い作品ができあがることを見た。いずれにせよ、従来我が国では劇団が先ほどの４Ｐを行うことなんか考えも及ばなかった時代に、経営工学的な手法で四季の売り上げを上げたのである。

（５）美術市場のコトラー・マーケティング分析

コトラーによると、製品とは、顧客の興味、所有、使用または消費という目的で市場に提供され、かつ欲求やニーズを満たすことのできるすべてのものとしている（コトラー『コトラーのマーケティング入門』1999)。もちろん、コトラーのいう製品には、芸術団体が提供する講演も美術館の美術展も含まれる。その公演や美術展の構造を考えると、おおよそ３層構造になっていると考えられる（図7-13)。もっとも中核部分が美術展や公演といった芸術活動の内容で鑑賞者層に満足を与える部分、すなわちニーズに応える機能そのものである。美術展であれば、提供している絵画等の美術工芸品そのものである。そしてその中核部分を取り囲んで付随している機能が存在する。美術展では美術館であり、公演なら劇場等である。さらに、作品に付随しているわけではないが、鑑賞者にとって価値が認められる機能として、チケット販売、美術館、劇場へのアクセス、観賞後の休憩のためのレストラン施設、託児所等がある。

それでは、鑑賞者の鑑賞行動にとってどの階層を重要視するであろうか。それは作品のカテゴリと鑑賞者の置かれた立場（教育程度）によって相違する。例えば同じ公演であっても、ある人は恋人と公演を見に来ており、公演内容よりそれを演じている舞台や劇場の雰囲気に満足感を得ることがあるだろうし、また別の人にとっては舞台はどうでもよく、極論を言えば舞台俳優の行動様式のみが重要という。こういった人々にとって、劇場が異なっても俳優が同じなら喜んで見に行くであろう。いわゆる「追っかけ」といった行動である。また、ハレの日として劇場で芝居を見る人もいよう。そのような人にとって、美しく着飾り公演が退けた後の友人との語らいが重要と思うので、レストラン設備や喫茶室が満足度の上位を占めるであろう。このことは、作品自体がもつ中核的な満足度を与えるものが少なくても、それを展示する美術館や公演を行う劇場の工夫次第で鑑賞者層に総合的に満足度を与えることができることを示している。

東京丸の内の劇場クリエ（東宝本社ビル建て替えにより開場したが、2007年11月にこけら落とし公演を行った）は、観客層を女性の20から40歳代に絞った中型劇場として開場した。女性向けということから、当初演劇部の山崎奈保子氏を若くして

図7-13　美術品・公演を取り巻く階層

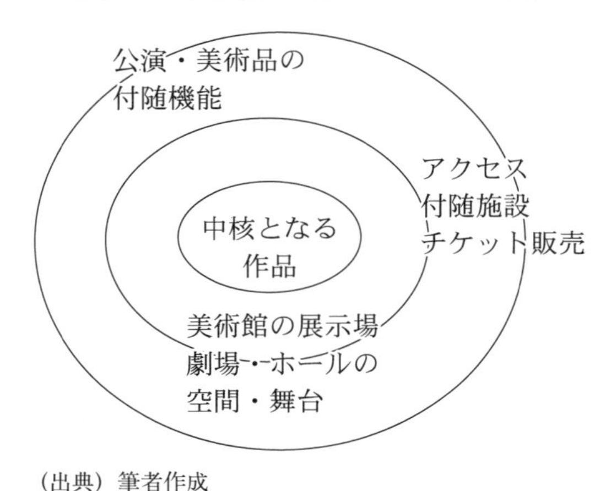

（出典）筆者作成

登用したほか、プロデューサーもすべて女性を活用した。山崎氏は建設当初から加わり、女性の視線で劇場施設に女性向けのトイレ、丸みを帯びたバルコニーを提案設置したほか、女性向けのスイーツ、片手で食事可能なおにぎりや販売などのサービス、劇場の付近のレストラン、ショップなどをホーム・ページで紹介するなど、従来ない劇場を工夫した。こけら落とし公演では、女性が狭い座席に2時間すわった上に、入場料と交通費を含めると1万円以上するため、それにあった価値を有する演劇を目指し、若い女性に人気のある三谷幸喜氏作・演出の笑劇「恐れを知らぬ川上音二郎一座」を公演し1万円以上の価値を与えた。

2013年4月に開演した新歌舞伎座においても劇場に向かう動線上に歌舞伎に因んだ見せ物、弁当販売、文化施設「歌舞伎座ギャラリー」の整備など、歌舞伎鑑賞以外の面も充実させた。

森美術館のように深夜まで開館したり、信楽にある美術館のように置かれている環境と調和し、美術作品の鑑賞以外の満足を鑑賞者に与える効果を生みだしている美術館が増加しているのは、そういった鑑賞者に展示作品のもつ中核的な部分以外の付随する機能で鑑賞者に総合的に満足度を高めているに他ならない。

7.8　価格決定とその戦略

(1) 美術市場の特徴

公演、美術品の提供、美術展といった芸術鑑賞の機会を提供する主体は、その対価として金銭を鑑賞者や購買者から受け取る。従って、その金銭は作品の価値表示であり、提供者にとって直接利益を生みだす要因となる。価格は必ずしも低ければよいというものではない。自ら提供する作品・サービスの価値を低めることになってしまうからである。そして、価格とは最も直接的に鑑賞者に訴えることのできるメッセージといってよい。

これらの事業の特徴としてレベニュー・マネージメントの節で述べた同じことが言える[21]。それを利用した以下の方策が考えられる。

ニューヨークのブロード・ウエイのミュージカルやパリ・オペラ座では、公演間近でチケットが完売されていないと定価より廉価で販売される。また、前売りチケットは当日窓口販売価格より廉価である。

新規公演価格の決定方法

商品・サービスの価格は、供給者や鑑賞者にとって一番重要な情報である。従って、新しい公演や作品を提供する時期の価格の設定は難しい。この価格決定には、大きく分けて2つの方法がある。一つはスキミング・プライシングと経営学的にいうもので、新規公演等の創造経費の早期回収を目指して、当初比較的高く価格を設定する方法である。もう一つは、当初赤字覚悟で低価格戦略をとり、他の類似公演等から鑑賞者を奪う、すなわち市場拡大を狙う方法である。これを、ペネトレーション・プライシングという。

公演が成長中の価格の設定

一般的にその入場料（価格）は横這いか低価傾向をとることが多い。多くのチケットが捌けるが、市場に出回りだぶつく。この時期では、制作経費もすでに償却していることか、規模の法則、経験の効果により原価が低下してくる。また、公演者側もチケット価格が低下する傾向を黙認する場合が多い。競合してくる類似の劇団が類似の公演を掛ける場合もあり、チケット価格は他劇団との競争になる。このようなときは、劇団としても価格に敏感な鑑賞者層を取り込むため、低価戦略をとるか、あるいは提供する作品の価値を失わせないため、価格を引き締めるか、その微妙な判断が求められる。

（2）具体的な価格決定の方法

実際に、価格を設定する際は、原価、需要、競争の3点を観察しながら決定する。原価主義とは、作品の創造や公演経費等要した経費に利益を重ねて最終価格を設定する方法である。また、劇場や美術館などは固定的施設設備をもつので、固定費が高い。それらを有効に活用する（劇場なら稼働率を高める）ため、事前に一定の稼働率を決定し、それで収益が確保可能なチケット販売水準を決定し、それから価格を設定する方法もある。すなわち、損益分岐分析を用いた価格設定であり、計算上単純である。反面、鑑賞者からそのチケット価格が受けいられるかどうか、需要面での反応が無視されているので、実際に売れるかどうか不明なことが問題である。

そこで、鑑賞者の需要に応じて価格を設定する方法を考えたい。公演の価値を消費者がどのように感じるか、とらえるかという相対的な知覚を何かの方法で測定し、それを基準に価格を設定する方法である。まず「売れる」価格を発見し、それから逆算して原価を考える。もう一つは需要差別価格設定である。市場がいくつかに細分化（セグメント）可能な場合、各セグメント毎に需要が異っていることを利用して、ほとんど原価の変わらない商品の価格を、セグメント毎に変えていく方法である。

図7-14　セグメント化による価格設定

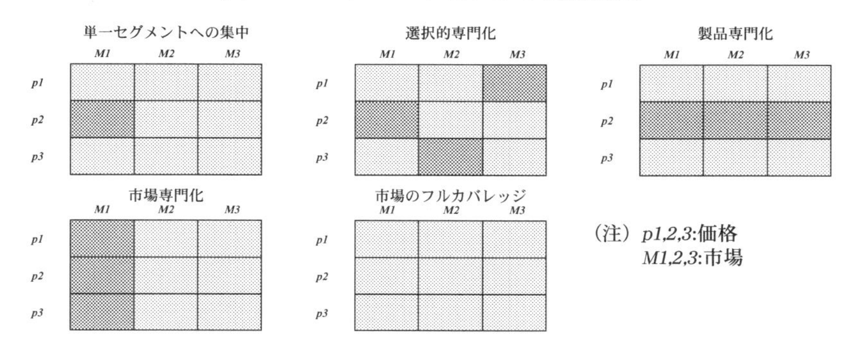

（資料）ピアソン・エデュケーション『コトラーのマーケティング・マネジメント基本編』(2003)年より筆者作成

その価格設定の基本は、鑑賞者の行動を分析した上で、劇団の収益が最大になるような価格を、適切な時期に鑑賞者に提示することである（レベニュー・マネージメント）。この販売価格設定方法は、人件費や劇場経費など固定的経費が高く、再現性のない商品・サービスを提供するホテル・運輸業界において考えられ、価格を変化させることによって需要を管理しようとするものであった。特にアメリカでは1970年代に導入され、現在では、ホテル、レンタカー、劇場・映画館等で導入が進んでいる。

そのほか、競争志向の価格設定がある。同一業種類似団体同士比較して、価格設定を行う方法である。劇団は劇団同士、美術館なら美術館の平均入場料に合わせて価格設定を行う。業界秩序が確立しているところや提供する商品の差別化が困難な場合が多い。例えば、学校の巡回公演事業では、文化庁と劇団が締結する「文化庁価格」が基準となって、同じ規模の劇団で同じような演目では、学校での公演１回当たりの価格はほぼ同水準であった。入札方式も考えられるが、文化芸術活動関係の商品価格設定ではほとんどない。しかし、美術館、劇場の建設やデザイン関係では少なくない。

（３）プロモーション（情報交流）

消費者に提供する作品の価値を伝達することが必要である。基本的には広告、チケット等の販売促進、人的販売、パブリシティ、口コミが基本であったが、最近の情報技術の進展によりより多彩な方法が出てきた。広告媒体には、テレビ、ラジオ、新聞・雑誌、屋外広告、ダイレクトメール、インターネット、携帯電話、スマートフォン等がある。消費者、作品の特長、訴えかけたい点、広告に要する経費を考えながら、媒体の長所・短所を比較して、媒体の選択と組み合わせを行う。

人的販売とは、営業活動のことである。作品や提供する芸術団体の情報を伝達したり、チケット等を販売することである。パブリシティと広告の相違は、有料か無料かの相違である。例えば公演が新聞に取材記事として掲載されるのがパブリシティであり、広告代を支払って新聞に掲載するのが広告である。近年、「企画広告」と名を打って、取材記事に見せた広告が増加している。サービスやブランド・イメージが商品価値の中心である化粧品、健康食品などの商品では著名人、文化人の対談形式や批評といった形での企画広告が増加している。美術展や公演もブランド・イメージが主要な商品・サービスもいえ、今後の広告を考える上で参考となろう。

今まで、商品・サービスの提供が提供者と消費者とで完全に分離し、いわゆる一方的な提供関係（もちろん、消費者のニーズは把握する）が主流であった。1990年代にコンピュータ・システム販売会社のシステム販売方策から始まった販売方法がある。これは顧客の要求に応じたコンピュータの製品とアプリケーション、さらに運営員などのシステムを一体として売り込むオーダーメイド請負型ビジネスであったソリューション型ビジネス展開の嚆矢である。これが、消費者の抱える課題について解決する方法や商品を提供するビジネスへと発展したが、本質は専門的知識と商品や人の組み合わせが一体となったシステム提供が中核である。従って、競合他社との競争は、いかに早く安く簡便に問題を解決するかが要点となっており、一度請け負ったら買い手側の都合による変更が難しい面もあり、継続的購買が期待できる。実演芸術の分野でも、学校や地域の文化会館を巡回する事業では、鑑賞者の要望する演目を訊いて、劇団の仕立て（俳優、演目、経費、地域の実情）を考慮しながら上演してきた経緯がある。このようなソリューション（solution）型ビジネスは、美術展にも応用が可能な面があると思われる。また、鑑賞者との密接な交流が必要なことから、リレーションシップ・マーケティング（人同士の密接な繋がりを商機のきっかけやコアとする）にもつながると思われる。

（4）流通チャンネルの設定

流通チャンネルは、基本的に事業主体からは外部資源である。そのため、その構築は多大の経費と時間を要し、一旦構築しさえすれば容易には破壊することは不可能である。そのため、優れたチャンネルを持てば競合する他の芸術団体に比べて極めて優位に立てる。また、提供者（芸術団体）と消費者（鑑賞者）との間を埋める極めて重要な役割を持っている。例えば、チケット販売大手のピアにチケット寄託をするのとそうでないのとでは、販売量が相当異なってくる。

チケット販売の流通チャンネルには次元が異なる複数のチャンネルが介在する。提供する作品と鑑賞者との間にはチケットの販売を通じた作品鑑賞の契約が存在する。小規模な劇団や美術展では通常、窓口販売、すなわち直接販売（0段階、0次元）が多いが、大規模な展覧会や公演、商業演劇では直接販売（現在では芸術団体のホーム・ページを利用したインターネット販売も多い）やピア等の販売代理店を利用した1段階販売（1次元)、興業会社やエージェンシーをさらに挟んで大量にチケットを捌く2段階（2次元）以上のチャンネルもあり、そういった複数のチャンネル利用が行われている。これは、ナショナル・オペラ劇場と言われている新国立劇場でも例外ではない。新国立劇場は、大量にチケットを販売する流通経路を独自に持たないので、代理店販売が多い。この代理店販売の利点は大量に一度に販売することが可能であることだが、販売量に応じた歩合を代理店に支払わねばならず、それがかなり高率なので、収入を圧迫する原因にも成り得ることがある[22]。

図7-15　流通チャンネルの階層構造

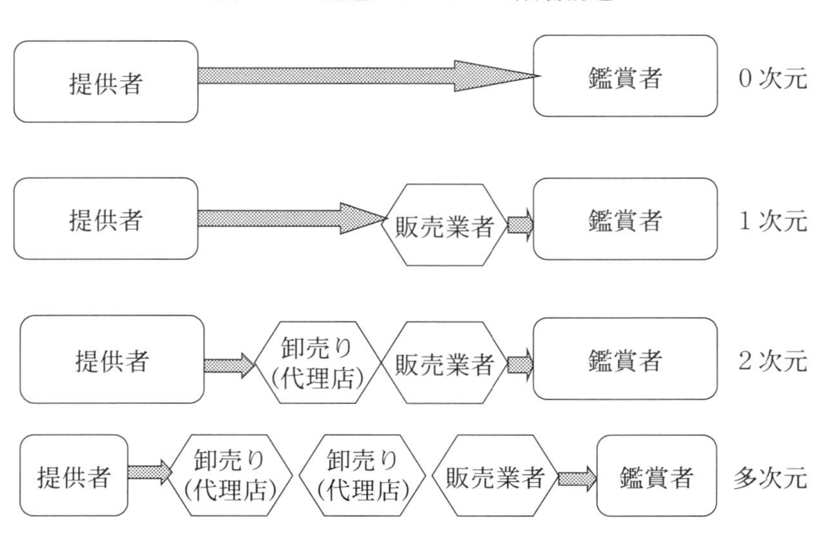

（出典）　P. Kotler『コトラーのマーケティング入門』(1999) より筆者調整

7.9　文化施設のマネージメントとマーケティング

文化芸術市場の商業演劇、エンターテイメント部門では鑑賞者への市場調査を始め、通常の企業が当然行う経営方策を取り入れている。しかし、公立文化施設や演劇人が中心の劇団では経営といった概念自体が希薄である。

文化施設の営利企業への管理運営委託が可能となる地方自治法改正（2003年6月公布、9月施行）や劇場法の制定が行われ、美術館、博物館の設置根拠法である社会教育法改正（2008年6月公布施行）によって、事業評価が取り入れられた。注目を集めた私立の森美術館が華々しく開館する一方で、歴史のある芦屋市立美術館が文化経費削減から閉館の危機に陥り、指定管理者制度を活用した運営（小学館集英社プロダクション共同体が指定管理者となり、美術博物館として開館）[23]に移行した。好むと好まざるとに関係なく、現在文化施設や文化芸術はマーケティング手法を取り入れざるを得ない状況に置かれている。

これは、別の視点から見れば、芸術家、文化芸術団体及び美術館・博物館が社会の要求や需要に的確に応えることを、今まで余り行ってこなかったことの裏返しかもしれない。そういう観点からは、森美術館を始め、ユニークな展示で入場者数（リーピータ客も多いと聞く）を集めた東京都写真美術館の運営はその責任者が企業経営に長らく携わった方だけに、今後の公立の美術館等文化施設の企画・運営の参考となろう。成功した文化施設の事例をみると、美術館・博物館は展覧会の内容のみならず、施設や建物、敷地内の景観が渾然一体化した総合的な施設として評価を得ているところが多い。鑑賞者や専門家に評価の高いのは、原美術館、国立新美術館、根津美術館、ポーラ美術館、山種美術館などで、それらに共通する高付加価値は囲りの自然環境との調和（森林浴）、レストランでの食事、夜景、都会での閑静さなど展示物以外の周辺領域の価値が鑑賞者に認められていることにある[24]。

地方の公立美術館では、東京都の現代美術館が都総務局の評価が低かったことも契機となり、企画内容、入場者数、施設の満足度、学芸員の活動内容等の評価が行われた。経営的な手法が取り入れられることは十分考えられる。東京国立博物館においても、現代演劇と融合した展覧会を開催、コンサートとの協働展示など、幅広い層の鑑賞者を積極的に取り込んでいる。これは、国立の博物館が独立行政法人化（2001年4月）されることによって、経営手法の常套手段であるマーケティングの導入による市場の開拓と、顧客の満足度の充足の考慮といった経営に脱皮しつつある証拠である。

鑑賞者の動向を考えないと失敗する事例もある。オーストリアのザルツブルグ音楽祭でも見られた。同音楽祭は、1920年に始まる音楽と演劇の歴史のある音楽祭であった。総監督が前衛路線に傾きすぎ、保守的な聴衆者離れを引き起こしたが、2002年に着任したペーター・ルジツカ（Peter Ruzicka）総監督は、前任者の手法も取り入れながら、演目にバランスを取ったため固定客であった富裕者層も戻りはじめ、2003年にはチケット売り上げが過去最高の2,360万ユーロ（約31億円）となった。なお、チケット料金が高いことでも有名であるが、音楽祭の収入は、チケット売り上げが52％、国や州、市、観光協会からの公的支援が25％、スポンサーの支援が９％で、残りは放送権料やDVDの売り上げであり、スポンサー探しがここでも重要である。

彼は、ザルツブルグが生んだモーツァルトのすべてのオペラを初めて定期的に上演したほか、音楽祭の主催者でもあるリヒャルト・シュトラウスの作品をも演奏、さらにコルンゴルト、チェムリンスキー、シュレッカーなどオーストリアの作品も演奏するなど、従来の伝統的作品と演奏処女作品を上演して、新しい鑑賞者層を開拓した。その後、2007年以降は、ユルゲン・フリム（Jürgen Flimm）が総監督、マルクス・ヒンターホイザー（Markus Hinterhäuser）が音楽監督としてルジツカの後を引き継ぎ、2012年からはアレキサンダー・ペライラ（Alexander Pereira）が音楽総監督である。

劇団等実演芸術では、経営・企画から資金を集めるプロデューサーの質が重要となってくる。ニューヨークのブロードウエイやロンドンのウエストエンドが有名になったのは、質の高いプロデューサーの存在とその育成があったからといわれている。ベンチャーブームの中でも、我が国にアメリカほどベンチャーが根付かないのは、彼らに資金を提供する「エンジェル」といった投資家が不足しているからだといわれている。同じことが演劇界でも言われており、ブロードウエイの成功はそのような投資家の存在抜きには語れないであろう。我が国でも京都の小劇場を対象に投資を募ってる人たちも出始めており、注目に値する。

一方で「四国こんぴら歌舞伎大芝居」で有名になった香川県琴平町の「金丸座」のような文化財などの旧態型の芝居小屋の経営困窮問題がある。ここでは、人的ネットワークを生かした「ヒューマン・リレーションシップ」マーケティング的顧客開拓が必要だろう。そのような劇場（芝居小屋）は江戸時代から明治、大正、昭和の初期までに民間で建築され、現在では文化財として地方自治体が管理運営しているのが大半である。また、地域興しブームにのり、一時は芝居小屋として使用するなどされたが、一部の有名な劇場以外は年間稼働率も低く、50、60日程度の開館日数しかない劇場もあり、管理者の地方自治体のお荷物的になっている劇場もある。

今から20年前の1993年には熊本県山鹿市「八千代座」において、全国芝居小屋連絡協議会が結成されたが、地方自治体の厳しい財政事情で管理運営が十分行われず、また民間所有劇場では修復費用も出せない状況である。1年に1度、協議会が会員劇場を会場に、全国芝居小屋会議を開催し運営方法や地域との協働を模索している。元々そのような劇場は地域住民が主体的に運営・所有会社を作り、建設・運営した経緯がある。現在管理する地方自治体も単なる管理を行うのみならず、地域住民とネットワークを構成した地域住民が楽しめる「芝居小屋づくり」を考えるべきであろう。

注

1　近年、EUにおいて「追及権」が著作権法に規定されはじめた。追求権とは、著作者・相続人等が公開競売やディーラーの仲介によって行なわれる販売の際に支払われる美術の原作品の対価の一部を徴収することができる権利であり、譲渡不能である。

フランスでは1957年の著作権法改正により、すべての取引が対象となるが、実質、オークションのみが徴収され徴収率は売上高の3％である。追求権は、19世紀末の印象派絵画の価格高騰で、売った画家が不満をもったことに始まる。フランスで追及権導入されてから、ベルギー、イタリア、ドイツ、イギリス、オーストリア、オランダ、アイルランド、キプロスが加わり、EUの前身のEC全域へ広がった。インド、オーストラリア、米国、カナダも規定されているが、ベルヌ条約による相互恩恵制度なので、追求権がない我が国では、たとえ追求権がある海外で作品が売れても売却益の一部は画家に還元されない。

2　当時、絵画は宗教界に貢献するものであるとの考えがあり、画家、版画家はキリスト受難をテーマとして多く描いた。

3　メディチ家は、当時の先端芸術作品を収集し、コジモ以下ロレンツオまでの間に現在のフィレンツェのコレクションの大部分を収集している。作者や作品の優劣についても評価が行われ、ジョルジョ・ヴァザーリにより『芸術家列伝』が出版された。ルネサンス期には宗教画、祭壇画から絵画制作へと移行したが、ドイツはイタリア、フランスから文化面では取り残された。

4　当時は、プロテスタントによって偶像崇拝が批判されたので、旧教は危機感を持った。デューラー自身は偶像崇拝、偶像破壊も双方とも芸術に対する危機と思っていた。

5　マクシミリアンⅠは、自らの権威を広める手段として、高度な印刷技術を使用した版画を制作するプロジェクトを行った。

6　一般に版画・絵画など美術品は静的であり時間の経過を示し得ないが、連作することによって、映画のような時間経過を伝えることが可能となる。

7　印刷業者としてドイツ国内に販売網を築いたアントン・コーベルガー（Anton Koberger）が、デューラーの後見人であった。デューラーは修業中には挿絵画家として腕を磨いたほか、2度のイタリア旅行で先端的制作表現を学んでいる。さらに、デューラーの故郷のニュルンベルグは当時印刷技術ではドイツ一等の先進地であった。

8　「美術館は、文化の発展における仲介者であり、その使命は、文化財を解釈し直すという継続的なプロセスによって、知識をはぐくむことにある」Museum Frictions、“Public cultures/Global Transformations”(2006)、なお訳文は『美術品はなぜ盗まれるのか』中山ゆかり訳（2013）から引用した。

9　「キューレータの仕事は、視覚芸術を解釈し、これに添って、芸術を再度プレゼンテーションすること」長谷川祐子『キューレーション』(2013)。デュシャンの便器の展示では、ありきたりの工業品が美術展の文脈で展示された場合であるが、そうなると今度は便器が展示全体の文脈の中で、美術品と解釈される。そういう意味では、カントのいう「構想力の自由が主導権を握っている」自由美であろうが、観賞者に主観的な快の感情が感じられるかどうかは不明である。

10　セブンイレブンの商品展開、特に高齢者・若者向きの商品の製造と店舗での陳列が好例である。

11　すでに、アメリカでは20世紀の初めに、大都市部のデパートは美術館と同じ形態のビジネスとの認識があった。ジョン・コットン・ディーナ『美術館の憂鬱』(1917)

12　編集者は、作家とともに取材、校正など作品創造に加わることがある。また、「作品は編集者との協働作業」ともいわれる場合もある。「キューレータも芸術作品の制作に情報収集や知識の提供を行う」長谷川祐子『キューレーション』(2013)

13　以下の「」内の引用は、トーマス・ホーヴィング『ミイラにダンスを踊らせて』、東野雅子訳(2000)によった。

14　アメリカでもキューレータ等職員の人事、とりわけ退職は難しいようである。トーマス・ホーヴィングによると、該当するキューレータより優秀な後任を決めてから、能力比較をした上で退任させたり、別の部署・外部の職業の紹介する、やりたい展示（仕事）はパトロンを探し出すことなどを条件として出して、退任かどうかの判断を行わせるなどあの手この手で人事を行ったようである。『ミイラにダンスを踊らせて』

15　「限界生産性の低減・逓増」が生産関数のとき言われるが、これは多数の投入資源があるとき、１個の投入資源を増加させ、他はそのまま固定した際の投入資源と生産量の関係をいうのであって、すべての投入資源を一定に増加させた際の投入物と生産量の関係をいう「規模に関する収穫関係」とは根本的に異なることに注意。

16　国立西洋美術館、東京国立博物館、国立科学博物館、東京芸術大学美術館、東京都美術館、上野の森美術館が存在する。

17　演劇、舞踊などロングランを行う実演芸術の場合でも同じことがいわれる。例えば、劇団四季の昭和三部作「李香蘭、南十字星、異国の丘」のうち、李香蘭以外は幕開け以降、当初は観客数が伸びなかったが、浅利代表の思い入れなどがあり、そのまま継続して公演された。「キャッツ」、「ライオンキング」など500万人以上を動員したミュージカルに比べて公演数は1/10以下であり、その中でも李香蘭はその他昭和三部作の２倍程度の動員数である。

18　ホーヴィングは、メットで美術商が所持している美術品の展覧会や贋作展を開催した。別の事例では、1937年にドイツ・オーストリアで開催された「退廃芸術」展がある。同展は前衛芸術を価値ないものとして展示し、従来の美的価値ある作品展示する美術展というコンセプトを逆用したもの。従来の鑑賞者でなく一般の入場者がつめかけ、約320万人が見たといわれる。

19　1969年のメットの「ニューヨーク、ニューヨーク」展は「ヘンリーのショー」と言われただけあって、公式のディナー・パーティで仮装やシースルーの娘達が現れた。なお、批評家はきびしく評価し「展示のもつ意味はお祭り騒ぎにかき消された」といったという。

20　1986年には「友人の部屋」展において、美術館を離れた日常生活空間に現代アートのインスタレーションを組み込んだ例がある。劇場を離れたアングラ劇なども従来の演劇とは違った観客を得た。

21　美術館の固定費は非常に高いので、美術展のみでは利益は出せない。「「大向こう受けを狙う」大美術展を考え出した張本人といわれたホーヴィングでさえ、「受ける」企画は利益など生み出さない。関連商品を売って出費をまかなった」。『ミイラにダンスを踊らせて』

22　大手の代理店はチケット販売の継続性、販売枚数にもよるが、額面の５％から10％程度が手数料である。

23　指定管理者選考委員が美術館長以外は、法曹界・経営者、経営学研究者の非芸術関係者で構成されており、経営主体の選考に芸術活動上問題となる可能性は高かった。

24　日経新聞（2013年４月２日）。なお、観光のサイト等でも地方の美術館の評価が記載されてのも多いが、作品展示の評価より周辺領域での評価が高い美術館の方が概ね全体として評価が高い。

索　引

あ行

か行

さ行

た行

な行

は行

ま行

や行

ら行

(注)単語によっては、相当多くのページにまたがって掲載されているものがあり、そのためページ番号を記載上簡略化し、連続して掲載されているケースは、最初のページ番号を記載した。

【著者略歴】

枝川明敬（えだがわ　あきとし）
1977年　名古屋大学卒業後、文部省（現文部科学省）入省。総務庁（現総務省）大臣官房、科学技術庁（現文部科学省）科学技術政策局、文化庁、文部省を経て、1995年埼玉大学大学院政策科学研究科助教授。政策研究大学院大学、国立情報学研究所を経て、2000年、名古屋大学教授。2004年より東京芸術大学教授。1995年から1998年まで、文部省高等教育局視学官兼任。名古屋大学客員教授、立教大学大学院文学研究科、駿河台大学メディア情報学部、国立音楽大学音楽学部各非常勤講師
工学博士(名古屋大学)、経済学修士(筑波大学)

専攻
　地域文化振興論、芸術経営論、文化政策論、ベンチャービジネス論

著作
『文化芸術の経営論』（単著：小学館スクウエア)、『新時代の文化振興論』（単著：小学館スクウエア)、『文化財政策概論』（共著：東海大学出版会)、『文化経済学』（共著：有斐閣)、『芸術文化の振興と文化財の保護』（共著：放送大学教育振興会)、『美術館政策論』（共著：晃洋書房)、『文化会館通論』（共著：晃洋書房)、『文化政策概論』（共著：晃洋書房)、経済産業省教材作成委託『MOT教材ビジネスプラン』（単著：名古屋大学)、『ビジネスプラン』（共著：名古屋大学）など

文化芸術への支援の論理と実際

発 行 日：2015年3月6日　第一刷発行
著　　者：枝川明敬
発　　行：東京藝術大学出版会
連 絡 先：〒110-8714　東京都台東区上野公園12-8
TEL：050-5525-2026　FAX：03-5685-7760
URL：http://www.geidai.ac.jp/
印刷製本：よしみ工産株式会社
北九州市戸畑区天神一丁目13-5
定価はカバーに表示してあります。

ISBN978-4-904049-43-3 192-0036-02200-7 C0036 ￥2200E